普通高等教育酒店管理专业系列教材

前厅与客房运营管理

主　编　李聪媛

副主编　夏汉军　裴会平

参　编　李　平　毛　雨　朱　逾

　　　　毛剑梅　王文辉　严洪煜

机械工业出版社

本书结合酒店行业需要和应用型教育教学实际，以专业人才培养目标和职业定位为依据，以前厅与客房运营管理的工作过程为主线，系统地阐述酒店前厅与客房两大部门的专业理论知识、运营方法和服务操作技能，从理论知识、职业技能、应用能力等方面着力，让读者了解和掌握从事酒店前厅与客房运营管理工作必备的观念、运营知识、基本操作程序与技能，提升读者的专业素养。本书注重理论与实际工作流程的结合，章后设置训练项目，并尽可能借鉴其他教材之所长，采用“互联网 +”的理念，采用二维码的方式将相关教学视频、图片和案例呈现给读者，具有较强的可读性、实践性和可操作性。

本书资料丰富，实用性强，便于开展教学活动，可作为普通本科院校酒店管理专业或相关专业的学生用书，也可作为企业管理者或相关从业人员的参考用书。

图书在版编目（CIP）数据

前厅与客房运营管理 / 李聪媛主编. —北京：机械工业出版社，2021.5

普通高等教育酒店管理专业系列教材

ISBN 978-7-111-68403-9

Ⅰ. ①前… Ⅱ. ①李… Ⅲ. ①饭店－商业管理－高等学校－教材 ②客房－商业管理－高等学校－教材 Ⅳ. ①F719.2

中国版本图书馆CIP数据核字（2021）第107851号

机械工业出版社（北京市百万庄大街22号 邮政编码100037）
策划编辑：常爱艳 责任编辑：常爱艳 王 芳
责任校对：孙丽萍 封面设计：鞠 杨
责任印制：常天培
天津嘉恒印务有限公司印刷
2021年8月第1版第1次印刷
184mm×260mm · 23.25印张 · 530千字
标准书号：ISBN 978-7-111-68403-9
定价：65.00元

电话服务
客服电话：010-88361066
010-88379833
010-68326294

网络服务
机 工 官 网：www.cmpbook.com
机 工 官 博：weibo.com/cmp1952
金 书 网：www.golden-book.com
机工教育服务网：www.cmpedu.com

PREFACE 前　言

前厅与客房运营管理是一门系统研究酒店前厅与客房两大部门的专业理论知识、运营方法和服务操作技能的学科，也是酒店管理专业的核心课。本书旨在树立读者现代酒店前厅与客房运营管理的思想观念，培养读者的酒店前厅与客房运营管理素质，使读者懂得运用酒店前厅与客房运营管理的观念、运营知识、基本操作程序与技能，进行酒店前厅与客房运营管理实践。本书以前厅与客房运营管理的工作过程为主线，以相关知识为支撑，在充分考虑读者认知规律的基础上，注重理论与实际工作流程的结合，尽可能地借鉴其他教材之所长，采用“互联网+”的理念，采用二维码的方式将相关教学视频和案例呈现给读者，具有较强的可读性、实践性和可操作性。

本书具有以下三个特色。一是在内容方面，将培养目标与行业需要和读者的终身发展结合起来，既注重实务和技能，也注重理论知识体系的形成和综合素养的提升；二是在结构方面，体现职能－技能导向，针对理实结合、工学结合的教学要求与酒店管理的学科特点，按照酒店前厅与客房的职能（管理者实施管理的程序与功能）设计宏观结构，按照前厅与客房运营管理培养单元设计微观结构，实现教学中理论与技能培养的统一；三是在方法方面，突出以读者为中心，坚持以读者为本，强调动手能力与技能的训练，设计的实训项目，既有助于安排教学，又能使读者清晰地掌握操作程序与标准，提高读者的动手能力和应变能力。本书共分为十三章，主要内容为：前厅与客房运营概述、客房销售技巧、前厅预订管理、前厅服务运营、总台接待运营、宾客关系管理、房价与收益管理、客房设计与装修、客房服务运营、客房卫生管理、客房成本控制与预算管理、客房部安全管理及前厅与客房人力资源管理等。

本书由昆明理工大学李聪媛担任主编，湖南文理学院夏汉军、云南师范大学裴会平担任副主编。李聪媛负责组织设计、编写大纲、设计样章，编写第一章以及全书的统稿和修改，并最后定稿。本书的第二章、第三章由夏汉军编写，第四章由湖南文理学院王文辉编写，第五章、第七章由红河学院毛雨编写，第六章由湖南文理学院严洪煜编写，第八章、第十二章由广东海洋大学寸金学院李平编写，第九章由云南民族大学朱逾编写，第十章、第十一章由裴会平编写，第十三章由云南大学毛剑梅编写。

为方便教师授课，我们为选择本书作为授课教材的教师提供免费教学课件、教学大纲、习题答案。另外，我们为读者额外提供40多个辅助资源，可扫相应章节处二维码获取。

在本书编写过程中，编者参阅了国内外大量文献，在此向这些文献的编著者表示感谢。由于时间和水平有限，书中难免出现错漏，敬请广大读者批评指正。

编　者

CONTENTS 目 录

第一章 前厅与客房运营概述

【学习目标】

1. 了解酒店的基本情况。
2. 掌握酒店房务的主要工作。
3. 掌握酒店房务的组织机构。
4. 了解前厅部的地位作用及主要任务。
5. 掌握前厅部的组织机构。
6. 了解客房部的地位作用及主要任务。
7. 掌握客房部的组织机构。
8. 了解前厅的环境要求。

【章前导读】

客房产品及其服务是酒店最重要的产品。前厅与客房是客房产品及其服务消费的场所，是酒店的主要对客接待场所。前厅部和客房部是酒店重要的运营部门。为了更好地统筹客房产品的生产、销售和服务工作，我国大多数规模较大的酒店通常设置房务部，由房务部的最高管理者——房务总监来统一领导前厅客房的运行管理工作。在一些规模较小的酒店中，则是在总经理领导下分别设置前厅部和客房部两个部门来共同完成房务运行管理工作。

第一节 酒店与酒店的房务系统

酒店是为旅行者（旅游者和公众）提供住宿、餐饮、康乐等产品和服务的建筑设施和相应机构。在旅行者对酒店的各类设施的需求中，对客房的需求当属首选。客房是酒店必不可少的基本设施，旅行者将自己下榻客房视作旅途中的“家”。客房往往占酒店建筑的 60% 以上，有的酒店的客房甚至占酒店建筑的 90% 以上。在一家酒店的投资总额中，相当一部分资金是用于客房的土建、修建及设备购置的。随着人们需求的不断变化，现代酒店中的各种设施日趋多样、丰富，酒店的功能随之增加，然而满足客人住宿的需求仍是现代酒店最基本、最重要的功能。客房产品仍是酒店经营的最主要产品。没有客房的酒店，不能称为“酒店”。

一、酒店概况

随着旅游业的发展，作为旅游业支柱产业之一的酒店业，也呈现出蓬勃发展的态势。随着经济的发展、科学技术的进步和社会生态环境的变化，酒店的类型越来越多样化。

（一）酒店的类型

根据不同的分类标准，可以将酒店划分为不同的类型。

1. 按酒店的经营特色分类

按酒店的经营特色分类是酒店行业的传统分类方式，一般将酒店分为商务酒店、度假酒店、会议酒店、公寓酒店和汽车酒店五种类型。

（1）商务酒店　商务酒店以接待商务客人为主，设施富丽堂皇，设备先进、完备，一般建立在城市中心或商业区。为了适应商务客人的需要，商务酒店除了为客人提供舒适的住宿、餐饮和康乐服务外，还必须有商务活动所必需的长途直拨电话、网络、电传等现代化通信设施，以及打字、速记、文秘、录像和投影等特殊商务服务项目。高档商务酒店还应有 24 小时的送餐服务、24 小时的洗衣服务等。

（2）度假酒店　度假酒店主要以接待休闲、度假及游乐的客人为主。度假酒店要求设在自然环境优美、诱人，气候适宜的地区，一般位于海滨、温泉、森林、湖岸等地。由于度假酒店的经营特色是为客人提供休闲和度假的设施和项目，因此除了传统的住宿服务外，度假酒店还应因地制宜地开设休闲和度假设施，提供各种娱乐项目、体育项目及康乐项目等，提供热情、周到、敏捷的服务。

（3）会议酒店　会议酒店主要是为开展各种展销会、大型博览会、国际会议、经贸洽谈会等提供会议室、住宿及餐饮等综合服务的酒店。在会议酒店中，各种类型、规格的会议室、展览厅、陈列室、演讲厅及贸易洽谈室等是其基本设施，这类酒店不仅要求舒适方便，而且要求方便开展各种各样的商贸活动、学术交流和举办展览会等。

（4）公寓酒店　公寓酒店主要为客人提供长住或经常性居住的服务，也称为住宅酒店。公寓酒店多采取公寓式布局，配有厨房设备、办公设备等生活设施及各种服务设施项目。公寓酒店一般费用较低，使住客能充分享受居家之乐，管理简便，因而对于学习、进修以及其他需较长时期住宿的旅行者来讲，是最合适的选择。

（5）汽车酒店　汽车酒店是随着陆地交通的迅速发展而出现的住宿设施。汽车酒店通常位于城市边缘和公路干线旁边，一般都有停车场、住宿和餐饮等设施和服务。汽车酒店建设是为满足过往旅行者的基本需求。随着汽车的普及和家庭旅游者的增多，汽车酒店的经营项目不断增多，服务水平也不断改善和提高。

二维码资源 1-01

2. 按酒店的规模分类

酒店的规模一般以酒店客房的数量、占地面积、销售额和纯利润为标准来衡量，其中最主要的标准是客房数量。根据客房数量的多少，国际上将酒店划分为大型酒店、中型酒店和小型酒店 3 种类型。

（1）大型酒店　大型酒店通常是指拥有 500 间以上标准客房，设施和服务项目较为齐全的酒店。一般情况下，大型酒店都是豪华型酒店。随着世界旅游业的快速发展、大众旅游的飞速发展，许多中档酒店也不断扩大规模而成为大型酒店。

（2）中型酒店　中型酒店一般是指拥有 300 ~ 500 间标准客房的酒店。中型酒店大多设施齐备、精良，服务项目齐全，价格适中合理，是一般旅游者较喜欢选择的酒店。

（3）小型酒店　通常将客房数少于 300 间的酒店称为小型酒店。这类酒店的设施和服务基本满足旅游酒店的标准和要求，一般价格较为便宜，多为经济型酒店。

目前，很多新建酒店以中小型酒店为主，包括国际性品牌。

3. 按酒店的地理位置分类

按酒店的地理位置，一般将酒店分为中心城市酒店、城郊酒店、公路酒店、风景区酒店、机场酒店等。按地理位置分类，对于界定消费者市场、确定经营服务对象具有重要意义。

（1）中心城市酒店　中心城市酒店指的是位于城市中心或商业区、有地理位置优势、适宜于发展的、以商务酒店为主的酒店。

（2）城郊酒店　城郊酒店指的是位于城市郊区或交通便捷的车站、码头、港口等处的酒店。城郊酒店主要以经济型酒店、汽车酒店为主。

（3）公路酒店　公路酒店或汽车旅馆多数坐落于主要公路旁或岔路口，向住店客人提供食宿和停车场，所接待的客人多数是利用汽车旅行的旅行者，因位于公路沿线而得名。公路酒店主要以汽车酒店为主。此类酒店在公路发达的西方国家较为普遍。在我国，位于高速公路服务区的酒店也可以大致归类于此。

（4）风景区酒店　风景区酒店指的是位于风景区、海滨、林地、湖岸的酒店。风景区酒店的特点与度假酒店相同，主要以度假酒店为主。

（5）机场酒店　机场酒店指的是位于机场附近，为乘坐飞机的客人提供住宿、餐饮及各种服务的酒店。机场酒店的设施与商务酒店的设施大致相同。

4. 按酒店客房价格分类

按照酒店客房价格或酒店建筑费用，可将酒店分为经济型酒店、中档型酒店和豪华型酒店三大类。

（1）经济型酒店　经济型酒店主要指的是酒店建设成本低，以较低客房价格出售的酒店。通常，经济型酒店的标准间面积一般约 25m^2，建筑造价大约为每个标准间 2 万 ~ 3 万美元，平均房价一般低于 30 美元。

（2）中档型酒店　中档型酒店介于经济型酒店与豪华型酒店之间，标准间面积约为 36m^2，每个标准间的建筑造价大约为 4 万 ~ 6 万美元，平均房价在 60 ~ 80 美元之间。

（3）豪华型酒店　豪华型酒店的设施高档、布置豪华，酒店内都配有较完善的综合设施，如餐饮、娱乐、健身、购物等。豪华型酒店的建筑造价一般很高，每个标准间建筑面积约为47m^2，每个标准间的建筑造价一般约8万～10万美元，平均每个标准间的房价在120～150美元，有的豪华房间的房价高达数千美元。

5. 按酒店经营方式分类

按照酒店的经营方式，可将酒店划分为集团经营酒店、联合经营酒店、独立经营酒店三大类。

（1）集团经营酒店　集团经营酒店指的是由酒店集团以各种不同方式经营的酒店。集团经营酒店具有利用名牌酒店品牌效益占领市场、广泛争取客源的优点。同时，集团经营酒店也有受集团公司不同程度的控制、不能独立和灵活运营的缺点。集团经营酒店有以下几种形式：①由集团公司直接经营的所属酒店；②由集团公司按合同进行管理的联号酒店；③由集团公司授权特许经营的酒店，如国内的华住集团、首旅如家、锦江集团，国外的万豪国际、洲际、希尔顿、雅高等。

（2）联合经营酒店　联合经营酒店指的是由许多单体酒店企业联合起来的酒店。联合经营酒店保持各自酒店产权的独立，在自主经营基础上，运用公认的标识、统一的质量标准、统一订房系统，进行联合宣传、促销，并互送客源。这种经营方式有利于对抗集团经营酒店的竞争。例如，OYO酒店就是基于已经建成的独体酒店进行联合经营的。

（3）独立经营酒店　独立经营酒店指的是由投资者独立经营的单体酒店企业。在实际经营中，绝大多数中小型酒店都属于独立经营酒店。独立经营酒店具有管理简单、协调方便等特点，但市场竞争力弱。

6. 按照设计主题分类

主题酒店是指运用多种艺术手法，突出表现某种主题的酒店。主题酒店通过空间、平面布局、光线、色彩、陈设与装饰等多种要素的设计与布置，烘托出某种独特的文化气氛，比一般的酒店更具有特殊性和文化性。主题酒店除了在客房产品上突出主题外，其客房服务与普通的客房服务相比，也更具有针对性。所以主题酒店的功能不再局限于传统意义上的休息、睡眠，更注重给予客人精神上的享受。主题酒店比如特色主题酒店、万豪国际旗下的W酒店、分布世界各地的悦榕庄。

二维码资源 1-02

（二）酒店的等级

酒店等级是指一家酒店的豪华程度、设备设施水平、服务范围和服务质量。对客人来说，酒店的等级可以使他们了解酒店的设施和服务情况，以便有目的地选择适合自己要求的酒店。

酒店等级的评定意义与依据如下：

（1）酒店等级的评定意义　首先，酒店等级的评定有助于客人预先了解将投宿酒店的设施设备条件和服务水准，进而了解其价格水平；其次，通过酒店等级的评定和复评等活动，也可以加强对酒店行业的管理与指导；最后，有助于监督与促进酒店不断改善与加强经营管理。

（2）酒店等级的评定依据　世界各国酒店等级划分的标准和方法不尽相同。国际上通常按酒店所处的环境、规模、建筑、设施设备、服务质量和管理等具体条件划分等级。当前国际上流行的划分方法，一般划分为五个等级，即把酒店划分为五个星级：一星、二星、三星、四星和五星。星级越高，表明酒店档次和级别越高。很多国家把五星级（包括白金五星级）作为最高级别，并且给予漂亮的标志。

【运营链接 1-1】

我国酒店星级的评定和要求

1. 我国酒店星级的评定

目前，我国采用与国际接轨的五星等级制评级标准。我国于 1988 年和 1997 年两次颁布了旅游涉外酒店星级评定标准，在 1997 年颁布的评定标准中，对三星级、四星级、五星级酒店的设施设备和服务标准进行了调整，增加了一些自由选择的项目。目前我国酒店星级的划分与评定主要以《旅游涉外饭店星级的划分与评定》（GB/T 14308—1997）为标准。2001 年，我国又开始对 1997 年的标准进行修改，制定了《旅游饭店星级的划分与评定》（GB/T 14308—2003）。目前，我国酒店星级评定标准以《旅游饭店星级的划分与评定》（GB/T 14308—2010）为准。

在 2003 版的评定标准中，除以往已有的一星级至五星级之外，还增设了“预备星级”和“白金五星级”。“白金五星级”条件要求较高，除必须具有两年以上五星级资格、地处城市中心商务区或繁华地带、外观造型别具一格，以及内部功能布局和装修装饰与所在地历史、文化、自然环境相结合等七个必备条件外，还须具备六项参评“硬”条件中的至少五项，如有符合国际标准的高级西餐厅、有高雅的独立封闭式酒吧、国际认知度极高、平均每间可供出售客房收入连续三年居于所在地五星级酒店前列等。

酒店等级用星的数量和设色来区别，一星级至五星级的酒店铜牌上以镀金五角星为符号，而获得白金五星级的酒店，其标牌上缀有的五颗星将选用白金色。

开业不足一年的酒店可申请预备星级，有效期为一年，其等级与星级相同。

2010 版标准还将原来的“一年复核一次”改为“五年后须重新评定”。这从真正意义上打破了酒店星级的终身制，并以 1999 年 1 月 1 日为界，此前评星定级的酒店将面临复核整改。经过重新评定的酒店，将用全国星级评委颁发的星级评定标志牌替换原来国家旅游局颁发的评定标志牌。

我国接待国外旅游者以及国内客人的任何酒店、度假村，都属于评定范围，凡准备开业或正式开业不满一年的酒店，定为预备星级。正式评定星级要求酒店正式开业一年以上。

2. 星级酒店的基本要求

五星级酒店：这是旅游酒店的最高等级。设备十分豪华，设施更加完善，除了房间设施豪华外，服务设施也很齐全。五星级酒店有各种各样的餐厅，较大规模的宴会厅、会议厅，综合服务比较齐全，集社交、会议、娱乐、购物、消遣、保健等活动于一体。

四星级酒店：设备豪华，综合服务设施完善，服务项目多，服务质量优良，室内环境有艺术性，提供优质服务。客人不仅能够得到高档的物质享受，也能得到很好的精神享受。

三星级酒店：设备齐全，不仅提供食宿，还有会议室、游艺厅、酒吧间、咖啡厅、美容室等综合服务设施。这种属于中等水平的酒店，因设施及服务良好、价钱相对较便宜，而在国际上最受欢迎，数量较多。

二星级酒店：设备一般，除具备客房、餐厅等基本设备外，还有商品部、邮电、理发等综合服务设施，服务质量较好，属于一般旅行等级。

一星级酒店：设备简单，具备食、宿两个最基本功能，能满足客人最简单的旅行需要。

3．评定组织及权限

我国颁布实施的《旅游饭店星级的划分与评定》（GB/T 14308—2010）中，对各星级的酒店标准有比较详尽的划分和要求。我国国家旅游局设酒店星级评定机构，负责全国旅游涉外酒店评定的领导工作，并具体负责评定全国四星级、五星级酒店。省、自治区、直辖市旅游局设酒店星级评定机构，具体负责评定本地区一星级、二星级、三星级酒店，并负责向国家旅游局星级评定机构推荐四星级、五星级酒店。

（三）酒店的组织机构

酒店组织机构是为完成酒店经营管理任务而集结成的群体，在人群分工和职能分化的基础上，运用不同职务的权力和职责来维护投资者的权益，协调人们的行动，发挥集体优势的一种组织形式。酒店组织机构是酒店管理体制的核心。管理体制中的领导管理体制是以组织机构的存在为前提的。领导权力的归属、划分、如何行使等都以组织机构和岗位设置为基础，管理体制中的经济管理制度的制定、贯彻、实施等也是以组织机构的存在为前提的。

由此可以看出，酒店的管理者、决策者要从思想上、行动上重视酒店组织机构的设置，不仅要潜心研究组织机构方面的理论和原则，而且要了解国内外同类型酒店组织机构设置的状况、它们的利和弊，更重要的是要结合国情和店情，精心设计本酒店的组织机构。

酒店的投资结构、规模大小、星级高低、服务项目和接待能力不同，其组织机构形式也各不相同。目前常见的酒店组织机构的模式如图 1-1 所示。

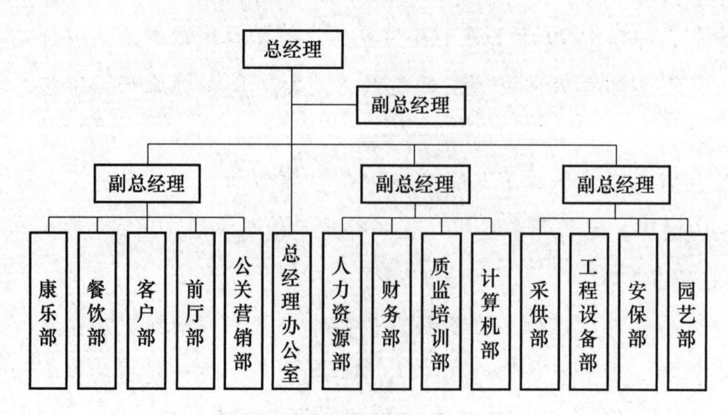

图 1-1　酒店组织机构图

【运营链接 1-2】

酒店组织机构设置原则

酒店有大小之别、等级高低之分、业务繁简之差，管理人员能力也有强弱之别。因此，在酒店组织机构的设置方面并无固定不变的模式。但是，也有一些基本的原则必须遵循。

1．根据酒店等级规模，确定组织机构

酒店组织机构的设置必须坚持因业务要求而设立机构，使组织机构的大小、层次、管理幅度、工作任务，都同酒店的等级、规模、接待对象等相适应。具体说来，要解决好四个问题：一是要建立几级组织，即从上到下的层次多少；二是要设立多少个部门，即管理幅度应该是多少；三是各级、各部门需要设立多少管理职位，即副职及主管的数量；四是每级组织和每个职位的相互关系的协调，工作任务量的适度等规则。

2．根据专业分工，制定职责规范

酒店各级组织机构的设置最终都要落实到人员配备上，而各岗位人员的职责规范是组织管理的核心和基础。划分部门归属、制定职责规范：一要把专业性质相同和关系密切的工作划分到同一部门；二要防止各部门、各岗位的工作和同一层次的正副职的工作职权不清、重叠交叉；三要处理好从上级到下级各级机构的职位、等级和横向联系的相互关系，做到职责明确、权力和范围划分清楚，能够协调配合。

3．根据各级岗位职责规范和素质要求选派人员

酒店各级管理人员，特别是高中级管理人员，都要根据任人唯贤、德才兼备的原则，以各岗位人员的职责规范和素质要求为基础，制定聘任、选择、招聘办法和措施，选派合适的人员充实到各级岗位。因事设人，精简机构。

二、酒店的房务系统

酒店的房务系统指的是酒店内涉及客房产品的生产、销售的各个部门的组合。

（一）房务系统概况

大型酒店的房务系统，通常设房务总监来管理，由客房部、前厅部、安保部和工程维修部等几个二级部门组成。由于房务系统的工作主要是围绕着客房产品的生产和销售展开的，因此，房务管理的对客服务工作主要由客房部和前厅部完成。

（二）酒店房务的主要工作

酒店前厅与客房管理所涉及的是有关酒店客房产品的生产、销售与服务的各项事务。客房产品的生产是指为客人创造一个清洁、美观、舒适、安全、理想的住宿环境，其内容包括在客房中配备能满足现代生活所需的各种设备、设施、用品，对客房和整个酒店的公共区域进行清洁保养以延长酒店各类硬件设施的使用寿命。客房产品的销售是指根据市场需求，设计和配置各种类型的客房，制定合理的价格，利用多种预订渠道开展订房业务，通过前台入住登记和各

类前厅服务工作，最大限度地销售客房产品，以取得最佳的经济效益。住宿管理的核心和目的是有效地满足住客在酒店期间的各种需要。因此，住宿管理的内容也要围绕客人的需求及其活动所引起的酒店业务和活动而展开。

1. 业务管理

业务管理的目的是保证酒店业务的正常开展。酒店业务是由每个部门所承担的业务组成的，因此，酒店每一个部门、每一位管理人员都有各自的业务管理范围。管理人员的业务管理就是对所辖的业务进行事前、事中和事后的管理。

房务管理人员要明确各自的业务范围，对管理范围内的业务内容要有深刻、全面的认识。合理地设计业务过程，系统地组织和指挥业务活动，有效地设计与设置业务信息系统和财务控制系统，科学地配备人员、安排班次，是有效进行房务管理的重要内容。

从酒店房务管理的业务程序来考虑，管理的内容主要涉及酒店前厅和客房对客服务流程的六个相互关联的环节。这个由众多连贯的服务项目所组成的流程，大致可分为以下六个基本环节：客房预订、入住登记、排房与定价、客房服务、离店结账和建立客史档案。它们共同构成了酒店房务管理的基本内容。当然，在这个服务流程之中，还包含着经营策划、服务管理与控制、综合协调等职能。

2. 服务质量管理

酒店服务质量是酒店的生命线，是酒店的中心工作。酒店房务服务质量管理的主要内容有以下几个方面。

(1) 服务质量的认知　进行房务管理需要对服务质量有一个全面、完整的认识。服务质量是指酒店向宾客提供的服务在使用价值上、精神上和物质上适合和满足客人需要的程度。服务质量包括设备设施、服务水平、饮食产品、安全保卫等方面。服务质量是综合性的概念，其中的每个因素都会对酒店服务质量产生影响，这就需要在总体上认识酒店服务质量的标准、特性，分析其运营规律，分析每个因素及其对服务质量的影响，研究控制服务质量的方法。

(2) 制定衡量房务服务质量的标准　酒店管理者要根据酒店及房务部门的服务质量要求，分门别类地制定出衡量房务服务质量的标准。一般可以分成两大类：一类是静态标准，如前厅卫生标准，客房水、电、冷、暖设备标准等；另一类是动态标准，如客人投诉率、客房出售率、平均房价等。各种标准应详细、具体、明确。

(3) 制定房务服务规程　为了确保房务服务质量达到标准，需要针对房务服务过程制定房务服务规程。服务规程以描述性语言规定服务过程的内容、顺序、规格和标准，它是规范服务的根本保证，是服务工作的准则。房务管理人员要重点管理房务服务规程的形式、制定房务服务规程、执行房务服务规程、调整和改进房务服务规程。

(4) 控制服务质量　要落实服务质量标准，必须对服务质量进行控制。对房务服务质量的控制主要有：建立房务服务质量评价体系，建立房务服务质量承诺与保证体系，推行全面质量管理。

3. 安全管理

酒店的安全包括酒店本身的安全和宾客的安全两部分。酒店的安全主要是指酒店的财产安全和酒店员工的人身安全两个方面；宾客的安全主要是指宾客的人身安全、财产安全和隐私安全三个方面。现代酒店房务安全管理的主要内容有以下几个方面。

（1）建立有效的房务安全组织　现代酒店的房务安全组织是由现代酒店的各级管理人员和一线服务人员与现代酒店的保安部共同完成的。管理工作包括现代酒店的消防管理、治安管理以及日常的楼面安全管理。

（2）制订科学的房务安全管理计划和制度　现代房务酒店安全管理计划和制度包括：犯罪与防盗控制计划与措施，防火安全计划与消防管理措施，常见安全事故的防范计划与管理措施。安全制度包括治安管理制度、消防管理制度等内容。鉴于目前的网络安全形势，建立健全酒店网络信息安全的管理制度、措施、流程和应急预案也逐渐得到重视。

（3）紧急情况的应对与管理　这一般是指酒店出现以下紧急情况时的应对与管理：停电事故，客人违法事件，客人伤、病、亡事故，涉外案件等。

4. 综合协调

前厅部和客房部是酒店经营最重要的部门，前厅部和客房部要在酒店各部门之间、各层次之间、酒店内部与外部之间为实现酒店经营目标而进行各种形式的沟通与协调。例如，有效地进行部门间的业务沟通，正确、有效地处理客人的投诉等。

（三）酒店房务的组织机构

1. 房务部门的组织原则

酒店内各部门的组织机构是履行管理职能、开展经营活动、完成酒店下达的计划任务的一种组织形式。根据房务管理的工作特点，房务部门组织机构的建立及岗位的设置应遵循专职分工、统一指挥及高效能的原则。由于房务部门内分工较细，机构及岗位设置较多，所以要强调专职分工的原则，就是明确各机构及岗位的职责和任务，以便各司其职、各尽其责。统一指挥的原则是指明确垂直逐层指挥的体系以及指挥的幅度，有效地督导下属人员的工作。高效能的原则要求部门内部沟通渠道畅通，逐级分层负责，权责分明，能充分发挥各级人员的积极主动性及聪明才智，提高工作效率，产生较高的工作效能。

2. 房务系统的一般机构

为实施房务管理，即对客房产品的销售和生产过程进行管理，酒店在其组织机构中应设置专职部门。目前一般酒店在其组织机构中设置前厅部和客房部两个独立的部门（见图 1-2）；在小型酒店中设置含有前厅部的客房部（见图 1-3）；在实行总监制的大型现代酒店中，设置房务系统，由前厅部、客房部、安保部、行政楼层等几个二级部门，并设立房务总监的职位，

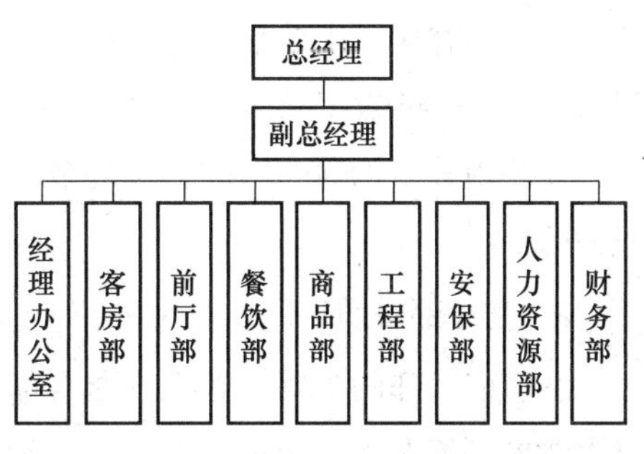

图 1-2　一般酒店房务系统组织机构图

统辖整个房务系统（见图 1-4）。

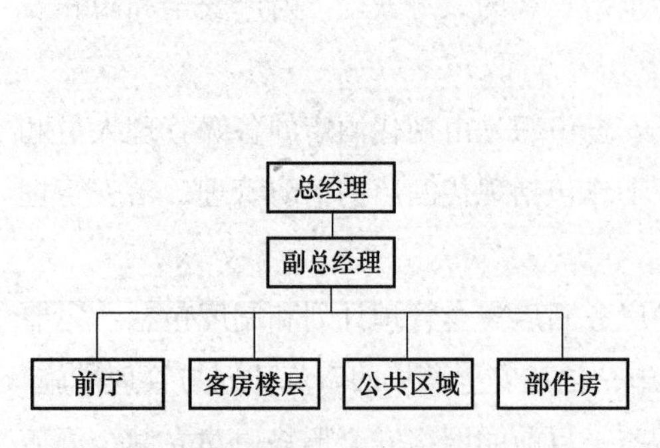

图 1-3　小型酒店房务系统组织机构图

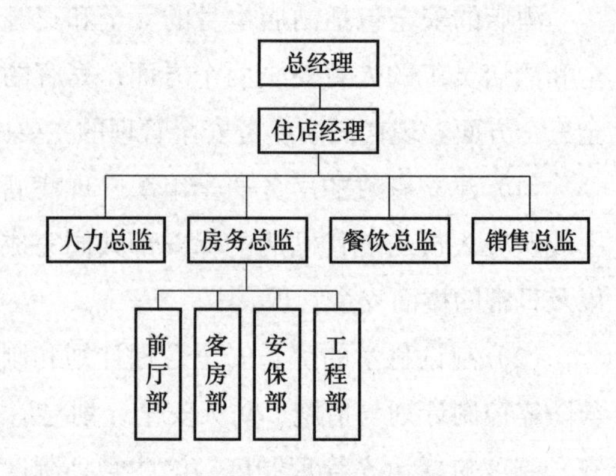

图 1-4　大型酒店房务系统组织机构图

第二节　酒店的前厅部

前厅部员工是最先迎接客人、最先向客人提供服务的群体，他们主动、热情、周到、细致的服务会给客人留下美好而深刻的第一印象。前厅部的管理与服务水平直接影响整个酒店的经营效果和服务形象。本节将介绍：前厅部在酒店中的地位、作用及主要任务，前厅部的组织机构与主要职责以及环境要求。

二维码资源 1-03

一、前厅部的地位、作用及主要任务

（一）前厅部的地位和作用

前厅部是现代酒店的重要组成部分，在酒店经营管理中占有举足轻重的地位。前厅部的运转和管理水平，直接影响整个酒店的经营效果和对外形象。前厅部在酒店中的重要地位，主要表现在以下几个方面。

1. 前厅部是酒店业务活动的中心

前厅部是一个综合性服务部门，服务项目多，服务时间长，酒店的任何一位客人，从抵店前的预订到入住，直至离店结账，都需要前厅部提供服务，前厅部是客人与酒店联系的纽带。前厅部通过客房商品的销售来带动酒店其他各部门的经营活动。同时，前厅部还要及时地将客源、客情、客人需求及投诉等各种信息通报有关部门，共同协调整个酒店的对客服务工作，以确保服务工作的效率和质量。因此，前厅部通常被视为酒店的“神经中枢”，是整个酒店承上启下、联系内外、沟通左右的关键环节。无论酒店规模大小、档次如何，前厅部都是向客人提供服务的中心。

2. 前厅部是酒店形象的代表

酒店前厅部的主要服务机构通常都设在客人来往最为频繁的大堂。任何客人一进店，就会对大堂的环境艺术、装饰布置、设备设施和前厅部员工仪容仪表、服务质量、工作效率等，产生深刻的“第一印象”。而这种第一印象在客人对酒店的认知中会产生非常重要的作用，它产生于瞬间，但却会长时间保留在人们的记忆表象中。客人入住期满离店时，也要经由大堂，前厅部服务人员在为客人办理结算手续、送别客人时的工作表现等都会给客人留下“最后印象”，优质的服务将使客人对酒店产生依恋之情。客人在酒店整个居留期间，前厅部要提供各种有关服务，客人遇到困难时要找前厅部寻求帮助，客人感到不满时也要找前厅部投诉。而且，在大堂汇集的大量人流中，除住店客人外，还有许多前来就餐、开会、购物、参观游览、会客交谈、检查指导等各种各样的客人。他们往往停留在大堂，对酒店的环境、设施、服务品头论足。因此，前厅部管理水平和服务水准，往往直接反映整个酒店的管理水平、服务质量和服务风格。前厅部是酒店工作的“橱窗”，代表着酒店的对外形象。

3. 前厅部是酒店创造经济收入的关键部门

为宾客提供食宿是酒店的基本功能，客房是酒店出售的最大、最主要的商品。通常在酒店的营业收入中，客房销售额要高于其他各项。据统计，目前国际上客房收入一般占酒店总营业收入的 50% 左右，而在我国还要高于这个比例。前厅部的有效运转是提高客房出售率、增加客房销售收入，从而提高酒店经济效益的关键因素之一。

4. 前厅部是酒店运营管理的参谋和助手

作为酒店业务活动的中心，前厅部直接面对市场、面对客人，是酒店中最敏感的部门。前厅部能收集到有关市场变化、客人需求和整个酒店对客服务、经营管理的各种信息，并对这些信息进行认真的整理和分析，每日或定期向酒店提供真实反映酒店经营管理情况的数据报表和工作报告，并向酒店管理机构提供咨询意见，作为制订和调整酒店计划和经营策略的参考依据。

（二）前厅部的主要任务

前厅部在酒店运行中起着推销、沟通、协调等重要作用，是酒店的“神经中枢”，主要承担下列九项工作。

1. 销售客房

前厅部的首要功能是销售客房。我国的许多酒店和世界上相当数量的酒店一样，客房的盈利占整个酒店盈利总和的 50% 以上。因此，能否有效地发挥销售客房的功能，将影响到酒店的总体的经济效益。

前厅客房销售的工作主要由订房推销、接待客人、办理入住登记和排房、确定房价四个方面组成。

总之，客房销售是前厅部首要的功能。客房营业收入是考核前厅部管理及运转好坏的重要依据之一。同样，衡量一位总台服务人员的工作是否出色，往往也参考其客房销售的能力和实绩。可见，前厅部的全体员工应全力以赴地推销客房，积极发挥前厅部客房销售的职能。

2. 提供信息

除了发挥销售客房的功能外，前厅部还应成为提供信息的中心。地处酒店显眼位置的前厅部的总台是服务人员与客人的主要接触点。前厅部服务人员应随时准备向客人提供他感兴趣的资料，如将餐饮活动（举行美食周、厨师长特选等）的信息告诉客人。这样做，不但能方便客人，还能起到促进销售的作用。

前厅部服务人员还应向客人提供酒店所在地、所在国的有关信息和指南。例如，向客人介绍游览点的特色，购物中心的地点及营业时间，外贸公司及科研机构的地址、联系人、电话号码，本地区及其他城市主要酒店的情况，各类交通工具的抵离时间等。

前厅部的服务人员应始终做好准备，充分掌握和及时更新各种固定的与变动的信息，以亲切的态度、对答如流的技能，给客人提供准确无误的信息。

3. 协调对客服务

为了能使客人享受到区别于其他地方的高水准的服务，前厅部服务人员应以优质的服务来完成酒店前、后台之间及管理部门与客人之间的沟通联络工作。为了达到使客人满意的目的，前厅部应在客人与酒店各有关部门之间牵线搭桥。例如，客人投诉房内暖气不足，前台服务人员应及时向工程部反映，并通过适当途径给予客人满意的答复。前厅部的责任是根据客人的需求，发挥其信息集散点和总经理室“参谋部”的作用。

4. 控制客房状况

控制客房状况是前厅部又一重要功能。这项功能主要由两方面的工作组成：一是协调客房销售与客房管理，二是在任何时候都准确地反映酒店客房的销售状态。

协调客房销售与客房管理，一方面是指前厅部必须向销售部提供准确的客房信息，避免超额预订和使销售部工作陷入被动；另一方面是指前厅部必须向客房部提供准确的销售客情，以便其调整工作部署。例如，前台部排房时应注意将团队、会议用房相对集中，以便客房的清洁和管理；在客情紧张的旺季应将客情随时通报客房部，以便其安排抢房和恢复待修房。这里必须强调，协调好客房销售与客房管理之间的合作关系是前厅部的重要职责。前厅部和客房部双方都必须抱着理解与合作的态度，努力为每一位客人提供准备好的房间，最大限度地将客房销售出去。

正确反映酒店的客房状况依赖于前厅部负责管理的两种客房状况显示系统：一种为预订状况显示系统，也可称为客房长期状况显示系统；另一种为客房现状显示系统，也称为客房短期状况显示系统。目前大多数酒店使用计算机管理将这两种控制系统集成在一起，形成了物业管理系统（PMS）。还未使用计算机的酒店通常要用客房状况显示架（分为预订显示架和总台开房显示架两种）来控制和反映客房状况。客房状况控制系统随时反映整个酒店每间客房——住客房、走客房、可售房、待修房、内部用房等的状况。正确地掌握酒店状况为客房销售提供了可靠的依据，是前厅部的管理目标之一。要做好这一工作，除了控制系统计算机化和拥有必要的现代化通信联络设备外，还必须建立健全行之有效的管理制度，切实做好与客房、销售、收银等环节之间的信息沟通工作。

5. 提供各种前厅服务

作为对客服务的集中场所，前厅部还是一个直接向住店客人提供各类相关服务的前台服务部门，如电话、商务、行李、接受投诉、邮件、票务代办、钥匙收发、迎宾接站、物品转交、留言问询服务等。这些众多工作内容构成了其直接对客服务的功能，其中有一些服务还担负着为酒店创收的任务。但是前厅部最主要的任务是通过日益完善的机制和管理，将各种服务工作做好。前厅部的服务质量也是其重要的考核内容之一。高质量的前厅服务能使客人对酒店的总体管理水平留下良好的、深刻的印象。基于此，目前世界上一些酒店奉行“大堂区域”管理理论，其核心思想是使客人在酒店客人集中处的一层大厅内对酒店气氛、服务与档次留下良好感觉，以便使其他各项服务工作的进行有一个良好的基础，从而促使客人对酒店总体留下良好的、深刻的印象；而前厅的服务与管理显然是这“大堂区域”管理中最为关键和重要的一环。因此前厅部的管理人员要在积极推销酒店产品的同时也将自身所提供的各种服务的质量抓好，以圆满实现其服务功能。

6. 建立客账

目前大多数酒店为了方便客人、促进消费，向客人提供统一结账服务。客人经过必要的信用证明（通常是信用卡预授权这种方式），查验证件后，可在酒店营业点（商场部除外）签单赊账。前台收款处不断累计客人的消费额，直至客人离店或其消费额达到酒店政策所规定的最高欠款额时，才要求客人付款或追加押金。要做好这项工作，必须注意建立客人账户、对客人消费及时认真登记和监督检查客人信用状况这三个环节。

客人账单可以在客人预订客房时建立（记录定金、预付款和信用卡号码），或在其办理入住登记手续时建立。建立客账的目的是记录和监视客人与酒店之间的财务关系，以免酒店发生经济上的损失。前厅部的职责是区别每位客人的情况，建立正确的客账，提供客人以往消费和客人信用的资料，以保持酒店良好的信誉及保证酒店应有的经营效益。

7. 结账离店

客人离店前，应核查其账单；客人要办理离店手续时，应将账单交给客人，请客人检查；离店手续办理完毕，前台应按程序与有关部门进行及时的沟通。

做好客人离店工作是十分重要的。客人住店期间，全体员工千方百计地提供优质服务，如果在最后一刻，由于某一环节上的疏忽，而使客人对酒店的美好印象受到损害，那将令人十分遗憾。让客人心满意足地离去是酒店的目标，满意而归的客人很可能成为酒店的“回头客”，酒店的良好声誉很大程度上取决于“回头客”和常客的间接宣传。

8. 建立客史档案

由于前厅部为客人提供入住及离店服务，因而自然就成为酒店对客服务的调度中心及资料档案中心。大部分酒店为住店一次及以上的零星散客建立客史档案。按客人姓名字母顺序排列的客史档案记录了酒店所需要的有关客人的主要资料。这些资料是酒店给客人提供周到的、具有针对性的服务的依据，同时也是酒店寻找客源、研究市场营销的信息来源，所以必须坚持规范建档和保存制度化两项原则。

9. 辅助决策

前厅部处于酒店业务活动的中心地位，每天都能接收到大量的信息，如有关客源市场、商品销售、营业收入、客人意见等。因此，前厅部应当充分利用这些信息，将统计分析工作制度化和日常化，及时将有关信息整理后向酒店的管理机构汇报，与酒店有关部门沟通，以便其采取对策，满足经营管理上的需要。为了起到决策参谋的作用，前厅部还应当将有关市场调研、客情预测、预订接待情况、客史资料等收存建档，以充分发挥这些原始资料的作用，真正使前厅部成为酒店收集、处理、传递和储存信息的中心。前厅部的管理人员还要亲自参与客房年度销售预测，进行月度、年度销售统计分析，向总经理提供有价值的参考意见，并亲自检查各类报表和数据，通过掌握大量的信息来不断改善本部门和酒店的服务工作，提高前厅部的管理水平。

从上面介绍的九项职能中可以看出，前厅部是酒店的营业中心、协调中心和信息中心，它在酒店经营中起着销售、沟通、控制、协调服务和参与决策的作用。前厅部管理的好坏与上述九项职能是否正常发挥作用密切相关，特别是与首要职能——销售客房有关，也就是与酒店的经营效益有关。因此，在日常的运转与管理中，前厅部必须重视以上九方面职能的正常发挥。

二、前厅部的组织机构与主要职责

任何组织的各项业务分工和各部分岗位构架，都是为了实现该组织事先制定的目标。前厅部的组织结构必须与其完成的任务和目标相一致。前厅部的组织结构在设计上要考虑酒店的规模、经营特点、产品档次和管理方式等方面的内容，采取最适合自身的组织结构形式。前厅部组织机构的设置原则是：既保证前厅运作的质量和效率，又能方便客人、满足客人的需求。

（一）前厅部的机构构成

酒店的组织是酒店各种营运管理的基本构架。它涉及的范围包括内部各部门、各种事务的分工，员工人数、员工权责的拟定，以及它们之间的互动关系。酒店管理人员面临的最大的一个挑战就是建立一种能致力于提高服务质量的灵活组织形式。

前厅部的组织机构应根据酒店的类型、规模、等级、特色、管理方式、地理位置、客源构成等因素来配备各管理层、岗位工种等，但不论怎样设置，都应遵循两条原则：一是要保证前厅工作效率，二是要便利宾客。

一般说来，前厅部的主要机构设在大堂的总服务台和位于总台后部或侧面的前厅办公室。总服务台应设有接待处、问询处、行李处、收银处等机构，大堂还应相应设有大堂副理值岗，与总台均在宾客可视范围内。前厅办公室是前厅部安排前厅业务经营的中心，前厅部经理及办公室人员在内工作。很多酒店把预订处、车队调度与电话总机房等也设在办公室附近，不为宾客所见。另外，商务中心往往单独设在大堂一侧。

前厅部组织机构的具体设置，各酒店不尽相同。目前，在我国因酒店的规模不同，大致有三种模式，如图 1-5 ~ 图 1-7 所示。

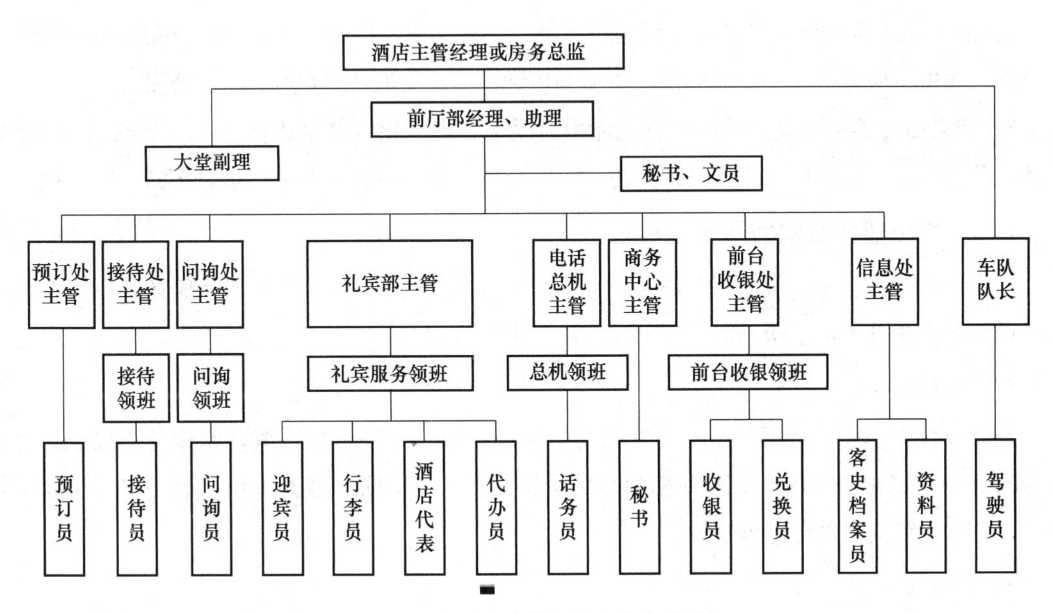

图 1-5　大型酒店前厅部组织机构图

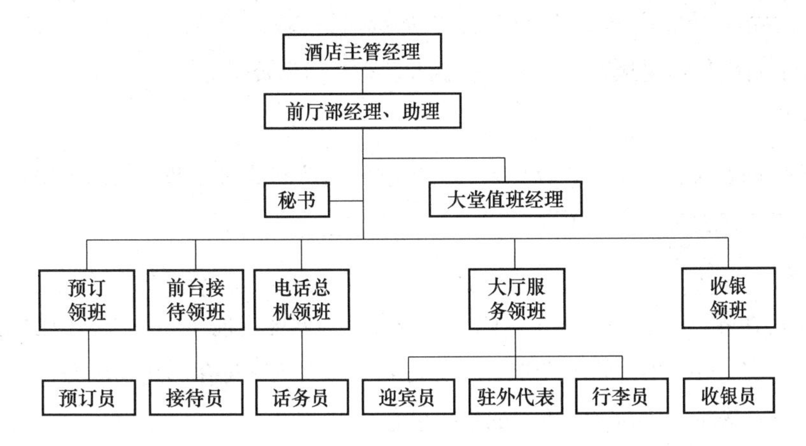

图 1-6　中型酒店前厅部组织机构图

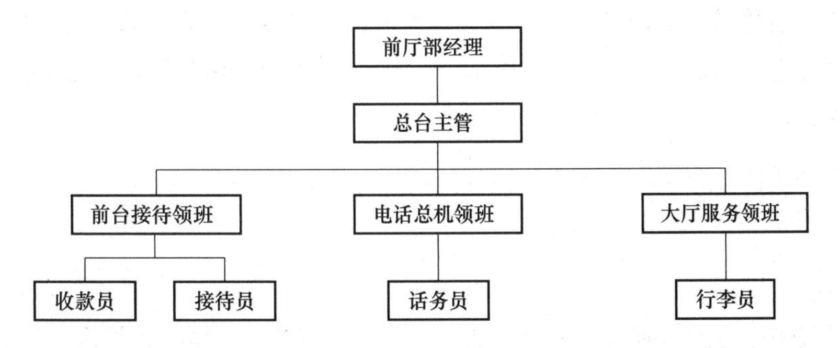

图 1-7　小型酒店前厅部组织机构图

在前厅部的组织机构中需要说明的是：

1）在前厅部内部通常设有部门经理、主管、领班和服务员四个管理层次。

2）前厅部作为一个与客房部并列的独立部门，直接向酒店总经理负责。在前厅部内设有部门经理、领班、服务员三个管理层次。中型酒店和一些小型酒店一般采用这种模式。

3）如果前厅不单独设立部门，其功能由总服务台来承担，总服务台作为一个班组归属于客房部，只设领班（主管）和总台服务员两个管理层次。小型酒店一般采用这种模式。

（二）前厅部各机构的职责

前厅部的工作任务，是通过其内部各机构分工协作、共同完成的。如前所述，酒店规模不同，前厅部业务分工也不同，但一般都设有以下主要机构。

1. 预订处

预订处接受、确认和调整来自各个渠道的房间预订，办理订房手续；制作预订报表，对预订进行计划、安排和管理；掌握并控制客房出售状况；负责联络客源单位；定期进行房间销售预测，并向上级提供预订分析报告。

2. 接待处

接待处负责接待抵店投宿的客人，包括团体、散客、长住客、非预期到店以及无预订客人；办理宾客住店手续，分配房间；与预订处、客房部保持联系，及时掌握客房出售变化，准确显示房态；制作客房销售情况报表，掌握住房客人动态及信息资料等。

3. 问询处

问询处负责回答宾客的询问，提供各种有关酒店内部和酒店外部的信息；提供收发、传达、会客等服务；负责保管所有客房钥匙。

4. 礼宾部

礼宾部负责在店口或机场、车站、码头迎送宾客；调度门前车辆，维持门前秩序；代客装卸行李，陪客进房，介绍客房设备与服务，并为客人提供行李寄存和托运服务；分送客人邮件、报纸；转送留言、物品；代办客人委托的各项事宜。

5. 电话总机

电话总机负责接转酒店内外电话，承办长途电话，回答客人的电话询问；提供电话找人、留言服务；叫醒服务；播放背景音乐；当酒店出现紧急情况时，担任临时指挥中心。

6. 商务中心

商务中心提供信息及秘书性服务，如收发电传、传真和电报、复印、打字及计算机文字处理等。

7. 收银处

收银处负责酒店客人所有消费的收款业务，包括客房餐厅、酒吧、长途电话等各项服务费用；与酒店一切与宾客消费相关的部门的收银员和服务员联系，催收核实账单；及时催收长住客人或公司超过结账日期、长期拖欠的账款；夜间统计当日营业收益，制作报表。

8. 宾客关系部

现在，不少高档酒店在前厅设有宾客关系部，其主要职责是代表总经理负责前厅服务协调、贵宾接待、投诉处理等服务工作。在不设宾客关系部的酒店，这些职责由大堂副理负责，大堂副理还负责大堂环境、大堂秩序的维护等事项。

（三）前厅部主要管理岗位职责

1. 前厅部经理岗位职责

前厅部经理是前厅运转的指挥者，全面负责前厅部的经营管理工作，其主要职责是：

1）对酒店总经理或房务总监负责，贯彻执行所下达的指令，提供有关信息，协助领导决策。

2）根据酒店的年度计划，制定前厅部的各项业务指标、规划和预算，并确保各项计划任务的完成。

3）每天审阅有关报表，掌握客房的预订、销售情况，并直接参与预订管理及客源预测等工作，使客房销售达到最佳状态。

4）经常巡视和检查总台及各服务岗位，确保各部位高效运行、规范服务，保持大堂卫生与秩序处于良好状态。

5）督导下属员工（特别是主管或领班）的工作，负责前厅部员工的挑选、培训、评估、调动及升迁等事宜。

6）协调联络其他部门，进行良好的沟通，保证前厅部各项工作顺利进行。

7）掌握每天客人的抵离数量及类别，负责迎送重要客人并安排其住宿。亲自指挥大型活动、重要团队与客人的接待工作。

8）批阅大堂副理处理投诉的记录和工作建议，亲自处理重要客人的投诉和疑难问题。

9）与酒店销售部门合作，保持与客源单位的经常联系。

10）负责本部门的安全、消防工作。

【运营链接 1-3】

酒店贵宾

贵宾（Very Important Person）是指那些受到特别关照的宾客，也称为 VIP。这些“特别关照”通常包括每日晨报、开夜床服务、酒店豪华轿车服务、特制用品以及其他服务等。从入住登记到退房离店，贵宾都受到酒店提供的最好服务和接待。贵宾的接待程序是：①与管家部协调贵宾的抵达时间；②贵宾预登记，并将其姓名和房号打印在预登记单上，只要求贵宾签名而不要求填登记表；③通知相关人员，包括行政楼层接待员、房内用膳送餐员、住店经理和总经理等。在为贵宾和其他宾客登记时，要有礼貌、职业化地提供优质服务。

2. 大堂副理岗位职责

大堂副理也称大堂值班经理，其工作岗位设在前厅，直属前厅部经理领导（也有不少大型酒店直属驻店总经理）。在不设宾客关系部的酒店，大堂副理负责协调酒店对客服务、维护酒店应有的水准、代表总经理全权处理宾客投诉、保证宾客生命安全及财产安全等。其主要职责是：

1）协助前厅部经理，对与大堂有关的各种事宜进行管理，并协调与大堂有关的各部门工作。

2）代表总经理接待团队和 VIP 等宾客，筹办重要活动、重要会议。

3）接受宾客投诉，与相关部门合作及沟通解决，并尽可能地采取措施，保证宾客投诉逐步减少。

4）负责维护前厅环境、前厅秩序，确保前厅整洁、卫生、美观、舒适，并始终保持前厅对客服务良好的纪律与秩序。

5）每天有计划地拜访或电联常客和贵宾，沟通感情，征求意见，掌握服务动态，保证服务质量。

6）代表酒店维护、照顾住店宾客利益，在宾客利益受到损害时，与有关部门以及酒店外有关部门联系，解决问题。

7）处理各种突发事件，如：停电，火警，财产遗失、偷盗或损坏，客人逃账、伤病或死亡等。

8）定期向前厅部经理和酒店总经理提交工作报告。

3. 前台接待主管岗位职责

前台接待主管具体负责组织酒店客房商品的销售和接待服务工作，保证下属各班组之间及与酒店其他部门之间的衔接和协调，以提供优质服务，提高客房销售效率。主要工作职责有：

1）向前厅部经理负责，对接待处进行管理。

2）制订接待处年度工作计划，并交有关部门审批。

3）协助制定接待处的岗位责任制度、操作规程和其他各项规章制度，并监督执行。

4）阅读有关报表，了解当日房态、当日预订情况、VIP 情况、店内重大活动等事宜，亲自参与 VIP 客人以及重大活动的排房和接待工作。

5）做好下属的思想工作，帮助下属解决工作与生活中的难题，调动下属的工作积极性。

6）对下属进行有效的培训和考核，提高其业务水平和素质。

7）负责接待处的设备养护，确保设备的正常运转。

8）协调与销售客房和接待工作相关的班组和部门之间的关系。

9）负责接待处安全、消防工作。

4. 礼宾主管岗位职责

礼宾主管具体负责指挥和督导下属，为客人提供高质量、高效率的迎送宾客服务、行李运送服务和其他相应服务，确保本部门工作正常运转。主要工作职责包括：

1）对前厅部经理负责，对礼宾部进行管理。

2）制订礼宾部年度工作计划，报上级部门审批。

3）协助制定礼宾部的岗位责任制、操作规程和其他各项规章制度，并监督执行。

4）阅读有关报表，了解当日离店的客人数量、旅行团队数、VIP、酒店内重大活动及接送机情况，亲自参与 VIP 客人以及重大活动的迎送及相应服务。

5）做好下属的思想工作，调动下属的工作积极性。

6）对下属进行有效的培训和考核，提高其业务水平和素质。

三、前厅的环境要求

前厅，是指酒店的正门、大厅（大堂）以及楼梯、电梯和公共卫生间等，属于前厅部管辖范围。前厅是酒店建筑的重要部分，每一位客人抵达酒店，都必须经过这里，它是客人对酒店产生第一印象的重要空间。

（一）前厅的整体环境条件

前厅的整体环境条件要使客人感到舒适，应达到空间宽敞、温湿度控制适宜、通风良好、空气清新、光线明亮柔和、布置高雅等效果。酒店前厅的整体环境应在以下几个方面加以重视。

1. 前厅的空间

前厅应有一定的高度，不会使人感到压抑，最好为天井式的。前厅应宽敞舒适，其建筑面积与整个酒店的接待能力相适应。我国星级酒店评定标准规定，酒店必须具有与接待能力（用额定的客房间数表示）相适应的前厅，即一般酒店的前厅面积不少于客房数 × $0.4m^2$/ 间，而高档豪华酒店的前厅面积不少于客房数 × $0.8m^2$/ 间。

2. 前厅的家具

营造氛围并能体现前厅风格的各类活动家具，要求既美观又舒适，应由室内设计师统一设计款式，由家具厂统一定制，不可随意采购，同时通过布艺靠垫等进行调节，再对艺术品陈设重点处理，应由艺术品供应商在室内设计师的总体构想下定制，这样容易产生比较理想的效果。

3. 前厅的光线

前厅的光线要适度，照明有一定层次。由于一天中室外光对于前厅的影响不同，所以有条件的酒店可考虑使用计算机调光系统。可根据不同的时段，采用不同的灯光场景模式，这样可以使大堂在每一时段都保持最佳效果，同时也使客人始终感到舒适。还要注意采用照明色彩分级变化的办法。从客人进入酒店门口到门厅，最后到服务台工作区，照明强度应该逐步增加，既调节了客人的视觉，又增加了前厅环境气氛。整个大厅的照明应该努力接近自然光，通常以悬挂的大吊灯为宜。客人休息处设有便于阅读和交谈的立灯或台灯，总服务台的工作人员则要使用照明度偏高的灯，创造一种适宜的工作环境。各种光线和谐、柔和，灯具要具有装饰作用，与大厅内的建筑风格互相呼应、形成一体。

4. 前厅的色彩与绿化

前厅环境通常受色彩的影响，前厅的色彩不能走两个极端：色彩过于单一，会使人乏味；但色彩过于繁杂，又容易使人心浮气躁。最好将前厅统一在一个色调中，通过色彩调节创造出舒适的气氛、适宜的环境，能提高工作效率，防止事故发生。酒店作为服务性企业，地面、墙面、吊灯应该以暖色调为主，以激发工作人员的热情，给客人一种欢乐的气氛。而前厅的服务处及客人休息处则应该配置冷色调的装饰，以稳定员工情绪，给客人一种轻松的感觉。前厅绿化可以给人以亲切、舒适的自然美感，既可以调节大厅温度、减少噪声、净化空气，又可以消除人们由于长时间室内活动而产生的疲劳。现代酒店，周围不一定有优雅的花园风景，所以，应尽可能在大厅内设计花卉、树木、山石、流水等景观，使厅内绿荫丛丛，流水潺潺，一派生机。

5. 前厅的温度、湿度及通风

前厅的温度、湿度及通风对员工的工作效率、身体状况及客人都有影响，适宜的温度、湿度及通风可以提高员工的工作效率，使客人和员工感到舒适。酒店通过中央空调调节温度，大厅温度在夏季应控制在 22 ~ 26℃，在冬季为 20 ~ 24℃；相对湿度控制在 40% ~ 60%。大厅内人员密度大、耗氧量大，一定要保证空气质量。新鲜空气中大约含有 21% 的氧气，高星级酒店大厅内风速应该保持在 0.1 ~ 0.3m/s，新风量一般不低于 $200m^3/$（人 · h），废气和污染物的控制标准为一氧化碳含量不超过 $5mg/m^3$，二氧化碳含量不超过 0.1%，细菌总数不超过 3000 个 $/m^3$，可吸入颗粒物（PM_{10}）不超过 $0.1mg/m^3$。

6. 前厅的噪声

凡使人们感到不和谐、不悦耳的声音，均被称为噪声。前厅通常离酒店大门外的闹市区或停车场较近，人员活动多，客人及服务员的多种交谈声、电话铃声等，造成声源多、音量大，从而形成噪声。噪声会影响人们休息，降低工作效率。为了防止噪声，前厅应采取措施进行控制：①使用隔音及吸音性材料；②禁止大声喧哗，员工要养成轻声说话的习惯；③尽量提高工作效率，快速安置客人，缩短客人在大厅的滞留时间；④可播放背景音乐，背景音乐的音量一般以 5 ~ 7dB 为宜，不影响宁静宜人的氛围。大厅内的噪声一般不得超过 45dB。

【运营链接 1-4】

前厅舒适度的评价与衡量标准见表 1-1。

表 1-1　前厅舒适度的评价与衡量标准

序号	标　准	优	良	中	差
1	各区域划分合理，方便客人活动	4	3	2	1
2	各区域指示标志实用、美观，导向效果良好	4	3	2	1

（续）

序号	标　准	优	良	中	差
3	各部位装修装饰档次匹配，色调、格调、氛围相互协调	4	3	2	1
4	光线、温度适宜，无异味、无烟尘、无噪声、无强风	4	3	2	1
5	背景音乐曲目、音量适宜，音质良好	3	2	1	0.5
6	贵重物品保险箱位置隐蔽、安全，能保护宾客隐私	3	2	1	0.5
7	地面：完整，无破损、无变色、无变形、无污染、无异味、光亮	3	2	1	0.5
8	门窗：无破损、无变形、无划痕、无灰尘	3	2	1	0.5
9	天花板（包括空调排风口）：无破损、无裂痕、无脱落、无灰尘、无水迹、无蛛网	3	2	1	0.5
10	墙面：平整、无破损、无开裂、无脱落、无污迹、无蛛网	3	2	1	0.5
11	柱：无脱落、无裂痕、无划痕、有光泽、无灰尘、无污迹	3	2	1	0.5
12	台：整齐、平整、无破损、无脱落、无灰尘、无污迹	3	2	1	0.5
13	电梯：平稳、有效、无障碍、无划痕、无脱落、无灰尘、无污迹	3	2	1	0.5
14	家具：稳固、完好、无变形、无破损、无烫痕、无脱漆、无灰尘、无污染，与整体装饰风格相匹配	3	2	1	0.5
15	灯具：完好、有效、无灰尘、无污迹，与整体装饰风格相匹配	3	2	1	0.5
16	盆景、花木、艺术品：无枯枝败叶、修剪效果好，无灰尘、无异味、无昆虫，与整体装饰风格相匹配	3	2	1	0.5
17	总台及各种设备（贵重物品保险箱、电话、宣传册及册架、分区标志等）：有效、无破损、无污迹、无灰尘	3	2	1	0.5
18	客用品（包括伞架、衣架、行李车、垃圾桶、烟灰缸等）：完好无损，无灰尘、无污迹	3	2	1	0.5
小计					
实际得分					

（二）前厅设计的基本原则

前厅是客人进出酒店的必经之处，也是办理手续、咨询等活动汇集场所，是通向酒店主要公共空间的交通中心，其科学的设计、合理的布局及所营造出的独特氛围，将对客人产生直接的影响，也将直接影响酒店的形象与其本身功能的发挥。

前厅设计是对其内部环境、空间和功能的再创造，担负着表达酒店建筑风格、营造气氛的重任，既要满足使用功能，又凝聚着各种艺术文化感染力。前厅不仅是整个酒店建筑的功能枢纽和结构的中心，而且是客人和参观者对酒店认识的起点和焦点。好的前厅设计是酒店最有效和最廉价的广告。前厅设计要注意利用一切建筑或装饰的手段，创造一个宽敞、亲切、宜人、宁静、有文化气韵、有现代气息、主题突出、空间流畅、功能合理、设备完善、环境幽雅、人群集散便捷的空间。

1. 前厅的设计原则

（1）满足功能要求　功能是前厅设计中最基本的出发点，合理的功能设计是前厅布局的前提。前厅设计的目的，就是便于各项为客人服务的实用功能，因此，应考虑的功能性内容包括：①前厅空间关系的布局；②前厅环境的比例尺度；③前厅内所设服务场所的家具及陈设布置、设备安排；④前厅采光、照明；⑤前厅绿化；⑥前厅通风、通信、消防；⑦前厅色彩；⑧前厅安全；⑨前厅材质效果（注重环保因素）；⑩前厅整体氛围。

（2）迎合客人心理需求　前厅设计应遵循酒店"以客人为中心"的理念，注重给客人带来美的体验和享受。每一位客人来到酒店时，都希望感受到一种温暖、松弛、舒适、安全和倍受欢迎的氛围，迎合客人的心理需求才会产生好的回报。很多酒店的设计和经营实际上都已自然而然地奉行着这一原则，如迪斯尼乐园酒店、拉斯维加斯的主题酒店。客人入住酒店时印象最深的往往是视觉上和心理上产生的感觉，赏心悦目无形中强化了酒店在客人心中的形象，增加了品牌价值，同时带来不可估量的经济效益。抓住客人心理，是酒店的共同追求和生存秘诀。

（3）风格和特色应与市场定位相吻合　前厅设计一定要有自己的风格，其整体风格和特色是温文典雅，是精美富丽，还是华彩多姿，这取决于酒店所处的市场和市场定位。例如，接待商务客人的君悦酒店（Grand Hyatt）大量采用大理石和高档玻璃，照明也颇为讲究，体现豪华氛围；丽思·卡尔顿酒店（Ritz-Carlton）更多采用了木制品、座椅、沙发和老式花纹地毯，尽可能给人以舒适典雅的感觉；拉斯维加斯的酒店店面设计无不标新立异、光彩照人，因其市场是以博彩旅游为主的；沙巴基纳巴卢凯悦丽晶酒店（Hyatt Regency Kinabalu Hotel）面临大海，景色宜人，成为名人集会的场所。

（4）要有利于酒店的经营　前厅设计时应充分考虑未来经营，并以获取利润为主要出发点。不要盲目追求空间的气派、宏伟，这样不仅会增加装修及运行成本，而且会显得异常冷清，不利于酒店的经营。一个完美酒店的根本宗旨不是显耀自身，也不仅是让人观赏，而是如何使其适用和盈利。越来越多的酒店开始注重充分利用酒店前厅宽敞的空间，开展各种经营活动，以求"在酒店的每一寸土地挖金"。例如，我国香港半岛酒店（Peninsula Hotel）前厅从开业起就成为许多航空公司、旅行社的基地，现在，前厅更是商务客人洽谈生意、新闻界收集消息，以及名流进行社交、聚会、庆祝生日的活动场所。

（5）要强化地域文化　前厅设计的要义是使空间具有某种品质、某种韵味。设计到位的前厅使客人一进入酒店时，就知道自己身在何方。这要求前厅里所能看到的某一样或几样东西和客人是相通的，可能是家具、灯饰，可能是陈设，也可能是一种色彩、一块特殊的材质。不同文化背景和不同地区的差异会通过这些物品鲜明地表达出来，从而给人以感染。这样的酒店为客人实现了文化价值观和生活方式的延伸，而且会和他们的个性相通，从而使酒店的回头客越来越多。万豪国际集团（Marriott）在不同国家、不同区域，都会采用不同的设计，这都是为了更好地体现地域文化。

（6）注重整体感的形成　前厅是酒店整体形象的体现，在前厅设计时若只求多样而不求统一，或只注重细部和局部装饰而不注重整体要求，势必会破坏前厅空间的整体效果而显得松散、零乱。所以，前厅设计应做到统一而非单调、丰富而非散乱，注重整体感的形成。前厅整体感的形成有母题法、主从法、重点法、色调法等。

2. 前厅的设计细节

从设计的细节上讲，前厅的设计和装修要注意以下问题：

（1）正门入口要宽敞　酒店正门入口处是人来车往的交通要道，宽敞典雅的入口很重要，会给客人留下美好的第一印象；过于狭小、局促的入口会让人感到非常难受。同时，酒店的入口最好有一个相对宽敞的过厅，形成室内外的过渡空间，这不仅可以提升酒店的档次，而且易于节能。此外，正门两侧各开一或两扇边门，为酒店员工及团队（会议）客人的行李进出提供方便。前厅门外要有车道和雨搭，供客人下车时遮风避雨。还要考虑到残疾客人的需求，正门台阶旁为其设计专用的坡道或无障碍设计。

（2）采用多种形式的总台　前厅中总台是必不可少的重要场所，如果条件许可，其位置应尽可能不要面对大门，这样可以给在总台办理相关手续的客人一个相对安逸的空间。总台的外观形状与整个大堂的建筑结构密切相关，总台的形式可多种多样，不一定是一条直线，可以采用分段、弧形或书桌的形式。直线形和分段的总台，对客有效服务的面积和长度较大，因而效率较高；弧形的总台，使客人感到更具古典情调，更浪漫，更有创造力；有的酒店为了方便客人，总台用书桌的形式，可以请客人坐下来办理入住登记手续。这要根据酒店的不同情况加以选择。总台的类型可分为主题型、时尚型、功能型三种。主题型总台一般应用于五星级的主题酒店或大型城市豪华酒店，通常以一组大型艺术作品作为总台背景，点化出酒店的文化主题；时尚型总台表现为整体设计特色和形式美感的追求；功能型总台通常以实用为原则，设计手法简洁、大方，巧妙的点缀也会有出人意料的效果。

（3）公共区域功能不宜过于单一　前厅中应有足够的公共区域供客人活动，公共区域包括大堂吧、休息区、交通区域、娱乐中心等。人们对公共功能区设计的重视已到了无以复加的程度。

大堂吧是中、高星级酒店中必备的功能场所之一，设计中应注意如下问题。①根据酒店的实际客人流量，大堂吧面积与客位数应吻合。②要与服务后场紧密相连。③如空间不大或位置相对不具有私密性，建议不设酒水台，有服务间即可。④有些酒店的大堂吧与咖啡厅结合在一起，可有效地利用空间及资源。早晨可以提供住店客人的自助早餐，中午、晚上提供特色自助餐，而各餐之间具有大堂吧的功能，这是一个较理想的方式。

休息区是客人等候、约见亲友的场所，它设置在没有人流干扰、相对安静的角落。休息区主要放置供客人休息的沙发、茶几。沙发、茶几可根据需要围成一组或几组形状，形成一个相对舒适宁静的小环境。对于休息区的设计，在考虑有效利用空间和节省空间的前提下，可以做相对固定的布置，但要以不妨碍前厅交通为前提。

前厅是高密集人流区，其设计主要解决交通问题。各条人流线路要分布合理、通行方便、符合客人活动规律，使客人去电梯、餐厅的路线非常明确，不至于在前厅迷失方向，找不到通道。酒店人流线路有两种流线：一种是服务流线，是指酒店员工的后场通道；另一种是客人流线，是指进入酒店的客人到达各前台区域所经过的线路。设计中应严格区分两种流线，避免客人流线与服务流线的交叉。流线混乱不仅会影响客人活动，增加管理难度，同时还会影响前台服务区域的氛围。

（4）公共卫生间应体现高品位　酒店大厅设有用中、英文及图形标志的公共卫生间。公共卫生间要宽敞干净、无异味，设施完好，用品齐全。前厅的公用卫生间也是设计中的一个重点，应注意以下事项：①卫生间的位置应隐蔽，开门不宜直接面对大堂，开门后应有过渡空间，不宜直接看见里面的活动；②水嘴、小便斗建议用感应式，这样比较卫生；③干手纸箱及垃圾箱应嵌入墙体；④坐厕应采用全封闭式，相互间的隔断应到顶，以增强私密性；⑤小便斗前及坐厕后可增加艺术品陈设；⑥搭配和谐的石材墙及地面，可有效提升卫生间的档次；⑦洗手台镜前的壁灯对于照明及效果的体现也很重要。

（5）行李处、大堂副理处和商场的设计细节　行李处设置在大门内侧，以便行李员尽早看到汽车驶进通道，及时迎接客人，帮助提拿行李。大堂副理的工作台应该设在大厅较为显眼而且又比较安静的地方。大堂副理处要布置得雅致温馨，便于大堂副理处理各种事务。通常放置一张办公桌，桌上可放插花或盆花，还要放置一张大堂副理沙发椅、两张客人沙发椅。小商场或精品屋是酒店前厅的功能之一，需要注意的是，商场主面不宜对向前厅；如能将其安排在客人必经的通道上，不仅可以弱化商业气息，而且可为商场带来一定的经济效益。

（6）重视酒店导向系统的设计　酒店前厅中各功能标志的设计也很重要，要实用、美观、导向效果良好。它们不仅可为客人指引方向、发布信息，而且也是重要的装饰元素之一。一些酒店随意摆放展板、指示标牌，显得杂乱无章，降低了美感。前厅各区域的指示标志无论在款式、材料、大小及位置上都应与总体风格保持一致，这不仅可以满足实际使用的需要，而且能增添酒店的装饰性。例如，上海威斯汀大饭店（The Westin）中的液晶等离子显示屏是一个非常好的方式，不仅漂亮美观，而且图文并茂，十分生动，成为前厅中的一景。

总之，一个精致的酒店前厅中的每一个环节都很重要，这需要酒店业主及设计师等各方面共同对每一个细节加以研究与把握。

【运营链接 1-5】

前厅设计装饰的类型

1．古典式

古典式是一种具有浓厚传统色彩的设计装饰类型，大堂内古董般的吊灯、精美的古典绘画及造型独特的楼梯栏杆，会让客人感受到大堂空间的古朴典雅。随着各种新材料如亚光漆、彩色金属板和压纹定型板等的应用，酒店大堂古典式设计装饰有了新的生机。

2．庭园式

庭园式设计装饰引入山水景点与花木盆景，使大堂犹如“庭中公园”。例如，在大堂内利用假山、叠石让水自高处泻下，其落差和水声使大堂变得有声有色；或者在大堂的一角种植大量的热带植物，设置小巧的凉亭与瀑布，使大堂空间更富自然山水的意境。在设计装饰庭园式大堂时，应注意确保整体空间的协调，花木搭配与季节、植物习性等自然规律相符，假山体量、山洞宽窄应与空间大小相称等。

3．重技式

重技式设计装饰通常会显露出严谨的结构、粗实的支柱。例如，某美国知名酒店的大堂设置了用几十根金属管组成的高大雕塑，并以金黄色喷涂其表面，使整个大堂空间充满了生机和活力，营造出迎接八方来客的浓郁氛围。

4．现代式

现代式大堂设计装饰追求整洁、敞亮、线条流畅。例如：大堂顶面的球面形和地面的圆形图案互相呼应，再配以曲面形墙壁与淡雅的色彩，大堂顶面设计了犹如星星闪烁的灯光，让客人如身临太空，情趣无穷；若再辅以玻璃、不锈钢和磨光花岗岩等反光性强的材料装饰的通道，则大堂更显得玲珑剔透，充满现代感。

第三节　酒店的客房部

在酒店提供的众多服务产品中，客房满足了客人最主要、最基本的需求，是客人停留在酒店时的主要活动场所，被称为客人的“家外之家”，其服务也是酒店服务的主体。因此，客房部是现代酒店的一个重要部门，其服务的好坏直接关系到客人对酒店的评价，其管理的优劣影响到全酒店的正常运转和持续发展。

二维码资源 1-04

一、客房部的地位、作用及主要任务

客房部又称管家部或房务部，负责管理酒店所有的客房事务，主要承担酒店客房、公共区域、办公区域的清洁及其设施设备保养和管理工作，在为住店客人提供的服务中起着核心作用，同时客房部还承担着为其他部门提供一系列清洁服务的重任。

（一）客房部的地位和作用

1．客房是酒店的基础设施和主体部分

向客人提供食宿是酒店的基本功能。客人在客房停留的时间最长，客房部为客人提供的服务最多，客房是向客人提供住宿、休息的物质承担者，是酒店的最基本的设施。客房数量的多少通常决定了酒店规模的大小。按照国际标准，客房数量在 300 间以下的为小型酒店，客房数量在 300 ~ 500 间的为中型酒店，客房数量在 500 间以上的为大型酒店。另外，客房数量的多少也决定了酒店的综合服务设施的数量。酒店综合服务设施与客房数目比例配置失调，就会造成设备设施的闲置或设备设施紧张，影响客人的正常使用。从建筑面积上，多数酒店客房的面积占总体面积的 60% ~ 80%。客房及内部配备的设备物资，无论种类、数量、价值都在酒店物资总量中占有较大比重。

2. 客房收入是酒店收入的主要来源

酒店的经济收入来源于客房收入、餐饮收入和综合服务收入，其中客房收入是酒店收入的主要来源。从收入的总量角度分析，客房收入在酒店营业收入中占有很高的比例。目前，我国的四、五星级酒店客房收入占酒店总收入的 60% 以上。近年来一些经济型酒店、快捷酒店迅速扩张，客房收入在这些酒店总收入中的比例甚至达到 90% 以上。从利润的角度看，客房的利润较高。客房是以出售使用权和依靠服务人员提供劳务而获得收入的特殊商品。客房虽然在初建时的投资巨大，固定成本较高，但每次销售之后，经过服务人员清洁整理和补充必备的供应品之后，又可重复销售。客房的变动成本和费用相对较低，因而利润率较高。此外，客房也是带动酒店其他部门经营活动的枢纽。酒店只有保证了入住率，才能使酒店的各种设施设备充分发挥作用，才能带动餐饮、会议设施、商务中心、康乐中心等酒店接待部分的消费。

3. 客房服务质量是酒店服务质量的重要标志

客房是旅途在外客人的临时的“家”。客人住店后，除外出活动和到餐厅用餐、娱乐、健身、会务等活动外，在客房停留的时间最长，对于客房服务质量的好坏，客人的感受往往最敏锐的。因此，客房的清洁卫生状况、设施设备的档次及使用效率、客房部员工服务的水平和效率，在很大程度上反映了整个酒店的服务质量和水平。另外，客房部在为酒店其他部门服务方面也扮演着重要的角色，如提供工作场所的清洁和保养、布草的洗涤保管和缝补、工作人员制服的洗涤与更新等。以上这些服务水准的高低，也直接反映了酒店的服务质量。

4. 客房部的有效管理是酒店正常运行的重要保证

客房部负责酒店环境、设施的维护和保养，为服务顾客及其他部门的正常运行创造良好的环境和物质条件。客房部的设施设备众多，对酒店成本控制计划的实现有直接作用。另外，客房部员工占酒店员工总数的比例最大，其员工素质对酒店整体服务质量与形象塑造有着重要意义。因此，客房部是影响酒店运行管理的关键部门，其有效管理是酒店正常运行的重要保证。

【运营链接 1-6】

日本的主题客房

在日本，除了传统的日式客房和西式客房以外，还有很多特殊主题的客房。这类客房可以招揽生意，在很大程度上是从日本的文化生活及历史中酝酿出来且形成的构思独特甚至怪诞的客房。

船舱旅馆：这种客房以独特的船舱设计，把房间分为上下两层，房间长 2m，高和宽各 1m，进去后有一脚踏上船的感觉。客房为客人配备了存物箱和长睡衣。客人还可以洗桑拿、按摩、冲冷水浴等，或者是在宽敞的大厅里看看报纸、聊聊天。如果累了，钻进自己的舱房，放下帘子，就可以彻底放松了，还不用担心住宿费用，因为一个舱房的价钱比一般的旅馆床位便宜多了！这种房间是为工薪阶层预备的，分男女舱，舒服又经济。

野外隐居客房：如果厌倦了城市里的喧嚣和工作的压力，可以去高山野外或者湖泊地区隐居几天。日本人把坐落在这些“隐居地”的西式小旅馆叫作“Pension”（膳宿公寓）。这类客房大部分按照家庭日常生活的方式出现，而且里面的摆设和布置基本上根据主人的兴趣和喜好，甚至连供给客人吃的食物都是家庭便饭，使客人感受到一种家的温暖，深受人们欢迎。

修身养性客房：日本有些寺庙可以接待一般的旅游者住宿。在庙中留宿的游客并不需要坐禅，也不受清规戒律的管制，可以自愿在这里体验写经书、冥想、听佛法等寺庙生活。庙里的食物都是不沾荤腥的素食，而且完全采用庙里生产的原料，最常见的是蔬菜和豆腐。

（二）客房部的主要任务

客房部在酒店的运行中，主要承担着清洁保养、为客服务、为酒店其他部门服务的工作，因此又被称为酒店的管家部。客房部管辖的范围广，管理的工作人员多。作为酒店的基本业务部门，客房部承担着如下工作。

1. 负责客房及有关公共区域的清洁保养

清洁保养，即清除各种污渍，保证环境及物品的清洁卫生，它是酒店的基本职能。客房部不仅要负责客房及楼层公共区域的清洁和保养，而且要负责酒店其他公共区域的清洁保养。酒店清洁工作归属于客房部，符合专业化管理的原则，有助于提高工作效率，可以减少清洁设备的投资，并有利于加强对设备的维护和保养。酒店的设计水准能否得以体现和保持，与客房清洁工作密切相关，优秀的管理可使酒店保持常新，而不善的管理则会使酒店过早老化，从而失去其设计的水准。

客房部不仅要负责客房及楼层公共区域的清洁和保养，而且还要负责酒店其他公共区域的清洁和保养。清洁卫生是保证客房服务质量和价值的重要组成部分，也代表了酒店的经营管理水平。因此，客房服务人员必须具备专业的清洁卫生知识和技能，为客人提供清洁、舒适的住宿环境。

2. 为住店客人提供一系列的服务

酒店是客人在外休息、工作、娱乐的场所，客人不仅下榻于此，而且以此为“家”，客房部为客人提供各种服务就是要使客人有一种在家的感觉。客房部为客人提供的服务有迎宾服务、洗衣服务、房内小酒吧服务、托婴服务、擦鞋服务、夜床服务等。这些服务都是住店客人的常规需求。

客房部管理人员的工作就是根据本酒店目标客源市场的特点，提供相应的服务，并根据客人需求的变化不断改进自己的服务，从而为客人创造一个良好的住宿环境。客房服务员必须热情、主动、迅速、真心诚意地为客人提供专业的、优质的服务，确保每位客人在住宿期间的各种合理需求都能得到满足，使其感觉方便和满意。

3. 控制客房部相关成本费用

随着酒店规模的不断扩大和竞争的日益加剧，酒店对客房部人、财、物的管理已成为一项非常重要的工作。由于客房部是酒店中人员最多的部门之一，对其人员费用及物品消耗的控制是否成功，已关系到酒店能否盈利。客房管理者的职责也从单一的清洁质量的管理扩展到定岗定编、参与招聘与培训、制定工作程序、选择设备和用品及对费用进行控制等。

客房部是酒店工作人员最多的部门之一，客房部日常工作涉及的物资设备也很多，如客用的低值易耗品、清洁用品、客房布草等用品具有消耗量大、易浪费和流失的特点，客房内的设施设备能否正常运行则直接影响客房出售率。因此，必须合理组织客房部的人力、物力，充分调动员工的积极性，做到人尽其力、物尽其用，在保证服务质量的前提下，以最小的劳动消耗和物资消耗取得最大的经济效益。

4. 为其他部门提供一系列的服务

酒店是个整体，需要各部门的通力合作才能正常运转。客房部的运行需要得到其他部门的支持与帮助。同时，在为其他部门提供服务方面，客房部也扮演着重要的角色。诸如，为其他部门提供工作场所的清洁与保养，布草的洗涤保管和缝补，制服的制作、洗涤与更新，以及花束、场景的布置等。以上这些服务的水准的高低，直接影响酒店的服务质量，反映酒店的管理水平。

二、客房部的组织机构

（一）客房部的机构构成

客房部设置组织机构的目的是规定客房部内部的信息传递渠道，明确各岗位的职责与权限以及各分支机构之间的关系，以顺利完成客房部的各项任务。客房部机构的设置没有固定的形态和统一的模式，根据我国酒店的做法，大致可分为两种类型，即大中型酒店与小型酒店客房部组织结构，分别如图 1-8 和图 1-9 所示。

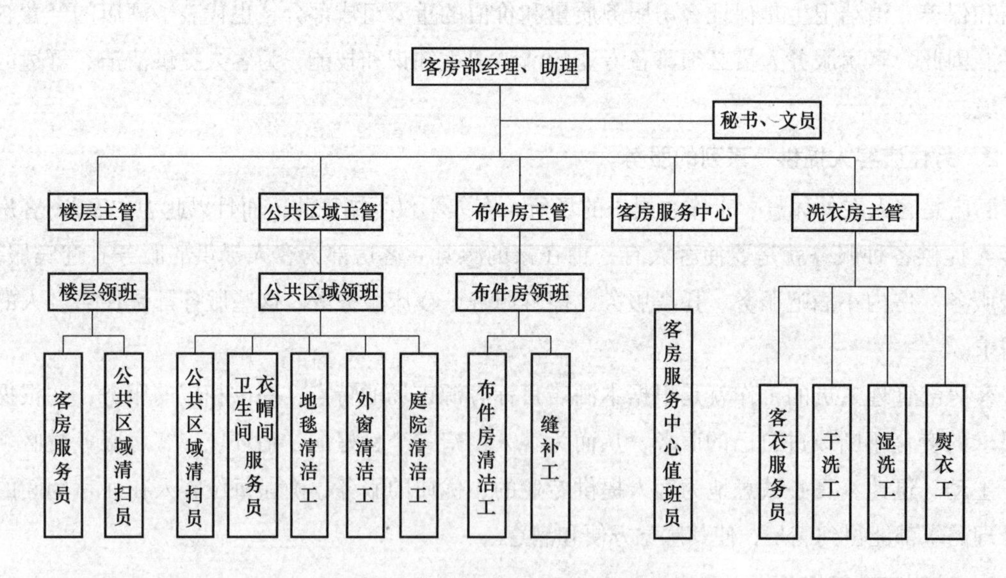

图 1-8　大中型酒店客房部组织结构图

（二）客房部各机构的职责

客房部的管理工作是通过设置组织机构和落实岗位职责来完成的，组织机构的设置将直接决定客房管理的效率和酒店的经济效益。因酒店规模等方面的不同，客房部各机构的业务分工也有所不同。但一般都设有以下主要机构（或部门）。

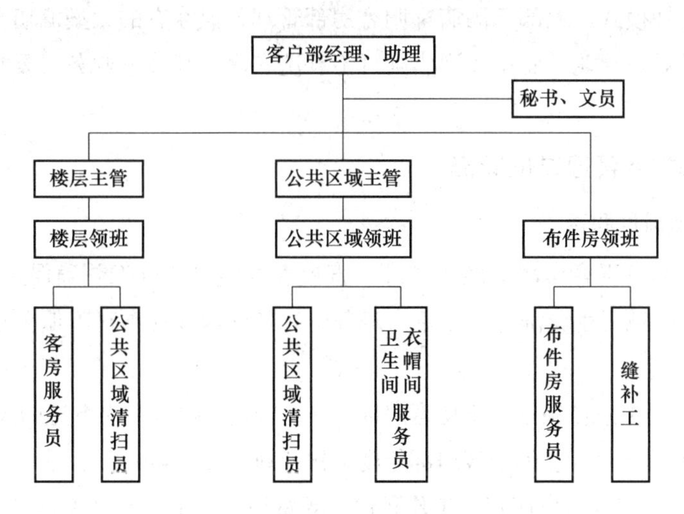

图 1-9　小型酒店客房部组织结构图

1. 经理办公室

客房部经理办公室主要负责客房部的日常事务及与其他部门之间的联络协调等事宜。在大多数酒店里，客房部经理办公室与客房服务中心设在一起，其优点是便于管理、节约场地。在这种情况下，经理办公室的部分事务就可以由客房服务中心的人员来承担。

2. 客房服务中心

现代酒店通常都设有客房服务中心。它既是客房部的信息中心，又是对客服务中心，负责统一调度对客服务工作，掌握和控制客房状况，同时还负责失物招领、发放客房用品、管理楼层钥匙及与其他部门联络与协调等工作。

3. 客房楼层

客房楼层由各种类型的客房组成，是客人休息的场所。每一层楼都设有供服务员使用的工作间。楼层人员负责全部客房及楼层走廊的清洁卫生，以及客房内用品的替换、设备的简易维修和保养等，并为住客和来访客人提供必要的服务。

4. 公共区域

公共区域在一些酒店中被称为厅堂组，主要负责酒店各部门办公室、餐厅、公共洗手间、衣帽间、大堂、电梯、通道、楼梯、花园和门窗等公共区域的清洁卫生工作。

5. 布件房

布件房也被称为布草房或棉织品房，主要负责酒店所有工作人员的制服和餐厅以及客房所有布草收发、分类和保管，对有损坏的制服和布草及时修补，并储备足够的制服和布草以供周转使用。

6. 洗衣房

洗衣房负责收洗客衣，洗涤员工制服和对客服务的所有布草。对于洗衣房的归属，在不同的酒店有不同的管理模式。大部分酒店都归客房部管理，但在有的大型酒店，洗衣房则独立成为一个部门，而且对外营业。而小型酒店则可不设洗衣房，其洗涤业务可委托社会上的专业洗涤公司。

（三）客房部主要管理岗位职责

1. 客房部经理岗位职责

客房部经理全面负责客房部的经营管理，直接管理客房部员工并确保正确履行客房职责，负责对楼层、公共区域卫生、洗衣、布草、房务中心各区域和各项对客服务进行指挥协调。具体职责如下：

1）在总经理或房务总监领导下主持客房部工作，传达、执行上级下达的经营指令。

2）根据酒店的总体目标，编制客房部年度工作计划并负责实施。

3）负责制定本部门的岗位职责、工作程序、规章制度，不断改进工作方式和服务程序，努力提高服务水平。

4）主持部门工作例会，听取汇报，督促工作进度，解决工作中的问题。

5）负责客房设施设备的使用管理工作，巡视检查并督促下属工作，定期进行考核检查。

6）负责客房部的安全管理工作。

7）与其他部门建立良好的合作关系。

8）建立良好的客户关系，广泛听取和收集客人意见，处理投诉。

9）执行酒店人力资源管理政策和制度，负责本部门员工的聘用、培训、考核、奖惩及调配。

2. 客房部主管岗位职责

1）协助客房部经理计划、安排、督导全酒店的清洁工作。

2）做好各项清洁工作计划。

3）根据具体的接待任务，组织、调配人力。掌握 VIP 抵离情况，并按照客房布置要求，通知楼层做好各类礼品和物品的配备工作。

4）协助客房部经理选拔、培训、督导员工。

5）负责失物招领工作。

6）制定合理的清洁用品消耗限额，控制清洁用品的发放。

7）汇总核实客房状况，及时向前台提供准确的客房状况报表。

8）负责所属各班组的日常行政管理工作。对员工的工作态度、劳动纪律和工作质量进行统计考评。

9）执行客房部经理交给的其他工作。

3. 客房部领班岗位职责

1）安排员工工作，做好考勤记录。

2）完成主管下达的任务，检查员工完成任务的情况。

3）掌握、报告所辖的客房状况。

4）负责班组所属的服饰和设备的保养，对需要维修的客房及设施设备及时报修。

5）负责本班组所需消耗物资用品的申领、报销、报废等事项。按照消耗限额的要求，最大限度地节省开支、防止浪费。

6）执行并督促员工执行酒店的各种规章制度。

4. 客房部服务员

（1）楼层服务员岗位职责　楼层服务员的岗位职责：①清扫与整理客房，并补充客房供应品；②为住客提供各项服务；③报告客房状况；④检查及报告客房设备、物品损坏及遗失情况；⑤报告客人遗留物品情况；⑥清点布草；⑦填写“客房清洁工作报表”。

（2）公共区域服务员岗位职责　公共区域服务员的岗位职责：①负责领班所安排的区域范围内的清洁工作；②正确使用清洁剂及清洁工具；③报告在公共区域内的任何失物；④在工作区域内，按要求喷洒药水或放置卫生药品，杀灭害虫；⑤将所负责区域内任何需要修理和维护的设施报告给该层领班；⑥负责公共区域植物的浇水、剪叶及清洁工作。

本章学习要点

1．酒店的房务系统指的是酒店内涉及客房产品的生产、销售的各个部门的组合。

2．客房产品的生产是指为客人创造一个清洁、美观、舒适、安全、理想的住宿环境，其内容包括在客房中配备能满足现代生活所需的各种设备、设施、用品，对客房和整个酒店的公共区域进行清洁和保养，并且提供多样的服务项目，方便住店客人。客房产品的销售是指根据市场需求，设计和配置各类客房，制定合理的价格，通过开展订房业务、前台入住接待和客账管理等，最大限度地销售客房产品，以取得最佳的经济效益。

3．客房产品的属性有经营属性和物理属性两大类。

4．在酒店房务系统的管理中，前厅部的主要组织机构由预订处、接待处、问询处、礼宾部、电话总机、商务中心、收银处、宾客关系部等组成。

5．客房部的主要组织机构由经理办公室、客房服务中心、客房楼层、洗衣房、布草房、公共区域等组成。

6．房务部在酒店管理中的地位和作用主要体现在：房务部的营业收入是酒店经营收入的主要来源，房务部的服务质量是酒店服务质量的重要标志，房务部的管理直接影响全酒店的运行与管理。

7．客房是酒店的基本设施。酒店的投资中有相当一部分是用于客房的土建、内外装修和设施购置的。客房也是酒店经营的主要部分，出售客房是酒店的主要任务，也是重要的设计。力求使酒店客房具有独特的风格和一定等级的舒适程度，给客人留下良好的印象，是酒店经营者追求的目标。

本章思考练习

1．酒店的房务系统指的是什么？通常由哪些部门组成？

2．客房产品的生产主要指的是哪些工作？

3．什么是客房产品的经营属性？

4．什么是客房产品的物理属性？

5．前厅部的主要工作任务有哪些？

6．客房部的主要工作任务有哪些？

7．前厅部有哪些主要的组织机构？

8．客房部有哪些主要的组织机构？

9．请论述客房部与前厅部的联系。

10．请论述房务管理工作的重点。

本章管理实践

训练项目1　与前厅客房面对面

[实践目标]

1．与前厅客房运营管理者对话，以了解前厅客房运营管理的基本内容。

2．调查与访问，以了解前厅客房运营管理者的职责与素质。

3．培养认知与自觉养成现代前厅客房运营管理者的能力。

4．强化自我突破。

5．锻炼沟通能力。

[实践内容与方法]

1．以模拟酒店为单位，利用课余时间，选择一家五星级酒店和一个其他类型酒店进行调查与访问。

2．在调查访问之前，需根据课程所学知识，讨论并制定调查访问每家模拟酒店的提纲，该提纲包括调研的主要问题与具体安排。具体可参考下列问题。①该酒店的组织结构和运行状况。②该酒店房务部门的组织结构和运行状况。③重点访问一位中基层管理者，向他了解他的职位、工作职能、胜任该职务所必需的管理技能，以及所采用的管理方法等情况。④该酒店中有哪些你感兴趣的运营管理机制？并做简要分析。

[实践标准与评估]

1．实践标准：必须到真实酒店中做实地调查，并能运用本章的知识架构进行分析。

2．实践评估：①每人写出一份简要的调查访问报告。②以酒店或小组为单位，分别由酒店总经理或小组负责人根据每个成员在调研中的表现进行评估打分。③小组成员对酒店总经理或小组负责人打分。④分别对各酒店或小组的调研报告及其成员在讨论中的表现评估打分。

训练项目2　主题酒店前厅设计

[实践目标]

1．强化对前厅环境和设计知识的理解。

2．增强美感体验，培养运营管理的艺术素养。

3．锻炼沟通协调能力。

［**实践内容与方法**］

1．以模拟酒店为单位，利用课余时间，通过收集网络资料和对主题酒店的实地走访，形成团队的前厅设计方案。方案至少应包括：酒店的名称、酒店经营特色、前厅设计的主题、烘托主题所用的方法和物品。

2．向投资人汇报前厅设计方案。

3．推选最佳设计，说明理由。

［**实践标准与评估**］

1．实践标准：收集与整理资料，并能运用本章的知识架构进行分析。

2．实践评估：①每组写出一份简要设计方案。②以酒店或小组为单位，分别对其他酒店或小组的表现进行评估打分。③小组成员对酒店总经理或小组负责人打分。④酒店总经理或小组负责人对各酒店或小组的设计方案及其成员在投资人汇报会上的表现进行评估和打分。

第二章　客房销售技巧

【学习目标】

1. 了解酒店的常见房型。
2. 了解影响酒店客房定价的因素。
3. 掌握酒店客房定价的方法。
4. 了解酒店客房价格体系。
5. 掌握酒店客房状态。
6. 掌握酒店的计价方式。
7. 掌握客房销售的方法。
8. 了解客房销售程序与标准。

【章前导读】

前厅销售的主要任务是销售酒店客房。酒店客房是酒店最基本、最主要的产品。而酒店客房产品又包括了有形的设施与无形的服务。前厅销售要以酒店客房产品为依托，为客人提供满意的服务。现在的酒店行业中，出现了越来越多的个性化消费，比如主题酒店、女性楼层等，以此满足客人的不同需求，从而达到客房销售的目的。

第一节　酒店客房产品

酒店客房是酒店的重要组成部分，是酒店最基本、最主要、最核心的产品。酒店客房产品不仅包括酒店客房用品，还包括一些无形的服务，比如员工礼貌、高效、周到的服务。目前，酒店的经营不能再以酒店为中心，而应以满足客人为中心。所以，就需要酒店突出产品差异，推出不同房型、不同主题的客房，满足客人不同的需求，以赢得竞争优势。

一、酒店常见房型

客房的分类方法很多，有按房间及配备床的种类和数量划分的，有按房间所处的位置划分的，有按不同功能划分的，等等。不同的房型能够满足客人的不同需要，让客人的选择多样化。

（一）客房的基本分类

按房间数量与床的数量和大小进行分类，是客房的基本分类，通常客房可分为以下几种。

1. 单人间

单人间又称单人客房，是指在房内放一张单人床的客房，适合一位客人使用。传统的单人间属于经济档，一般酒店单人间数量很少，并且多把面积较小或位置偏僻的房间作为单人间。

2. 大床间

大床间是指在房内放一张双人床的客房，主要适用于夫妻旅行者居住。供新婚夫妇使用时，要加上喜庆的装饰，称作“蜜月客房”。

高档商务客人很喜欢大床间的宽敞舒适，也是这种房间的适用对象。目前高星级酒店出现的商务单人间就是以配备大床并增设先进办公通信设备为特色的。在以接待商务客人为主的酒店，大床间的比例逐渐增加，多者可占客房总数的50% ~ 60%。

3. 双床间

双床间的种类很多，可以满足不同层次客人的需要。

1）配备两张单人床，中间用床头柜隔开，可供两位客人居住。这种客房通常称为“标准间”。这类客房占酒店客房数的绝大部分，适合于旅游团队和会议客人的需要，普通散客也多选择此类客房。

2）配备两张双人床，可供两位旅行者居住，也可供夫妇或家庭旅行客人居住。这种客房的面积比普通标准间大。

3）配备一张双人床和一张单人床，或配备一张大号双人床和一张普通双人床。这类房间多用于满足家庭旅行客人的需求。

4. 三人间

三人间是指在房内放三张单人床的客房，属于经济档客房。中高档酒店中这种类型的客房数量极少，有的甚至不设。当客人需要三人同住一间时，往往采用在标准间加一张折叠床的办法。这种客房在新兴城镇或市郊的酒店还是有客源的。

5. 套间

套间也有多种类型来满足不同类型、不同层次客人的需要。

1）普通套间。普通套间一般是连通的两个房间，称双套间。一间作为卧室，另一间作为起居室，即会客室。卧室中放置一张大床或两张单人床，并附有卫生间。起居室也设有供访客使用的盥洗室，内有便器与洗面盆，一般不设浴缸。

2）豪华套间。豪华套间的室内陈设、装饰布置、床具和卫生间用品等都比较高级、豪华，通常配备大号双人床或特大号双人床。此类套间可以是双套间，也可以是 3 ~ 5 间。按功能可分为卧室、客厅、书房、娱乐室、餐室或酒吧等。

3）复式套间。复式套间是一种两层楼套间，由楼上、楼下两层组成。楼上一般为卧室，楼下为起居室。

4）总统套间。总统套间通常由 5 间以上的房间构成，多者达 20 间。套间内男女主人卧室分开，男女卫生间分用，并设有客厅、书房、娱乐室、会议室、随员室、警卫室、餐室或酒吧间以及厨房等，有的还设室内花园。房间内部装饰布置极其考究，设备用品富丽豪华。总统套间并非总统才能住，只是标志该酒店已具备了接待总统的条件和档次。

（二）按客房位置分类

酒店客房按位置划分，可分为以下几种。

1）外景房是窗户朝向公园、大海、湖泊或街道的客房。

2）内景房是窗户朝向酒店内庭院的客房。

3）角房是位于走廊过道尽头的客房。

4）连通房是隔墙有门连通的客房。

5）相邻房是室外两门毗连而室内无门相通的客房。

（三）主题客房

酒店产品发展到今天，客人已经明显感觉到“标准房”的那种整齐划一、千店一面的乏味，而主题客房以其鲜明的独特性、浓郁的文化气息以及产品与服务的针对性，成了客人的新宠，成为酒店竞相展示文化魅力的又一个舞台。

主题客房就是运用多种艺术手段，通过空间、平面布局、光线、色彩、陈设与装饰等多种要素的设计与布置，烘托出某种独特的文化气氛，突出表现某种主题的客房。

主题客房有很多种类型：以客人年龄、性别为主题可分为老年人客房、女性客房、儿童客房等；以某种时尚、兴趣爱好为主题，可分为汽车客房、足球客房、邮票客房、电影客房等；还有以某种特定环境为主题的客房，如监狱客房、梦幻客房、海底世界客房、太空客房等。

酒店可以针对目标市场的一些个性需求，设计一定比例的主题客房，增加酒店产品的针对性及个性化。

【运营链接 2-1】

酒店房型命名的学问

现在，很多酒店在客房房型的命名上还采用“标准间”“豪华间”“套房”之类没有吸引力的名称。运用收益管理后，我们给不同房型起了不同的、别致的名称，有效增强其吸引力。

例如，我们在三亚和青岛的物业有海景、园景、山景、市景等不同景观。如果按传统方法，把房型分为高级间、豪华间、豪华套房，价格设置会很受限制，客人在选择时，这种名称也未必能投其所好。因此，我们对不同景观划分出不同房型，如海景高级房、园景豪华套房等，并设置不同价格，既保证价格与实际客房价值相吻合，又满足客人的不同需求，提高了客房收益。

此外，我们还把少量房型、景观与其他客房差异不大的房型统一划归为“促销房型”，例如“高级园景开放式套房（促销）”，此房型的设定扩大了客户的选择范围，这对那些对价格敏感、对房间特性不在意、追求优惠价格的客人有很大的吸引力。部分门店尝试之后发现出售率和平均房价明显提升。尤其是在淡季，客人更加青睐促销房型，当促销房型订满时，大部分客人会选择次低价格的市景房、山景房等。

资料来源：冀宏军．收益管理实战经验谈．中国旅游报，2014-03-19.

二维码资源 2-01

二、酒店房价

常见的酒店房价有：

（1）门市价　门市价是客房的“标准价”，又称为“牌价”“散客价”，即在酒店价目表上明码公布的各类客房的现行价格。该价格不含任何服务费或折扣等因素。

（2）协议价　协议价是指酒店与旅行社、航空公司等在某个时间段签订的协议房价，通常为保密价格。

（3）公司价　公司价是指酒店与有关公司或机构签订房价合同，并按合同规定向对方客人以优惠价格出租客房，以求双方长期合作。房价优惠的幅度视对方能够提供的客源量及客人在酒店的消费水平而定。

（4）团队价　团队价主要是针对旅行社的团队客人制定的折扣价格，其目的是与旅行社建立长期良好的业务关系，确保酒店长期、稳定的客源，提高客房利用率。团队价格可根据旅行社的重要性和所能组织客源的多少以及酒店淡、旺季客房利用率的不同加以确定。为了吸引团队客人，很多酒店给予团队客人的优惠价往往低于酒店标准价的 50%。

（5）小包价　小包价是指酒店为客人提供的一揽子报价，除了房费以外，还可能包括餐费、交通费、游览费（或其中的某几个项目）等，以方便客人。

（6）折扣价　折扣价是指酒店向常客或长住客或其他有特殊身份的客人提供的优惠房价。

（7）淡季价　淡季价是指在营业淡季，为了刺激需求、提高客房利用率，而为普通客人提供的折扣价。通常是在标准价的基础上，下浮一定的百分比。

（8）旺季价　旺季价是指在营业旺季，为了最大限度地提高酒店的经济效益，而将房价在标准价的基础上，上浮一定的百分比。

（9）白天租用价　在下列情况下，酒店可按白天租用价向客人收取房费：客人凌晨抵店入住，客人离店超过了酒店规定的时间，入住与退房发生在同天（钟点房）。大部分酒店按半天房费收取白天租用价，也有些酒店按小时收取。

（10）免费　由于种种原因，酒店有时需要为某些特殊客人提供免费房。通常只有总经理才有权批准免费房的使用。

【运营链接 2-2】

酒店客房定价

1．酒店客房定价原理

如何对酒店的客房进行定价是衡量酒店价值的基础。在一般性企业资产定价原理中，企业价值主要有两种表现形式：账面价值和市场价值。账面价值即资产负债表上反映的总资产、净资产，主要反映历史成本。市场价值如股票的市值、兼并收购中支付的对价等，主要反映未来收益的多少。

在多数情况下，账面价值不能真实反映酒店未来的收益，因此账面价值和市场价值往往有较大差异。账面价值主要用于会计目的；而资本市场上，投资者关注的则是酒店的市场价值。

因此，酒店在资产定价上具有一定的特殊性，影响一个酒店资产价格的因素主要来源于：酒店资产价值的本质是物业价值与业务价值的综合。

酒店的价值取决于它未来创造现金流的能力。酒店的资产价格以酒店的业务价值为核心，并最终体现为酒店的物业价值。

所以在酒店客房定价中，需要依据酒店自身价值（也就是酒店造价）和市面价值（行业价格），来决定酒店客房定价标准，只有这样才能定出合理的价格，才能在预估的时间内收回酒店投资成本。

2．酒店定位的改变

把酒店作为一个纯物业去销售的传统观念已经过时了。酒店定位的改变指的是酒店的市场定位是否符合酒店未来的发展趋势，是否能通过重新定位、聘请适当的经营者及采用先进的管理方法，提升酒店的可售性和市场价值。

因此，对于酒店业主而言，通过对酒店进行重新定位，引入国际专业酒店管理公司，采用正确的管理方法提升酒店运营效率，能够极大地提升酒店资产的可售性和市场价值。

3．酒店经营效率的提升

酒店的业务价值体现在酒店经营效率的提升，并直接受制于酒店的自有现金流量。酒店具有投资量大、投资回收期长、经营风险较大的特点，尤其是中心城市的国际品牌酒店，定位高端，而且相互的竞争已经由低层次的价格竞争逐步走向高层次的质量和品牌的竞争。酒店的运营表现与酒店业主的投资回报紧密相连。因此要保证酒店的专业化运营，需要国际酒店管理公司提供高品质的运营管理。

三、酒店客房状态

客房状态又叫房态、客房状况，是指对客房占用、清理或待售等情况的一种标示或描述。酒店客房状态的基本情况见表 2-1。

房态的控制是前台工作的重要任务之一。做好房态的控制对于提高客房利用率及对客服务质量都具有重要的意义。房态的控制主要采取两种方法：一是设计和制作房态控制的各种表格，二是房态信息的沟通。

表 2-1 酒店客房房态基本情况

房 态	英 文	中 文	备 注
Occ	Occupied	住客房	住店客人正在使用的客房
OC	Occupied &Clean	已清洁住客房	
OD	Occupied &Dirty	未清洁住客房	
V	Vacant	空房	暂时未出售的房间
VC	Vacant &Clean	已清洁空房	已完成清扫整理工作，尚未检查的空房
VD	Vacant &Dirty	未清洁空房	尚未清洁的空房
VI	Vacant &Inspected	已检查空房	已清洁，并经过督导人员检查，随时可以出售的房间
CO	Check Out	离店	客人已结账离店，房间正在清扫之中
OOO	Out of Order	待修房	硬件出现故障，正在维修、改造或等待维修、改造的房间
OOS	Out of Service	停用房	因各种原因，已被暂时停用的房间
BL	Blocked Room	保留房	这是一种由内部掌握的客房。对于一些大型团体客人，酒店需要提前为他们预留所需的房间。还有些客人（尤其是常客），在订房时常常会指明具体房间，或处于某个位置、具有某种景观的客型，因此接待员或预订员应在计算机上标明此房已在某个时间为某位客人保留，以防止将客房出售给其他客人。为客人保留客房时，应熟悉预订资料，搞清需保留客房的原因及客人的种类，并填写保留房记录簿
SK	Skip	走单房	走单房是指前厅部的房态显示为占用房，而客房部的房态显示为空房
MUR	Make up Room	请速打扫房	门把手上挂有“请速打扫”牌的房间
SL	Sleep	睡眠房	睡眠房是指前厅部的房态显示为空房，而客房部的房态显示为占用房
S/O	Sleep Out	外宿房	住店客人外宿未归
LB	Light Baggage	少量行李房	携带少量行李的住客房
LSG	Long Stay-in Guest	长住房	长时间住宿的房间
VIP	Very Important Person	贵宾房	酒店贵宾入住的房间
NB	No Baggage	无行李房	无行李的房间
DND	Do Not Disturb	请勿打扰房	客房的“请勿打扰”灯亮着，或门把手上挂有“请勿打扰”牌
DL	Double Locked	双锁房	酒店（或客人）出于安全等某种目的而将门双锁

客房状况差异表是用于记录前台显示的客房状况与客房部查房结果不一致之处的表格（见表 2-2)。此表是在接待员核对了客房部送来的检查报告后填写的。客房部的服务人员每天至少两次（早、晚各一次）检查客房自然状况；检查结果经客房部汇总后，以楼层报告或房态表的形式送前台。接待员应将其与计算机上所显示的房态表进行核对，如发现不同之处，应逐一记录在“客房状态差异表”上。前台应将“客房状态差异表”的副本送客房部，客房部主管与前厅部主管在各自亲自检查“客房状态差异表”上的每间客房状况后，再次互通信息，以及时采取措施纠正错误。

表 2-2 客房状态差异表

分送
财务部：
前厅部：
客房部：

日期____时间____

房　号	客房部状况	前厅部状况	备　注

为了有效控制房态，前厅部管理人员必须做好部门间及部门内部的信息沟通。

1. 做好销售部、预订处、接待处之间的信息沟通，确保客房预订显示系统的正确性

（1）销售部与前厅部的接待处、预订处之间的信息沟通。销售部应将团体客人（包括会议客人)、长住客人等订房情况及时通知前厅部预订处。预订处、接待处也应将零星散客的订房情况和住房情况及时通知销售部。销售部与前厅部的管理人员应经常一起研究客房销售的预测、政策、价格等事宜；旺季来临时，还应就团体客人、零星散客的组成比例达成初步协议，以最大限度地提高客房使用的经济效益。

（2）接待处与预订处之间的信息沟通。前厅部的接待处与预订处之间的信息沟通对于正确显示和控制房态具有同样重要的意义。接待处应每天填写客房状况调整表，将实际到店客房数、临时取消客房数、虽预订但未抵店的客人用房数、换房数等信息通知预订处。预订处据此更新预订汇总表等预订资料。

2. 做好客房部、接待处、收银处之间的信息沟通，确保客房现状显示系统的正确性

（1）接待处与客房部之间的信息沟通。前台接待处应将客人的入住、换房、离店等信息及时通知客房部；客房部则应将客房的实际状况通知前台，以便核对和控制房态。两个部门的管理人员还应就部门沟通中存在的问题，客人对客房的要求，客房维修、保养计划安排等事宜进行经常性的讨论、磋商。

（2）接待处与收银处之间的信息沟通。客人入住后，接待员应及时建立客人的账单，并交收银处。客人住店期间，如住房或房价有了变化，也应利用客房、房价变更通知单将信息通知收银处。而客人离店后，收银处则应立即将客人的离店信息通知接待处。

第二节　客房销售

一、客房销售的方法

（一）客房销售的一般要求

1）微笑待客，保持声音和面容上的愉悦。记住：你在销售酒店和它的服务的同时也在推广自己。

2）与客人保持延伸的接触。

3）找出客人的名字，在对话中至少称呼客人三次。经常使用礼貌用语，如以先生、小姐称呼客人，用客人的姓，不要直接称呼客人的名字。

4）努力识别客人的需要，结合客人的需要提供相匹配的房间等。例如一位在酒店住 3 ~ 4 晚的客人，可能比只住 1 晚的客人更愿意住面积大一点的房间或独立的房间。度蜜月或度假的客人可能更愿意住一间有自然景色的客房。

5）尽可能在客人初选的客房的基础上升档销售。先通过指出房间的特征和优惠，提供一间升级的房间，然后告知房价。如果客人有订房，描述他们的房间和你所说的升级的房间之间的不同之处，以及其他待遇和优惠等。如果有两种不同类型的房间提供，说出它们的特征、优惠和价格，不要只说出高价钱的房间而失去客人。

6）快速完成登记程序。

7）感谢客人，祝愿他们居住愉快。前台员工在客人选择客房后，一般要求客人完成登记表格，在客人正在填写登记表的时候，前台员工可以通过介绍客房特征来强化客人的选择；在登记进入尾声的时候，前台员工应该告诉客人酒店营业场所、服务项目和其他设施的相关信息，大多数客人欣赏这种做法。在客人离开总台前，前台员工应该感谢客人选择酒店和表达祝客人居住愉快的个人意愿。有些酒店规定在客人登记完客房后不久，前台员工就应致电客人，询问客人对房间的满意程度。向散客推销经常是酒店创收的最好良机。

（二）客房销售的方法

1. 产品优点法

高质即高价，接待员要在深入了解酒店产品的基础上，向客人指出产品销售价高的理由。

2. 客人受益法

由于客人对产品价值和品质的认识程度不同，当客人对价格犹豫不决时应引导客人，强调高价能带给客人的益处。

3. 比较优势法

对于酒店而言，价格的制定依据一定的客观标准，但客人并不清楚。这时可采取“比较优势”来化解客人对价格的异议。

4. 价格分解法

价格是最敏感的因素之一。在报价时可以将价格进行分解。

5. 限定折扣法

限定折扣是一种“曲线求利”的方法，既能达到客人愿意支付的价格临界点，又能保证酒店利益不受损害。

6. 适当让步法

由于酒店产品越来越强的议价特点，因而价格因人而异也很正常。对于确实无法承担门市价格的客人适当给予优惠，或建议其选择平台上更低的价格预订，也是适应市场的重要手段。

二、客房销售技巧

（一）把握客人的特点

每家酒店都在千方百计地寻求自己的客源，以实现经营目标。前厅服务人员应着重了解本酒店所寻求的客源有什么特点，酒店能为他们提供什么产品，也就是要把握客人的特点进行销售。要把握客人的特点，必须了解客人的年龄、职业、国籍、身份等，然后针对客人的特点，灵活运用销售策略与技巧。不同类型的客人有不同的特点，对酒店服务也就会有不同的要求。例如，商务客人一般因公出差，对房价不太计较，而且往返酒店的可能性极大。前厅服务人员应根据其特点，向他们推销环境安静舒适、有宽大的写字台、光线明亮、办公设备齐全、便于会客、价格较高的客房或商务套房。有些酒店还在向商务客人推销的客房价中包括免费早餐、饮料以及免费洗衣等项目。另外，对商务客人而言，他们的工作是不分淡旺季的，在经营旺季，前厅服务人员应注意为这类客人留有一定数量的房间。若商务客人对酒店的服务感到满意，他们很可能成为酒店的常客；对于度假旅游的客人，应向他们推荐景色优美、价格适中的客房；向度蜜月的新婚夫妇推荐安静、不易受到干扰的大床间；向老年客人或行动不便的客人推荐靠近电梯、餐厅的客房等。只有通过细致入微的观察和认真的分析，才能抓住客人的心理，使销售工作更具有针对性，为酒店争取更多的客源。

（二）突出客房商品的价值

在销售客房商品的过程中，接待人员要强调客房的使用价值，而不仅仅是价格，因为客人购买的就是客房的价值。但是客房价值的大小是通过价格体现出来的，只有价格与价值相对平衡时，客人才会认为物有所值。客房的价值必须经过接待人员宣传，客人才能理解，从而乐于接受。

【运营链接 2-3】

突出客房商品的报价

在与客人洽谈的过程中不能简单地说："一间300元的客房，您要不要？"而应该根据客人及客房的特点，在推销时适当地进行描述。例如：刚装修过的，具有民族特色的，能看到美妙景色的，十分安静而又豪华舒适的，面积最大的而又在顶层的房间，等等。除了介绍客房的自然状况特点外，还应该强调客房为客人本身带来的好处。例如，"孩子与您同住一套连通房，您可以不必为他担心""由于这间房间很安静，您可以好好休息，不受干扰""这间客房最适合您了，这将方便您与其他人联系"。只有证实了客人的特殊需要，才有可能再次强调客房的特点。在没有认真地介绍客房前，不要急于报价。下面是两个报价的例子可作为参考："在六楼有一间最近才装修过的客房，房间面江，很安静，便于工作和休息，而且离电梯也不远，它的价格是500元""恰好有一间您所希望的大床间，在这个客房内可以看到美妙的风景，行李员会帮您把一切都安顿好的，这个客房的价格只有300元"。报价后，如有可能，还应介绍可提供的服务项目，例如"这个房价包括两份早餐、服务费、一杯由酒吧提供的免费饮料"。这种将价格放在所提供的服务项目中的"三明治式"报价方式，能起到减弱价格冲击的作用。

在通常情况下，等级越高、质量越好的房间，其价格也就越高。如果把价格与价值比作天平的两端，卖方与买方各撑一端，当价格一头"砝码"重（价格高）的时候，服务人员应充分运用语言艺术，使另一头"砝码"的分量（价值）加重，使两端保持基本平衡，促成双方成交，这就是"加码技巧"的运用。

总之，强调客房的价值，回答客人希望了解的关键问题，即：付了这个价钱，能得到什么；这间房是否值这个价钱。在介绍客房过程中，任何不切实际的、夸张或错误的介绍都应坚决避免，因为客人会很快发现所有不实之处，从而产生上当受骗的感觉。

（三）针对性地为客人提供可选择的价格范围，给客人进行比较的机会

许多酒店的接待员在向客人介绍客房时，为客人提供一个可选择的价格范围。如果客人没有具体说明需要哪种类型的客房，则接待员可根据客人的特点，有针对性地推荐几种价格不同的房间，如2～3种，以供客人选择。如果只推荐一种客房，就会使客人失去比较的机会。推出的价格范围应考虑客人的特点，一般来说，由较高价到较低价比较适宜。

【运营链接 2-4】

对客报价小贴士

例如，先说："靠近湖边，新装修的客房是500元""进出方便、别墅式的客房是400元"，"环境安静、景色优美、在四楼的客房是300元"，然后问客人："您喜欢哪一种？"除客人已指定客房情况外，由高价向低价报，往往能够使多数客人选择前几种较高价格的客房，至少这在

客人有可能选择最低价格的情况下能促使客人选择中间价格，因为人们往往避免走极端。当由高价向低价报价时，如果接待员觉察到客人认为价格太高，则只需要推荐两至三种为宜。这是因为价格种类太多时，客人不易记住。

在洽谈房价的过程中，前厅人员的责任是引导客人、帮助客人进行选择，而不应硬性推销，以免得不偿失。客人可能会因不喜欢某类客房或价格过高而找托词，前厅人员不要坚持为自己的观点辩解，更不能贬低客人的意见，对客人的选择要表示赞同与支持，要使客人感到自己的选择是正确的，即使他选择了一间最便宜的客房。

（四）坚持正面介绍以引导客人

前厅人员在向客人介绍客房时，应坚持采用正面的说法，要着重介绍各类客房的特点、优势，以及给客人带来的方便和好处，不要做不利的比较。例如，酒店只剩下一间客房时应该说：“您运气真好，我们恰好还有一间漂亮的标准间。”不能说：“很不幸，这是最后一间房间了。”应该问：“您在这里住多久？”而不应该问：“是不是只住一晚？”在销售客房的过程中，要把客人的利益放在第一位，以不影响客人的利益为前提，宁可销售价格较低的客房，也要使客人满意。如果客人感到他们是在被迫的情况下才接受高价客房的，那么酒店虽然这次得到了较多的收入，却也失去了今后可能得到的更多的收入。只有满意的客人才会成为“回头客”。

（五）针对特殊客人的销售技巧

1. 对“优柔寡断”客人的销售技巧

有些客人，尤其是初次住店的客人，可能在听完接待员对客房的介绍后，仍然不能做出决定。在这种情况下，接待员应对他们倍加关注和耐心，认真分析客人的需求心理，设法消除客人的各种疑虑，任何忽视、冷淡与不耐烦的表现都将导致客房销售工作的失败。在与犹豫不决的客人洽谈时，接待员应注意观察客人的表情，设法理解客人的意图；可以先用提问的方式了解客人的特点及喜好，然后有针对性地向客人介绍各类客房的优点；也可以运用语言和行动促使客人下决心，如递上住宿登记表并说“这样吧，您先登记一下……”或者“要不您先住下，如果您不满意，明天再给您调换房间”等。如果客人仍然保持沉默或犹豫不决，可以建议客人在服务人员的陪同下，实地参观几种类型的客房，使客人增强对房间的感性认识。要在推销的同时介绍酒店周围的环境，增强感染力和诱惑力。接待员要熟悉酒店的各项服务内容，附加的小利益往往起到较好的促销作用。此外，接待员还需要多一些耐心和多一些努力。

2. 对“价格敏感”客人的销售技巧

接待员在报价时一定要注意积极描述住宿条件，提供给客人一个可选择的价格范围，要运用灵活的语言描述高价房的设施优点。描述不同类型的客房时，要对客人解释说明客房的设施特点。接待员要熟悉本酒店的特殊价格政策，认真了解价格敏感型客人的背景和要求，采取不同的销售手段，给予相应的折扣，争取客人住店。

3. 工作繁忙时的销售

由于团队客人的到店时间比较集中，往往会出现客人排长队的现象，客人会表现出不耐烦。这时就需要总台员工做好入住高峰前的接待准备，了解团队到店时间，做好其他准备工作，以缩短客人办理入住手续的等候时间，同时也应注意房况，确保无误。入住高峰时，要确保手头有足够的登记所需的文具用品，保证工作有序完成。入住高峰时，可选派专人指引，帮助客人办理入住登记，以缩短客人的等候时间。按“先到先服务”原则，认真接待好每一位客人，做到忙而不乱。

（六）客房报价技巧

总台负责销售工作的接待员必须了解自己酒店所销售的产品和服务的特点及其销售对象。其中，掌握对客报价方法和推销技巧是做好销售工作的重要前提。所以，不断地研究、总结和运用这些方法和技巧，已成为销售工作取胜的一个重要环节。对客报价是酒店为扩大自身产品的销售、运用口头描述技巧、引起客人的购买欲望、借以扩大销售的一种推销方法；其中包含着销售技巧、语言艺术、职业品德等内容。在实际销售中非常讲究报价的针对性，只有采取不同的报价方法，才能达到销售的最佳效果。掌握报价方法是做好销售工作的一项基本功，以下是酒店常见的几种报价方法。

1. 高低趋向报价

这是针对讲究身份、地位的客人而设计的，以最大限度地提高客房的利润率。这种报价法首先向客人报出酒店的最高房价，让客人了解酒店所提供的房价及与其相配的环境和设施，当客人对此不感兴趣时再转向销售较低价格的客房。高价伴随的是高级享受，接待员要善于运用语言技巧打动客人，促使客人做出购买决策。

2. 低高趋向报价

这种报价法可以吸引那些对房间价格做过比较的客人，能够为酒店带来广阔的客源市场，有利于发挥酒店的竞争优势。

3. 交叉排列报价

这种报价法是将酒店所有现行价格按一定排列顺序提供给客人，即先报最低价格再报最高价格，最后报中间价格，让客人有选择适中价格的机会。这样，酒店既坚持了明码标价，又方便了客人在整个房价体系中自由选择，也增加了酒店出售高价格客房获得更多收益的机会。

4. 选择性报价

采用此类报价法，要求总台接待人员善于辨别客人的支付能力，能客观地按照客人的举动和需要，选择性地提供适当的房价范围，一般报价不能超过两种，以体现报价的准确性，避免客人选择报价时犹豫不决。

5. 利益引诱报价

这是一种对已预订一般房间的客人，采取的给予一定附加利益的方法，使他们放弃原预订客房，转向购买高一档次价格的客房。

6. “冲击式”报价

先报出房间价格，再介绍客房所提供的服务设施和服务项目等。这种方式比较适合推销价格较低的房间，以低价打动客人。

7. “鱼尾式”报价

先介绍客房所提供的服务设施和服务项目及特点，再报出房价，突出客房物有所值，以减弱价格对客人的影响。这种方式比较适合中档客房。

8. “三明治式”报价

“三明治式”报价又称“夹心式”报价。此类报价是将价格置于所提供的服务项目中，以减弱直观价格的影响，增强客人购买的可能性。此类报价一般由总台接待人员用口头语言进行描述性报价，强调提供的服务项目是适合客人的，但要注意恰如其分。这种方式比较适合推销中、高档客房，可以针对消费水平高、有一定社会地位和声望的客人。

9. 灵活报价

灵活的报价是根据酒店的现行价格和规定的价格浮动幅度，将价格灵活地报给客人的一种方法。报价一般由酒店的主管部门规定，根据酒店的实际情况在一定价格范围内适当浮动。灵活报价，调节客人的需求，以使客房出售率和经济效益达到理想水平。

综上所述，尽管接待员的报价方法有很多，有些方法之间甚至相互对立，然而在酒店的经营实践中，由高至低报价法仍然是较科学且实用的。无论是提供选择余地、先推销高价客房，还是报明所有房价、推销高价客房，都遵循由高至低的原则。我国大多数酒店都属于明码标价的，在此基础上只有坚持从高到低推销客房的方法，才能使高价或较高价格客房首先被出售。推销客房需要大量的思考和实践，接待员应该在开房时注意观察客人的心理活动和反应。只有用热诚的态度及对客房的艺术性的描述语言和适当的报价技巧，才能顺利完成推销高价客房的任务。

本章学习要点

1．客房的分类方法很多，有按房间及配备床的种类和数量划分的，有按房间所处的位置划分的，有按不同功能划分的，等等。不同的房型能够使客人的选择多样化，满足客人的不同需要。

2．客房价格的制定是前厅管理的一项重要内容，直接关系到酒店的开房率和酒店的经营效益，前厅管理人员要根据当地酒店业市场竞争情况以及酒店客房经营成本，制定有竞争力的客房价格。

3．酒店的房价包括：门市价，协议价，公司价，团队价，小包价，折扣价，淡季价，旺季价，白天租用价，免费。酒店应该针对不同的客人和客户群体，确定自身的价格体系和价格政策。

4．客房状态，又叫房态、客房状况，是指对客房占用、清理或待售等情况的一种标示或描述。

5．为了有效控制房态，前厅部管理人员必须做好部门间及部门内部的信息沟通。

6．客房销售的方法包括：产品优点法，客人受益法，比较优势法，价格分解法，限定折扣法，适当让步法。

7．客房报价的方法有：高低趋向报价，低高趋向报价，交叉排列报价，选择性报价，利益引诱报价，“冲击式”报价，“鱼尾式”报价，“三明治式”报价，灵活报价。

本章思考练习

1．常见的房型有哪些？

2．影响客房定价的因素有哪些？

3．酒店客房定价方法有哪几种？

4．酒店客房状态通常有哪几种？

5．常见的酒店计价方式有哪些？

本章管理实践

训练项目 1　掌握客房定价的方法

［实践目标］

1．与酒店客房定价相关部门进行面对面实践，以掌握酒店客房定价的要点。

2．调查与访问，以了解酒店客房定价前所需要做的调查及酒店客房定价时所考虑的影响因素。

3．培养认知与自觉养成现代前厅客房运营管理者的能力。

4．强化自我突破。

5．锻炼沟通能力。

［实践内容与方法］

1．分组进行实训，利用课余时间，对学校周边或者所在城市的酒店进行调查与访问，最好是规模比较大的酒店。

2．在调查访问之前，每个小组需根据课程所学知识，讨论制定调查访问的提纲，包括调研的主要问题与具体安排。具体可参考下列要点：①该酒店的客房定价是由哪些部门完成的；②该酒店客房定价相关部门的组织结构和运行状况如何；③访问 2 ~ 3 名酒店客房定价相关职员；④该酒店的客房定价运用了本书所学的哪一种或几种定价方法。并谈谈你的感受。

［实践标准与评估］

1．实践标准：必须到真实酒店中做实地调查，并能运用本章的知识架构进行分析。

2．实践评估：①每人写出一份简要的调查访问报告。②以小组为单位，由小组负责人根据每位成员在调研中的表现进行评估打分。③小组成员对小组负责人打分。④对各小组的调研报告及其成员在讨论中的表现分别评估并打分。

训练项目 2　酒店客房房态控制

［实践目标］

1．了解酒店客房的几种常见房态。

2．学会控制房态，提高客房利用率。

3．锻炼沟通协调合作能力。

［**实践内容与方法**］

1．分组进行实训，利用课余时间，通过网络资料收集和对实体酒店的实地走访，采访相关房务人员（包括酒店前厅的前台接待及各个楼层的房务中心），了解他们对于酒店客房状态是如何控制的。

2．结合本章所学知识，自己尝试一下对酒店客房房态进行控制。

3．找出你所采访的酒店客房房态控制的不足之处，并对其做出改进。

［**实践标准与评估**］

1．实践标准：资料的收集与整理，并能运用本章的知识架构进行分析。

2．实践评估：①每组写出一份简要实训报告。②以小组为单位，对其他小组的表现进行评估并打分。③小组成员对小组负责人打分。④小组负责人对各小组的实训报告及其成员在讲解时的表现进行评估并打分。

第三章　前厅预订管理

【学习目标】

1. 了解前厅预订的方式。
2. 了解前厅预订的种类。
3. 了解预订的渠道。
4. 了解酒店收费方式。
5. 熟悉预订的受理流程与要求。
6. 掌握超额预订管理及处理方法。
7. 了解预订与收益的分析。
8. 掌握预订量的控制。

【章前导读】

预订是酒店必不可少的一部分。开展预订业务可以使酒店最大限度地利用客房、开拓客源，为酒店取得最大的利润。预订方式的多种多样，预订渠道的多样性，可以给酒店带来更多的客源。酒店的预订流程使酒店的预订业务变得更加规范，确保了客人的最大利益。预订业务的开展，有助于酒店更好地预测未来客源情况，以便及时调整经营策略，在当今激烈的竞争中把握主动。因此，开展预订业务对酒店经营具有重大意义。

第一节　预订的方式与种类

一、酒店前厅预订的方式

预订是指客人在抵达酒店之前对酒店客房的预先订约。预订在得到酒店的确认后，酒店与客人之间就达成了一种预期出售或者使用客房的协议。

前厅部的首要功能就是销售客房，而客房预订是客房销售的中心环节。一般来说，酒店都会在前厅部设有预订处，专门受理预订业务。酒店的客房预订是一切预订的核心，只有客房有了保证，其他相关设施及服务才会有保证。因此，客房预订系统的工作效率，关系到酒店产品经营的成功与否。

（一）预订的作用

每位客人在开始旅行之前，都希望对整个行程所需的各项设施先做好安排，以免在旅途中因某项设施得不到保证而耽搁行程。对于酒店来说，预订客房就是预订工作的核心内容，酒店开展的预订服务就是为了满足客人的这种需要。

开展预订业务对酒店经营来说具有以下几个方面的重要意义。

1）开展预订业务是客人对酒店形成第一印象的首要环节。由于预订工作是在客人到达之前就开始的，是客人对酒店产生印象的首要环节，因此预订工作的效率和质量就成了客人对酒店评价的第一步，它直接关系到客人对酒店第一印象的形成，甚至可能成为影响客人是否选择该酒店的一个首要依据。所以，酒店做好预订工作，是其做好客人服务工作、争取客源、扩大市场的重要环节。

2）预测未来客源情况。预订工作可以使酒店更好地预测未来一段时间内的客源情况，便于及时调整经营策略。酒店取得客人的信息资料，将这些资料集中起来进行分析研究，就可以清楚地了解客人的活动情况，把握市场动向。

3）协调各部门业务，提高工作效率。预订业务延长了对客服务时间，有利于酒店提前做好一切接待准备工作，掌握对客服务上的主动权，这样能保证酒店的对客服务的整体质量。

（二）预订的工作范围

预订处专门从事客房预订工作，是调节和控制酒店客房预订和销售的中心，也是服务于客人的超前部门，其主要业务包括：

1）办理团体及散客的订房事宜，进行房间预分。团体客人与散客的起居时间是不同的，因此两者的预订程序各有特点，房间预分的原则也不一样。如果能够从预订工作流程设计上避开这个问题，有针对性地优化客房分配结构，显然对后续服务的开展极其有利。

2）做好预订存档工作，使所有预订房间得以正确累计汇总。所有有关客人的资料都必须被完整、准确地记录，应杜绝马虎大意的失职行为。

3）收集有关信息资料，准确处理客人的特殊预订要求。将客人的要求认真记录下来。有时候对于客人的想法要“善解人意”，即使在明显无法满足客人要求的情况下，也要礼貌地回答客人的问题。

4）每天为酒店各部门提供详尽的即将入住的客人资料，与其他部门协调合作，使酒店开房率达到最高。并不是所有的客人都会事先预订客房，除了常规的客房预订之外，酒店同样需要一定量的散客来弥补客房预订的不足。在销售客房的同一前提下，准确、迅速的预售资料保证了前台的散房销售。

5）定期为酒店销售部门及决策部门提供信息反馈及客源动态资料。预订处每天都要整理出近期的预订资料，并及时送交前厅经理办公室。

（三）预订的工作要求

接待员在受理预订中要做到：

1）热情接待，准确报价。在电话或柜台前，接待员都应主动问好，询问需求，热情礼貌，语态亲切，语言甜美。若有客人要求的房间，则主动介绍房间细节和设备设施。对各种不同类型的客人，准确报出协议价、公司价、散客价、团队价等。

2）记录清楚，处理迅速。帮助客人落实订房时，要认真做好记录。接到预订函电后，应立即处理，回复要快，不能让客人久等。

3）填写预订单时，必须认真、仔细，逐栏、逐项填写清楚。否则，稍有差错，就会给接待工作带来困难，影响服务质量和酒店的经济效益。

4）遇有大团或特别订房时，订房确认书要经前厅部经理或总经理签署后才能发出。如确实无法满足其预订要求，要另发函电，向客人表示歉意，这同样需要经前厅部经理或总经理签署后才能发出。

（四）预订的方式

1. 电话订房

客人通过电话向酒店订房，这种方式应用得最为广泛也最为有效，特别是提前预订的时间较短时。这种方式的优点是能够直接、迅速、清楚地传递双方信息，并可以当场回复和确认客人的订房要求。

受理电话订房时应注意：

1）与客人通话时要注意使用礼貌用语，语音、语调的运用要婉转，口齿要清晰，语言要简明扼要。每一位接待员都必须明确：预订服务虽然不是与客人面对面进行的，但却给客人接触酒店的第一印象；要当好这个角色，就必须通过电话给客人送上热情的服务。

2）准确掌握客房预订状况，预订单、航班表等用品和资料要放置在便于使用或查找的地方，以保证预订服务工作的快速和准确。

3）立即给客人以明确的答复，绝不可让客人久等。因客满需婉拒订房要求时，应征询客人是否可以列入等候名单。

4）通话结束前，应重复客人的订房要求，以免出错。

2. 传真订房

客人通过传真预订客房，是较为常见的一种订房方式。 这种预订方式具有方便、迅速、准确和正规的特点。

受理传真订房时应注意：

1）接收或发出传真后，及时标出时间印记。

2）回复要迅速、准确，资料要完整。

3）做好订房资料的保留存档，以备日后查对。

3. 面谈订房

面谈订房是指客人亲自到酒店，与接待员面对面地洽谈订房事宜。这种订房方式能使接待员有机会详尽地了解客人的需求，并当面解答客人提出的问题，有利于推销酒店产品。

与客人面谈订房事宜时应注意：

1）仪表端庄、举止大方，讲究礼节礼貌，态度热情，语音、语调适当、婉转。

2）把握客人心理，运用销售技巧，灵活地推销客房和酒店其他产品。必要时，还可向客人展示房间及酒店其他设施与服务，以供客人选择。

4. 口头订房

口头订房是客人本人或委托当地亲友或代理机构直接到酒店总台，以口头申请的方式订房。口头订房所占的比例虽不是很高，但是在总台却时常出现，这种订房的准确性较难控制。

受理口头订房时应注意：

1）向客人明确说明所订房间只保留到某规定时间为止，逾期则自动取消；或要求客人预付定金。

2）经常与客人取得联系，以较准确地控制这类订房。

5. 互联网订房

互联网订房是当前国内外较为先进的订房方式，这种现代化的预订方式，具有信息传递快、可靠性强等特点。随着现代电子信息技术的迅速发展和互联网应用范围的不断扩展，这种预订方式将会被越来越多的客人所采用。

在以上各种订房方式中，无论采用哪种方式，酒店接待员都必须注意以下几个问题：

1）无论是接受预订还是婉拒预订，都必须及时给客人以明确答复。一般来说，为表示尊重客人，客人以何种方式订房，酒店也应以同样的方式答复客人。

2）不预先告知房号。接待员在接受预订时，不要给客人以具体房间号码的许诺。因为房间的出售情况随时都在变化，一旦客人到达时所订房间没有空出或不能使用，就将失信于客人。

3）为保证整个预订工作的严密性，应尽可能地掌握客人的离店日期。如果客人没有讲清房间需预订几天，酒店通常只为其预订一天客房。

6. 手机预订

手机预订是一种最新的订房方式，它同时结合了电话预订和互联网预订的特点，既有电话的便利，又有互联网的查询和搜索功能。

手机订房受到追捧的原因是其突破了传统的订房方式，人们无须坐在计算机面前浏览纷繁的页面或在电话中耐着性子回答呼叫中心服务人员的一大堆问题，只需拿出手机登录相关网站，选择出行目的地，再选择适合自己需求的酒店星级和客房价格，输入日期及入住天数，系统就会列出符合要求的酒店。选订酒店和客房，输入个人资料，即可完成预订，整个过程只需 2min 时间。这一新的订房方式为长期出差的商务人士、自助旅游爱好者开辟了快捷、便利的无线订房的崭新领域，可全方位、个性化地搜索酒店信息，随时随地在线预订各类酒店。

【运营链接 3-1】

《中国旅游饭店行业规范》节选

第二章 预订、登记、入住

第四条

饭店应与客人共同履行住宿合同，因不可抗力不能履行双方住宿合同的，任何一方均应当及时通知对方。双方另有约定的，按约定处理。

第五条

由于饭店出现超额预订而使客人不能入住的，饭店应当主动替客人安排本地同档次或高于本饭店档次的饭店入住，所产生的有关费用由饭店承担。

第六条

饭店应当同团队、会议、长住客人签订住房合同。合同内容应包括客人进店和离店的时间、房间等级与价格、餐饮价格、付款方式、违约责任等款项。

第七条

饭店在办理客人入住手续时，应当按照国家的有关规定，要求客人出示有效证件，并如实登记。

第八条

以下情况饭店可以不予接待：（一）携带危害饭店安全的物品入店者；（二）从事违法活动者；（三）影响饭店形象者；（四）无支付能力或曾有过逃账记录者；（五）饭店客满；（六）法律、法规规定的其他情况。

二、酒店前厅预订的类型

酒店在接受和处理客人预订时，根据不同情况，可将预订分为三种类型：

（一）临时预订

临时预订是指客人在即将抵达酒店前很短的时间内或在到达的当天联系订房。这类订房一般由总台接待处受理，因为接待处比其他部门更了解酒店当天客房的出售情况。由于时间紧，酒店一般没有必要寄确认函，同时也无法要求客人预付定金，在这种情况下只能口头确认。

按照国际惯例，酒店会为预先订房的客人保留房间直至抵达当日的 18 时，这个时限被称为“取消预订时限”。如果订房客人在这个规定的时限内未抵店，也未事先与酒店联系，该预订即被自动取消。接受此类预订时，应该注意询问客人的抵店时间、航班或车次，并提醒客人注意，以免引起不必要的纠纷。

（二）确认类预订

确认类预订是指客人的订房要求已被酒店接受，而且酒店以书面形式予以确认，如邮寄、传真回复确认书等。一般不要求客人预付预订金，但规定客人必须在预订入住的时限内到达酒店，否则视为自动放弃预订。

书面确认与口头确认相比有如下优点：

1）能复述客人的订房要求，使客人了解酒店是否已正确理解并接受了他的订房要求，使客人放心。

2）能申明酒店对客人承担的义务、有关变更预订、取消预订以及其他有关方面的规定，以书面形式确立了酒店和客人的关系。

3）能验证客人所提供的个人情况，如姓名、地址等。所以，持预订确认书的客人比未经预订、直接抵店的客人在信用上更可靠，大多数酒店允许其在住店期间享受短期或一定数额的赊账服务待遇。

4）书面确认比较正式。大型团体、重要客人，特别是一些知名人士、政府官员、国际会议等订房的确认函要由前厅部经理或酒店总经理签发，以示尊重和重视。

对于确认类预订，酒店依然可以事先声明为客人保留客房至某一具体时间，过了规定时间，客人如未抵店，也未与酒店联系，酒店有权将客房出售给其他客人。

【运营链接 3-2】

预订房型出错

一天下午6点前，一位客人十分生气地找到端坐在大厅一侧的值班经理，原来这位客人三天前给酒店客房预订部打过电话，要求预订一间高层向阳的标准间，当时预订部人员按客人要求为其办理了预订手续，但当客人到店办理入住手续时，接待人员却告诉他向阳的标准间已经全部出售了，问客人是否可以更换一间别的房间。客人当即表示：既然在三天前做了预订，就不应该出现此类情况。客人投诉。值班经理很快查明原因，原来当日上午一位未办理预订手续的客人也提出要高层向阳的房间，接待人员未见这位客人到店，以为他不会来了，便将此客房安排给了另一位客人。

分析：

客人的订房需求已被酒店接受，而且酒店以口头或书面形式予以确定，虽没有付定金，酒店依然应当在规定时间内为客人保留客席。

此例为非保证类预订的确认类预订。对策包括：

1）态度诚恳地向客人道歉并说明情况，请求客人的原谅。

2）立即给客人安排住处。由于客人的要求未能得到满足，是酒店的失误，酒店应当尽可能满足客人的需求，如果不能全部满足，至少也要部分满足。没有了高层向阳标间，可以看看高层向阳豪华间是否有空房，可以按标准间的价格给客人入住豪华间的优惠，等到第二天，如果有符合预订条件的空房，再安排行李员协助客人换房。

3）问责预订处与接待处。

（三）保证类预订

客人通过预付定金来保证自己的订房要求，特别是在旅游旺季，酒店为了避免因预订客人擅自不来或临时取消订房而造成损失，要求客人预付定金来加以保证，这类预订称为保证类预订。保证类预订以客人预付定金的形式来保护酒店和客人双方的利益，约束双方的行为，因而对双方都是有利的。

对于保证类预订，酒店必须保证只要客人一到就为其提供房间，或代找一间条件相仿的房间。在后一种情况下，酒店要代付第一夜的房费以及其他附带费用（包括出租车费和电话费等），这就是国际惯例所谓的“第一夜免费制度”。

如果客人逾期不到酒店，事先又不声明取消订房，酒店就要从预付定金中或是按合同收取一天的房费，余款退还给客人，同时为客人保留房间到抵店日期的次日退房时间为止。

保证类预订又分为三种类型：

（1）预付款担保 对于酒店来说，最理想的保证类预订方法是要求客人预付定金，以现金、支票、汇款等酒店认可的形式。

预订部人员要熟记酒店预付定金的规定，一般包括收取预付定金的期限、支付定金的最后截止日期、规定预付定金数额的最低标准、退换预付定金的具体要求等内容。提前向客人发支付预付定金的确认书，陈述酒店收取预付定金及取消预订、和收取预订取消费用的相关规定。发生预订取消时，预订员应提前向客人说明酒店相关规定，并获得客人的认可和承诺。

（2）信用卡担保 信用卡担保是指客人将所持信用卡的种类、号码、有效期及持卡人姓名等以书面形式正式通知酒店，达到保证性预订的目的。如果客人没有如期到达，酒店根据订房客人的信用卡号码、姓名及预订未到记录等情况向客人所持有的信用卡公司或授权机构收取相关房费。

（3）合同担保 订立商业合同是指酒店与有关客户单位签订的订房合同。合同内容要包括签约单位的地址、账号以及同意对因失约而未使用的订房承担付款责任的说明。合同还应规定通知取消预订的最后期限，如签约单位未能在规定的期限内通知取消预订，酒店可以向对方收取房费等。当签约单位有需要时，可与酒店联系为其安排客房。即使客人未入住，房间也被保留一个晚上，同时签约单位也保证支付房费。

第二节 酒店预订渠道与酒店计价方式

一、酒店预订渠道

酒店预订的常见渠道可以归结为直接渠道和间接渠道两大类。

（一）客房预订的直接渠道

客房预订的直接渠道是指客人或客户不经过任何中间环节直接向酒店订房，它包括：客人本人或委托他人直接向酒店预订客房；旅游团体或会议的组织直接向酒店预订所需要的客房；

旅游中间商作为酒店的直接客户向酒店批量预订房间。采用直接订房渠道，酒店所消耗的经营成本相对较低，而且能对订房过程进行直接、有效的控制。在我国酒店市场，大多数客人是直接向酒店订房的。

（二）客房预订的间接渠道

间接渠道则是客人委托旅行社等中间机构代为办理订房手续。酒店总是希望将自己的产品和服务直接销售给消费者，但由于人力、资金、时间等的限制，往往无法进行规模化的、有效的销售活动。因而，酒店利用中间商与客源市场的联系及其影响力，利用其专业特长、经营规模等方面的优势，通过间接销售渠道，将酒店的产品和服务更广泛、顺畅、快速地销售给客人，希望获得更高的客房出售率。

间接渠道的订房大致有下列几类。

1. 通过旅行社订房

旅行社通常与酒店订有合同，负责为酒店提供客源，并按房价的一定比例收取回扣。一般来讲，旅游者通过这种渠道在异国酒店订房的较为多见。旅行社订房可以保证酒店有一定数量的稳定的客源。

2. 通过航空公司及其他交通运输公司订房

随着航空和交通运输业的发展，由航空公司和其他交通运输公司代为订房的客人越来越多，主要包括乘客、团队客人、机组人员、本公司职员外出订房等。

3. 通过专门的酒店订房代理商订房

为发展业务，许多商社、大公司等与酒店订有合同，为来本公司的客人或本公司外出职员预订房间。

4. 通过会议及展览组织机构订房

会议组织机构在为会议客人订房时，一般还要对酒店的其他产品进行预订，主要包括会议室及会议设备、餐饮、用车等。

5. 国际订房组织订房

全球最大的销售订房中心是SUMMIT。该组织代理了全球所有主要航空公司、旅行社和跨国商务公司的预订系统，拥有90余家成员酒店和遍布全世界的50多个订房中心，其主要客人为商务客人，其成员均为五星级酒店。SUMMIT可以通过全球销售系统（CDS）、互联网等订房。这一渠道可以为酒店赢得5% ~ 20%的客源（个别酒店的这一比例甚至更高）。

6. 线上旅游运营商

线上旅游运营商（OTA）是指随着互联网技术的发展和普及，国内外出现的网上订房中心，如国内的携程、艺龙等网站。这类订房在酒店销售中所占比重越来越大，呈逐年攀升的趋势。几乎每家大型酒店都与数十家订房中心签署了订房协议。实际上，因为存在管理成本问题，对于酒店来说，并非签署的订房中心越多越好，所以酒店应对订房中心进行定期梳理，淘汰一批，同时签约一些新的。

目前，不论是在单体酒店，还是连锁酒店或联号酒店中，线上旅游运营商、航空运输部门所带来的客房预订数量在酒店客源中都占较大比重。

二、酒店计价方式

（一）国际酒店通行的几种收费方式

1）欧洲式（EP）是只包括房费而不包含任何餐费的收费方式，为世界上大多数酒店所采用。

2）美国式（AP）不但包括房费，而且还包括一日三餐的费用，因此，又被称为“全费用计价方式”，多为远离城市的度假性酒店或团队客人所采用。

3）修正美式（MAP）包括房费和早餐，除此而外，还包括一顿午餐或晚餐（二者任选一个）的费用。这种收费方式较适合于普通旅游客人。

4）欧洲大陆式（CP）包括房费及欧陆式早餐。欧陆式早餐的主要内容包括冷冻果汁、烤面包、咖啡或茶。

5）百慕大式（BP）包括房费及美式早餐。美式早餐除了包含有欧陆式早餐的内容以外，通常还包括鸡蛋和火腿（或香肠、咸肉等肉类）。

（二）追加房价

追加房价是在公布价格的基础上，根据客人的住宿情况，另外再加收的房费。

1）白天房价：客人退房超过了规定时间，酒店将向客人收取白天房费。18时以前退房，加收半天房费；在18时后退房，加收一天的房费。

2）加床费。

3）深夜房价：客人凌晨抵店，酒店将向客人加收一天或半天的房费。

4）保留房价：住客短期外出旅行，但需继续保留所住房间的，或预订客人因特殊情况未能及时抵店的，酒店通常需要客人支付为其保留房间的费用，但一般不再加收服务费。

（三）特别房价

特别房价是根据酒店的经营方针或其他原因，对公布的价格做出各种折让的价格。

1）团队价：是酒店为团队客人提供的数量折扣，其目的在于吸引大批量的客人，从而售出大批量的房间。

2）家庭房价：酒店为携带孩子的父母所提供的折扣价格，如对未满6周岁儿童免费提供婴儿小床等，以刺激家庭旅游者。

3）小包价：酒店为特殊需要的客人提供一揽子报价，方便客人做好预算。

4）折扣价：酒店向常客或长住客等客人提供的优惠的价格。

5）免费：酒店在互惠互利原则下，给予与酒店有双边关系客人的免费招待待遇。免费的范围既可以包括餐费，也可以仅限房费。

（四）合同房价

合同房价也称协议房价、批发房价，是酒店给予中间商的优惠价。

【运营链接 3-3】

中国旅游行业酒店收费规范

酒店应当将房价表置于总服务台的明显位置，供客人参考。酒店如给予客人房价折扣，应当书面约定。

酒店客房收费以“间 / 夜”为计算单位（钟点房除外）。按客人住一“间 / 夜”，计收一天房费；次日 12 时以后、18 时以前办理退房手续者，酒店可以加收半天房费；次日 18 时以后退房者，酒店可以加收一天房费。

根据国家规定，酒店可以对客房、餐饮、洗衣、电话等服务项目加收服务费，但应当在房价表及有关服务价目单上注明。客人在酒店商场内购物，不应加收服务费。

第三节　预订受理

一、酒店预订受理流程

酒店客房的预订是项专业性较强的工作，因此必须建立完整且详尽的工作程序，从而确保客房预订工作的准确、高效、有序。客房预订的工作程序如图 3-1 所示。

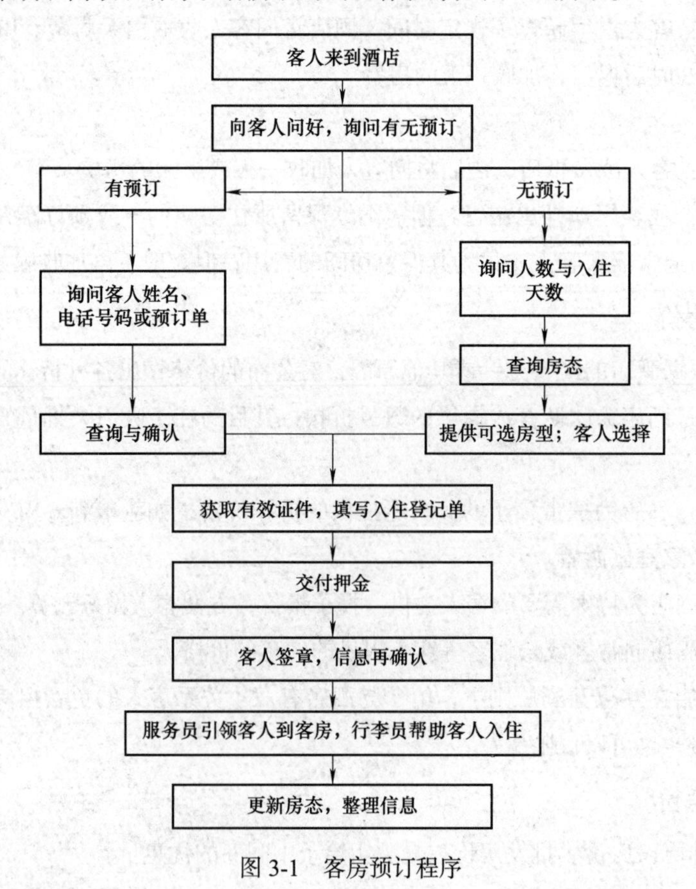

图 3-1　客房预订程序

（一）预订前的准备工作

在预订前做好准备工作，掌握当日及未来一段时间内可预订的客房数量、等级、类型、位置、价格标准等情况。只有对可预订的各类客房心中有数，才能给订房客人一个迅速而准确的答复，提高预订工作水准和效率。

1. 做好交接班

接班时查看上一个班次的预订情况，问清情况，掌握需要处理的、优先等待的、列为后备的、未收定金的等不准确的预订名单及其他事宜。

2. 备好报表、表格、收据

按岗位工作任务及班次的区分，将所需要的各种报表、表格、收据等分门别类、整齐有序地摆放在规定的位置。

3. 掌握房价

熟悉酒店不同类型的客房价格、配置、床位数量、所在楼层位置等情况，以及“房价折扣表”上的各种优惠价格，如折扣价、团队价等，在客人询问时能够快速回应。

（二）受理预订

预订员接到客人的订房申请时，首先要查阅订房控制簿或计算机，决定是否受理此项订房要求，此时需要考虑以下四个方面的因素，即抵店日期、客房类型、客房数量和住店夜次。

掌握了这些信息，预订员就能判断客人的订房要求与酒店客房的供给状况是否吻合，从而决定是否受理预订。如果受理预订，则意味着对预订客人的服务工作已经开始。

如有空房，预订员应立即填写“预订客单”（见图 3-2）。预订客单通常包括客人姓名、抵离店日期及时间、房间类型、价格、付款方式及附加费（餐食标准、种类）等内容。填写预订客单时，要认真、逐项地填写清楚。因为这是最原始的订房资料，一个失误就会导致一系列订房工作的错误。

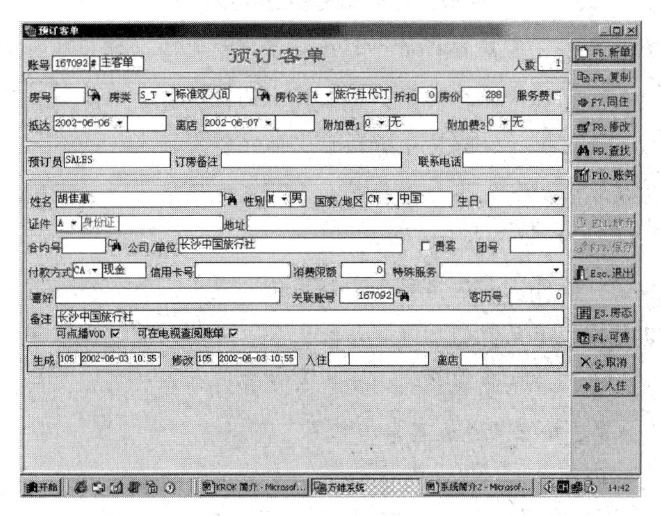

图 3-2　预订客单

（三）确认预订

预订员在接到客人的预订要求后，要立即将客人的预订要求与酒店未来时期客房的利用情况进行对照，决定是否能够接受客人的预订。如果可以接受，就要对客人的预订加以确认。确认预订的方式通常有两种，即口头确认（包括电话确认）和书面确认。

受理当天订房，通常采用口头确认。口头确认最主要的是跟客人强调清楚“取消订房时限”：一旦18时未到达，该预订即被取消。

根据国际惯例，不管客人是以口头或打电话的方式订房，还是以书面的形式订房，只要客人订房的时间与抵店时间之间有充足的时间，酒店都应向客人寄送书面订房确认函。随着现代通信的日益普及，书面确认的方式逐步被电话和电子邮件所取代。

填写完预订确认函之后需要注意以下几点。

1. 重申订房要求

重申客人的订房要求，包括客人姓名、人数、抵店和离店时间、房间类型和数量等，以及双方就付款方式、房价问题达成的一致意见。

2. 声明酒店规定

声明酒店取消预订的规定：未付定金或无担保的订房只能保留到客人入住当天的18时；对客人选择本店表示感谢。

3. 签名寄发

预订员或主管在订房确认函上签名、注明日期，并及时邮寄给客人。重要客人的确认函一般要由前厅部经理或酒店总经理签发，以示对客人的尊重。

【运营链接 3-4】

确认订房传真引起的风波

2月16日下午两点左右，客房预订员小赵接到了携程网的五间普通标间的订房传真，凭借日常工作经验，小赵按照流程快速地浏览了传真件上的订房房型、房数，查看了计算机中的可用房，确认有房间后迅速做完了计算机上的预订，并在传真件上签上名字进行了回传确认。发完确认传真后才突然发现，对方传真上的房价为238元含双早，而携程网与酒店签订的协议价是288元含双早。

于是小赵又重发了一份确认函给携程网进行房价的更正，随后携程网也致电过来，称酒店既然在确认函上确认签字了而且他们也确认给客人了，就无法改变房价了。后来小赵及时向部门经理汇报了此情况，为了避免此事影响到酒店与携程网今后的合作，部门经理立即向酒店总经理请示，特批了五间房，按238元含双早给客人入住。

分析：一方面，酒店客房预订员工作不仔细，未按正常的工作流程进行确认而导致了事故的发生；另一方面携程网已收到签完字的确认传真，即表示酒店与携程网存在了一种契约关系，双方都应遵守这个契约，信誉和携程网以后带给酒店的客源也是至关重要的，所以最后做出让步是符合逻辑的。

为了避免类似事情的发生，酒店在接受传真订房时要注意以下几方面的工作：一、酒店应建立和健全客房预订制度，管理人员应加强对预订工作的日常检查和督导；二、认真核对订房传真上的所有信息；三、星级酒店员工的服务在规范的同时，也要注意服务的细节，切忌凭借经验马虎做事，经验可让员工操作熟练、处理巧妙，但有时也会弄巧成拙、被投诉。

（四）拒绝预订

当不能满足客人的订房要求时，预订员应该向客人积极介绍与客人要求相近类型的其他房间，尽量将客人留住，切不可直接拒绝，即使不能满足客人的最初订房要求，最终也要让客人满意。用建议代替简单的拒绝是很重要的，它不但可以促进酒店客房的销售，而且可以在客人心中树立酒店的良好形象。

1. 查看报表

1）查看可行性报表，确认预订日期的订房情况。

2）确定酒店确实无法接受客人预订。

2. 提出建议

婉拒预订时不能因为未能符合客人的最初要求而终止服务，而应该主动提出一系列可供客人选择的建议。

1）建议客人重新选择来店日期。

2）建议客人改变住房类型。

3）建议客人改变对房价的要求。

4）征询客人是否愿意接受为他代订其他酒店的客房。

5）征询客人是否愿意接受作为等候类订房客人。

3. 寄致歉信

按照国际惯例，酒店在婉拒客人要求后，为了更好地树立酒店形象，还要为客人送一份致歉书。常用婉拒预订书信格式如图 3-3 所示。

尊敬的　　先生 / 女士：

感谢您对本酒店的关照和支持。非常遗憾地向您解释，本酒店未能接受您的订房要求，对此我店深表歉意。希望有机会再能为您服务。

顺致崇高敬意！

年　月　日

图 3-3　致歉信

即使最后还是无法满足客人的要求，预订员也应该用友好、遗憾和理解的态度对待客人，并表示今后愿意随时为其提供服务。

（五）核对预订

有些客人往往提前很长时间进行客房预订，但由于种种原因在入住前的这段时间内取消预订或更改预订，对于这种情况，为了提高预订的准确性和酒店的开房率，并做好接待准备，在客人到店前（尤其是在旅游旺季），预订员要通过书信或电话等方式与客人进行多次核对，即再确认，问清客人是否能够如期抵店，住宿人数、时间和要求等是否有变化。

订房核对工作通常要进行三次，如果是重要客人或大型团体，由于其提前预订时间长，还应该增加核对次数。

（1）第一次是在客人预订抵店前一个月进行　预订员以电话、书信或传真等方式与客人联系并进行核对，核对的内容是抵达日期、住店天数、房间数量与类型等。核对的主要对象是重要团队和重要客人。如果没有变化，可按准确订房处理；如果有更改，根据变更后房间有无做相应处理；如果客人在核对中取消订房，则修正预订信息，对客人取消预订的房间做好闲置客房的补充预订，或者转为通知等候类订房的客人。

（2）在客人抵店前一周再一次核对　具体做法与第一次核对相同。核对的重点是抵达时间和重要客人的订房，要注意更改变动的预订客人。

（3）在客人抵店前一天做第三次核对　这次预订员主要采用电话方式，对预订内容做仔细检查，并将准确的订房信息传达到总台接待处。如果有取消预订的，补充预订已经来不及时，要立即将更改情况通知总台，以便及时出售给其他来店的未预订的客人。

（六）预订的取消

由于各种原因，客人可能在预订抵店之前取消订房，这是酒店不愿看到的事情。但是要知道，客人肯花时间通知酒店取消原来的订房，这对酒店是十分有利的。所以，应鼓励取消预订的客人及时与酒店联系，预订员接受订房的取消时，不要流露出任何不愉快的情绪，对取消预订的客人应给予同样的热情和耐心。

预订员在接受客人取消预订时，应按以下方法正确处理。

1. 接收预订信息

询问要求取消预订客人的姓名、到达日期和离店日期。接受退订时要礼貌待客，提供同样方便、快捷的服务。

2. 确认取消预订

1）记录取消预订客人或代理人的姓名和联系电话，向其提供取消预订号。

2）如果客人在原预订日期当天未到，预订员应及时与旅行社、订房单位或个人取得联系，问清是取消（Cancelled）还是预订但不到（No Show）。对于前者，按常规取消预订程序处理；如果是后者，则要根据实际情况，必要时为客人保留房间。对于只住一天的客人，直接交由总台接待处办理相关事项。

【运营链接 3-5】

如何减少“No Show”造成的损失

经常遇到在客房供应紧张的时候，已经预订的某批客人却没有来。这使酒店当日的出售率和经营收入受到不同程度的影响，这种情况叫“No Show”。

一般来讲，因不可控因素造成的“No Show”，酒店得不到赔偿。除此以外的其他原因造成的“No Show”，买方都应向酒店赔偿。但是，由于酒店市场长期处于买方市场，作为卖方的酒店在竞争中被迫放弃了应有的权利，使得“No Show”带来的损失有增无减。实际上，酒店通过自身的努力，可以使“No Show”情况的概率降到最低，损失也减少到最小。

团队“No Show”与旅行社有直接关系，可以做如下预防：①要求旅行社在团队抵达前 15 天给酒店发接待计划，计划逾期未到，视为该团预订自动取消。②团队抵达前 5 ~ 7 天应与旅行社再次确认核对预订。③团队抵达当日，销售人员应随时掌握团队的办理入住情况，并及时与旅行社联系，询问未到团队及人数的动向。④在旺季，尤其是我国法定假日期间，对国内旅行团队的预订，要求旅行社缴纳足额定金，以防虚占客房。⑤对“No Show”情况进行登记和分析，确定旅行社预订信誉等级，以使今后接受预订时掌握主动。

会议“No Show”与团队不同，主要出现在会议报到期间，一些会议由于会议主办方不能确切掌握会议规模和会议代表报到时间，因而易出现部分预订不抵店。可以采取如下措施来预防：①会议预订必须签订协议，明确双方的权利、义务及违约责任，同时应按会议预订在酒店的消费额的 30% ~ 50% 收取定金。②会议入住前几日应该再次确认预订。③会议报到当日 18 时前再与会务组确认核实当日用房数，对确认后仍出现“No Show”的客房按当日全额房费收取赔偿费。④总结不同类型会议的规模和用房情况的特点，在接受会议预订时尽可能减少“水分”。

对散客“No Show”可以采取以下措施：①接受预订时，必须了解相关信息，如预订客人的姓名、联系方式，入住客人的姓名、联系方式、预计抵达时间等。②声明并坚持没有确切入住时间的预订只保留至当日 18 时，逾期不到视为自动取消。③视情况收取一定比例的定金，如在抵达当日才通知预订取消的，预付款应视为赔偿金来处理；④建立预订信誉等级，使预订信誉等级与定金款额挂钩。

3. 处理取消预订

1）感谢预订客人将取消要求及时通知酒店，询问客人是否要做下一阶段的预订。

2）客人取消预订后，预订员要做好预订资料的处理工作，如在预订单上盖上“取消”的印章，并在其备注栏内注明取消日期、取消人等，然后存档。另外，还要在计算机上将其注销。

3）如果预订后已将情况通知到其他各相关部门，如接机、订餐、鲜花、翻译等特殊安排部门，那么在客人取消预订后还要将信息再次通知以上部门。

4）有关团体订房的取消，要按合同办理。一般的酒店合同规定，旅行社要求取消订房，至少在原定团队抵达前 10 天通知酒店，否则按合同收取损失费。

4. 存档并通知

1）查询原始预订单，将取消预订单放置在原始预订单之上，订在一起。

2）按日期将取消预订单放置在档案夹最后一页，将取消的信息通知有关部门。

正确处理订房的取消，对于酒店巩固自己的客源市场具有重要意义。数据显示，取消订房的客人中有90%以后还会来预订。

为了防止因客人临时取消预订而给酒店造成损失或使酒店工作陷入被动，酒店可以根据实际情况（如在旺季时），要求客人预先支付一定数额的定金。尤其是团队客人，通常会预收相当于一天房费的定金，并要求客人在抵达前一个月付款，收款后将有关资料送交总台收银处，在客人结账时冲抵总款项。

（七）预订的变更

预订的变更是指客人在抵达之前临时改变预计的日期、人数、期限、姓名和交通工具等。

在接到客人要求变更预订的申请后，预订员应先查看有关预订记录，确定是否能够满足客人的变更要求，并填写“预订更改表”。若在此之前已将客人的有关资料通知给有关部门，则还应把变更的信息再传达、通知给这些部门。如果不能满足客人的变更要求，预订员应将酒店的情况如实告知客人，并与之协商解决。

1. 接收更改信息

1）询问要求，更改预订客人的姓名、原本到达日期和离店日期。

2）询问客人需要更改的日期。

2. 确认更改预订

1）在确认新的日期之前，先要查询客房出租情况。

2）在有空房的情况下，可以为客人确认更改预订，并填写预订单，记录更改预订的代理人姓名及联系电话。

3. 将更改单存档

1）找出原始预订单，将更改的预订单放置在上面并订在一起。

2）按日期、客人姓名存档。

4. 处理未确认预订

1）如果客人需要更改日期，而酒店客房已订满，应及时向客人解释。

2）告知客人将其预订暂放在等候类订房客人名单里，如果酒店有空房时，及时与客人联系。

5. 完成更改预订

1）感谢客人及时通知，感谢客人的理解与支持。

2）及时更改预订信息，避免忙中出错。

（八）预订资料记录储存

当订房确认函发出后，预订资料必须及时、正确地记录和储存，以防疏漏。预订资料一般包括客房预订单、确认函、预付定金收据、预订变更单、预订取消单、客史档案卡及客人原始预订凭证等。

预订资料的记录和储存可采用下列两种方式：

（1）按客人所订抵店日期顺序储存　按照客人所预订的抵店日期顺序，将预订单归档储存，以便随时掌握未来每天的客人抵店情况。

（2）按客人的姓氏字母顺序储存　按照客人姓氏第一个字母的顺序，将预订单归档储存，以便随时查找出客人的预订资料。同时，前厅部问询处和电话总机也可通过客人姓氏字母顺序快捷、有效地查找相关资料。

有关同一客人的预订资料装订在一起，将最新的资料存放在最上面，依次顺推，以利于查阅。通常按以下顺序（从上往下排放）装订预订房资料：酒店相关部门最新发出的预订确认传真或信函→某客人多次询问进展的来电或来函→酒店相关部门确认某客人的传真或信函→某客人要求修改、变更的预订传真或信函→某客人发出询问相关价格、项目的咨询信函→酒店销售部或预订处向某客人发出的推销信函。

（九）超额预订

1. 超额预订及其处理

在客房预订过程中，并非所有的客人都如期抵店。由于种种原因，客人可能会临时取消预订，或者变更抵店日期，这就会造成酒店部分客房没能及时销售出去。为了尽可能地减少损失，酒店在订房已满的情况下，仍然会吸收一部分订房客户，弥补少数客人因临时取消预订或者提前离店而出现的闲置客房，其目的是充分利用酒店客房，提高开房率。

因此，所谓超额预订，即酒店在一定时期内有意识地使其所接受的客房预订数超过其客房接待能力的一种预订现象。

超额预订属于一种风险行为，应该有“度”的限制，以免出现客人因“过度超额”而不能入住，或“超额不足”而使部分客房闲置。通常，酒店接受超额预订的比例应控制在10% ~ 20%之间，具体而言，各酒店应根据各自的实际情况，合理掌握超额预订的“度”。具体来说，酒店可以从以下几个方面着手，控制适当的超额预订率。

1）统计往年的预订取消率、预订不到率，从而估算现在的超额订房比率。

2）掌握散客订房和团体订房的比率。在现有订房中，散客数量比较多，则超额预订比率相对较高；团体订房较多，则超额预订比率相对较低。

3）掌握客源市场不同季节的差别。在淡季或者平季，一般不会出现客满甚至超额预订的情况，而且客人容易受各种因素影响而改订其他酒店，这时超额订房的比率可以高些。而在客房供不应求的旺季，好不容易订到空房的客人取消订房的可能性比较小，超额订房的比率也应低些。

4）对预订客房状况进行动态分析。如果提前预订数量较大，超额订房的可能性就越大。

5）要考虑客人对品牌的喜爱程度。信誉度较高的酒店，客源的忠诚度相对较高，客人不会随意改订其他酒店，因此实际入住率也较高，超额预订率要低些。反之，则超额预订率要高些。

从实际经营的角度来看，酒店超额预订是可以理解的。然而，酒店接受了客人的预订，就意味着在酒店与客人之间确立了合同关系。如果酒店进行超额预订，就势必造成在某个时间，有某位或更多客人不能正常入住酒店，这就相当于酒店单方面毁约了：一方面造成不满，客人有权起诉；另一方面对酒店的声誉带来不好的影响。酒店经营者应当对此有清醒的认识，对于超额预订而不能入住的客人，应该妥善对待。

如果因超额预订而不能使客人入住，按照国际惯例，酒店方面应该做到：

1）诚恳地向客人道歉，请求客人谅解。

2）立即与另一家相同等级的酒店联系，请求支援。同时，派车将客人免费送到这家酒店。

3）如属连住，则店内一有空房，在客人愿意的情况下，就再把客人接回来，并对其表示欢迎（可由大堂副理出面迎接，或在客房内摆放花束等）。

4）对提供了援助的酒店表示感谢。

如果客人属于保证类预订，则除了采取以上措施以外，还应视具体情况，为客人提供以下帮助：

1）支付其在其他酒店住宿期间的第一夜房费，或客人搬回酒店后可享受一天免费房的待遇。

2）免费为客人提供一次长途电话费或传真费，以便客人能够将临时改变地址的情况通知有关方面。

3）次日排房时，首先考虑此类客人的用房安排。大堂副理应在大堂迎候客人，并陪同客人办理入住手续。

2. 超额预订数的确定

科学、合理地掌握超额预订的尺度，可以运用计算公式进行核准。超额预订数要受预订取消率、预订不到客人的比率、提前退房率以及延期住店等因素影响。它们之间的关系如下：

超额预订房数 = 预计临时取消订房数 + 预计预订不到客人房数 +
预计提前退房数 − 预计延期住店房数
= 酒店应该接受当日预订房数 × 预订取消率 +
酒店应该接受当日预订房数 × 预订不到率 +
续住房数 × 提前退房率 − 预期离店房数 × 延期住店率

假设，X 表示超额预订房数，A 表示酒店客房总数，C 表示续住房数，R_1 表示预订取消率，R_2 表示预订不到率，D 表示预期离店房数，F_1 表示提前退房率，F_2 表示延期住店率，则

$$X=(A-C+X)R_1+(A-C+X)R_2+CF_1-DF_2$$

$$X=\frac{CF_1-DF_2+(A-C)(R_1+R_2)}{1-R_1-R_2}$$

设超额预订率为 R，则

$$R=\frac{X}{A-C}\times 100\%$$

【运营链接 3-6】

超额预订示例

该酒店有客房 500 间，未来 4 月 1 日续住房数为 200 间，预计离店数为 100 间，该酒店预订取消率通常为 7%，预订不到率为 3%，提前退房率为 4%，延期住店率为 6%。未来 4 月 1 日续住房数为 200 间，预计离店房数为 100 间，就 4 月 2 日而言，该酒店：

（1）应该接受多少超额预订？

（2）最佳超额预订率为多少？

（3）一共应该接受多少预订？

解：

（1）该酒店应该接受的超额预订房数为

$$X=\frac{CF_1-DF_2+(A-C)(R_1+R_2)}{1-R_1-R_2}$$

$$=\frac{200\times 4\%-100\times 6\%+(500-200)\times(7\%+3\%)}{1-7\%-3\%}$$

$$=36\text{（间）}$$

（2）超额预订率为

$$R=\frac{X}{A-C}\times 100\%=\frac{36}{500-200}\times 100\%=12\%$$

（3）该酒店总共应该接受的客房预订数为

$$A-C+X=500-200+36=336\text{（间）}$$

答：就 4 月 2 日而言，该酒店应该接受 36 间超额订房，最佳超额预订率为 12%，总共应该接受 336 间订房。

【运营链接 3-7】

在旅游旺季，各酒店的出售率均较高，为了保证经济效益，一般酒店都实行超额预订。一天，经大堂副理及前台的配合，已将大部分客人安排妥当。当时 2305 房间为预离房，直至 18 时客人才来前台办理延住手续，而此时，2305 房间的预抵客人已经到达（大堂副理已在下午多次打电话联系 2305 房间预离客人，但未找到）。大堂副理试图向刚刚到达的客人解释酒店超额预订，并保证将他安排在其他酒店，一旦有房间，就再将其接回，但客人态度坚决，称这是酒店的问题，与自己无关，自己哪儿也不去。鉴于客人态度十分坚决，而且多次表示哪怕房间小一点也没关系，他就是不想到其他酒店，在值班经理的允许下，大堂副理将客人安置到了值班经理用房，客人对此表示满意。

评析：宾客向酒店订房，但并不是每位客人都做出保证类订房，经验告诉我们，即使酒店的订房率达到100%，也会有客人因故虽有预订而不到、临时取消或者住店客人提前离店，使酒店出现空房。因此，酒店为了追求较高的住房率，争取获得最大的经济效益，往往实施超额预订。超额预订是订房管理艺术的最高体现，处理得好会提高客房出售率，增加酒店的经济效益。但是如果超额过度，预订客人又都在规定的时限内抵达酒店，酒店会因客满而无法为他们提供所订住房，这必然会引起客人的不满，给酒店带来很大的麻烦。因为接受并确认了客人的订房要求，就是酒店承诺了订房客人具有得到“自己的住房”的权利。超额预订导致客人无法入住属于酒店的违约行为，所以酒店必须积极采取补救措施，千方百计调剂房间，开拓房源，最大限度地满足客人的预订要求，妥善安排好客人住宿，以消除客人的不满，挽回不良影响，维护酒店的声誉。

特别提示：

1）预订的客人一般都愿意按预订入住，出于种种原因一般不愿到其他酒店去，因此满足客人的要求就成为最重要的问题。而由于客人不愿意去其他酒店，因此超额预订又成为一道难题。在本案例中经过有关人员的共同努力，终于让客人入住值班经理用房，满足了客人要求的同时又为酒店增加了收入，这种做法是值得提倡的。

2）在处理超额预订时，只有实在没有房间时才可以考虑将客人送往其他酒店，因为客人入住其他酒店后就有可能成为其他酒店的回头客，这对于送出客人的酒店来说将是一个损失。

（十）预订中常见问题的处理

1. 客人订房时无空房

1）首先应向客人道歉，并说明原因。

2）用商量的口气询问是否有变动的可能，如果客人表示否定，则预订员应询问客人是否愿意被列入等候类订房客人名单内；若愿意，则应将客人的姓名、电话号码或地址、订房要求等资料依次列入名单，并向客人说明酒店会按照客人留下的电话号码及名单的顺序通知客人前来办理预订手续。

3）如果客人不愿意，则预订员可以婉拒客人或向客人提供其他信息，并建议客人到其他酒店预订。

2. 已预订客人要求增加房间的数量

1）预订员首先应问清客人的有关信息，如客人的姓名、单位或抵达日期、离店日期等，根据客人所提供的资料查找客人的预订单，核对无误后再进行操作。

2）查看计算机中酒店预订信息情况，判断是否接受客人的要求，若不能满足，则应向客人推销其他类型的房间或婉言谢绝客人的要求。

3）对于有预订的客人，再次向客人复述当前客人预订房间数以及其他信息，并根据实际情况收取一定的保证金。

4）更改预订单，并将已修改的预订单发送到有关部门与班组。

3. 客人指定房型、楼层、房号

酒店通常不接受指定房号的预订，但会答应客人尽量按客人要求的房号安排；如果遇到重要贵宾或常客，客人要求强烈，这种情况下，预订员应视情况而定。

1）预订员应根据客人的预订日期，查看计算机中预订情况，判断是否接受客人的指定性预订。

2）若有空房，则应立即办理预订手续，把需要的房号预留起来并输入计算机；若没有空房，则应向客人说明情况后推销其他房间，或建议其他入住方案（如先请客人入住其他类型的房间后再更换等）。

3）最后向客人说明：如果出现不能满足要求的情况，则请客人谅解并做换房处理。

4. 客人在预订房间时嫌房价太贵

预订员应妥善运用推销语言技巧，向客人表明酒店一定能使客人感到物有所值，请客人放心。

1）先肯定房价高，后向客人详细介绍本酒店的客房结构及配套设施、设备等。

2）若客人还未下结论，则不妨采用对比法，如将客人所预订的房间与其他房间进行比较，建议客人先入住尝试，为客人办理预订手续。

5. 客人更改预订日期时无房

1）先向客人道歉，并简单说明原因，尽量得到客人的谅解。

2）向客人询问是否可以改变日期或建议预订其他类型的房间等；若客人不同意，则建议将客人暂时列入等候类订房客人名单内。

3）问清客人的联系电话，以便于及时跟客人取得联系。

4）取消或更改原来的预订单，及时发送到各相关部门或班组。

6. 预订员接到酒店内部订房

1）仔细审查预订单是否完整、正确，是否有负责人的亲笔签名，核实所给予的优惠幅度是否在该负责人的权限范围内。

2）如预订房价的优惠幅度超出权限或协议范围，或者订单不完整，预订员应拒绝接受并报告主管。

二、预订受理的管理要点

（一）前台人员推销必备常识

前厅部的首要任务即推销客房，兼顾其他设施的推销。这就要求所有前台人员都要相当熟悉酒店的商品，并善于观察和分析客人的消费心理，区别不同对象，恰到好处地为客人安排房间。这样，既照顾了酒店的利益，又照顾了客人的利益，两全其美，令双方都满意。推销房间的必备知识如下。

（1）熟悉酒店情况　熟悉酒店情况是指了解酒店设计特点、装饰、布置、陈列、酒店的各种服务设施、服务项目、娱乐项目，特别是餐厅、客房的种类及其特点和酒店的价格政策等。

（2）宣传酒店的好处　宣传酒店的好处主要是突出酒店的环境和位置等，如酒店地理环境幽雅安静、园林式特点突出等。

（3）强调酒店的特点　这是指本酒店与其他酒店相比所具有的特点及长处。如本酒店是本地最豪华的酒店，四面景色如画，三面环水，是花园式酒店；到处植物如茵，独具风格，拥有园林式餐厅群落，可举行大小会议，拥有可供成人及儿童使用的游泳池，还有健康中心、歌舞厅等设备齐全的配套服务设施；更兼有客房及别墅的舒适高雅，设备齐全、豪华等。

（4）建立良好的关系　客人到店时，应向客人表示欢迎并向客人介绍本酒店的情况。若前台人员正在听电话或为其他客人办理事情，对新到的客人也要表示欢迎，让客人知道已注意到他的到来，不使他感到冷淡。要及时帮客人排忧解难，若客人因某种原因改变住店计划，也应热情地为他介绍别的酒店。有的客人需要酒店资料或者了解情况，要热情接待、尽量满足他们的要求，要认识到他们是酒店的客人或未来的客人，要给他们留下良好的印象。

（二）房间的分配

负责分配房间的员工必须了解和掌握酒店的优缺点、位置、房价标准以及当日和每日订房情况，做到心中有数，在分配房间时要根据客人的不同特点、档次、旅行社的要求和酒店房间的具体情况给予妥当的安排，一般规律如下。

1）分房前应认真审核订房单的要求。

2）优先分配 VIP 和其他要接待的团体。对 VIP，要安排豪华或窗外景色优美的房间。安排时注意保密、安全、卫生及服务等。

3）分房时要考虑到原住客人的离店时间和当天到达客人的抵达时间。尽量把早走客人的房间分给先到的客人。

4）根据客人的档次安排房间和楼层。对一般零散客人，由于他们住酒店的目的不相同，在安排房间时要有所区别：来做生意的客人，他们对房价不太敏感，可以安排房价较高的房间；旅游者对房价较敏感，可以安排房价较低的房间；旅行社或客户可以为酒店带来生意，可以安排较好的房间。总之，要区别不同对象、不同需要，给予恰当安排。

5）对团体客人，应尽量安排同一层楼及按相同的标准，以及安排相同窗外风景的房间。

6）对年老、伤残者、带有小孩的客人，一般应安排在离电梯较近的房间。

7）对于新婚夫妇，要安排大床房间。

（三）房间的控制和保留

（1）房间的控制　在预订的客人抵店的前一天或前几天提前将房间分配好，写好交班记录，使这些房间不能再出售给其他客人，如此可保证订房客人的住房，从而使房间得以很好控制。

（2）房间的保留　客人在酒店开的房间，无论是否住，只要客人申请保留，就应为客人保留，这种房间称为“保留房”，不经客人允许不能再售给新的客人或拿作他用。此种房间按已开房处理，但需明确房费支付方式。

（四）客人入住之前

在客人抵店之前，为接待好客人应做好准备工作，如各种表格齐备，用品充足，对当天房间状况一清二楚。对于有预订的团体或散客，应预先分配好房间，打印出报表送呈客房部，并把资料、房间钥匙及餐卡（有的话）、房卡等一一准备好，等待客人的到来。

（五）客人入住之后

在办理完全部入住登记手续后，马上通知客房部客人已入住。然后，将资料集中分类并存档，把有关资料复印分发至需要发送的部门，最后将所有资料、凭据全部交给前台收银处并签上接待员的姓名。

（六）特别事项

（1）客人已订房但酒店没有同一类型的房间可提供　遇到这种情况，应先向客人道歉、解释，并同客人商量，询问客人是需要级别高点的房间、房价不变，还是级别低点的房间、房价降低，提出多种方案让客人自己选择。

（2）客人已抵达酒店但没有该客人的预订资料或预订资料不符　出现这种情况时，应再三核对清楚；确认有问题时，可先安排客人住下，如有可能应请客人先交押金，再尽快与帮助客人订房的人或机构联系核实，然后再按核实后的价格处理。

（3）换房　换房可能是客人的愿望，也可能是酒店的要求。住店客人可能因为客房的舒适程度、价格、住店人数变化或其他原因而要求换房，酒店也有可能由于住店客人的延期离店、客房的维修保养及保留房间的需要或另有用途而向客人提出换房的要求。如果是客人希望换房，一般说来，换房工作可顺利进行；如果是酒店希望客人换房，事情就会变得比较复杂，可能会引起客人的抵触情绪，所以在处理时，要特别慎重。但不论何种原因的换房，都应按照下列步骤和事项办理。

1）弄清（或向客人解释）换房的原因。

2）换房前应征求客人的意见，并告诉客人换新房的情况及换房的时间。

3）为客人换房时，最好有客人在场指导。若客人因事外出并委托酒店代为办理时，须有行李员与客房服务员等两人以上在场，最好有大堂副经理或主管在场。

4）搬运行李时如有客人在场，可按客人的指示搬放；若客人不在，搬运行李时，应一样不落地按原样放好。

5）衣柜内若挂有衣服，要注意连衣架一起拿，不要将衣架取下。

6）换房完毕要填写转房单。

第四节　预订与收益管理

收益管理，又称产出管理、价格弹性管理，也称“效益管理”或“实时定价”。它主要通过建立实时预测模型和对以市场细分为基础的需求行为的分析，确定最佳的销售或服务价格。它的核心是价格细分（也称价格歧视），也就是根据客户不同的需求特征和价格弹性向客户执行不同的价格标准。这种价格细分采用了客户划分标准，这些标准是一些合理的原则和限制性条件。

收益管理是一种谋求收入最大化的新经营管理技术。它诞生于20世纪80年代，最早由民航开发。这种技术的重要作用在于：通过价格剥离将那些愿意并且能够消费得起的客户和为了使价格低一点而愿意改变自己消费方式的客户区分开，最大限度地开发市场潜在需求，提高效益。

收益管理将是21世纪最重要的和回报率最高的边缘技术之一。在酒店业，由于收益管理系统对公司决策和创利有巨大影响，世界上许多著名酒店集团，特别是欧美的主要酒店集团，其管理层都高度重视收益管理，先后建立了专门的收益管理部门，并配置了能进行大量数据分析和实时优化处理的计算机系统。美国万豪酒店集团（Marriott）就是收益管理最成功的使用者，也是最大的受益者。

一、预订与收益分析

客房利用率的高低常被看作酒店运营管理是否成功的标志。衡量酒店经营成功与否的另一个指标是已出售客房的平均房价。收益管理根据酒店的历史销售资料，通过科学的预测，将两项指标联系在一起，找到客房出租率与平均房价的最佳结合点。收益管理意味着在任何特定的时间段内，按照客房需求量来调整客房价格。也就是说，当客房马上就要订满了，在这种情况下还要对房价进行打折，就毫无意义了；相反，如果有天晚上客房肯定住不满，那么，将房间以折扣价出售，总比空着要好。根据收益管理理论，酒店宁愿接受一个房价稍低但连住数日的预订，也不愿接受一个房价稍高但只住一晚的预订，因为它们认为这样做会使房间空置的风险小一些。在实践中，酒店客满与低出售率之间有很多种情况，这时就需要做出定价决策。此外，每天或每季度要做的超额预订决策也可以被纳入收益管理系统之中。在一些酒店利用人工方式管理本酒店的收益管理系统的同时，越来越多的酒店开始采用计算机程序进行收益管理。计算机程序利用本酒店客房需求的历史资料来预测未来需求情况，并根据需求量在不同时期的变化情况，不断调整客房价格水平。另外，越来越多的中央预订系统将收益管理的内容纳入其计算机程序之中。

收益管理也会带来管理问题。比如会给一些客人造成混乱的印象，继而引起他们的不满，因为针对同一服务，客人要付不同的价钱——仅仅因为预订时间的不同。客人对机票价格的变化可能已习以为常，但酒店价格如此变化却可能引起他们的不满。针对这一情况，酒店应该对员工进行认真的培训，以确保收益管理系统能够在不冒犯客人的前提下得到有效的实施。举例来说，如果前台员工没有得到很好的培训或本身就对收益管理系统不满，他可能会对客人说："对不起，那天晚上的订房快要满了，所以，不能打折。"而针对同一情况，一位训练有素的预订员则可能会说："对不起，您要的那种价格的房间都已订完了，不过我们还有几间漂亮的紧挨游泳池的客房。"显然，两种不同的销售方法，会带来截然不同的销售效果。

二、预订量控制

客人向酒店订房并不一定是保证类订房，经验告诉我们，即使酒店的订房率达到100%，也会有订房者因故不到、临时取消，或者住店客人提前离店，使酒店出现空房。因此，酒店为了追求较高的入住率，争取获得最大化的经济效益，常常实施超额预订。超额预订是订房管理艺术的最高体现，处理得好能提高客房出售率，增加酒店的经济效益。但是如果超额过度，预订客人又都在规定的时限内抵达，酒店却因客满而无法为他们提供所订住房，这必然会引起客人的不满，无疑会给酒店带来很大的麻烦。因为接受并确认了客人的订房要求，就是酒店承诺了订房客人具有得到“自己的住房”的权利。发生这种情况属于酒店的违约行为，所以，必须积极采取补救措施，千方百计调剂房间，开拓房源，最大限度地满足客人的预订要求，妥善安排好客人住宿，以消除客人的不满，挽回不良影响，维护酒店的声誉。

（一）酒店有关预订的政策

酒店管理部门制定有关预订的政策，其目的是使整个预订工作有章可循，既能满足客人的需求，保护客人的利益，又有利于酒店的经营管理，保护酒店自身的合法权益。相关政策包括以下几点：

（1）酒店的预订规程　预订规程包括预订的操作程序、接受预订的数量和期限、团体与散客的比率以及超额预订的比率等。

（2）对预订确认的规定　对预订确认的规定包括需确认的对象、确认的时间和确认的方式等。

（3）对预订金收取的规定　对预订金收取的规定包括收取预订金的对象、预订金的数量、期限或分段收取的方法等。

（4）对预订取消的规定　对预订取消的规定包括通知取消预订的期限和预订金的退还办法等。

（5）酒店对预订客人应承担的责任　这主要是指对因工作差错、超额预订等酒店方面原因造成违约的处理的规定。

（6）预订客人应承担的责任　这主要是指针对未能如约而来、逾期抵店、迟缓通知取消预订等客人原因造成违约的处理的规定。

（二）超额预订

酒店在客房预订的时候会发生许多状况，例如，客人可能会临时取消预订，订了房而不到，提前离店等，从而形成酒店部分客房的闲置，给酒店造成损失。根据酒店的经验，一般来说，订房不到者大约占订房数的5%左右，临时取消预订者占8%～10%，因此超额预订成了避免酒店遭受过多损失的有效方法。

1. 超额预订的比例

超额预订是指酒店在一定时期内，有意识地使其所接受的客房预订数超过其客房接待能力的一种预订现象，其目的是充分利用酒店客房，提高开房率。这是一种艺术，也是一种“冒险”，应该有个“度”的限制，以免出现因“过度超额”而使客人不能入住的情况，或“超额不足”而使客房闲置；按照国际惯例，酒店接受超额预订的比例应控制在5% ~ 15%之间，各酒店可以根据实际情况合理掌握超额预订的比例。

1）根据团队订房和散客订房的比率调整。团队订房多为旅行社、专业会议、外交机构和贸易公司等，因事先有计划和安排，取消或预订不到的可能性较小；而散客预订的随机性则较强，受外界因素的影响也较大。所以，当某一天团队预订多、散客预订少，就应当相对降低超额预订的比率。

2）根据临时预订与保证预订的比率调整。如果当日保证类预订较多，则不宜进行超额预订；如果当日临时类预订较多，则可适当增加超额预订的数量。

3）根据预订资料分析订房动态。可以根据酒店长期以来的预订资料，分析预订取消率、预订不到率、提前离店率以及预期离店率等因素，推算出超额预订率。

2. 超额预订引起超员的解决方法

超额预订虽然是酒店获得最佳客房利用率的有效方法，但同样也存在着超员的风险。因此前厅部接待员应预先仔细分析每日的预订情况，事先做好统筹安排。如果酒店没有事先做好安排，就可能无法满足客人要求而造成违约，其处理方法如下：

1）向客人致歉，请求客人的原谅。

2）为客人联系另一家相同等级的酒店。

3）支付客人搬到其他酒店及返回本店的双程交通费用。

4）次日应首先考虑安排此类客人的用房，并做好客人搬回酒店时的接待工作。

（三）预订失约行为处理及控制方法

1. 预订失约行为产生的原因

1）未能准确掌握可租房的数量。具体原因有：客房预订处与接待处、营销部的沟通不畅，客房预订处与预订中心系统、预订代理处的沟通不良，客房预订处与房态显示出现差异，等等。

2）预订过程中出现差错。例如，客人姓名拼写错误、日期出错、项目遗漏、存档顺序乱、变更及取消处理不当等。

3）部门间沟通不畅。酒店内部缺乏沟通环境，服务人员没有合作的意识。

4）未能真正领会和落实客人的预订要求。如服务人员业务素质不高或因疏忽未能最终落实客人的预订要求。

5）预订员对销售政策缺乏了解。

6）未能精确统计信息数据或超额预订过“度”。例如，过高估计临时取消预订的客人的用房数，过高估计预订而未到客人的用房数，等等。

2. 失约行为的处理

对于在规定时间内抵店的保证类或确认类预订客人，由于酒店原因产生预订失约而造成客人不能入住的情况，按国际惯例可采取如下处理方法。

1）诚恳解释原因并致歉意，请求客人谅解。

2）立即与其他同等级酒店联系，请求援助。若无法找到同等级酒店，应安排客人住档次高一些的酒店，高出的房费由本酒店支付。

3）免费提供交通工具和第一夜房费。

4）临时保留客人的有关信息，便于为客人提供邮件及查询服务。

5）征得客人同意，做好搬回酒店的接待工作。可由主管亲自接待，并在客房内放置致歉信，赠送鲜花和水果等。

3. 失约行为的控制方法

1）完善各项预订政策，健全预订程序和标准。

2）加强与预订中心、预订代理处的沟通。

3）健全与接待处等的沟通制度。

4）注重培训、督导预订员，加强其责任心，提高其预订业务素质。

预订部在整个酒店中处于枢纽地位，因为预订部既是整个接待过程中重要的信息窗口，也是重要的沟通窗口，对提高酒店客房入住率、增加酒店客房收入有着重要的作用。

本章学习要点

1．预订是指在客人抵店前对酒店客房的预先订约。预订在得到酒店的确认后，酒店与客人之间便确立了一种合同关系。据此，酒店有义务以预先确定的价格为客人提供他希望使用且已得到酒店确认的客房。预订是酒店的一项重要业务，酒店一般都在其前厅部（或销售部）设有预订部，专门受理预订业务。对于客人来说，预订可以保证自己的住房需要，尤其是在酒店供不应求的旅游旺季，预订具有更为重要的意义。而对于酒店来说，便于提前做好一切接待准备工作，如人员的安排、设施设备的更新改造，以及低值易耗品和酒店食品、饮料的采购等。此外，通过预订，还可以使酒店提前占领客源市场，提高客房利用率。

2．预订的渠道有直接预订和间接预订。

3．酒店的收费方式有国际酒店通行的收费方式（欧洲式、美国式、修正美式、欧洲大陆式、百慕大式），追加房价（白天房价、加床费、深夜房价、保留房价），特别房价（团队价、家庭租用房价、小包价、折扣价），合同房价。

4．酒店客房的预订是一项专业性较强的工作，因此必须建立完整且详尽的工作程序，从而确保客房预订工作的准确、高效、有序。

5．客房预订的工作程序：预订前的准备工作，受理预订，确认预订，拒绝预订，核对预订，预订的取消，预订的变更，预订资料记录储存。

6．超额预订是酒店在一定时期内有意识地使其所接受的客房预订数超过其客房接待能力的一种预订现象。

7．预订中的常见问题：客人订房时无空房，已预订客人要求增加房间的数量，客人指定房型、楼层、房号，客人在预订房间时嫌房价太贵，客人更改预订日期时无房，预订员接到酒店内部订房。

本章思考练习

1．酒店的预订方式有哪些？

2．酒店预订的类型有哪些？

3．什么是直接预订渠道？

4．什么是间接预订渠道？间接预订渠道有哪些？

5．酒店的收费方式分哪几类？

6．客房预订的基本程序是什么？

7．什么是超额预订？超额预订过“度”应采取什么补救措施？

本章管理实践

训练项目1　模拟客房预订的流程

［**实践目标**］

1．与前厅客房预订管理者对话，以了解客房预订管理的流程。

2．调查与访问，调查预订员工作中会遇到的各种问题及解决方法。

3．锻炼沟通能力。

［**实践内容与方法**］

1．以小组为单位，利用课余时间，去酒店了解客房预订的流程并做相关的调查问卷。

2．做调查问卷之前，先确定要访问的内容。

3．以小组为单位，模拟客房预订的场景。

［**实践标准与评估**］

1．实践标准：必须到酒店做真实的调查、总结与分析。

2．实践评估：以组为单位，模拟客房预订场景，由老师和同学评估打分。

训练项目2　超额预订及处理方法

［**实践目标**］

1．了解超额预订的“度”，以及如何把握好这个“度”。

2．超额预订数的计算与确定。

3．遇到突发事件的处理方法。

［**实践内容与方法**］

1．以小组为单位，实地调查附近酒店是如何把握超额预订的“度”的。

2．在所调查的酒店中，选其中一家为例，做超额预订数的计算与确定。

3．在超额预订下，客人不满，你作为大堂经理该如何做，才能使客人满意？

［**实践标准与评估**］

1．实践标准：实地调查，做好总结与分析；写出超额预订数的计算过程。

2．实践评估：展示你的处理方法，由同学提出观点、老师评价。

第四章　前厅服务运营

【学习目标】

1. 了解前厅礼宾服务的含义以及其主要内容。
2. 掌握迎送宾客的流程。
3. 理解并掌握“金钥匙”的内涵。
4. 熟悉我国酒店金钥匙组织会员的资格要求。
5. 掌握酒店总机的功能。
6. 理解商务中心的概念。
7. 掌握商务中心的功能。
8. 了解客史档案和管理档案的含义。
9. 掌握客史档案的功能以及建立档案的意义。

【章前导读】

前厅是酒店对客服务的主要场所，影响酒店给客人的第一印象。前厅各项服务有其基本的规程和程序，需要服务人员具备相应的服务技能，其服务的好坏不仅直接影响到酒店的服务质量，而且能体现酒店的管理水平。

第一节　礼宾服务运营

为了体现酒店的服务档次和服务水准，高档酒店都设立礼宾部，下设迎宾员、行李员、机场代表、委托代办等岗位，其职责范围包括迎送宾客服务、行李服务、留言单以及客人委托代办的各种服务。礼宾部的全体员工是最先迎接和最后送走客人，并向客人推销酒店和宣传酒店的服务群体，他们的服务对宾客的第一印象和最后印象的形成起着重要的作用。

【运营透视 4-1】

下午 6:00 左右，某酒店总台来了三位客人，当客人提出要开特价房的要求时，接待员很礼貌地告诉客人："对不起，先生，这种房间已售完，其他房间可以吗？"话未说完，客人就不高兴了："怎么会没有呢，是不是你们骗我？"这时接待员耐心地向客人解释："先生，我们这种房间数量是有限的，每天只推出十几间房特价出售，今天是周末，要这种房的客人比较多，一般到了下午这个时候就售完了。假如您提前打电话跟我们预订，我们就可以帮您留出来。不过，对于您这次的房价我可以按贵宾的优惠给您打折，您看怎么样？"客人有些犹豫，但另外两位同伴已经不耐烦地说道："不住这里了，到 ×× 宾馆去，那里肯定有。"不过这位客人对接待员的一番话有点心动，对他的同伴说："难得小姐这么热情地接待，就住这里算了。不过，说实在的，我最主要的还是觉得你们酒店的客房电话特别安静，没有骚扰电话。"

原来不只是前台接待员留下了客人，总机接线员的服务也给客人留下了好印象。酒店总机接线员除了认真做好日常接线工作外，在客房电话控制上下了不少工夫，完全杜绝了那种扰人清梦的骚扰电话。他们的工作得到了客人的肯定。

上述案例告诉我们，作为"酒店形象代表"的前厅部员工在提供这些日常的系列服务工作时，其出色的服务水准直接影响客人的满意程度。

一、礼宾服务运营要点

（一）店外迎送服务

店外迎送服务的人员叫酒店代表，被酒店派往机场、车站、码头，代表酒店迎接已预订的客人，送别离店客人，并争取未预订的客人到酒店来入住。酒店代表要有较佳的形象气质、较强的外语交往能力、强烈的责任感和事业心、良好灵活的应变能力、为人热情、乐于助人。

1. 迎客服务程序

（1）做好准备工作

1）从预订处获得需要接站的客人名单，并掌握客人姓名、航班（车次）、到达时间、车辆要求等信息。

2）根据所掌握的情况写好接站告示牌，安排好车辆，提前半小时到站等候。

3）到机场车站询问航班、车次的延误情况，准确掌握预抵客人的到达时间。

（2）迎接客人

1）站在显眼位置举牌等候，主动问好，介绍自己，代表酒店欢迎客人。

2）根据所掌握名单确认客人；对于没有预订而有意向入住本酒店的客人应热情介绍本酒店情况，争取客人的入住。

3）帮助客人搬运行李，挂好行李牌，引领客人前往接站车辆。

4）若有延误或取消航班的情况，应及时通知酒店前台接待处。

5）若班次正常到达，而并未接到客人，应立即与前台接待处联系，查看客人是否已经到店，或已经取消预订。

（3）送客上车 引领客人上本店车辆，协助行李装车，把客人介绍给司机，然后与客人告别，及时与酒店前台联系，告知客人即将到店，做好入住准备。在所接客人为贵宾或客人生病等特殊情况下，有必要随车送客人回店。可根据具体情况或介绍酒店的服务项目及城市风光，或随车照顾客人。

（4）注意事项

1）酒店代表应时刻注意自己的形象，仪表端庄、制服整洁。在店外，条件可能有时不是太好，天气较热或较冷，但要时刻记住自己所代表的是酒店的形象，不能因为天气原因而出现衣冠不整、形象不佳的状态。

2）对没有预订本酒店客房的客人应该主动争取、热情介绍酒店情况，如位置、等级、房价、服务、风格等，要运用感情上的交流沟通，设身处地为客人着想，以热情真诚的态度取得客人的信任，但也要注意不要太过热情，以免引起客人的反感。如果客人是预订了其他酒店的，不能以诋毁其他酒店为手段争取客源。

3）迎接的如果是贵宾，应该问清楚是否有特殊车辆联系，并确保能联系上。接到贵宾后，应及时与大堂副理或酒店高层联系，以便酒店安排好欢迎队伍等。

4）因为接站或者接机的工作场所都是在机场或者车站，酒店代表要注意与机场、车站的相关人士沟通协调好，争取他们的工作支持。

2. 送客服务程序

1）掌握贵宾和其他需要送站客人的离店时间及所乘交通工具的车次和离站时间，与行李组及车队取得联系，至少提前 10min 在酒店门口等候客人。

2）帮助客人搬运行李上车，询问客人有无遗留物品。

3）将客人送到机场、车站，在车上可以询问客人对酒店的意见或建议，并记录下来以便转达给相关部门，对客人提出的宝贵意见或建议表示感谢。

4）到车站或机场后，协助客人托运行李和办理报关手续。

5）热情地与客人告别，感谢客人光临酒店，祝他一路平安，欢迎再次光临。

注意送别客人时同样要体现出足够的热情，不能给客人留下不好的最后印象，要善始善终。

（二）门厅迎送服务

门厅迎送服务主要是指由酒店的门童负责的一项迎送服务。门童一般是身材较高、面容较端正俊秀的男士（有时酒店也会用气质较好、端庄秀丽的女士，如深圳凯宾斯基酒店和深航国际酒店），穿着比较高级华丽、标志醒目的制服，站在门厅处代表酒店迎送客人到店或离店。门童责任重大，他象征着酒店的礼仪，代表着酒店的形象，有时还要在迎接外国贵宾时做仪仗队和升旗手，所以要求他着装整洁、精神饱满、姿势规范、彬彬有礼、思维敏捷、语言标准、热情周到。

有些规模较小的酒店将门厅服务与行李服务合并，在这种情况下，要注意员工的调配，不能因行李服务而弱化了门厅服务的职能，应使大堂副理的协调作用更充分地发挥出来。

1. 门厅迎客服务程序及注意事项

1）做好迎客的准备。门童通常站在大门两侧或台阶下、车道边，站立时要挺胸收腹，双手自然下垂或背于身后，双脚自然分开与肩同宽，表情自然，面带微笑。

2）引导停车，迎候客人。若客人乘车抵达酒店，在距离迎面车辆约 10m 时，使用规范的手势示意司机停车，并将车辆引导到适当位置停靠。若客人走路到达酒店，门童应走上前去迎接客人。

3）开、关车门迎接客人。当车辆停下后，门童走到车门处，面带微笑，为客人开车门，护顶，左手拉开车门成 70° 左右，右手伸至车门框上沿，防止客人碰头；如有行动不便的客人，应扶助他们下车；若遇雨天，应为客人撑伞。致欢迎词，注意对常客和重要客人要称呼客人的姓名和头衔，并对客人的再次光临表示欢迎。如果客人是走路到达酒店的，同样要问候客人。若遇雨天，可建议客人将自带雨伞收于店门前的雨伞架上，以免将雨具上的雨水带进大堂造成地面湿滑。

4）协助行李员卸行李。用手势招呼行李员，并协助行李员卸行李，提醒客人核对行李数。为客人开店门，用手势向客人示意“请进”。由行李员引领客人进入大堂并到前台办理登记手续。

5）登记出租车牌号，然后回到原位，继续迎候客人。

特别注意：

1）在引导车辆停靠时，注意不能因车辆停靠而影响其他客人进出酒店。客人的行李卸下后，应及时引导车辆离开，以免造成店门前的拥堵。

2）若遇有特殊信仰的客人，无须为其护顶。

3）迎接贵宾时，应先把贵宾迎接入店后，再由其随行人员与行李员一起卸行李，清点行李。

4）开车门时，原则上先女宾后男宾，先长者后晚辈，先领导后随员；无法判断性别时，则先开车后门。

5）对于残疾客人的到达，应给予特别关照。需要时，可以使用酒店的轮椅。

2. 门厅送客服务程序及注意事项

1）注意观察客人在前台结账的进程，及时提供离店送客服务。

2）客人离店时，热情地为客人叫车，并把车引导到合适的位置。若客人不用出租车，则可以为客人指引公交车站或地铁站。

3）等车停稳后，协助客人将行李装车，并提醒核对行李件数。

4）拉开车门，请客人上车，护顶，将车门轻轻关上，并向客人微笑道别，欢迎客人下次再来。

5）示意司机将车辆开离，目送客人离开，并挥手告别。

6）登记出租车牌号，以防客人有物品遗留在车上。

注意事项：

1）门童有责任及时疏导门前车辆，尤其是要控制出租车为争抢生意而发生纠纷，造成店门前的混乱局面，这些将直接影响到酒店的正常运营秩序和酒店声誉。

2）送别客人时要真诚，这是争取回头客的重要环节。

3）不能歧视不用出租车的客人，现在越来越多的客人害怕城市道路的拥挤而选择公交和地铁，有些环保人士拒绝使用出租车，我们要给予他们足够的尊重。

4）关车门时一定要确保客人及其衣物全部已经进入车辆内，否则容易造成客人的人身伤害和衣物损害。

3. 其他日常服务

1）注意出入酒店的人员的动向，保持高度警惕性，对于个别精神异常或形迹可疑者谢绝其进入酒店，与保安部人员一起确保酒店的安全。对于个别衣冠不整者，应尽可能劝其穿戴整齐后再进入酒店。

2）注意酒店大门附近的无主包裹，发现后及时向保安部报告，由保安部做出妥善处理，以防恐怖破坏事件的发生。

3）回答客人的问询，对于进出客人的问询应以热情的态度准确回答，如关于酒店服务项目方面的，关于当地交通、天气、购物等方面的。如果遇有不能准确答复的，应向客人表示歉意，并礼貌地请客人到问询处询问，不可以“不知道”“不清楚”“也许”“大概”等回答。

4）调度门前的交通，引导车辆有秩序地进出，尤其对出租车的疏导要得力。

5）负责店门前的日常卫生，一旦发现店门前需要清洁，立即招呼公共区域清洁员在不影响正常迎送客人的情况下进行处理。

【运营透视 4-2】

夏日的广州骄阳似火，气温高达36℃，广州花园酒店正门前，一辆出租车刚离开，穿着华丽、高大英俊的门童目送客人离开后刚转过身来，一位年轻的母亲快步走进店门前的荫处，同时招呼她的孩子快点跟上。孩子正认真地撕下雪糕的外包装，随手扔在地上，然后美美地吃着雪糕。还没等这位母亲反应过来，门童很快地走下台阶捡起雪糕纸放进了自己的制服口袋里，抱起孩子走进了店门，把孩子放在母亲身旁，然后向他们鞠躬问候，笑了一笑，回到店门前继续工作。

看到这一幕，人们应该会对这位门童的行为会心一笑，他是那么自然、优雅，就像是一道酒店门前的风景，他弯腰捡起雪糕纸和抱起孩子的一瞬表现，不仅丝毫无损他的形象，反而让他更具风采。

（三）委托代办服务

酒店为客人提供委托代办服务，一方面要设置专门的表单，如“委托代办登记表”“订票委托单”；另一方面要制定委托代办收费制度，一般酒店内的正常服务项目和在酒店内能代办的项目不收取服务费。委托代办登记表见表 4-1。

表 4-1 委托代办登记表

姓名		房号		日期	
委托事宜					
备注					
委托人联系电话		经手人签名			

1. 转交物品服务

转交物品可分为住客转交物品给来访者和来访者转交物品给住客两种。如果是住客转交物品给来访者，住客要提供来访者的姓名，来访者认领时，要请其出示有效证件并签名。来访者转交物品给住客是指住店客人的亲戚或朋友、接待单位或其他有关人士送给客人的物品，因客人外出而见不到客人，又不能久等，特委托酒店将物品转交客人。

2. 订票服务

订票服务是指酒店为住客代购车船机票、花票等。礼宾部要熟悉本地机票代理、火车站、码头、戏院、音乐厅等的地址、电话及联系人。在接到订票电话时，要问清客人的要求并明确如该要求无法得到满足时，可有何种程度的变通或取消的条件。在我国旅游旺季时，能否代客解决旅行票务问题，是酒店能否吸引客人、扩大客源的重要条件之一。因此，订票服务是酒店的一个重要服务项目。

3. 预订出租车服务

客人外出要预订出租车时，行李员要替客人联系和预订出租车。出租车可以是酒店本身所拥有的，也可以是出租车公司在酒店设点服务的，或是用电话从店外出租车公司叫来的。根据客人的要求，也可提前预订包车。

4. 寻人服务

当访客来到酒店想找某一位住店客人，恰好这位客人不在房间，访客向礼宾值班员反映时，值班员应先问清住客的姓名，经与总台核准后，由行李员在前厅等公共区域举着写有这位客人姓名的“寻人牌”呼唤、寻找客人。行李员边举牌行走，边敲出牌上安置的铜铃或其他发声装置，以便发现或提醒客人。

在店内寻找非住店客人，或在其他营业场所、娱乐区域寻人时，还可通过电话与各营业点值班服务员联系、查找。在寻人过程中，服务人员应注意自己的步伐节奏和音量控制，以免破坏大厅的气氛。

（四）快递服务

1）了解物品种类、重量及目的地。

2）向客人说明有关违禁物品邮件的限制。

3）如是国际快递，要向客人说明海关限制和空运限制。

4）提供打包和托运一条龙服务。

5）联系快递公司上门收货。

6）记录托运单号码。

7）将托运单交给客人，并收取费用。

8）贵重或易碎物品交专业运输公司托运。

二、散客礼宾服务运营要点

在散客礼宾服务过程中，除了要完成上述礼宾服务要点之外，还要注意对于行李的服务。

（一）散客入店行李服务程序及注意事项

1）根据预订处和接待处提供的“预抵店客人名单”，尤其注意 VIP 抵店情况，准备好行李车及行李牌等。

2）散客抵店时，向客人问好，将客人的行李从车上卸下，注意检查行李有无破损，清点行李件数；贵重物品和易碎物品应让客人自己提拿。

3）引领客人到前台办理入住手续。行李员跟在客人后面，保持 1.5m 的距离；客人办理登记手续过程中，行李员应站在客人身后 2m 处看管着客人行李，并随时听从前台接待员的提示；当客人登记完毕后，行李员应主动上前向接待员领取房间钥匙。

4）引领客人到达楼层。行李员应走在客人左前方或右前方 1m 左右处引领客人到达房间，路遇拐弯时或地面不平时应回头关照客人。搭乘电梯时应请客人先进或先出，行李员站在电梯按钮附近，以便控制电梯按钮。若遇其他客人同乘电梯，也应为其他客人服务。如果用行李车运送行李，行李员应乘用行李电梯。

5）进房并简单介绍房内设施。进房前可简单向客人介绍钥匙卡的使用方法；开门前先敲门，确认房内无人后，方可用钥匙开门；请客人先进，晚上进房后应先开灯，把行李放在行李架上或按客人要求放好；简单介绍房内设施，如店内电视节目的收看、电话的使用（长途的开通、市话的收费要求等）、小酒吧的收费、热水的供应情况，节能、节水提示等。

6）询问客人是否还有其他需要，如果没有，向客人道别：“祝你下榻愉快！”退出客房，轻轻关上房门，迅速离开。考虑客人旅途疲惫想要休息，注意不能在房内停留过长，否则将给客人留下索要小费的误会。

7）回到礼宾部，在“散客入店行李登记表”（见表 4-2）上记录并签名。

表 4-2　散客入店行李登记表

房　号	行李件数	进店时间	预计离店时间	备　注

（二）散客离店行李服务程序及注意事项

1）掌握当天离店客人名单，准备好行李车、行李牌。

2）接到客人收取行李的电话时，应问清客人的房号、行李件数、收取时间等，并在客人要求的时间内准时到达房间。

3）按进房的规定敲门进房，先通报身份，得到允许方可进入；清点客人行李件数，注意检查房内有无客人遗忘物品，跟在客人身后离开楼层。

4）到达大堂后，确认客人有无结账，如果客人未结账，应礼貌地请客人到收银处结账。

5）用手势示意门童为客人叫车，待客人结账后引领客人走出酒店，帮助客人行李上车。

6）确认行李已全部上车，与客人道别，欢迎其下次光临，并祝旅途愉快。

7）返回礼宾部填写“散客离店行李登记表”（见表4-3）。

表4-3 散客离店行李登记表

房　号	行李件数	车　牌　号	离店时间	备　注

三、团体礼宾服务运营要点

相对于散客服务来说，团队礼宾服务的区别主要体现在行李服务上。

（一）团体入店行李服务程序及注意事项

1）根据团队的抵店时间安排好行李员，提前填写好进店行李牌，注明团队名称和进店时间，准备好足够的大、小行李车。

2）团队行李到达时，负责交接的行李员与行李押运员清点行李数量、检查行李的破损情况，填写“团队行李记录表”，并且交接双方签字。

3）立即给每件团队行李系上行李牌。如果该团行李暂不分送，可将行李整齐堆放在指定地点，用行李网罩罩上，妥善保管，以免跟其他进出团队行李混淆，以防其他客人经过时顺手拿走。

4）得到可以将该团行李分送给客人的指令后，行李领班应该尽快组织行李员将行李装上行李车，走专用通道到达指定楼层。

注意装行李车时下重上轻、下大上小，行李装运高度不得超过车把手30cm，两边宽度不得超过10cm，否则会严重影响行李员的行走视线。另外，同一层的行李车最好装在一辆车上。装行李车时，先从离行李通道口近的房间装车，再装离行李通道口远的房间的行李，以便推车依次分送，节省体力、提高效率。

5）到达客人房间门口敲门通报，征得客人同意后进入房间，向客人问好。将行李放在行李架上或放在客人指定位置，并请客人清点行李件数，检查行李完好状况。离开房间时向客人道别，祝下榻愉快。如果客人不在房间，可先进房间暂时将行李放在行李架上。

6）个别无房号的行李应先暂时放在楼层，由专人保管，并与团队负责人协调处理。

7）回到礼宾部填写“团队行李入店登记表”（见表4-4），并签名。

表4-4　团队行李入店登记表

团队名称：________________　团队标号：________________

行李到达时间：________________　行李车号：________________

押运员：________________　交接员：________________

行李件数：________________　团队人数：________________

旅行社：________________　行李主管：________________

备注：____

____

房　号	行李件数	行　李　员	备　注	房　号	行李件数	行　李　员	备　注

（二）团队出店行李服务程序及注意事项

1）仔细阅读团队离店名单，与团队领队取得联系，掌握团队离店的准确时间，做好准备。

2）找出该团入店行李登记表。了解入店行李数量，准备好行李车。

3）到了约定的退房时间，行李员到达楼层，按已核对的团队房号逐间收取行李，并做好记录，对已丢失行李牌的行李还要重新挂上行李牌。

4）行李装车后，立即从行李通道将行李推至指定地点，并整齐排好。若不能马上装运，则应由专人看管，或用网罩罩住，以免行李丢失或混淆。

5）与领队核对行李件数和行李破损状况，并双方签名认可。

6）行李交接完成后，协助行李押运员装车。回到礼宾部填写“团队行李离店登记表”并存档。

（三）宾客行李寄存服务程序注意事项

1）当客人要求寄存行李时，礼貌地请客人报出姓名和房号。原则上只为住房客人提供免费的行李寄存服务。

2）检查客人的行李是否为酒店拒绝寄存的范围。酒店通常不为客人寄存贵重物品、鲜活物品、易碎物品、易燃易爆物品、公安部门严禁的物品（如枪支弹药、毒品）等。一旦发现客人有违禁物品，就应立即报告领班或大堂副理。

3）问清行李件数和寄存时间，请客人填写一式两份的“行李寄存单”（见表4-5），或由客人口述，行李员代写好后请客人签字。将“行李寄存单”第二联交给客人保管，作为领取行李的凭证。

表 4-5 行李寄存单（正面）

宾客姓名：	房号：
寄存日期：	时间：
提取日期：	时间：
行李件数：	
宾客签名：	行李员签名：
宾客姓名：	房号：
寄存日期：	时间：
行李件数：	
经手人：	
请注意反面条款!	

4）填写好行李寄存登记表。

5）将寄存行李存放在行李房，注意同一位客人的行李须用绳系在一起，挂上“行李寄存单”的第一联。行李房要上锁，钥匙由行李领班或礼宾主管亲自保管。行李房内严禁吸烟，不得存放杂物，保持清洁卫生，无关人员不得入内，行李要整齐摆放。

6）客人来取行李时，收回“行李寄存单”第二联，并请客人在上面签字。

7）询问行李的颜色、大小、形状、件数、存放时间等，以便查找；核对“行李寄存单”上下联是否相符，若相符，则将行李交给客人。

如果客人遗失了“行李寄存单”，须请客人出示身份证件，并请客人写一张领取寄存行李的说明并签字，或复印其身份证件，将客人所填写的证明、证明复印件与“行李寄存单”第一联装订在一起存档。

如果行李是由他人代领，请代领人出示领取凭证，并登记其身份证件或复印身份证件。

8）在行李寄存登记表上做好记录。

9）对于长期无人认领的行李，行李员应及时向领班或大堂副理汇报，寻找客人，通知其来领取，或按客人意见处理。

第二节 金钥匙服务

一、金钥匙的理念

（一）金钥匙的含义

“金钥匙”起源于法语单词 Concierge，原意为门房、守门人、钥匙保管者，指古代酒店的守门人，负责迎来送往和酒店钥匙的保管。在现代酒店业中，Concierge 已成为向客人提供全方位、"一条龙"服务的代称。只要不违反道德和法律，对客人的任何事情Concierge都会尽力办到，而且要办好，以满足客人的需要。

（二）金钥匙的发展

1929 年 10 月，金钥匙协会在法国巴黎成立，旨在以更高的效率来提升服务托代办。金钥匙协会作为一个联合起来的、同心协力的团体，能够以更高的效率来提升服务的品质。随后，欧洲其他国家也相继开始建立类似的协会。在 1997 年 1 月意大利首都罗马举行的国际金钥匙年会上，中国饭店金钥匙组织被国际金钥匙组织接纳为第 31 个成员。

1952 年 4 月，来自 9 个欧洲国家的礼宾司代表在法国东南部的戛纳举行了首届年会，并创办了"欧洲金钥匙大酒店组织"（UEPGH）。来自法国巴黎 SCRIBE 酒店礼宾司的费迪南德・吉列特先生被推选为该组织的主席。作为金钥匙组织的主要创始人，吉列特先生一生为金钥匙事业呕心沥血，后被尊称为"金钥匙之父"。

1970 年，UEPGH 更名为"国际金钥匙大酒店组织"（UIPGH），这标志金钥匙组织从欧洲范围扩大到整个世界，成为一个国际性组织。在 1997 年又变更为至今仍在使用的名称国际金钥匙组织（UICH）。

国际金钥匙组织已经发展成了国际化、网络化、专业化、个性化的服务品牌，已成为越来越多旅客入住酒店的第一选择。

【运营链接 4-1】

我国金钥匙发展历程

1．第一次参加金钥匙国际会议

1990 年 4 月，白天鹅宾馆首次派前台部的林文杰经理、李慧广助理和肖远辉主管赴新加坡，参加国际金钥匙协会亚洲区总部的成立大会，学习和了解这一具有全球性的服务组织的服务思想、工作内容、在酒店中的作用等，以及成为其会员的加入条件、标准和申请办法。

2．第一位中国的金钥匙

1990 年年底，白天鹅宾馆礼宾部的叶世豪助理加入了国际金钥匙大酒店组织，成为会员。他是首位中国籍的国际金钥匙大酒店组织会员。

3．第一次参加国际金钥匙组织年会

1993 年 12 月，白天鹅宾馆派林文杰、孙东、林志钊赴新加坡参加第 41 届国际金钥匙大酒店组织的年会，学习和交流在实际工作中遇到的问题，并向同行介绍了一些我国的发展情况，引起了国际金钥匙协会的重视。

4．第一次参加国际金钥匙服务理论培训

1994 年 6 月，孙东被派往美国康奈尔大学进修，期间参加了该学院首次举办的委托代办（简称委办）服务及管理课程，系统地学习了有关理论和操作，带回了大量委办服务的资料，回来后又将所学知识传授给了其他委办职员，使大家对金钥匙服务有了更全面、更深刻的认识。

5．广州礼宾司的第一次联合

1994年10月，广州地区的五家五星级酒店的首席礼宾司和一些四星级酒店的礼宾经理，应孙东的邀请，达成了共同建立酒店间委托代办服务的协作意向，为建立地区协会奠定了基础。

6．第一次传播金钥匙服务

1995年3月，白天鹅宾馆欧阳文、孙东和刘志强，走访北京和上海，了解两地酒店委办服务的情况，交流经验，促进自身的提高。这次走访活动，引起了许多酒店高层管理者和同行对金钥匙的极大关注。

1995年5月，孙东成为国际金钥匙协会正式会员。

1995年11月，在广州白天鹅宾馆召开了第一届金钥匙研讨会，主题是“奔向2000年的金钥匙”，标志着我国金钥匙组织的诞生。

1996年9月，国家旅游局、中国旅游酒店业协会对我国金钥匙组织的发展给予了支持与指导。同年11月在北京召开了第二届研讨会，主题是“崛起的中国酒店金钥匙”，我国金钥匙组织的发展使全国酒店金钥匙协作网络基本形成。同时，全国酒店金钥匙开始对金钥匙服务进行理论探讨。1997年1月，中国酒店金钥匙组织成为国际金钥匙组织第31个成员。同年11月，在南京召开了第三届研讨会，主题是“蓬勃发展的中国酒店金钥匙”，正式提出了中国酒店金钥匙组织的工作口号：友谊、协作、服务。

1998年5月，中国金钥匙服务被列入酒店评星定级标准之一。同年11月在大连召开了第四届研讨会，主题是“走向繁荣的中国金钥匙”，这标志着中国酒店金钥匙走向成熟——第一次制定了指导中国酒店金钥匙组织未来发展的纲领性文件《中国酒店金钥匙未来发展纲要》。

1999年2月国家旅游局正式批准中国酒店金钥匙组织成立，划归酒店业协会管理，名称为中国旅游酒店业协会金钥匙专业委员会。同年9月，孙东、黄国强代表中国酒店金钥匙组织赴英国参加国际金钥匙组织理事会，汇报第47届国际金钥匙组织年会的准备工作。

2000年1月16日至21日，中国酒店金钥匙组织在广州成功地举办了第47届国际金钥匙组织年会。2000年3月，中国旅游酒店业协会金钥匙专业委员会、中国酒店金钥匙组织正式注册。“金钥匙”在中国最早于1995年出现在广州白天鹅宾馆，多年来，中国饭店金钥匙组织已发展到相当大的规模。有关资料显示，截至2019年，国际金钥匙组织中国区已发展到覆盖190个城市、1200多家高星级酒店和高档物业、2000多名金钥匙会员，金钥匙服务已被国家旅游局列入国家星级酒店标准。

（三）金钥匙的标志

国际金钥匙组织和中国金钥匙组织的标志都是两把金光闪闪的交叉金钥匙（见图4-1）。它代表着酒店金钥匙的两种职能：一把金钥匙用于开启酒店综合服务的大门，另一把金钥匙用于开启城市综合服务的大门。也就是说，酒店金钥匙成为酒店内外综合服务的总代理。国际金钥匙组织利用遍布全球的会员所形成的网络，使金钥匙服务有着独特的跨地区、跨国界的优势。万能的金钥匙可以帮助客人解决一切难题。在国际上，“金钥匙”已成为高档酒店个性服务的重要标志。

图 4-1　金钥匙标志

（四）金钥匙的服务理念

（1）金钥匙的服务宗旨：在不违反法律和道德的前提下为客人解决一切困难。

（2）金钥匙为客人排忧解难，“尽管不是无所不能，但是也是竭尽所能”，要有强烈的为客人服务的意识和奉献精神。

（3）为客人提供满意加惊喜的个性化服务。

（4）金钥匙组织的工作口号是“友谊、协作、服务”。

（5）酒店金钥匙秉承：在客人的惊喜中找到乐趣。

二、金钥匙的服务内容和管理要点

（一）服务内容

金钥匙服务的内容涉及面很广。例如：向客人提供市内最新的流行信息、时事信息和举办各种活动的信息；为客人代购歌剧院和足球赛的入场券；为承办的团体会议做计划；满足客人的各种个性化需求，如计划安排在国外城市举办的正式晚宴；为一些大公司做旅程安排；照顾好那些外出旅行的客人和在国外受训的客人的子女，甚至可以为客人把金鱼送到地球另外一边的朋友手中。

目前我国的旅游服务必须要考虑到客人的吃、住、行、娱、游、购六大内容，酒店金钥匙的“一条龙”服务正是围绕着宾客的需要而开展的。各种贴心服务从客人接触酒店开始，一直到离开酒店，自始至终都感受到一种无微不至的关怀。不难想象酒店金钥匙给城市旅游服务体系、酒店本身和旅游者带来的影响。对中外商务旅游者而言，酒店金钥匙是酒店内外综合服务的总代理，是在旅途中可以信赖的伙伴，是充满友谊的忠实的朋友，是解决问题的、提供个性化服务的专家。满意加惊喜是我国酒店金钥匙的服务目标；用心极致是我国酒店金钥匙的服务精神；快乐工作是我国酒店金钥匙的追求。我国酒店金钥匙服务项目包括：

1）行李及通信服务，如运送行李、传真、电子邮件及人工传递等。

2）问询服务，如指路等。

3）邮寄服务，如国际托运、国内托运等。

4）接送服务，如接机服务等。

5）旅游，如个性化旅游服务线路介绍等。

6）订房服务，如提供房价、房类、折扣等信息，接受预订、取消预订。

7）订餐服务，如推荐餐馆等。

8）订车服务，如汽车等租赁代理。

9）订票服务，如飞机票、火车票、戏票等的代订服务。

10）订花服务，如鲜花预订、异地送花等。

11）其他，如美容、按摩、跑腿、照顾儿童等。

（二）管理要点

1）保持良好的职业形象，以大方得体的仪表、亲切自然的举止迎送每一位客人。

2）全面掌握酒店各方的信息，全方位满足客人提出的特殊要求。

3）协助大堂相关负责人处理酒店各类投诉，协助客务经理建立与宾客的良好关系。

4）协同保安部门对有不良行为的客人进行调查。

5）将上级指令、所发生的重要事件或事情详细记录在行李员、迎宾员交接班记录本上，每日早晨呈交前厅部经理，以便备查。

6）检查大堂及公共区域，消除隐患，确保安全。

7）对行李员工作活动进行管理和控制，检查礼宾部各岗位值班情况，并做好有关记录。

8）对受前厅部经理委派的受训的行李员进行指导、训练和督导。

9）确保行李房和酒店前厅的卫生清洁。

10）控制酒店门前区域车辆活动，确保畅通。

11）与团队联络协调，确保团队行李顺利运送。

12）确保行李组服务设备运转正常，随时检查行李车、行李存放架、轮椅、伞架等。

13）完成前厅部经理下达的其他工作。

【运营链接 4-2】

中国饭店金钥匙组织会员资格及入会考核标准

中国饭店金钥匙组织会员的资格要求：

1）在酒店大堂柜台工作的前台部或礼宾部高级职员才能被考虑接纳为金钥匙组织的会员。

2）年龄 21 岁以上，人品优良，相貌端庄。

3）从事酒店业 5 年以上，其中 3 年必须在酒店大堂工作，为酒店客人提供服务。

4）有两位中国饭店金钥匙组织正式会员的推荐信。

5）申请人所在酒店总经理的推荐信。

6）过去和现在从事酒店前台服务工作的证明文件。

7）掌握一门以上的外语。

8）参加过由中国饭店金钥匙组织提供的服务培训。

中国饭店金钥匙组织会员的入会考核标准：

1）思想素质方面：拥护中国共产党和社会主义制度，热爱祖国。遵守国家的法律、法规，遵守酒店的规章制度，有高度的组织纪律性。敬业乐业，热爱本职工作，有高度的工作责任心。有很强的顾客意识、服务意识，乐于助人。忠诚于企业，忠诚于顾客，真诚待人，不弄虚作假，有良好的职业操守。有协作精神和奉献精神，个人利益服从国家、集体利益。谦虚、宽容、积极、进取。

2）工作能力方面：交际能力要强，要乐于和善于与人沟通。语言表达能力要达标，做到表达清晰、准确。要有灵活的协调能力，能正确处理好与相关部门的合作关系。应变能力要强，能把握原则，以灵活的方式解决问题。身体要健康，精力充沛，能适应长时间站立工作和户外工作。

3）业务知识和技能方面：熟练掌握本职工作的操作流程。会说普通话和至少掌握一门外语。掌握中英文打字、计算机文字处理等技能。熟练掌握所在酒店的详细信息资料，包括酒店历史、服务时间、服务设施价格等。熟悉本地区三星级以上酒店的基本情况，包括地点、主要服务设施、特色和价格水平。熟悉本地区主要旅游景点，包括地点、特色、开放时间和价格水平。掌握本地区高、中、低档的餐厅各5个（小城市3个），娱乐场所、酒吧5个（小城市3个），包括地点、特色、主要服务时间、价格水平、联系人。能帮助客人安排市内旅游，掌握其线路、花费时间、价格、联系人。能帮助客人修补物品，包括手表、眼镜、小电器、行李箱、鞋等，掌握这些维修处地点、服务时间。能帮助客人邮寄信件、包裹、快件，懂得邮寄事项的要求和手续。熟悉本市的交通情况，掌握从本酒店到车站、机场、码头、旅游点、主要商业街的路线路程和出租车价格。能帮助外籍客人解决办理签证延期等问题，掌握有关单位的地点、工作时间、联系电话和手续。能帮助客人查找航班托运行李的去向，掌握相关部门的联系电话和领取行李的手续。

【运营透视 4-3】

新加坡客人的行李

2001年4月的一天，A酒店的“金钥匙”打电话给广州B酒店的“金钥匙”，该店一名已赴广州的客人误拿了一位新加坡客人的行李，当新加坡客人发现时，这位客人已经在飞往广州的途中，请求广州B酒店方面协助查找。广州B酒店的“金钥匙”立即赶赴机场截回了被误拿的行李。但当他们回复A酒店行李的相关信息时，A酒店方面却告知这名新加坡客人已飞赴香港。于是，他们又与香港某酒店的“金钥匙”联系，香港“金钥匙”接报后，马上到香港启德国际机场找到了新加坡客人，告知他的行李找到了。而这位客人因急于赶回国则要求他们将其行李从广州直接寄运至新加坡。于是，广州B酒店的“金钥匙”就以特快专递将客人行李发送新加坡，然后再次与新加坡的同行落实此事。两天后，新加坡“金钥匙”发来传真，告知这件几经周折的行李已完璧归赵，安全送到客人手中。至此，一个中外酒店“金钥匙”携手合作的故事画上了完美的句号。

[分析提示]

国际金钥匙组织的服务不是一般意义上的服务，而是竭尽所能为客人排忧解难的个性化服务。这就是一个典型的跨国界、跨地区酒店“金钥匙”多点合作的成功案例。现在，国际金钥匙组织在全球已经形成网络，这种网络将使金钥匙服务发挥出更加巨大的优势。

第三节 总机礼宾服务运营

一、总机的功能

电话总机是酒店内外信息沟通联络的通讯枢纽。总机话务员以电话为媒介，直接为客人提供各种话务服务，其服务工作质量的好坏，直接影响客人对酒店的印象，也直接影响酒店的整体运作。

总机话务人员每天要处理成百上千个电话业务，大多数客人对酒店的第一印象，是在与话务员的第一次不见面的接触中所形成的，话务员热情、礼貌、快捷、高效的对客服务是通过悦耳的嗓音展现出来的。因此，话务人员在酒店对客服务中扮演着重要的角色，必须具备较高的素质：

1）口齿清楚，态度友善，言语准确，嗓音甜美，使客人有舒适感。

2）听写迅速，反应灵敏。

3）工作认真，记忆力强。熟练掌握本店、本市和国际国内500个以上常用电话。

4）有较强的外语听说能力，能用三种以上外语提供话务服务。

5）精通业务，热爱本职工作。熟悉总机工作程序、工作内容和各项业务操作方法，熟悉酒店各种服务项目和有关问询的知识。

6）有良好的职业道德素养，自觉遵守酒店的各项规章制度，自觉维护酒店的声誉和利益，严守话务秘密。

【运营链接4-3】

总机人员岗位职责

1. 总机领班

直接上级：总机主管。

直接下级：接线员。

岗位职责：

1）直接对总机主管负责，保证当班工作能按主管要求进行。

2）协助主管制订话务员的工作计划，提供主管所需的记录、报表、月总结。

3）及时向主管汇报工作情况及出现的问题，并提出建议。

4）对重要问题，积极提出建设性意见。

5）监督当班话务员的服务态度、服务质量及劳动纪律。

6）了解当日天气情况，并做好记录。

7）合理安排当班员工用餐。

8）了解当班员工的思想情况，帮助他们处理好各项关系。

2．总机接线员

总机接线员的岗位职责：

1）转接内外线电话，提供查询服务。

2）提供店内寻呼，电话留言、叫醒服务。

3）受理长途直拨电话服务。

4）向其他部门和岗位转达客人需求。

5）正确使用和维护各种通信设备。

6）维护工作区域卫生整洁。

总机接线员规范用语：

1）市内（外线）电话打进时——“您好（早上 / 下午 / 晚上好），×× 酒店总机。”

2）有酒店内部电话时——“您好（早上 / 下午 / 晚上好），我是总机。”

3）遇到客人打错电话时——“对不起，我是 ×× 酒店，请您重拨好吗？”

4）遇到电话忙音时——“对不起，电话占线，请稍等。”

5）遇到叫醒服务时候——“早上好，×× 先生 / 女士，现在时间是早上 ×× 点钟，您起床的时间到了。”

6）遇到外线电话要求查找某人时，仔细听清要呼叫的人名和房号，同时记录下来，礼貌地说“请稍等”。如被叫方无人接听，接线员礼貌地说：“对不起，×× 先生 / 女士，电话没人接。您过一会儿再打来好吗？”或“×× 先生 / 女士，很抱歉，电话现在无人接听，您是否需要留言或过一会儿再打来？”

二、总机礼宾服务运营要点

酒店总机所提供的服务项目主要包括：店内外电话接转服务、长途电话服务、叫醒服务、代客留言与问询服务、店内传呼服务、紧急情况下充当临时指挥中心等。

（一）店内外电话接转服务

为了能准确、快捷、有效地接转电话，话务员必须熟记常用电话号码，了解本酒店的组织机构以及各部门的职责范围，正确掌握最新的住客资料，坚守工作岗位，并尽可能多地辨认住店客人、酒店管理人员及服务人员的姓名和嗓音。电话接转服务应该注意以下事项。

1）电话铃响三声必须提机，主动向客人问好，自报店名或岗位。外线应答“您好，×× 酒店”，内线应答“您好，总机”。

2）仔细聆听客人的要求，迅速准确地接转电话，并说“请稍等”。若没有听清楚，可礼貌地请客人重述一遍。

3）对无人接听的电话，铃响半分钟后（五声），必须向客人说明：“对不起，电话没有人接，请问您是否需要留言？”需要给房间客人留言的电话一律转到问询处；给酒店管理人员的留言，一律由话务员记录下来，并重复、确认后通过寻呼方式或有效方式尽快转达。

4）如果通话者只告诉客人姓名，应迅速查找计算机，找到房号后接通电话。如果通话者只告诉房号，应首先了解受话人的姓名，并核对计算机中相关信息，再根据酒店的具体规定判断是否直接接通房内电话。

5）电话占线或线路繁忙时，应请对方稍候，并使用音乐保留键播放悦耳的音乐。

6）对于要求房号保密的客人，如果客人并没有要求不接任何电话，可先问清来电话者姓名、单位等，然后告诉客人，询问客人是否接听电话；如果客人表示不接任何电话，应立即通知总台在计算机中输入保密标志，遇来访或电话查询，即答客人未住本酒店。

7）如果房间客人要求“免电话打扰”，应礼貌地向来电话者说明，并建议其留言或待取消“免打扰”之后再来电话。

8）如果客人错挂电话进来，应有礼貌地对客人说 “对不起，您挂错了”，如果是客人在房间或酒店内公共场所挂错电话，应耐心地问清客人的要求，再将电话转出。

【运营透视 4-4】

电话转接的技巧

某公司的毛先生是杭州某三星级酒店的商务客人。他每次到杭州，肯定入住这家酒店，并且每次都会提出一些意见和建议。可以说，毛先生是一位既忠实友好又苛刻挑剔的客人。某天早晨8时，再次入住的毛先生打电话到总机，询问同公司的王总住在几号房。总机李小姐接到电话后，请毛先生“稍等”，然后在计算机上进行查询，查到王总住在901房间，而且并未要求电话免打扰服务，便对毛先生说：“我帮您转过去。”说完就把电话转到了901房间。此时901房间的王先生因昨晚旅途劳累还在休息，接到电话就抱怨下属毛先生不该这么早吵醒他，并因此很生气。

（二）长途电话服务

住店客人呼叫总机直拨国际长途和国内长途时，受理计算机会自动计时，通话结束后，计算机自动结算出费用并打印出电话费用单。

对没有开通长途电话的房间，客人要求总机接拨国际或国内长途时，话务员要请客人先挂断电话稍等，然后询问总台能否为该房间开通长途电话。如不能，打电话至房间告知客人需补办“长途电话押金”方能开通；如可以开通，打电话告知客人如何使用。整个服务过程要做到热情周到、受理清楚、接挂电话快速准确、计时收费手续规范。

（三）叫醒服务

电话叫醒服务是酒店对客服务的一项重要内容。它涉及客人的计划和日程安排，特别是叫醒服务往往关系到客人的航班和车次。如果叫醒服务出现差错，就可能会给酒店和客人带来不可弥补的损失。酒店叫醒服务分为人工叫醒和自动叫醒两种。

1. 人工叫醒

1）接受客人叫醒要求时，问清房号、叫醒时间，并与对方核对。

2）填写叫醒记录，内容包括叫醒时间、房号等；记录时要求字迹端正，以防出现差错。

3）在定时钟上准确定时。

4）定时钟鸣响，接通客房分机，叫醒客人："早上好（您好），现在是 ×× 点，您的叫醒时间到了。"

5）如无人应答，五分钟后再叫醒一次，如果仍无人应答，则应通知大堂副理或客房服务中心弄清原因。

2. 自动叫醒

1）准确记录叫醒客人的姓名、房号和叫醒时间。

2）把叫醒信息输入自动叫醒计算机。

3）客房电话按时响铃以唤醒客人，计算机进行叫醒时，须仔细观察其工作情况，如发现计算机出现故障，应迅速进行人工叫醒。

4）查询自动打印记录，检查叫醒工作有无失误。

5）若无人应答，可用人工叫醒方法补叫一次。

6）把每天的资料存档备查。

无论是人工叫醒还是自动叫醒，话务员在受理时，都应认真、细致、慎重，避免差错和责任事故的发生。一旦出现失误，不管责任在酒店还是在客人都应给予高度重视，积极采取措施，而不要在责任主体上纠缠。同时，还应注意叫醒的方式。例如，用姓名加尊称称呼客人，对 VIP 派专人人工叫醒，尽可能使客人感到亲切。若能在叫醒服务时将当天的天气变化情况通报给客人，并询问是否需要其他服务，则会给客人留下美好的、深刻的印象。

【运营链接 4-4】

客人"叫而不醒"怎么办？

一天，一位酒店客人要求总台为他做一次第二天早上 6 点钟的叫醒服务。总台小姐马上通知了总机。然而，第二天早上 7 点过后，客人非常气愤地来到大堂经理处投诉说：今天早上并没有人来叫他起床，也没有听见电话铃声，以致他延误了国际航班。后经查实，总机在接到总台指令后，立刻就通过计算机为他做了叫醒服务，并排除了线路及器械故障的可能。经过分析后认为，可能是由于客人睡得较沉，没有听见。电话声响了几次之后就会自动切断，以致造成最终"叫而不醒"的结果。

【分析提示】叫醒服务的问题与对策

叫醒服务是酒店为客人提供的一项基本服务内容，但常常发生叫醒失误的情况，引起客人投诉。做好叫醒服务需要对叫醒失误的原因有充分的了解，并做出积极的应对。

（一）叫醒失误的原因

叫醒失误的原因涉及酒店和客人两方面。

1. 酒店方面

1）接线员漏叫。

2）总机接线员做了记录，但忘了输入计算机。

3）记录的房号太潦草、笔误、误听、输入计算机时输错房号或时间。

4）计算机出了故障。

2. 客人方面

1）错报房号。

2）电话听筒没放好，无法振铃。

3）睡得太沉，电话铃响没听见。

（二）叫醒失误的对策

为了避免叫醒失误或降低失误率，酒店可从以下几方面着手，积极采取措施：

1）经常检查计算机运行状况，及时通知有关人员排除故障。

2）客人报房号与叫醒时间时，接听人员应重复一遍，得到客人的确认。

3）遇到电话没有提机，通知客房服务员敲门叫醒。

还有一种情况，就是客人虽然听到了叫醒电话，但没有及时起床，结果误了事，反而责怪酒店没有提供（或没有按时提供）叫醒服务，要求酒店对此负责，并赔偿损失。为了避免这类事件的发生，一种有效的办法是安装一台录音电话，将叫醒服务的通话记录下来，作为证据保存。另外，需要说明的是，叫醒服务不同于叫早服务，它是全天候24小时服务，而不限于早晨的叫醒。在一些酒店，叫醒服务由计算机自动控制，客人要求下午或晚上某个时间叫醒，结果叫醒铃响后，拿起电话听到的第一句话仍然是“早上好，您的叫早服务”，令人啼笑皆非。

（四）代客留言与问询服务

1. 代客留言

来电话找不到受话人时，话务员应主动地询问是否需要留言并做好以下工作。

1）问清留言人的姓名、电话号码和受话人的姓名、房号。

2）记录留言内容并复述一遍，尤其注意核对数字信息。

3）答应在指定的时间内将留言转交受话人，请对方放心。

4）开启客人房间的留言信号灯。

5）受话人回来后打电话询问时，把留言念给他听。

6）关闭客人房间的留言信号灯。

2. 问询服务

店内外客人常会向酒店总机提出各种问询，因此，话务员要像问询处员工一样掌握店内外常用的信息资料，尤其是酒店各部门及本市主要机构的电话号码，以便对客人的问询、查询做出热情、礼貌、准确而迅速的回答。

（五）店内传呼服务

现代酒店特别是大型酒店设有由计算机控制的店内呼机系统，话务员利用它提供店内传呼服务，因此，话务员应熟悉传呼机携带者的呼叫号码，并了解他们的工作区域、安排及去向。店内外客人或店内员工提出传呼要求时，话务员询问并键入寻呼者姓名、分机或总机号码，服务要准确及时、耐心、周到。

（六）紧急情况下充当临时指挥中心

总机除提供以上服务外，还有一项重要职责，即酒店出现紧急情况时，应成为酒店管理人员采取相应措施的临时指挥中心。

酒店的紧急情况是指诸如发生火灾、水灾、伤亡事故、恶性刑事案件等情况。紧急情况发生时，酒店领导为迅速控制局面，必然要借助于电话系统，话务员要沉着、冷静地提供高效率的服务。

1）接到紧急情况报告电话，应立即问清事情发生地点、时间及简单情况，问清报告者姓名、身份，并迅速做好记录。

2）即刻通报酒店领导和有关部门，并根据现场指挥人员的指令，迅速与市内有关部门（如消防、安全等）紧急联系，并向其他话务员通报情况。

3）严格执行现场指挥人员的指令。

4）在未接到撤离指示前，不得擅自离岗，并保障线路通信的畅通。

5）继续从事对客服务工作，并安抚客人、稳定情绪。如有人打听情况一般不做回答，转大堂副理答复。

6）完整记录紧急情况的电话处理细节，以备事后检查。

第四节　商务中心服务运营

为满足客人的需要，现代酒店尤其是商务型酒店都设立了商务中心。通常，商务中心应设在前厅客人前往方便而又安静、舒适、优雅的地方，并有明显的指示标记牌。商务中心是商务客人常到之处，其服务的好与坏会直接影响客人的商务活动和酒店客人的光临。

二维码资源 4-02

一、商务中心的功能要求和设置原则

现代酒店与近代旅馆相比，不仅其规模更大、更加豪华，而且增加休闲与商务的功能。对于商务客人来说，酒店内的商务服务是否周全、及时，关系到能否顺利完成公务目的，所以酒店内的商务设施就值得关注。

商务中心的主要职能是为客人提供各种秘书性服务，为客人提供或传递各种信息。先进的服务设施、设备，齐全的服务项目，以及高素质的专业或一专多能型的服务人员，是商务中心提供高水准、高效率对客服务的基本保证，也是现代高档次酒店的重要标志之一。

商务中心的服务项目很多，主要有会议室出租服务、电子邮件和传真服务、复印服务、打字服务、秘书服务和设备（用品）出租服务等。商务中心还可以提供翻译、名片印制、租车预订、票务预订、休闲活动预订、商业信息查询、快递、手机充电等服务。

为满足客人对商务服务的需要，商务中心应有配备齐全的设施设备和用品，包括会议室、洽谈室、复印机、打印机、传真机、扫描仪、直拨电话，可上网的计算机、碎纸机、多媒体投影仪、白板、录音机、录像机、DVD 机、大屏幕电视机及其他办公用品（如 U 盘、录音笔等），同时还应配备一定数量的办公桌椅、沙发，以及相关的可查询的资料如商务刊物、报纸、经济年鉴、企业名录大全、电话簿、地图册、各语种词典、最新航班（车船）时刻表等。

二、商务中心礼宾服务要点

由于商务中心工作的特殊性，商务中心的人员应热情礼貌、业务熟练、耐心专注、服务快捷、严守秘密，并主动与酒店各部门、长住商务机构及客人协商配合，为客人提供令其满意的服务。

（一）会议室出租服务

1. 会议室预订

1）接到预订，要简明扼要地向客人了解预订人姓名或公司名称、酒店房间号码或联系电话、会议的起始时间及结束时间、人数及要求等内容，并做好记录。

2）告知租用该会议室的费用（包括免费的服务种类，如茶、咖啡、文具、扬声器、投影仪、音响、录放机等），并邀请客人参观会场，介绍服务设施设备。

3）确认付款方式，并要求对方预付 50% 定金，预订以收到定金时开始生效。

4）填写会议室出租预订单，并在交班本上做好记录。

5）预约鲜花，如同时需要租用设备，也要做好准备工作。

2. 会议前准备工作

1）按参加会议人数准备好各类合格的饮具、文具用品及会议必需品，待布置会场使用。

2）按参加会议人数放好椅子并摆设饮具及各类会议文具。

3）主管或领班要亲临现场指挥和督导员工按需求布置会场，发现问题及时纠正。

3. 会议接待服务

1）服务人员站立门口恭候客人，并引领客人至会议室坐下。

2）按先主位、后次位的原则，逐一为客人提供所需饮品。

3）会议过程中要做好添茶水等工作。

4. 送客离场

1）会议结束时，服务人员应在门口站立，并礼貌地说“再见”“欢迎下次光临”等告别敬语，目送客人离去。

2）客人离开后，迅速进入会场仔细地检查。如发现有客人遗忘的物品，须立即设法追送；追送不到时，交至主管或大堂副理处。

3）收拾会场。

（二）传真服务

1. 传真发送

1）主动、热情问候客人，问明发往国家和地区。

2）核对客人的传真稿件，查看发往国家或地区传真号、页数及其他要求。

3）确认无误后，将传真稿件放入传真机发送架内进行发送操作，发送过程中的任何一步出现差错时，都要停止操作并重新开始。

4）发送完毕，核对打印报告与发送传真号是否一致。

5）根据显示的发送传真时间计算费用，办理结账手续。

6）向客人道谢，按要求在“宾客发送传真登记表”上登记。

2. 传真接收

1）当传真机接收到发来的传真时，首先应与总台确认收件人的姓名及房号，并核对份数、页数等。

2）将核对过的传真装入信封内，在信封上注明收件人姓名、房号、份数、页数，并通知客人来取或派行李员送到房间，并记录通知时间、通知人。

3）若收件人不在房间，必须及时通知问询处留言，留言单上注明请客人回来后通知商务中心，以便派行李员将传真送到房间。

4）在“宾客来传真登记表”上登记，以备查用。

5）按规定的价格计算费用，办理结账手续。

3. 复印服务

1）主动、热情问候客人。

2）接过客人的复印原件，问明客人要复印的数量和规格，并告知客人复印的价格。

3）按操作要求进行复印。如要多张复印，或者需放大或缩小，应先印一张，查看复印效果，如无问题，才可连续复印。

4）将原件退给客人并清点复印张数，按规定价格计算费用，办理结账手续。

5）若客人要求对复印件进行装订，则应为客人装订好。

4. 打字服务

1）主动、热情问候客人。

2）接过客人的原稿文件，了解客人要求（字体、格式和其他特殊要求），浏览、查看、核对原稿有无不清楚的地方或字符。

3）告知客人打字的收费标准。

4）告知客人大概交件时间。

5）打字完毕后认真核对一遍，并请客人亲自核对，修改后再检查、打印。

6）将打印好的文件交给客人。按规定价格、页数、字数为客人开单收费。

7）向客人道谢。

5. 租用秘书服务

1）了解客人的要求：需要什么秘书服务，要求什么时间服务，在什么地方工作，估计多长时间。

2）告诉客人收费标准。

3）弄清客人身份，如姓名、房号、付款方式等。

4）向客人道谢。

6. 设备用品出租服务

酒店一般只向住店客人提供设备出租服务，而且只限在本店范围内使用，可供租用的设备用品种类很多，如便携式计算机、台式计算机、激光打印机、彩色喷墨打印机、传真机、电视机、录像机、幻灯机、胶片投影机和多媒体投影仪等设备，以及激光教鞭、移动数据盘等办公用品。

1）了解客人要求，并填写清楚下列内容：使用时间、地点、客人姓名、房号；设备用品名称、规格、型号。

2）租用设备用品

① 租用音响设备：打电话到音响组了解情况；通知音响组派人安装、调试。

② 租用便携式计算机、传真机等设备；由商务中心人员负责安装、调试。

3）要求客人签单或预付款项。

4）向客人道谢并在交班本上做好记录。

【运营透视 4-5】

商务中心职能的转变

随着信息技术的飞速发展，客人都拥有自己的便携式计算机、智能手机或者其他移动电子设备，在客房内也可以通过互联网直接订票，发送、接收电子邮件和传真等商务活动，一些高档酒店还在客房内配备打印机、复印机和传真机，因此，客人对酒店商务中心的依赖程度大大降低。商务中心必须研究客人需求变化，转变服务职能，推出新的服务项目。例如：提供现代化商务设施设备出租服务，提供计算机技术服务，为各类商务活动和会议提供支持和帮助的秘书性服务，等等。

第五节　前厅部文件档案管理

一、客史档案的建立和管理

（一）客史档案建立的意义

客史档案又称宾客档案，是酒店在对客服务过程中对客人的自然情况、消费行为、信用状况、爱好和期望等做的历史记录。

客史档案是酒店用来促进销售的重要工具，也是酒店改善经营管理和提高服务质量的必要资料。

1）客史档案的建立，有助于酒店了解客人，掌握客人的需求特点，是酒店提供个性化、定制化服务必不可少的依据。

2）客史档案的建立，有助于酒店做好针对性促销工作，与宾客保持良好、稳定的关系，争取更多的回头客，培养忠诚客人。研究表明，争取一位新客人的成本是留住一位老客人成本的 5 倍；而流失一位老客人的损失，只有争取 10 位新客人才能弥补。

3）客史档案的建立有助于酒店研究客源市场动态，不断改进酒店产品与服务质量，提高经营管理水平。

如果酒店未能很好地对这一潜力极大的资料库加以利用，忽视了它的作用，那么将会影响酒店的经营工作。

【运营透视 4-6】

有一次美国纽约交响乐团访问曼谷。曼谷东方酒店得知，该团的艺术大师梅特酷爱芒果和蟋蟀，便派人遍访泰国乡村，为他找来早已经下市的芒果，甚至通过特殊途径，弄到不久前刚刚进行的蟋蟀大赛录像。人们也就不难理解，为什么梅特一行 106 人竟然会拒绝曼谷其他豪华酒店免费住宿的美意，宁肯花钱进曼谷东方酒店。也许是出于同样的原因，东方酒店接待的客人中，曾经下榻过的客人要占 50% 以上。尽管那里的房价昂贵，但仍然有不少巨贾富商不惜巨金，长时间地把几间客房包下来。

（二）客史档案的内容

1. 常规档案

常规档案主要包括客人姓名、性别、年龄、出生日期、通信地址、电话号码、公司名称、职务头衔等。常规档案的建立有助于了解目标市场客人的基本情况，真正明确“谁是我们的客人”。

2. 预订档案

预订档案主要包括预订方式、预订日期、预订的种类、预订单位及联系人等。预订档案的建立有助于酒店选择销售渠道，促进销售工作的开展。

3. 消费档案

消费档案主要包括：客人所租用的客房、支付的房价、餐费及其他项目的消费，客人的付款方式、信用等级、账号，客人喜欢何种房间和酒店的哪些设施。消费档案的建立有助于了解客人的消费水平、支付能力和消费倾向。

4. 爱好与习俗档案

客史档案中最为重要的内容，包括客人旅行的目的、爱好、生活习惯、宗教信仰和禁忌、住店期间的特殊要求等。爱好与习俗档案的建立有助于为客人提供针对性的服务、超常服务。

5. 反馈意见档案

反馈意见档案主要包括客人住店期间的意见、建议、表扬、投诉和处理结果等。反馈意见档案的建立有助于酒店跟客人的沟通，进一步改进服务，提高决策水平和管理水平。

（三）客史档案的建立和管理

1. 客史档案的资料来源

客史档案的建立，一般由前厅部负责，而信息资料的收集则依赖整个酒店的各个服务部门。

客史档案的资料主要来源于预订单和预订确认书、宾客入住登记表、账单、宾客意见簿、各部门的工作日志、大堂副理的拜访报告、投诉及处理结果记录、平时的观察和信息收集等。

2. 客史档案的整理

（1）分类整理　为方便管理和有效使用客史档案，要对客史档案进行分类。

（2）定期清理　酒店各部门在每月底需完成对本部门的宾客历史档案的清理与核查工作，检查资料的准确性，及时、准确地完成信息资料的更新、整理、存档和删除工作。

3. 客史档案的建立

在酒店的信息系统中设定客史档案栏目。

1）按要求或在客人离店后，由前厅接待员把入住登记表中有关该客人的全部信息资料输入酒店管理系统的宾客档案中。

2）在酒店历史账户中的客人姓名末端注明新的客史编号，表明该客人在酒店存在客史档案。

3）酒店各营业点在历史账户中可根据客人姓名或客史档案编号，进入该客人的客史档案，进行查询或更改有关内容。

4）酒店各管理系统的使用部门，在计算机中查询客人的账户时，一旦看到客人姓名末端注有客史档案编号，就应留意该客人在本酒店的客史档案，及时跟进相关服务。

4. 客史档案的使用和删除

客史档案信息是否有效使用，关系到各部门的服务质量，各业务部门应在当天打印出次日抵店客人的报告，对那些有客史档案记录的客人及时跟进相关服务。酒店应当经常整理客史档案库的信息资料，及时清理和删除已失去价值的信息。主要工作有以下几方面。

1）由申请部门填写需要删除客史档案的“客史档案删除记录”，并注明有关内容，报所在部门经理审批。

2）将“客史档案删除记录”和该客人的全部客史档案资料交前厅部经理查阅。

3）经前厅部经理批准后，预订处在该客人的“客史档案卡”上加盖“删除”印章，同时将审批过的“客史档案删除记录”附在档案卡的下面。

4）预订处将该客人的客史档案及其编号从酒店管理系统内删除。

5）记录该客史档案删除的原因及有关内容。

二、管理档案的建立和管理

文档管理是前厅管理工作的重要组成部分，为了保证文档管理工作有条不紊、顺利进行，前厅部必须建立健全的文档管理制度。

（一）管理档案建立的原则

（1）专人负责　由部门（或班组）负责人或前厅部文员，或细心、责任心强、有经验的员工负责。

（2）有章可循　明确文档类型、存放顺序和时间。

（二）文档管理的步骤

1. 分类

1）待处理类是指尚未处理、正等待处理的文件、表格。

2）临时类是指短期内需要经过处理，然后再经过整理、归类的文件、表格。

3）永久存放类是指需要长期保存，供查阅用的文件、表格。

2. 归类存放

对于不同类型的文档，例如待处理类、临时类、永久存放类等，应采用不同的方法，按轻重缓急，存放于档案柜的专用抽屉内。特别注意永久存放类文件，可以打包，在包外标明名称，存放在专门的房间内。另外，对于某些重要资料，应存放在特别安全的地方，以防火患或其他人为原因造成的损失。

3. 存放顺序

（1）订房资料　对于近期的订房资料，先按抵店、取消、致歉、未抵店、团队等进行归类，后按字母顺序存放。远期的订房资料一般先按抵店月份、后按字母顺序存放。

（2）报价信函　按字母顺序存放。

（3）在店客人档案　登记表按字母顺序存放。

（4）已使用的表格　按日期顺序存放。

（5）客史档案及合同副本等　按字母顺序存放。

（三）制作索引

文档归类存放前，负责整理文档的人员应在文档的右上角写上索引字码。如按姓名字母顺序排列的文档，应写上客人姓的前两个字母；按日期排列的文档，则应写上客人抵店的日期，以方便查找。此外，还应建立一个文档索引本，里面应标明文档的种类、内容、存放地点、起止日期、销毁的时间等。

本章学习要点

1．店外迎送服务的人员也称酒店代表，被酒店派往机场、车站、码头，代表酒店迎接已预订的客人，送别离店客人，并争取未预订的客人到酒店来入住。

2．门厅迎送服务主要是由酒店的门童负责的一项迎送服务。

3．金钥匙的服务宗旨：在不违反法律和道德的前提下，为客人解决一切困难。酒店金钥匙为客排忧解难，“尽管不是无所不能，但是也是竭尽所能”，要有强烈的为客服务意识和奉献精神。金钥匙服务是为客人提供满意加惊喜的个性化服务。

4．金钥匙的工作口号是“友谊、协作、服务”；金钥匙的人生哲学：在客人的惊喜中找到富有乐趣的人生。

5．电话总机是酒店内外信息沟通联络的通信枢纽。总机话务员以电话为媒介，直接为客人提供各种话务服务，其服务工作质量的好坏，直接影响客人对酒店的印象，也直接影响酒店的整体运作。

6．酒店总机所提供的服务项目主要包括：店内外电话接转服务、长途电话服务、叫醒服务、代客留言与问询服务、店内传呼服务、紧急情况下充当临时指挥中心等。

7．商务中心的主要职能是为客人提供各种秘书性服务，为客人提供或传递各种信息。商务中心的服务项目很多，主要有会议室出租服务、电子邮件和传真服务、复印服务、打字服务、秘书服务和设备（用品）出租服务等。商务中心还可以提供翻译、名片印制、租车预订、票务预订、休闲活动预订、商业信息查询、快递、手机充电等服务。

8．消费档案主要包括：客人所租用的客房、支付的房价、餐费及其他项目的消费，客人的付款方式、信用等级、账号，客人喜欢何种房间和酒店的哪些设施。消费档案的建立有助于了解客人的消费水平、支付能力和消费倾向。

本章思考练习

1．在迎接和送别乘车散客时，应注意哪些服务细节？

2．散客和团体入店时，行李服务应该注意哪些要点？

3．简述金钥匙服务的重要性。

4．我国金钥匙服务的原则是什么？

5．如果总机受理了客人的叫醒服务，但叫醒电话无人接听该怎么办？

6．如果客人要求房号保密，却有外线说有急事找该客人，总机服务员应当如何处理？

7．设立商务中心的意义是什么？

8．商务中心面临哪些挑战？

9．酒店为什么要建立客史档案？谈谈建立客史档案的意义。

本章管理实践

训练项目　VIP 前厅接待策划

［**实践目标**］

1．掌握前厅服务的内容。

2．强化前厅服务的技能技巧。

3．强化前厅服务的基本规程与程序。

4．培养现代前厅服务运营管理及文案策划的能力。

5．锻炼沟通协调能力。

［**实践内容与方法**］

1．以模拟酒店为单位，利用课余时间，通过网络资料收集和对酒店接待 VIP 的实际案例，形成 VIP 前厅接待策划方案。方案至少应包括：VIP 背景、前厅服务项目、前厅服务程序、服务过程中的注意事项。

2．向评委（老师及同学）汇报 VIP 前厅接待策划方案。

3．推选最佳方案，说明理由。

［**实践标准与评估**］

1．实践标准：前厅服务项目的接待程序与标准。

2．实践评估：①每组写出一份详细的策划方案。②以小组为单位，分别对其他小组的表现进行评估打分。

第五章　总台接待运营

【学习目标】

1. 掌握客房分配方法和技巧。
2. 掌握换房和更改离店日期的处理方法。
3. 熟悉客房出售率的控制管理。
4. 熟悉客房钥匙的管理。
5. 了解问询和留言服务的类型。
6. 掌握问询和留言服务的工作流程。
7. 掌握贵重物品保管工作流程。
8. 掌握结账业务管理和夜审工作流程。
9. 熟悉商务楼层的设置与管理要点。
10. 熟悉前厅部与其他部门的信息沟通。

【章前导读】

酒店中的每一位客人，从抵店前的预订，到入住期间的问题处理，直至离店结账，都需要前厅部（总台）提供的各项接待服务。客人要通过总台办理登记入住手续；酒店通过总台为客人提供账单服务、资料信息查询服务；来访客人会见下榻酒店的客人或亲友时，要与总台联系；客人在入住期间遇到问题时，要找总台解决；酒店管理层要澄清客人的问题或相关事宜时，也要通过总台。前厅部（总台）接待工作的好坏，直接关系到客人对住宿的满意程度和对酒店的印象，这不仅影响了酒店的客房出售率和经济收入，而且也反映了酒店工作效率、服务质量和管理水平的高低。

第一节　住宿登记中的若干问题

办理住宿登记和解决相关问题是前厅部对客服务全过程中的一个重要环节，其工作效果将直接影响前厅部功能的发挥。

一、客房分配

为客人迅速、准确地分配客房是体现酒店和前厅接待员水平的一个重要方面。客房分配不是简单的安排客房，而是应达到一定的标准和要求，也应具有一定的方法和技巧；掌握正确、灵活的排房要求和技巧，不仅能满足客人的需要，也能合理利用客房。前厅接待员在分配客房时，应根据酒店的经营管理与服务流程来安排、分配（例如，对于团队客人和有预订的客人，一般可以事先安排客房；对于没有预订的客人，客房分配与办理住宿登记手续同时进行）；也应根据客人的不同特点满足其个性化需求。

（一）客房分配的时间

酒店通常提前半天至一天给客人分房，对于重要客人、常客、长住客和大型或重要团体客人，酒店会提前更长的时间进行预分房，甚至在客人订房后，立即就分配好客房，并管制好房号，必要时可以告诉重要客人为其预分的房号。

（二）客房分配的顺序

前厅接待员应根据旅游淡旺季的特殊性、客人类型的多样性、房态的丰富性等确定客房分配的顺序。在旅游旺季，由于客人多、房源紧张，酒店和前厅接待员应根据科学性和合理性原则，结合房态变化，为不同类型的客人拟定统一的排房顺序。如对于贵宾和一般散客，应优先满足贵宾的需要；对于有预订和未预订的客人，应优先满足有预订的客人；对于常客和新客，要优先满足常客的需要；而对于难以满足其要求的客人，酒店要以诚相待，不能因旺季生意好而冷淡客人。

1. 不同客人的客房分配顺序

1）TOP VIP 团体。

2）TOP VIP 散客。

3）TOP 团体。

4）TOP 散客。

5）保证类团体。

6）确认类团体。

7）长住客。

8）常客。

9）保证类散客。

10）有特殊需求的确认类散客。

11）确认类散客。

12）临时类团体。

13）临时类散客。

14）无预订团体。

15）无预订散客。

2. 不同房态的客房分配顺序

1）已清洁空房。

2）未清洁空房。

3）预退房。

4）机动房。

5）自用房。

6）停用房。

（三）客房分配的原则与艺术

1. 根据客人的特点和要求排房

分配客房时，首先要根据客人的特点，如团体、散客、VIP、老年人或残疾人等，以及客人的要求，例如房间类别、房间方向、房间楼层以及熟客对某房间的特别爱好来完成排房任务。

1）对于团体的客人，应安排在较低楼层，并且尽可能安排在同楼层或相近楼层的相邻房间，便于团体客人之间的联系。另外，尽量安排同一类型房间，以免引起同一团体的其他客人的异议。对于大型团队，可适当分散在不同的楼层，避免行动集中出现拥堵的状况。

2）对于团体客人中的导游、司机、领队、会务组等人员，尽可能安排在同一楼层电梯、楼梯附近的房间。

3）对于散客，可安排在高楼层，且尽可能与团体房间分开。因为散客一般都怕受干扰，不愿意与团体客人住在相邻近的客房。另外，家庭散客在排房时尽量安排连通房。

4）为 VIP 分配客房时必须从安全、防火和便于提供细致的服务等方面予以周密的考虑，特别是对顶级 VIP 要更加慎重，要尽可能安排到同类型客房中最好的房间。

5）对于老年人、残疾人等行动不便者，可安排在底层楼面、靠近电梯或楼梯的房间，或离楼层服务台较近的房间，以方便客人的进出和服务员的照顾。

6）对于风俗习惯、宗教信仰、生活习俗等明显不一致的客人，应将他们的房间尽可能拉开距离或分楼层安排，如不同宗教信仰的客人就应分楼层安排。

【运营透视 5-1】

“××× 演唱会”房间安排

团队名称：××× 演唱会

接待日期：11 月 10 日—11 月 17 日

团队人数：75 人

所需房间：47 间

排房需求：所有房间尽量安排在 7 楼，11 月 14 日起不要安排其他客人入住 7 楼。

××× 爸爸、经纪人在 7 楼，××× 保镖靠近其房间

房型需求：××× 和 ×××（嘉宾）为套间，其他为标间和大床间

保密需求：××× 和 ×××（嘉宾）房间保密

签单权限：团队名单中有签单权的每天 2000 元消费权，其他房间没有

宴会需求：11 月 16 日宴会厅庆功宴 10 桌，演唱会结束后 23:00 开始

安保需求：保安部 11 月 14 日起加强对 7 楼的监控和巡视

2. 根据酒店的服务和经营需要排房

1）对于长包房客人的房间，尽可能将它们集中在一个楼层，以便于客房楼层的清扫。

2）对于无行李或是有行为不轨嫌疑的客人，尽可能安排在靠近楼层服务台的房间，或便于检查监控的房间。

3）在客房出售率较低的时候，从经营和维护市场形象的角度出发，可把客人集中安排在朝向街道的房间。

4）在销售淡季，可封闭一些楼层，集中使用几个楼层的房间，以节约劳力、能耗，同时也便于集中维护、保养一些房间。

5）对于抵店时间和离店时间相近的客人，尽量安排在同一楼层，以方便客房部的接待服务和离店后的集中清扫工作。

6）如有条件，夏季可多安排冷色调的房间，而冬天则可多安排暖色调的房间，以减轻客人对温度的感觉强度。

（四）客房分配的禁忌

（1）房号的禁忌　不同国家的客人对数字有自己的禁忌，国内有些客人比较忌讳“4”和以“4”结尾的数字，因为与普通话的“死”同音，所以为国内客人分房时，就应该避开以“4”结尾的房号；有些国外客人忌讳“4”“7”“37”“13”等数字，有些欧美国家的人则忌讳“13”，在为国外客人分房时也应该注意房号的禁忌。否则，很容易导致客人不满并投诉。

（2）“敌对”的禁忌　不要把“敌对”国家的客人安排在同一楼层或相近的房间，例如不要把两位正处于战争状态的国家的客人安排在相近的房间，甚至连那些正有贸易摩擦或文化差异较大的国家的客人也有必要将他们安排在不同的楼层。

二维码资源 5-01

【运营链接 5-1】

调查发现，欧美国家中许多的高楼没有第 13 层标记，很多机场“漏”了第 13 扇门，医院和旅馆通常没有 13 号房间。

传闻，在法国闻名的十四行诗社交名流中，他们曾经认为自己能够成为宴会的第 14 位客人

就可以摆脱一种不幸的命运。

早在20世纪初，纽约曼哈顿的高层建筑就取消了标注13的楼层，很多酒店更是一举肃清了13层楼、13号房间。

随着国际化潮流的进一步展开，我国也日渐与国际接轨，一些高层建筑取消了标注13的楼层。

二、换房与更改离店日期

（一）换房

换房即房间调换，有些酒店也称为转房。客人办理入住登记手续后，对客房的位置、朝向、大小、设备使用情况等方面有了较为清楚的了解，在此情况下有的客人会觉得房间不够理想。这时，客人就会向前台提出换房要求，酒店应尽可能地满足客人的要求。换房可能是客人提出的，也可能是酒店单方面提出的。

1. 换房的原因

（1）客人要求换房的原因

1）客人对房间有特殊要求，比如要求更改房间的楼层、朝向、房号、大小、类型等。

2）客房内部设施设备出现故障或卫生情况太差。

3）入住人数有变化，比如住宿期间人数增多和减少。

（2）酒店要求客人换房的原因　酒店方面提出的换房往往是超额预订或房间设施设备发生故障等原因造成的，属于酒店的过错，而房间的调换又会给客人带来很多不便，容易使客人产生抱怨情绪，因此，要做好客人的安抚工作，求得客人的谅解。具体原因有：

1）客房发生一时无法修复的故障。

2）酒店“卖重房”。同一房间卖给了两批及以上的客人，其中一批或多批需要予以换房处理。

3）由于集中使用某一幢楼、某一楼层、某一区域客房，需要给客人换房。

4）由于某客房发生了凶杀、失窃、死亡等意外事件，为保护现场必须封锁该房，住客则予以换房处理。

2. 换房对酒店的影响

对前台而言，换房可能会导致可用房的减少，影响客房的出售，加大前台工作量；对客房部而言，换房可能会导致脏房数量的增加，加大客房部的工作量。换房会给酒店、客人都带来不便，因此要尽可能减少换房。

3. 换房的程序

1）了解换房的原因。当客人提出换房要求时，应先了解原因，如果客人有充分的理由，应立即换房；如果理由不充分，先做解释工作，如果客人还坚持要换房，则应尽量满足客人的要求。

2）查看客房状态，为客人安排房间。查看客房状态资料，找出符合客人要求的客房。如果因为客满无法满足客人的换房要求，应记录下客人的要求，并答应客人次日优先换房。如客房确实很差，应报值班经理视具体情况给客人一定的折扣。

3）填写房间/房费变更单。填写一式多份的房间/房费变更单（见表5-1），分别送给行李处、收银处、问询处、电话总机房、客房部等部门。

表5-1 房间/房费变更单

房间/房费变更单			
日期＿＿＿＿		时间＿＿＿＿	
客人姓名＿＿＿＿		离开时间＿＿＿＿	
房号	由＿＿＿＿	转到＿＿＿＿	
房费	由＿＿＿＿	转到＿＿＿＿	
理由＿＿＿＿			
当班接待员＿＿＿＿		行李员＿＿＿＿	
客房部＿＿＿＿		电话总机＿＿＿＿	
前台收银处＿＿＿＿		问询处＿＿＿＿	
			接待员

4）为客人提供换房行李服务。通知行李员引领客人到新的房间，并实施换房行李服务。有时不得不在客人外出期间给客人换房，这时接待员应事先与客人联系，得到客人许可后，请客人将行李整理好，然后由行李员把行李搬到给客人换好的客房；此时，大堂相关负责人、保安员和行李员都应该在场，而且必须确认客人的所有东西都已搬到另一个房间。

5）发放新的房卡与钥匙并收回原房卡与钥匙。

6）接待员更改计算机系统资料，更改房态。

4. 换房的注意事项

1）换房后要与客人就换房后的房间类型、价格等进行沟通，取得确认。

2）确定换房后两间房的房态及时转化，并通知房务部门跟进客房服务。

3）要确定换房后客人账单的跟进。

4）如果是酒店客房的原因导致换房，要及时与相关部门联系，解决客人反映的问题。

（二）更改离店日期

客人在住店过程中，因情况变化，可能会要求提前离店或推迟离店，即延住或续住。

1. 提前离店及服务注意事项

提前离店是客人更改离店日期的一种形式。提前离店的操作，一般情况下按照客人离店程序操作即可，只是各类礼宾服务需要通知相关部门跟进完成。具体操作为：告知客房预订处修改预订记录，前台应将此离店信息通知客房部，以便其尽快清扫整理客房。

在为客人办理提前离店手续时，应该注意以下几点：

1）不管是酒店原因还是客人原因，都应该对客人提前离店表示遗憾。

2）提前离店也会带来酒店客房销售状况的变化，要将此事件通告相关部门，及时跟进相关工作。

3）因为事先没有对提前离店进行结账准备，所以提前离店是对结账流程和酒店服务的考验，房务中心、礼宾部和收银处要合作，尽快为客人办理相关手续。

2. 推迟离店及服务注意事项

客人推迟离店即续住 / 延住，是客人变更离店时间的另一种形式。

客人延住可能使酒店将抵店的客人没有房间，因此，当客人提出延住要求时，要与酒店销售部、预订部核实，确定是否能满足客人要求。若可以，接待员应开出“推迟离店通知单”（见表 5-2），通知收银处、客房部等；若用房紧张，无法满足客人逾期离店要求，则应主动耐心地向客人解释并设法为其联系其他住处，征得客人的谅解。如果客人不肯离开，前厅部人员应立即通知预订部，为即将到店的客人另寻房间。如实在无房，只能为即将来店的临时类预订客人联系其他酒店。处理这类问题的原则是：宁可让即将到店的客人住到别的酒店，也不能赶走已住店客人。同时从管理角度来看，旺季时，前厅部应采取相应的有效的措施，尽早发现客人推迟离店的信息，以争取主动。如在开房率高峰时期，提前一天让接待员用电话与计划离店的住客联系，确认其具体的离店日期和时间，以获取所需信息，尽早采取措施。

表 5-2 推迟离店通知单

推迟离店通知单
姓名__________________
房间__________________
可停留至__________上午__________下午
日期____________________
前厅部经理签字____________________

在为客人办理推迟离店时，客人房费问题需要重新确认。一般来讲，客人延住，房费和之前的费用相同。但如果延住客人是团队客人、预订客人或者其他类型的客人，客人延住期间的费用则可能不同。另外，不同的时间段，酒店房间的价格也不相同。因此，在客人提出延住要求时，不但要考虑是否有房间给客人，同时也要考虑房费是否发生变化，并让客人就房费等方面进行确认。

在为客人提供推迟离店服务时，应该注意以下几点。

1）延住客人可能给销售部、预订处和酒店接下来的接待带来影响，要尽量降低其影响。

2）要再次让延住客人就房间、房费等进行确认，并请客人签字。

3）为客人办理延住时务必让客人补交押金，对房卡、钥匙的相关信息进行调整。

4）客人提出延住要求时，如果酒店没有客房，通常情况下，应当让即将到店的客人住到别的酒店，而不赶走已住店客人。

三、客房出售率的控制

客房出售率是指酒店实际出售客房数在可供出售客房总数中所占比率，它是反映酒店经营状况的一项重要指标。

（一）客房出售率的类型与计算公式

根据客房出售率的概念可得出客房出售率计算公式

$$客房出售率=\frac{已出售客房数}{可出售客房总数}\times 100\%$$

式中，可出售客房总数不包括自用房、维修房以及客人因各种原因所换的房间。

此外，客房出售率可每天统计，也可按月份、季度和年度累计，根据统计周期不同，客房出售率可分为日出售率、月出售率和年出售率，计算公式分别是

$$日出售率=\frac{日出售客房数}{可出售客房总数}\times 100\%$$

$$月出售率=\frac{月出售客房数}{可出售客房总数\times 月营业天数}\times 100\%$$

$$年出售率=\frac{年出售客房数}{可出售客房总数\times 年营业天数}\times 100\%$$

（二）客房出售率的调控

客房出售率是衡量客情和营业状况的基本数据。一般情况下，出售率越高，说明客情越好；在平均房价不变的情况下，出售率越高，说明酒店的营业情况越好。但是，这并不意味着客房出售率越高越好，因为酒店要想严格控制质量，在市场竞争中保持长久的实力，就必须有意识地控制客房使用，为客房维修和全面质量控制创造机会。如果一味地追求高出售率，就会出现三方面的问题：第一，设施、设备超负荷使用，长此下去，必然会出现设施、设备得不到必要的保养维修，用具功能失灵等现象；第二，酒店长年保持过高的客房出售率，使酒店员工无暇参加各种提高业务素质和专业素质的培训，从而导致服务质量下降，对经营和管理工作同样造成巨大的负面压力；第三，留有房间以备紧急情况下调剂使用也是酒店经营和管理的需要。因此，较为理想的年平均客房出售率是在80%左右，最高平均出售率不超过85%。

四、客房钥匙管理

客房钥匙又称房卡，主要包括酒店运行与管理所需登记的项目、住客须知、酒店服务项目或设施的介绍；主要作用是证明住店客人的身份，方便客人出入酒店。因此，房卡又称“酒店护照”，同时兼具一定的促销、向导、声明作用。

（一）客房钥匙系统种类与管理形式

根据客房门锁类型，钥匙系统分为：机械锁系列、电子锁匙系统、电子网络锁系统、电子式客用钥匙卡（IC）锁系统和磁卡片锁匙系统。其管理形式有两种：总台集中管理和楼层分层管理。

（二）电子式客用钥匙卡的制作、分发与收回

（1）输入　接待员排完房后，立即向编码器输入房号、客人姓名、来离店日期、时间、钥

匙卡数量等信息。

（2）划槽　将空白卡在编码器读写槽内划过。

（3）交付　检查打印机所打印的信息是否正确；将钥匙卡插入住房卡内，交给客人（对初次住店客人应主动介绍使用方法）。

（4）收回　住客结账离开酒店时，总台服务员要提醒客人交还钥匙。

（三）客用钥匙特殊问题处理

1. 客用钥匙丢失的处理

1）客用钥匙丢失了，应马上检查丢失原因，采取必要的措施及时处理，以保证客人的生命财产安全。

2）客房部经理应亲自查找，并报告值班经理，更改 IC 卡密码，修改计算机程序，并督促服务员细细回忆、做好记录。

3）如未找到，通知大堂副理，由其出面与客人交涉有关索赔事宜。

4）报前厅部经理，由其签发配换钥匙的通知，下单请工程部人员进行换锁。换锁原因及钥匙号码须在钥匙记录簿中记录备案。

2. 电子门锁发生故障的处理

客人在住店期间电子门锁发生故障，按系统紧急程序处理。

3. 客人续住的钥匙处理

客人办理续住手续时，将新的日期、时间等信息输入编码器，并在读写槽划过，同时更改房卡日期或更换新房卡，连同钥匙一并交给客人。

（四）客用钥匙安全管理要点

1）客房单体钥匙、万能钥匙、服务员工作钥匙、楼层领班钥匙、全楼万能钥匙和双锁万能钥匙种类齐全，钥匙实行分级管理、专人负责制度。

2）客人钥匙丢失，按酒店规定办理调配手续。

3）对遗失房卡的住客，必须认真核实确认其身份后，方可补办房卡，并填写相关记录表单。

4）客人办完结账手续离店，客用钥匙应及时收回。

第二节　问询与留言管理

由于总台是客人接触最多的酒店公共场所，所以问询处通常都设在总台。如今酒店为节约成本，有将问询处和接待处合并提供服务的，也有将问询处和礼宾部合并的。问询处的工作除了向客人提供问询服务以外，还要受理客人留言、处理客人邮件等。

一、前台问询的服务内容

二维码资源 5-02

酒店的宾客来自全国乃至世界各地，在一个陌生的城市、陌生的酒店，客人必然有很多情况需要了解、很多问题需要询问。酒店要使客人满意，使客人满意，就是使客人感到方便，就必须为宾客提供各类问询服务。

（一）客人问询服务的类型

1. 客人查询

来访客人对住店客人的查询一般包括两类问题：客人是否住在本酒店以及客人的房间号码是多少。在客人未做保密说明的情况下，酒店确认客人是否住店及房号，然后向房间内打电话，将某人来访的消息告诉住客，经客人同意后才能将房号告诉来访者。如果客人不在房间内，问询员可根据情况通知行李员在酒店公共场所帮助来访者寻找被访客人。

需要注意的是：绝不能未经客人许可就将来访者带入客房，或者直接把号码告诉来访者。酒店必须保护客人的隐私，保证客人不受无关人员或客人不愿意接待的人员的干扰。

2. 有关酒店内部的问询

通常，此类问询涉及如下内容：餐厅、酒吧、商场所在的位置及营业时间，宴会、会议、展览会举办场所及时间，酒店提供的其他服务项目及其营业时间、收费标准等。

对酒店内部资讯，接待员要非常熟悉，以便准确地向客人提供相关信息。

3. 店外情况问询

客人就有关店外情况的问询，一般包括如下内容：酒店所在城市的旅游点及交通情况，主要娱乐场所、商业区、商业机构、政府部门、大专院校及有关企业的位置和交通情况，近期内有关大型文艺、体育活动的基本情况，市内交通情况，国际国内航班飞行情况。

这就要求接待员具有较高素质、较宽的知识面、流利的外语，熟悉酒店设施、设备及服务项目，熟悉所在城市风光、交通情况及兄弟酒店的情况，懂得交际礼节及各国、各民族风土人情、风俗习惯。

为防止语言不通给客人带来的不便，酒店问询还可根据实际情况为客人准备一种由多种语言书写的酒店地址和酒店电话的向导卡，这样客人外出时，只要向出售汽车司机或行人出示这张卡片，就不会迷路。

（二）问询服务的工作要求

《旅游饭店星级的划分与评定》（GB/T 14308—2010）附件 C（饭店运营质量评价表）对问询服务提出以下服务要求：

表 5-3　问询服务要求

礼宾、问询服务	优	良	中	差
热情友好，乐于助人，及时响应宾客合理需求	3	2	1	0
熟悉酒店各项产品，包括客房、餐饮、娱乐等信息	3	2	1	0
熟悉酒店周边环境，包括当地特色商品、旅游景点、购物中心、文化设施、餐饮设施等信息；协助安排出租车	3	2	1	0
委托代办业务效率高，准确无差错	3	2	1	0

【运营链接 5-2】

《旅游饭店星级的划分与评定》对问询等项目的要求

《旅游饭店星级的划分与评定》（GB/T 14308—2010）附件 A（必备项目检查表）对前台接待的要求：

一星级饭店要求“应至少 18 小时提供接待、问询、结账服务”。

二星级饭店要求“应 24 小时提供接待、问询、结账和留言等服务”。

三星级饭店要求“应 24 小时提供接待、问询、结账和留言服务”。

四星级、五星级饭店要求相同：“总服务台，位置合理，接待人员应 24 小时提供接待、问询和结账服务；并能提供留言、总账单结账、国内和国际信用卡结算及外币兑换等服务”。

基于以上要求，问询服务还应遵循以下几个工作要点：

1）为客人提供信息咨询服务之前，服务人员除了要掌握本酒店的相关设施设备和服务项目外，还必须做好其他信息的收集工作，如交通、旅游、天气等信息。

2）在回答客人询问时，要热情、主动、耐心，做到百问不厌，答复要肯定而准确，语言流畅，简明扼要。

3）不能做出模棱两可的回答，更不可推托，不理睬客人，或简单回答“不行”“不知道”等。

4）对不能回答或超出业务范围的问题，应向客人表示歉意或迅速查阅有关资料、请示有关部门或人员后回答。

【运营透视 5-2】

上海世博园中的视频问询服务

平常我们查电话、问路、订餐、买机票，都是只闻其声不见其人，而在上海世博园，这些最佳“声人”终于从幕后走到台前，跟游客零距离——因为你可以像网上视频聊天一样，让客服人员既现声又现身。

当你在信息亭屏幕上点击英国馆后，很快就出现了当前所在位置到英国馆路上会经过哪些展馆等信息，等于提供了一条最佳参观路线。而最令人惊喜的当属视频通话，拿起听筒，选择“视频客服”屏幕上就出现了号码百事通的客服人员头像。对方询问你需要什么帮助，若你表示想知道自己所在的中国餐馆附近有没有快餐店，2s 后，客服人员就会告诉你，在亚洲广场靠近韩国馆的 A9 区域就有一家西式餐厅，整个视频通话过程清晰流畅，没有马赛克。这样的“面对面”服务，令人备感愉快。

据专业人士透露，这些参与视频客服的工作人员，前后共有 1 万多人次接受了多期专业的培训。世博会正式开幕后，从早上 9 时开园到晚上 12 时闭园，他们每天工作 15h，满足游客“面询”需求。信息亭还专门为聋哑人士提供了贴心服务，聋哑人士只要开启手语视频，就能通过屏幕上方的摄像头，和客服人员用

二维码资源 5-03

手语交流，在逛园区遇到困难时完全不必担心。

二、前台留言的服务内容

留言服务可以帮助客人传递信息，所以是很重要的一项服务。通常电话留言由总机处话务员完成，其余留言则由问询员（有些酒店是接待员）处理。

【运营链接 5-3】

在《旅游饭店星级的划分与评定》（2010 版）附件 A（必备项目检查表）中，二星级及以上酒店都被要求全天 24h 能提供留言服务，三星级及以上酒店在此基础上被要求客房有留言服务，五星级酒店在此基础上被要求客房提供“留言及语音信箱服务，服务效果良好”。

二维码资源 5-04

（一）客人留言服务的类型

总服务台提供的留言服务包括访客留言和住客留言两类：访客留言服务是指来访客人给住店客人的留言服务，该留言以留言单的形式保留在前台或由行李员送达客人房间，同时进行电话留言提示；住客留言服务是指酒店为住店客人提供的给来访客人的留言服务。

（二）客人留言服务的工作要求

1. 访客留言

当被访问的住店客人不在酒店时，问询员要征求来访者的意见，问他是否愿意留言。如果愿意，由来访者自己填写然后问询员签字，或由来访者口述，由问询员根据情况记录，并由客人过目签字。

访客给住客的留言单（见表 5-4）一式三联：第一联放在邮件架，客人回酒店时可交给客人；第二联送电话总机处，由接线员打亮客房内电话机上的留言指示灯，客人回房后发现留言指示灯亮着，可以打电话询问留言内容；最后一联交由行李员从房间门下送入客房，或由问询处留底。

表 5-4 访客留言单

×× 酒店 访客留言单
留言给________房号　　　　留言人________日期________
□ 请回电________　　　　□ 会再次来电
□ 留言内容：________________________
接待员______日期______时间______

【运营链接 5-4】

留言指示灯

客房内电话上红色的留言指示灯亮时，表明有留言，可拨分机“0”与总机联系。电话语音留言服务信箱 24h 工作，确认客人已读取留言后关闭留言指示灯。

如果来访者没有留言，也可以填写访客留言单（见表 5-4），通知被访的住店客人，在他外出时有人来访。客人的留言一定要在留言单上记录，以防漏传或误传。接受客人的留言后，必须在留言单上用打时机打上时间。

2. 住客留言

住店客人暂时离开酒店，如果想告诉来访者自己在何处，可以填写“住客留言单”一式两联，见表 5-5，一联存放在问询处，另一联放在总台（电话总机）。

表 5-5 住客留言单

××酒店
住客留言单

留言给________（访客姓名） 留言人________房号________

我将在________ 在______时到______时之间

留言内容：________________________

接待员________日期________时间________

住客留言单上都已写明了留言内容的有效时间，过了有效时间，如未接到留言者新的通知，可将留言单作废。另外，为了确保信息的准确性，在接到留言时，要注意掌握事情的要点。尤其是在接到电话留言时，要做好记录工作，填写留言卡，并向客人复述一遍，得到对方的确认。

3. 电话留言

根据留言形式的不同，客人留言服务又被分为总服务台为客人提供的留言和总机为客人提供的留言，后者即电话留言服务。电话留言服务不是每个酒店都提供的，但在《旅游饭店星级的划分与评定》（2010 版）的附件 B（设施设备评分表）中“有语音信箱及留言指示灯”这项规定且其分值为 1 分。客人电话留言时，听清、记准客人留言内容是关键。电话留言服务标准见表 5-6。

表 5-6　电话留言服务标准

工作步骤	工作流程	工作要求
1. 接听电话	外线：应答电话为“您好，这里是 ×× 酒店总机” 内线：应答电话为“您好，这里是总机”	按话务服务基本要求操作
2. 受理留言	认真核对客人要找的住客的房号、姓名是否与酒店信息一致 准确记录留言者的姓名、联系电话、留言内容 复述核对留言内容	留言相关信息要记录准确
3. 实施留言服务	将留言输入计算机。使用计算机查出店内客人房间，通过固定的计算机程序输入留言内容；核实留言内容无误；在留言内容下方输入为客人提供服务的话务员的姓名 打印出留言 按客房留言灯开启程序开启留言灯 当客人来电话查询时，将访客留言内容准确地告知客人	每日接班和下班时核对留言和留言灯是否相符
4. 结束	取消电话留言：关掉留言灯，清除留言内容	

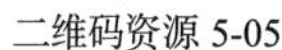
二维码资源 5-05

三、前台问询与留言的管理要点

（一）前台问询服务的管理要点

1. 规范问询服务人员的职业素养

1）回答客人问题要准确，不能使用模棱两可的语言，如“也许”“可能”等。

2）无论是对待住客还是访客都要彬彬有礼、热情。

3）自己把握不好的问题，应请教上司或同事。

4）严守酒店的商业秘密和客人的隐私。

5）服务要主动、耐心、细致。

2. 提高问询服务人员的信息掌握能力

1）酒店自身的有关信息。

2）交通方面的信息。

3）本地主要娱乐、购物、体育及观光场所的信息。

4）本地科学、教育、文化设施方面的信息。

5）天气、日期、时差方面的信息等。

3. 为问询处备齐信息资料

1）飞机、火车、轮船、汽车等交通工具的时刻表、价目及里程表。

2）本地的行政区图、交通图、旅游图集，全省、全国乃至世界地图。

3）电话号码簿：本地、全省乃至全国的电话号码簿及世界各主要城市的电话区号，当地主要娱乐场所、知名企业、著名机构的名称、地址及电话。

4）各主要媒体、企业的网址。

5）交通部门对退票、行李重量、尺寸规格及物品种类的规定。

6）本酒店及其所属集团的宣传册、酒店当日活动安排等。

（二）前台留言服务的管理要点

酒店对于留言传递的基本要求是：迅速、准确。

留言具有一定的时效性，为了确保留言传递的速度，对于访客给住客的留言，酒店可规定问询员要每隔 1h 打电话到客房通知客人，以确保客人最迟也可以在回到酒店后 1h 之内得知留言的内容。酒店还可以在要求行李员将留言单从门底下塞入客房的同时，要求客房服务员在客人回到客房后提醒有关留言事宜，以确保留言的传递万无一失。另外，为了对客人负责，如果不能确认客人是否住在本酒店，或者客人虽然住在本酒店但已结账离店，则不能接受对该客人的留言（客人有委托时除外）。

第三节　前台账务管理

一、贵重物品保管

酒店通常为住店客人免费提供两种形式的贵重物品保管服务：一种是设在客房内的小型保险箱；另一种则是设在前台的客用保险箱，由收银员负责此项服务。

【运营链接 5-5】

贵重物品保险箱

贵重物品保险箱是一种酒店、宾馆等星级以上的会所或大型浴场等拥有的配套硬件设备，专用于保管和寄存星级宾馆和酒店等高等会所客户的贵重物品。

贵重物品保险箱通常采用的锁具是国际通用的双钥匙锁，门开时，客钥匙不能拔出，以防钥匙遗失；门关上后，在主钥匙插入前，客钥匙无法插入，任一单方都不能开启箱门，这在很大程度上保护了使用者的财产安全。

（一）贵重物品保管服务程序

1）客人前来保管贵重物品，服务员主动迎接问好，向客人介绍保管方法和注意事项。

2）请客人出示房卡，查看并确认是否属于住店客人。

3）请客人填写贵重物品寄存单，见表 5-7，该寄存单一式两联；并在计算机上查看房号与客人填写的是否一致。

4）根据客人要求，选择相应规格的保险箱，介绍使用须知和注意事项，将箱号记录在寄存单上。

5）打开保险箱，请客人存放物品，并在一旁回避，必要时审查单据、物品件数与签字。

6）客人将物品放好后，将已填好的寄存单第一联放入保险箱，服务员当面锁上箱门，向客人确认已锁好，然后取下钥匙，将其中一把钥匙和寄存单第二联交给客人，另一把钥匙由服务员保管。提醒客人妥善保管钥匙和寄存单第二联，向客人道别。

表 5-7　贵重物品寄存单

贵重物品寄存单

姓名________　房号________　联系电话________

身份证号码____________

本人清楚并愿意接受下列条件：

1．在离店前归还保险箱钥匙，如果保险箱钥匙损坏，必须更换新锁，您必须赔偿换锁费用（本保险柜的锁价为300元）。

2．如您在退房离店时未能将钥匙交回大堂副理处，酒店将告知您；如您20天尚未来领取，酒店有权自行开启并移出物品，按客人遗留物品保管；超过6个月未来领取，将移交公安部门，不负任何责任。

宾客签名：

保险箱开启记录

日　期	时　间	宾客签名	员工签名

兹特承认已交还钥匙及保险箱内全部财物。兹特证明上述保险箱在客人交回钥匙后，箱内所有物品都已提取。

宾客签名　　　　日期　　　　经手人________

7）在保险箱使用登记本上记录各项内容，并将贵重物品寄存单存档。

8）如果客人终止贵重物品保管，服务员请客人交回第二联寄存单和钥匙，在“终止”栏内注明日期、姓名，经手人签名。

（二）贵重物品保管服务标准及注意事项

1．贵重物品保管服务标准

贵重物品保管服务的标准见表5-8。

表 5-8　贵重物品保管服务标准

工作步骤	工作流程	工作要求
1．问候	遇到客人先微笑，以礼貌、热情、友善的语气问候客人，如果不知道其姓名，称呼其“先生”“女士” 与客人讲话时面带微笑，保持目光的接触	尽量熟记客人姓名，如果是经常来的客人，前台接待员要以姓氏或以体现其身份的称呼问候客人（用其姓氏称呼客人至少在对话中使用一次） 地域不同，与客人的熟悉程度不同，要以个性化称呼来向客人打招呼，即称呼客人既要体现出尊敬感，又要体现出亲切感

（续）

工作步骤	工作流程	工作要求
2. 申请办理	当客人申请使用保险箱时，礼貌地询问客人姓名和房间号码，在计算机内核对客人是否为住店客人 拿着保险室钥匙，指引客人到保险室 询问客人想要何种保险箱，根据物品大小来选择保险箱，取出保险箱钥匙和万能钥匙。将客人所要寄存的物品放进保险箱内 填写贵重物品寄存单，写清客人姓名、房间号码、开启的保险箱号码和申请日期。由员工和客人共同签字确认 同时使用两把钥匙打开保险箱 将保险箱钥匙交给客人并告诉客人号码。告诉客人保险箱由客人拥有，除非客人将钥匙交还。如果钥匙丢失，酒店会要求客人赔偿 将保险箱记录表存放在指定号码的文件夹中存档，并在计算机中注明客人使用 ×× 号保险箱 做好内部登记	贵重物品寄存单需要由员工和客人共同签字确认 通知客人只有签字者本人才有权利开启保险箱。如果申请有两位以上客人可以开启保险箱，必须要求所有使用者都签字 当客人使用保险箱时要站在一边。酒店提供保险箱服务，但是保险箱的拥有和控制权在客人手中
3. 使用操作	当客人要求开启保险箱时，礼貌地询问客人姓名、房间号码和保险箱号码 请客人出示保险箱钥匙。在客人的监督下开启保险箱，将物品交给客人 确认客人签字，写清开启日期和时间以及员工签字确认	
4. 结束使用	客人通知保险箱使用完毕后，与客人再次确认保险箱已清空，收回保险箱钥匙 保险箱记录表由员工和客人共同签字确认，结束使用 将保险箱记录表存放在指定文件夹内存档，并将计算机中注明客人使用保险箱的信息删除 做好内部登记	

2. 贵重物品保管服务的注意事项

1）定期检查保险箱各门锁是否处于良好的工作状态。

2）可规定客人寄存贵重物品的最高标准及赔偿限额，避免不必要的麻烦。

3）客人寄存物品时，收银员应注意回避，不看、不问。

4）严格、认真核对客人的签名。

5）必须请客人亲自来存取，一般不能委托他人。

6）交接班时，应仔细核对保险箱的使用数目、钥匙数量。注意所有保险箱钥匙不能带出前台，必须妥善保管。

7）客人退箱后的寄存单应存放至少半年以上，以备查核。

（三）贵重物品保管特殊问题处理

1. 客人要求中途开箱的处理

当客人要求中途开启保险箱时，经过核准后，由客人使用保险箱钥匙、服务员使用总钥匙共同将保险箱打开；客人使用完毕后，收银员请客人在寄存单相关栏内签字，记录开启保险箱的日期以及时间；服务员核实并签名。

2. 保险箱钥匙遗失的处理

如果客人前来告知已将保险箱钥匙丢失，服务员与客人确认钥匙确已丢失后，客人要求取出保险箱内的物品，应在办理完规定的手续后，由维修人员用器械将保险箱强行打开。此时，服务员、保安人员和客人都应在场：服务员从保险箱中取出寄存单，请客人签名确认；服务员在总台客用保险箱使用登记本上详细记录并签名；酒店应当在寄存单上印制使用说明及赔偿金额说明，以便再发生此类事件时有章可循。

二维码资源 5-06

二、结账业务管理

前厅结账工作是将酒店的产品真正转化为酒店收入的手段，也是宾客离店前接受的最后一项服务。因此，在为客人办理离店手续时，收银员应热情、礼貌、快捷而准确地提供服务，给客人留下服务态度好、工作效率高的良好印象。

（一）结账方式

目前，前厅结账较为常见的方式有现金结账、信用卡结账、支票结账、转账支付、他人代付等方式。

（1）现金结账　这是最受酒店欢迎的结算方式。所收款额能立刻用于生产运营，在缩短了资金运转周期的同时，提高了流动资金的运转效率。收银员按照计算机打印的账单或账单卡所列各项账目的应付款数，请客人交款便可。

（2）信用卡结账　信用卡的使用减少了携带大量现金带来的麻烦。结算时，收银员先核验客人所持信用卡是否属于在本酒店可以使用的信用卡，有无残缺、破损并核实有效期限；然后使用刷卡机刷卡，打印出签购单，请客人签名，并仔细核对上述情况和客人的签名。

（3）支票结账　通常，国内企业客人用现金支票支付，国外客人使用旅行支票支付费用。在实际操作中要注意拒收字迹不清、过时失效的支票；核查支票持有者的有效身份证件并登记；对于有背书的二手支票，应请客人再次背书；对有疑惑之处应当面问清，并立即向财务主管负责人汇报或进行银行查询。

（4）转账支付　接待员将客人要求与预订单付款方式核准无误后，向客人具体说明转账款项范围，如房租、餐费、电话费、洗衣费等，同时当面说明客人自付项目的有关手续及规定。对于转账，一般需要制作两份账单：一份（A 单）记录应由签约单位支付的款项（已在合同、预订单和登记表中标明范围），另一份（B 单）则记录客人的自付款项。

（5）他人代付　有些客人提出为其他客人代支付在店费用。总台收银员找出并核对代付客人所填写的“承诺付款书”（见表 5-9），将相关账单转在代付客人名下。

表 5-9　承诺付款书

××酒店
我承诺支付________房 ________先生 / 小姐____月____日到____月____日的
1）全部费用
2）房费
3）其他费用（请特别说明）
付款方式为现金 / 信用卡（信用卡号码：　　　　　　　　　　　　）
客人姓名________________________　　签名________________
房号____________________________　　日期____________________
特别费用说明：
经办人：

（二）散客结账离店工作程序

二维码资源 5-07

1）当客人到前台结账时，请客人出示并交还房间房卡和押金单（若有现金押金），确认客人房号和姓名。

2）若该酒店需要查房，则通知客房中心检查客房设施设备和小酒吧；若该酒店不需要查房，即可直接结账，但也可询问客人是否消费了客房小酒吧的物品。

3）查看客人的退房时间，是否超过该酒店的规定退房时间；若超过，则需加收一定比例的房费。

4）打印出账单，交付客人检查，请其认可并在账单上签字。

5）确认付款方式，收银入账，并开具发票。

6）有礼貌地欢迎客人再次光临本酒店，祝其旅途愉快。

二维码资源 5-08

（三）团队结账离店工作程序

1）在团队离店前一天根据团队要求准备好团队总账。

2）登记进店和离店日期、团队名称、房间数、房间类型、房价、餐饮安排、预付款等内容。

3）收取团队全部房间的房卡。

4）一般团队只支付房费及餐费，领队认可费用后在总账单上签字，其余账目由客人各自付清，领队要保证全队账目结算清楚后方可离开酒店。

5）确认付款方式，收银入账，并开具发票。

【运营链接 5-6】

“快速结账”与“0 停留”服务

通常在上午，酒店结账的客人比较集中，为了避免客人排队等候，或缩短客人的结账时间，有的酒店推出了“快速结账”服务或“0停留”服务。

1．客人房内结账

客人房内结账的前提是，前台计算机系统与客人房间的电视系统联网，客人通过电视机显示器查阅账单情况，并通知收款处结账。如果客人使用信用卡，收银员就可以直接填写签购单，不需要客人到前台去；如果客人使用现金，则在房间内核对金额后结账时直接多退少补，简化了手续。一般情况下，房内结账只对信誉较好、采用信用卡结算的客人提供。

2．填写“快速结账委托书”结账

对于有良好信誉的使用信用卡结账的客人，酒店还为其提供此项快速结账服务。客人离店前一天填写好“快速结账委托书”，允许酒店在其离店后办理结账手续。收银员核对委托书的签名与客人签购单，以及登记表上的签名是否一致。在客人早晨离店时只向客人告知应付费用的大致金额即可，在客人离店后，在不忙的时段为客人办理结账手续，事后按照客人填写的地址将账单收据等寄给客人。

3．无押金的离店“0停留”服务

在国外“0停留”离店（也称为“0秒退房”）已不是新鲜的概念，在经济型酒店推行已久。但在国内酒店业，此项服务普及、推广的速度并不快。从客人的反馈信息来看，“0秒退房”广受顾客好评。特别是为那些赶飞机或火车的商旅客人带来了极大的便利。此外，酒店方面也可从“0秒退房”中获得额外收益，免除查房、结账手续可以提高前台工作效率，降低工作量，从而节省酒店的运营成本。酒店在快速扩张的同时，应该走品质化道路，重点提升酒店产品质量，并为客人提供更多如“0秒退房”这样的人性化服务，以惠利更多客人，提升客人的满意度。

【运营透视5-3】

2009年8月公布的《中国旅游饭店行业规范》（以下简称《规范》）中，删去了近年来颇受消费者质疑的“12点退房，12点以后、18点之前加收半天房费，超过18点加1天房费”的规定，一时激起双方观点交锋。无论是行业还是消费者，对此都仍然存在分歧，删去这一行规的真正意义，也许不能简单用“对”或“不对”来评判，而是存在着更大的意义。

就在各方热议这一行规被取消的同时，不少人忽视了增加的另一条规定：“酒店应在前厅显著位置明示客房价格和住宿时间结算方法，或者确认已将上述信息用适当方式告知客人。”

“增加的这条规定，其实比取消的更有意义！”某省星级饭店评定委员会资深人士表示，这其实是将退房时间交由市场来决定，在目前的市场情况下这或许是最为公平、最为合理的。

有媒体用“阶段性的胜利”来形容此次中国旅游酒店业协会取消“12点退房”规定。做出这样的解读，也许是因为近年来不断有消费者，甚至省市消费者协会质疑这一条款，将酒店告上法院的事也屡见不鲜。

“12点退房是目前国内外酒店业的通行做法，并不违反法律规定，但随着我国法制建设的不断完善，特别是反垄断法进一步规范企业和行业协会行为，在《规范》中就不应该也没必要把酒店退房限定为统一时间。”中国旅游饭店业协会某副会长表示，此次对《规范》进行修改，是由于行业协会不应对退房时间进行统一规定，而非因为酒店类企业不能做此规定，也不应曲解成“12点退房”“寿终正寝”，“12点退房”始终是国内外酒店业通行惯例。

原《规范》关于“12点退房”的表述又是从何而来的？据悉，这是依据《国务院关于饭店计算外宾住房天数的规定》和《1981年国际饭店协会章程》而确定的。

这位会长表示，对“12点退房”有些人接受，有些人不接受，这无可厚非，但“12点退房”作为酒店业国际规则是客观存在的。改革开放以来我国酒店业接待了众多国外旅游者，但目前质疑之声主要还是来自国内消费者。

经常往返上海和海口两地的商务人士施先生说，“12点退房”就必须赶在午饭之前收拾东西出门，大多时候不得不拖着行李出席宴请活动，非常不方便，“其实酒店应该提供多样化的结账方式，过去规定下午6点前退房就算半天房费的计费方式，应该说不太合理。”施先生表示，绝大部分商旅人士其实都有着和自己一样的烦恼。

有旅行社表示，取消“12点退房”的规定对团队游客几乎没有影响，因为团队游客大多都是早上退房开始行程的。但对自由行游客就会有很大影响，延迟退房甚至会成为吸引自由行游客的一大卖点。有些主要针对商务人士或自助游游客的酒店，可以推出更为灵活的房费计价方式，以吸引更多潜在客户。

主要针对商旅人士和自由人，以“机票＋酒店”销售模式获得成功的携程网，在新规范出台之前，就联合全国500多家酒店举行了一次大规模的“延迟退房”活动，推出后在全国各地得到了响应，成为其吸引客户的一大卖点。

各地区酒店对于“延迟退房”又持什么样的态度？在取消“12点退房”规定一周后，某省多家同档次的知名酒店，均规定在酒店客人未满及无预订的情况下，酒店可以根据客人入住的时间等具体情况延迟退房，但最多不会超过下午2点。

有酒店负责人更明确表示，在旅游旺季酒店入住率较高的情况下，仍然会实行“12点退房”的规定，这样才能保证下一位客人能够在下午2点入住。这位负责人解释说，由于客房需要清洁、整理时间，上一位客人的延迟退房无疑将会影响下一位客人的入住，所以在旺季，不会有酒店愿意延迟退房。

究竟应该几点退房？在新《规范》中，在取消“12点退房”规定的同时，并没有对退房时间进行统一规定，而是要求会员和相关企业“在前厅显著位置明示客房价格和住宿时间结算方法，或者确认已将上述信息用适当的方式告知客人”。这就是说，各个酒店可以自行选择住宿时间结算方法，中国旅游酒店业协会不再统一限定退房时间。退房时间可以设为11点或是13点、14点……也可以继续坚持12点。

不再统一限定退房时间，是否会造成市场的混乱？某省星级酒店评定委员会负责人表示，这正是新《规范》对原《规范》的改进，在目前的市场情况下，继续纠缠于是否“12点退房”已经毫无意义。对消费者而言，只要酒店在客人入住前已经做到提前告知并获得客人认可，就等于交易达成。在目前酒店业市场处于供大于求的充分竞争条件下，退房时间问题完全可以也应该交由市场来裁决。

消费者协会方面认为，如果所有酒店都执行“12点退房”的规定，一方面破坏了竞争秩序，一方面侵害了经营者的经营自主权。各大酒店应针对自己不同的消费群体，制定更为多样化、个性化的服务。而且对消费者而言，“12点退房”的统一规定显然侵害了他们的选择权和公平交易权。

思考：请简要评析《中国旅游饭店行业规范》中有关退房时间的新规定。

评析：随着新的《中国旅游饭店行业规范》出台，酒店计费方式会更加多样化，消费者的选择也会多样化，酒店行业价格竞争将会呈现公平、活跃的局面，相信各大酒店会针对各自消费群体不断推出有竞争力的计价方式，以提升自己的市场竞争力。

其实早在新《规范》出台前，已经有酒店开始推出更为个性化的房价计费方式。最具代表性的是某商务酒店在开业伊始，就打出了“24小时退房”的招牌，而且将其作为酒店主要卖点。该酒店有关负责人表示，推出24h退房制的初衷就是从消费者角度考虑，真正实现按“天”计费。这一计费方式非常受散客欢迎，不少散客甚至就因为这个原因而选择再次入住这家酒店。

三、夜间核账

夜间核账又称为“夜间稽核”，通常简称为“夜审”，是指前厅收银处在夜间（通常为23:00至次日7:00）对当日收到的账单进行审核和结转账目，完成制作经营报表等工作，以确保客人账单准确无误和反映酒店经营中的问题，以及安排夜间到来的客人。夜审是在一个营业日结束后，对所有发生的交易进行审核、调整、对账、计算并统计汇总，编制夜核报表，备份数据，结转营业日期的一个过程。在规模较大的酒店里设有主管审计和审计员，在小型酒店则可由夜间收银员承担。

酒店进行夜间审计的必要性在于以下三方面。第一，酒店是全天24h营业的，这意味着客人在任何时间都有可能抵达和离开酒店，因此，费用的产生和客人的结算也是随时的。为了确保酒店的经济收入和对消费者负责，在客人退房时应能及时提供账单，就必须有专人负责账目审核。第二，在正常营业的情况下，酒店白天业务往往比较繁忙，而夜间业务相对较少。由于客人白天结账较多，一些费用凭证暂时无法入账，夜间审计则可以完成白天所有尚未结转的账目。第三，收银员在白天的工作中有可能出现转账错误、入账错误、数字书写和计算错误，接待员也有可能出现客房状况控制失误，或是前厅可能出现一些特殊情况，而且有关酒店营业情况的报表也适合在夜间制作。因此前厅的夜间审计工作是十分重要的。

（一）夜间核账的工作目标

夜间核账的工作对象是各收银点的收银员以及各营业部门交来的单据、报表等资料。工作目标是通过对这些单据、报表进行深入细致的查对，纠正错弊、追查责任，以保证当天酒店收入的真实、正确、合理和合法。这就要求夜间稽核人员必须具有发现错弊、查找根源的丰富经验，审核单据、计算汇总的基本技能，以及兢兢业业、一丝不苟的工作态度。另外，夜间稽核人员有着比较扎实的会计知识和技能，这对圆满完成夜间稽核工作是十分有益的。夜间稽核的任务是多方面的，主要包括：

1）完成各项交易的过账和结算，确保酒店每日收入全部计入账内，以便于每天结束营业时制作每日酒店收入报告。

2）更新统计数字。在一天的营业结束、第二天营业开始时，夜间稽核人员应该控制前台的过账和收银员的活动，使两天的账明确分开。记账系统是自动化的，夜审也是如此。前台收银员的计算机系统与餐厅收银员的系统相连接，这样，通过这些系统，在餐厅用餐的费用可直接计入住店客人的名下。因此，审计人员可花更多的时间对每笔交易和账目进行审计。

3）客房收入核数和餐饮收入核数。这是夜间稽核人员的主要工作。夜间稽核人员利用夜间客人较少的时机集中处理整个白天的总账核对工作和各账目之间、账单之间的交叉核对工作，并在此基础上准备夜间稽核报告。夜间稽核人员通过这些报告为酒店管理者提供酒店日常运作的详尽的反馈信息，从而使管理者能及时采取相应的措施。

（二）夜间核账的工作流程

夜审工作流程依据酒店的具体情况，如酒店业务量、所用的设备、具体的分工不同而有较大的区别。例如，一些酒店夜审只负责收银处的客人账单和各部门凭证的核算，而一些酒店却要求夜审员完成夜间前厅的全部事务。但是，由于夜审工作具有共同特点，因而形成了完整的工作流程，见表 5-10。

表 5-10　夜间稽核服务标准

工作步骤	工作流程	工作要求
1．检查前厅收银处工作	检查收款台上是否有各部门单送来的尚未输入客人账户的单据；如有，进行分类归档 检查收银员是否交来全部收款报表和账单 检查每一张账单，看房租和客人的消费是否全部入账，转账和挂账是否符合制度手续 将各类账单的金额与收款报告中的有关项目进行核对，检查是否相符	负责检查前厅收银处的工作，不可放过任何错误或者贻误，保证每一笔的营业收入都能准确无误
2．核对客房出售单据	打印整理出一份当天客人费用明细表，内容包括房号、账号、客人姓名、房费、抵离日期、结算方式等 核对客人费用明细表的内容与收银处各个房间记账卡内的登记表、账单是否存在出入 确定并调整房态	认真核对房费报表，检查是否有房费，是否有重复房费，是否有疑问房费
3．房费过账	经过上述工作，确认无误后通过计算机过账功能将新一天的房费自动记录到各住客的客人账户中，或者手工过入房费 房费过账后，编制一份房费过账表，并检查各个出售客房过入的房费及其服务费的数额是否正确	熟悉计算机过账功能 认真核对房费过账表

（续）

工作步骤	工作流程	工作要求
4. 对当天客房收益进行试算	试算分三步进行： 指令计算机编印当天客房收益的试算表，内容包括借方、贷方和余额三部分 把当天收银员及营业点交来的账单、报表按试算表中的项目分别加以结算汇总，然后分项检查试算表中的数额与账单、报表是否相符 对试算表中的余额与住客明细表中的余额进行核对；如果不相等，则说明出现问题，应立即检查	熟悉计算机软件操作 工作认真细致
5. 编制当天客房收益终结表	在计算机系统上编制当天的客房收益终结表	认真细致，熟悉计算机系统操作流程
6 编制夜间审计报告表	编制打印夜间审计报告表	将夜审过程中发生的每件事记录下来，需日审协助处理的要注明，填写时要认真 各项工作完成后，将资料进行整理分类后，交到日审办公室

（三）夜间核账的注意事项

1. 审核前台结算工作注意事项

1）检查前台收银员的结账报表有无遗漏，各种单据是否齐全（包括账单、明细单、订金凭证、发票、支出凭证等）。

2）应逐一核对结账账单与报表是否一致。

① 检查是否有客人退房而前台未交的账单。

② 打印出当日收取押金汇总表，按房间号与交来的押金单进行核对，检查是否有遗漏。

③ 对每间退房客人的结账方式进行核对，看与计算机记录是否一致。

④ 看客人的汇总账单是否与明细账单及计算机记录相符。

⑤ 打印出酒店当日挂后台应收账报表，检查后台应收账单是否齐全，是否有有效责任人签字，挂账金额是否超出规定。

3）检查收银员为客人所做的“扣减单据”“支出单据”“杂费单据”的书写原因是否准确、合理，签字权限是否有效。

① 押金单及支出单据是否有客人签字。如有客人遗失押金单，则应让客人在账单签字，注明押金单遗失、账已结清。

② 扣减凭证应有有效责任人签字批准。

③ 杂项收入凭证正确填写原因。

4）收银员的现金报告是否与报表一致。

5）核对房价是否符合标准，不符合标准的是否有有效责任人批签。

① 每日在计算机中打印出当日在店客人房价表，检查是否有低于酒店价格政策的房价；若有，则核查是否有定价原因及有效责任人签字。

② 检查免费房是否有有效责任人签字批准及查看批准免费的时间。

6）核对前台杂项收入是否正确。

① 每日根据客房部送来的客房酒水汇总表进行核对，检查输入房间号及项目金额是否准确。检查减免客房吧是否有有效人签字，并统计每日客房吧减免数量、金额。

② 根据商场交来的商场当日收入汇总表与计算机核对，检查是否输入正确，有无遗漏。

③ 根据挂账日志明细中杂项的内容，逐笔校对杂项收入凭证。

2. 编制报表注意事项

1）检查夜审中出现的数据是否有较大的异常变化（如数据突然成倍增长或减少）。如有，须及时检查出原因并与机房取得联系。

2）打印出夜审交易审核报表、交易汇总报表、当前状态报表、收付实现报表、预订取消报表、在店客人名单；要与客账核对在店客人账目明细。

3）根据在店客人账目明细，检查在店客人是否有超账现象，并及时通知前台进行追账。

3. 整理报表注意事项

1）将打印出的报表于早晨 8:30 之前报总经理及各相关领导。

2）将当日发现的问题登记在夜审报告中。

3）与负责人就夜审发现的问题及特殊情况进行交接。

第四节　商务楼层管理

高星级酒店通常设有专门的商务楼层，也叫作行政楼层。该楼层用以专门接待从事商务活动的客人，其接待员一般归前厅部管辖。

一、商务楼层的概念和设置

（一）商务楼层的概念

商务楼层是高星级酒店（通常四星级以上酒店）为接待高档商务客人等高消费客人，为他们提供特殊服务而设立的楼层，被称为酒店的“店中之店”、豪华酒店中的豪华酒店。因为客房设备设施豪华，所以这类客房的房价一般比其他相同面积的相似客房房价高出 20% ~ 50%。

商务楼层的入住人员一般是高级别的行政官员、金融大亨、商业巨子、社会名流或者其他高消费人士。

（二）商务楼层的设置

入住在商务楼层的客人，不必在总台办理住宿登记，客人的住宿登记、结账等直接在商务楼层由专人负责办理。因此，商务楼层通常还设有单独的接待处、客人休息室、会客室、咖啡厅、报刊资料室、商务中心等，为商务客人提供更为温馨的环境和各种便利，让客人享受更加优质的服务。

1. 设有单独的接待处

凡预订商务楼层客房的客人，均可以直接在商务楼层办理快速的入住登记手续和退房离店手续，享受更加便利的服务。商务楼层的环境布置体现出轻松氛围，接待处专门为客人配备舒适的座椅，采取坐式服务方式，突出人性化服务，让客人倍感温馨、倍受尊重。

2. 设有独立的自助早餐和酒吧

商务楼层根据客源的特点，设计具有特殊风格的自助早餐厅、酒吧或茶座，并提供适合客人习惯的早餐、点心、酒水、饮料、茶水，还可安排鸡尾酒会。有些酒店为了吸引商务客人，还免费提供下午茶，以方便客人进行商务洽谈活动。

3. 设有独立的商务中心和会议室

商务楼层设有专用的商务中心，格局与前厅部的商务中心基本一致，服务项目也一应俱全，可为商务客人提供打字、复印、收发传真、订票等服务。同时商务楼层还设有中小型会议室，供商务客人开会使用。

二、商务楼层的服务流程和管理要点

（一）商务楼层的服务流程

商务楼层集酒店的总台登记、结账、餐饮、商务中心于一体，为商务客人提供更为温馨的环境和各种便利，让客人享受更加优质的服务。它的服务接待流程和要求详见表5-11。

表5-11 商务楼层的接待流程和要求

流　程	要　求
1. 准备工作	商务楼层的客人同时也是酒店的VIP，准备工作与VIP的接待程序大致相同
2. 客人入住接待（一般提供专人跟踪服务）	① 客人在大堂副理或客户关系主任（GRO）陪同下走出电梯来到商务楼层服务台后，商务楼层经理或主管应微笑站立迎客并自我介绍，请客人在接待台前坐下 ② 将已准备好的登记表取出，替客人填写登记卡，请客人签名确认，注意检查确认客人护照、付款方式、离店日期与时间等内容，将已经准备好的欢迎信及印有客人姓名的烫金私人信封呈交给客人，要求整个服务过程不超过5min ③ 主动介绍商务楼层设施与服务项目，包括早餐时间、下午茶时间、鸡尾酒时间、图书报刊赠阅、会议室租用服务、商务中心服务、免费熨衣服务、委托代办以及擦鞋服务等。接待员应主动邀请新入住客人接受早餐、下午茶或鸡尾酒的服务 ④ 走在客人左前方或右前方引领客人进房间；告诉客人如何使用房卡，同时将欢迎卡交给客人；介绍房内设施，预祝客人居住愉快 ⑤ 通知礼宾部行李员，10min内将行李送至客人房间
3. 欢迎茶服务	客人登记入住时，接待员为客人提供欢迎茶 ① 事先准备茶壶、带垫碟的茶杯、一盘干果或巧克力糖果饼干和两块热毛巾 ② 称呼客人的姓名，表示问候并介绍自己；同时，将热毛巾和茶水送到客人面前 ③ 如果客人是回头客，应欢迎客人再次光临

（续）

流　　程	要　　求
4．鲜花、水果服务	① 依据确认的抵店客人名单准备好总经理欢迎卡、商务楼层欢迎卡 ② 将需要补充鲜花、水果的房间在住店客人名单上做好标记 ③ 将鲜花、水果、刀叉和餐巾备好，装上手推车送入客房，并按规定位置摆放好 ④ 做好记录，根据次日预抵店名单填写申请单，以备用 提醒：鲜花、水果一定要保证质量。根据客人的口味、喜好补充；补充时，要将不新鲜的花和水果撤出，更换用过的刀叉
5．早餐服务	配合餐饮部人员，在开餐前 10min 做好全部准备工作，包括将自助餐台摆好、将食品从厨房运至餐厅、按标准摆放餐桌、更换报纸杂志、调好电视频道、在每张餐桌上放好接待员名片等 ① 称呼客人姓名并礼貌地招呼客人；引领客人至餐桌前，为客人拉椅子、让座；将口布打开递给客人；礼貌地询问客人是用茶还是咖啡 ② 礼貌地询问客人在收银台结账还是将账单送至收银台 ③ 客人用完餐离开时，应称呼客人姓名并礼貌地告别 ④ 统计早餐用餐人数，做好收尾工作，配合客房部服务员做好场地清理工作 提醒：可根据计算机提供的住店客人名单确认用餐客人姓名，餐具在客人用过后 1min 内撤换，始终保持自助餐台整洁
6．下午茶服务	商务楼层免费下午茶服务时间为每天 16:00—17:00 ① 提前 10min 按要求准备好下午茶台，包括茶、饮料和小点心等 ② 微笑、主动地招呼客人，引领客人至餐台前，为客人拉椅子、让座，并询问房号，请客人随意饮用 ③ 注意观察，客人杯中饮料不足 1/3 时，要及时询问、续添，将用过的杯盘及时撤走 ④ 在 17:00 下午茶结束 5min 前，通知客人免费服务即将结束 ⑤ 客人离开时应向其表示感谢，并与客人道别 ⑥ 填写记录表，如客人消费超过了免费时间，账单由客人签字后记在客人账户上
7．退房结账服务	① 提前一天确认客人结账日期和时间 ② 询问客人结账相关事宜，如在何处结账、用何种付款方式、行李数量、是否代订交通工具，并及时检查房内用品 ③ 将装有客人账单明细的信封交给客人；请客人在账单上签字，将第一联呈交客人，询问客人结账方式。如果付外币，请客人到前厅外币兑换处办理；如刷卡则使用刷卡机 ④ 通知行李员取行李，代订出租车 ⑤ 询问是否需要做“返回预订” ⑥ 感谢客人入住并与之告别

（二）商务楼层的管理要点

商务楼层需要为客人提供更加周到、热情的服务，因此，在管理上重点需要进行服务人员的优质配置和培训，与普通服务员相比，商务楼层的服务人员更需具备以下素质：

1）气质好，有良好的外形。

2）工作耐心细致，诚实可靠，礼貌待人。

3）知识面宽，有扎实的文化功底和专业素质，接待人员最好有大专以上学历，管理人员应有本科以上学历。

4）熟练掌握商务楼层各项服务程序和工作标准。

5）英语口语表达流利，英文书写能力达到高级水平。

6）具备多年酒店前厅、餐饮部门的服务或管理工作经验，掌握接待、账务、餐饮、商务中心等的服务技巧。

7）有较强的合作精神和协调能力，能够与各部门协调配合。

8）善于与客人交往，掌握处理客人投诉的技巧艺术。

第五节　前厅部与其他部门的信息沟通

前厅部是一个综合性服务部门，它不仅是客人与酒店联系的纽带，也被视为酒店的“神经中枢”。前厅部通过客房商品的销售来带动酒店其他部门的经营活动，同时，还要及时地将客源、客情、客人需求及投诉等各种信息通报有关部门，共同协调整个酒店的对客服务工作，以确保服务工作的效率和质量，可以说前厅部是整个酒店承上启下、联系内外、疏通左右的枢纽。

（一）前厅部与销售部的协调沟通

前厅部与销售部需每日沟通“客情预测表”“客源比例分析表”“房价与预订情况分析表”“贵宾接待通知书”“次日抵店客人名单”等信息；为避免用房紧张时超额预订，应确定团体客人和散客的接待比例；双方需共同核对月度、年度客情预报信息，共同磋商客房销售的预测，具体沟通信息如下：

（1）接待处　共同制定来年客房销售预测，团队、会议客人接待比例，超额预订补救措施，团队客人客房的安排和使用情况，提供有关客情资料。

（2）预订处　订房使用，团队和会议客人订房情况，年度和月度客情报告。

（3）问询处　团队客人客房钥匙分发与收回，了解团队日程安排。

（4）礼宾部　行李、信件、留言、遗留物品等。

（5）总机　叫醒服务，了解团队日程安排。

（二）前厅部与客房部的协调沟通

前厅部需每日向客房部递交“客情预测表”；贵宾团队抵店前，递交“贵宾接待通知单”“团队用房分配表”，贵宾抵店当天，递交欢迎信 / 卡、“鲜花通知单”，以及满足订房客人的房内特殊服务要求；住店过程中，根据客人需要递交“客房 / 房价变更通知单”，与客人沟通退房等信息。客房部也需每日向前厅部递交“楼层报告”，以便前厅接待处核对房态，确保其准确性。具体沟通信息如下：

（1）接待处　客房状况、团队和会议分房情况、特殊服务通知、客情报告、客房房租变更情况、房态报告及其他异常情况。

（2）预订处　客情预测、特殊要求、贵宾接待通知。

（3）问询处　走客房遗留物情况、访客接待。

（4）礼宾部　报纸服务、行李服务、宾客换房的行李服务。

（5）总机　叫醒服务。

（三）前厅部与餐饮部的协调沟通

前厅部与餐饮部需每日递送“客情预测表”“预期离店客人名单”“在店客人名单”，根据实际情况递送“贵宾接待通知书”“在店贵宾 / 团队 / 会议一览表”等，保证前厅部随时掌握餐饮部最新服务内容、服务时间，以及收费标准的变动情况。具体沟通信息如下：

（1）接待处　客情信息、用餐特殊要求、团队客人用餐券。

（2）预订处　每月客情预报、每日客情预报、订房客人用餐特殊要求。

（3）问询处　餐饮促销宣传资料发放、餐饮服务内容和时间。

（4）礼宾部　每日宴会、会议、包含推广活动的告示牌。

（5）总机　餐饮服务内容、时间和费用等。

（四）前厅部与财务部的协调沟通

前厅部与财务部双方应就定金、预付款、住店客人信用限额以及逾时退房的房费收取等问题及时沟通。前厅部每日向财务部递送“客情预测表”“预期离店客人名单”“在店客人名单”“长途电话收费单”“长途电话营业日报表”等，并就已经结账又再次发生费用的客人进行及时沟通。具体沟通信息如下：

（1）接待处　客人信用限额制定、预付款收取、账单及相关登记表、信用卡签购单、客人账单、房价和客房变更通知、客情报告、超时客人房费协调、每日营业状况核对。

（2）预订处　预订客人预付款、订房客人信用限额、每日客情预测和贵宾接待情况。

（3）问询处　离店客人钥匙回收。

（4）礼宾部　离店客人再次费用提醒和收取、递送服务费、报纸杂志订购费等。

（5）总机　长途话费单、长途电话营业日报表、已结账客人长途话费。

（五）前厅部与其他部门的沟通

前厅部应了解各部门值班经理的去向，以提供紧急呼叫服务，及时进行突发事件的信息沟通。

（1）工程维修部　设备维修。

（2）人力资源部　员工的招聘、录用、培训、上岗、离职等。

（3）安全部　客房钥匙、突发事件。

（4）康乐部　客人的健身娱乐要求。

本章学习要点

1. 在前厅部的对客服务中，解决客人在酒店入住过程中的问题、提供问询留言服务、进行账务管理、进行商务楼层管理、与其他部门进行信息沟通都是较为重要环节。

2．为客人迅速、准确地分配客房是体现酒店和前厅接待员水平的一个重要方面。客房分配不是简单的安排客房，而是应达到一定的标准和要求，也应具有一定的方法和技巧；掌握正确、灵活的排房要求和技巧，不仅能满足客人的需要，也能合理利用客房。

3．客人办理入住登记手续后，可能会觉得客房位置、朝向、大小、设备使用情况等方面不够理想，提出换房要求；也可能是酒店超额预订或房间设施设备发生故障等原因造成的客人换房。无论是哪种情况，酒店都应尽可能地满足客人的要求。

4．客人在住店过程中，因情况变化，可能会要求提前离店 / 推迟离店，前厅部服务员应按照提前 / 推迟离店服务标准为客人办理业务，需要注意提前 / 推迟离店对酒店客房销售状况的影响，及时通报相关部门，尽量减少不良影响。

5．客房出售率是衡量客情和营业状况的基本数据。一般情况下，出售率越高，说明客情、营业状况越好。但是，这并不意味着客房出售率越高越好，因为酒店要想严格控制质量，在市场竞争中保持长久的实力，就必须有意识地控制客房使用，为客房维修和全面质量控制创造机会。

6．客房钥匙包括酒店运行与管理所需登记的项目、住客须知以及酒店服务项目、设施的介绍；主要作用是证明住店客人的身份，方便客人出入酒店，同时兼具一定的促销、向导、声明的作用。

7．由于总台是客人接触最多的酒店公共场所，所以问询处通常都设在总台。问询处的工作除了向客人提供问询服务以外，还包括受理客人留言、处理客人邮件等。

8．前厅结账工作是将酒店的产品真正转化为酒店收入的手段，也是客人离店前接受的最后一项服务。因此，在为客人办理离店手续时，收银员应热情、礼貌、快捷而准确地提供服务，给客人留下服务态度好、工作效率高的良好印象。

9．夜间核账又称为“夜间稽核”，常简称为“夜审”，是指前厅收银处在夜间（通常为 23:00 至次日 7:00）对当日收到的账单进行审核和结转账目，完成制作经营报表等工作，以确保客人账单准确无误和反映酒店经营中的问题，以及安排夜间到来的客人。

10．商务楼层是高星级酒店（通常四星级以上酒店）为接待高档商务客人等高消费客人，并为他们提供特殊服务而设立的楼层，被称为酒店的“店中之店”。商务楼层通常还设有单独的接待处、客人休息室、会客室、咖啡厅、报刊资料室、商务中心等，为商务客人提供更为温馨的环境和各种便利，让客人享受更加优质的服务。

11．前厅部是整个酒店承上启下、联系内外、疏通左右的枢纽，前厅部通过客房商品的销售来带动酒店其他部门的经营活动，同时，还要及时地将客源、客情、客人需求及投诉等各种信息通报有关部门，共同协调整个酒店的对客服务工作，以确保服务工作的效率和质量。

本章思考练习

1．如何根据客人特点进行个性化客房分配？

2．不能满足客人换房要求时要如何处理？

3．推迟离店客人对酒店的经营会造成什么影响？

4．控制客房出售率的意义何在？

5．有一位知名人士入住你所在酒店，某

人自称是某某报社的记者，他要求知道该客的房号，并想对其进行采访，对此你应如何处理？

6. 接待员需要准确掌握酒店内各方信息，如何提高酒店问询员所掌握的信息量？

7. 如果访客要求给住店客人留言，应该如何处理？

8. 客人丢失贵重物品保险箱钥匙该如何处理？

9. 夜间核账的重要性和工作流程分别是什么？

10. 如何更好地为商务楼层客人服务？

11. 前厅部和客房部是联系较为紧密的两个部门，双方存在哪些信息的沟通？

本章管理实践

训练项目1　为客人处理住宿登记中的问题

［**实践目标**］

1. 强化为客人换房的工作流程及服务要求。

2. 强化为客人提供提前离店服务的工作流程和服务要求。

3. 强化为客人办理推迟离店的工作流程和服务要求。

4. 锻炼沟通能力。

［**实践内容与方法**］

两人一组，分别扮演接待员和客人，模拟练习为客人办理换房、提前离店、推迟离店，之后再互换角色进行模拟练习。

［**实践标准与评估**］

1. 实践标准：为客人办理换房、提前离店、推迟离店的工作流程和服务要求。

2. 实践评估：根据同学现场表现，由教师评分。

训练项目2　为客人提供问询服务

［**实践目标**］

1. 强化访客查询、酒店或地方资料查询服务的能力。

2. 锻炼沟通协调、应变能力。

［**实践内容与方法**］

根据客人要求，完成对客问询服务。两人一组，从以下两个项目中任选一个进行练习，两名学生分别扮演问询员和客人，之后再互换角色进行模拟练习。

1. 访客查询服务。

2. 酒店或地方资料查询。

［**实践标准与评估**］

1. 实践标准：为客人提供问询服务的流程和要求。

（1）访客查询服务

1）根据访客提供的信息，通过计算机迅速查询。

2）查到住客信息，询问访客姓名将电话转入住客房间，征询住客是否接听的意见后，或将电话转入房间；或婉言回拒。

3）查不到住客信息，向访客解释或提供其他线索帮助查找。

（2）酒店或地方资料查询

1）对熟悉的情况，随问随答。

2）对不清楚的问题，请客人稍等，查询后给予回复。

3）对不清楚又一时查不到的信息，向客人说明，请予谅解；或转交大堂副理处理；或记下客人姓名、房号及询问内容，待查询后回复客人。

4）经查询后仍无法解答的问题，回复客人并向客人道歉。

2．实践评估：根据学生现场表现，由教师评分。

训练项目3　电话留言服务

［**实践目标**］

1．强化电话留言的服务能力。

2．锻炼沟通协调、应变能力。

［**实践内容与方法**］

要求学生两人为一组，分别扮演话务员和客人，完成电话留言服务的流程，再互换角色进行模拟练习。

［**实践标准与评估**］

1．实践标准：电话留言的服务流程和要求。

2．实践评估：根据学生现场表现，由教师评分。

训练项目4　贵重物品保管服务

［**实践目标**］

1．强化贵重物品保管服务的能力。

2．锻炼沟通协调、应变能力。

［**实践内容与方法**］

根据客人要求，为其提供贵重物品寄存服务。要求学生两人为一组，一人扮演客人，另外一人扮演员工，之后互换角色进行模拟练习。

［**实践标准与评估**］

1．实践标准：贵重物品保管服务标准。

2．实践评估：根据学生现场表现，由教师评分。

第六章　宾客关系管理

【学习目标】

1. 了解大堂副理的工作职责及工作程序。
2. 了解酒店建立良好宾客关系的重要性。
3. 掌握对客关系的技巧。
4. 掌握处理投诉的原则及程序。
5. 熟悉客史档案的内容及建立。

【章前导读】

在酒店业竞争日益激烈的今天，我们不仅要在硬件上满足客人的需求，更应提高酒店的软实力，建立和谐融洽的宾客关系，提高客人的满意度，这也直接影响到酒店的“客人忠诚度”。因此，如何管理好宾客关系，建立完善的客史档案，及时预防、控制客人“不满情绪”的产生成为酒店服务之本。

第一节　大堂副理

大堂副理代表酒店总经理接待每一位在酒店遇到困难而需要帮助的客人，并在自己的职权范围内予以解决，包括回答客人问询、解决客人的疑难、处理客人投诉等。因此，大堂副理是酒店和客人沟通的桥梁，是客人的益友，是酒店建立良好宾客关系的重要环节。

二维码资源 6-01

一、大堂副理的工作内容和职责

（一）大堂副理的工作内容

大堂副理的主要职责是代表酒店总经理接待在酒店中遇到困难或需要帮助的客人，并在自己的职权范围内竭尽所能予以解决。具体工作内容包括：

1. VIP 的接待

（1）抵店前的准备

1）接到公关营销部下发的“VIP 接待计划书”，立即仔细阅读并记录在案，必须熟记 VIP 的人数、姓名、身份、在店时间、活动过程等细节。

2）参加公关营销部经理召集的接待协调会议，明确自己的接待任务、要求。

3）必须随时了解 VIP 抵店前的全部准备工作，并亲自检查 VIP 客房以及 VIP 将要前往的活动场所。

4）督导各部门所有准备工作，在 VIP 到达前 1h，检查鲜花、水果和欢迎信的派送情况；到达前 0.5h 接待人员到位；提醒总经理或负责接待的主要管理人员提前 10min 到位，确保一切准备工作就绪。

（2）抵店时的接待

1）VIP 进入大堂时能准确地称呼客人职位或姓名，迎接客人。

2）引领 VIP 进入房间，办理好入住登记手续并向客人介绍客房特殊性以及酒店内设施设备。

3）VIP 在店期间，随时注意其动向，及时向酒店高层管理人员、接待部门报告。

4）拜访 VIP，征询其意见；热情礼貌、准确有效地答复 VIP 提出的问题。

（3）离店后的完善

1）做好 VIP 接待记录，必要时及时向经理报告 VIP 的抵店和接待情况。

2）协助预订处建立 VIP 档案，准确记录客人的姓名、职务、首次或多次住店、特殊要求等信息，以便为日后的预订和接待服务提供参考。

2. 处理客人投诉

1）听取客人的投诉，头脑冷静、面带微笑、仔细倾听，并做记录以表重视。

2）对任何投诉都不要急于申辩，尤其是面对脾气暴躁的客人时。

3）对客人的投诉表示关注、同情和理解，但不要急于道歉。

4）听完投诉后，如果能够立刻判断出是酒店方面出错的，要立即向客人表示歉意，做出处理，并征求客人对如何解决投诉的意见，以示酒店对客人的重视。

5）当投诉处理涉及酒店其他部门时，应立即通知部门经理，查清事实做出处理，大堂副理必须跟进事件。

6）处理完客人的投诉后，要再次向客人表示关注、同情及歉意，以消除客人因该事引起的不快。同时通知相关部门特别留意投诉的客人。

7）详细记录投诉客人的姓名、房号、投诉时间、投诉事由和处理结果。将重大投诉或重要意思整理成文，呈酒店相关负责人批示。

3. 为住店客人过生日

（1）做好准备工作

1）由前厅夜班查询是否有生日客人。如有，填写好客人生日申报单，交由大堂副理签字。

2）将签字的“客人生日申报单”一份交回前厅留存，另一份由前厅交餐饮部准备生日蛋糕。

3）通知员工，以备随时祝贺客人生日快乐。

4）填写生日贺卡，并请总经理签字后送入房间。

（2）祝贺客人生日快乐

1）与客人取得联系，适当的时候由送餐人员送上蛋糕，并祝生日快乐。

2）与客人交流沟通，征询客人的意见。

3）详细记录。

4. 处理紧急事件

现代酒店具有复杂性和多功能性的特点，是一个较容易发生紧急突发性事件的场所，处理不当就会引发严重后果，造成巨大损失，影响酒店的整体形象。一旦出现了突发事件，酒店的处理能力就直接体现了一家酒店服务水平及管理水平的高低。因此非常有必要掌握如何妥善地处理酒店的紧急突发性事件。设置应急程序是酒店管理工作中不可缺少的一环，管理人员稳定的心理素质、丰富的知识以及缜密、有远见的处事方式也是提高酒店服务品质的不可或缺的必备条件，各部门密切的配合更是完美处理紧急事件的关键。

在酒店中，意外是随时可能发生的，酒店通常会发生以下几种意外情况：

1）客人生病或受伤。

2）客人自杀或死亡。

3）火灾。

4）偷盗。

5）员工意外。

【运营透视 6-1】

案例一：

一日，一男士找到酒店大堂副理，要求查找一位刘姓女士，男士自称是刘女士的弟弟。

（大堂副理：我向男士要求出示必要的证明，了解客人详细的资料，在取得入住客人的同意后才能带这位男士见面；若入住客人不愿见的话，就应婉转地向这位男士说明。客人的隐私应该受保护。）

大堂副理根据酒店为客人保密的惯例进行处理，先打电话到刘女士的房间，无人接听，遂转告“客人房间无人接听”。随后，男士出示一张刘女士的遗书，上面写明离开这个世界前要来入住这家酒店。

（这时，大家对该不该打开客人的房门发生了分歧，有人建议马上破门而入，也有人说：如何证明这张遗书是真的，万一是假的，岂不是打扰了客人？房务部经理认为：如果电话无人接听，且已证实该男子是刘女士的弟弟的话，应从客人的安全角度出发，通知酒店保安部，保安部人员赶往客人的房间探视。)

前台接待立即通知酒店保安部。保安部接报后，根据前台提供的刘女士的房间号，迅速派人员赶赴房间，发现刘女士已服安眠药并呈半昏迷状态。保安人员遂通知其在大堂等待的亲属赶到现场，同时通知酒店的值班汽车在原地待命。

亲属赶到现场，同保安人员将刘女士通过员工电梯运送到地下停车场，迅速送往医院抢救。房务部人员赶到现场，同保安人员和其亲属对现场物品进行清理，并做好详细登记，随后清理现场。

刘女士经抢救脱险，大堂副理到医院送去鲜花，财务部清理客人账单并请亲属处理。从刘女士的家属进酒店查找，到刘女士离店送医院抢救，从正常程序转为应急程序，整个过程为23min，赢得了宝贵的抢救时间，避免了严重后果。

案例二：

一位客人在客房同人洽谈生意时突发心脏病，对方随即打电话通知大堂副理。大堂副理赶到房间后，发现客人已经昏迷。

(大堂副理：我立即打电话报120急救中心求救，并通知保安部去引导急救中心的汽车停靠，同时，通知总台这个楼层的其他房间暂缓预订，尽量不要影响其他客人。)

保安部派人员在酒店外围路口等候救护车，并引导到地下停车场，避免救护车出现在大堂门前引起不必要的混乱。

生病的客人在医护人员抢救中死亡，酒店方面同急救中心协商，决定将遗体送往医院进行处置。因事发在白天，为避免引起住店客人的注意，采取以下措施：将遗体置于轮椅上，覆盖毛巾被，一位保安持输液瓶随其身后，用轮椅送到地下停车场的救护车上，送往医院。

讨论重点：酒店应急服务程序的必要性及重要性，以及执行中应注意哪些问题？

1．在确认紧急事态之前，仍需执行正常程序。如案例一中大堂副理在未确定那位男士所说是否属实的情况下，仍根据为客人保密惯例处理，未透露客人房间号。对这位不知名男士在无法辨认其身份及所说是否属实前，如果工作人员透露出客人信息就可能会引起其他不必要的麻烦。从保证客人安全角度出发，此时应按正常程序执行。

2．各相关部门按程序逐步纳入应急服务程序，整体协调配合，以最快速度解决问题。如案例一中各部门协调工作，处理程序流畅，节约了宝贵时间，整个过程仅用23min。

3．不因紧急事件影响酒店正常运行，并将影响降到最低。如案例二中保安部派人员在酒店外围路口等候救护车，并引导到地下停车场以免引起混乱，为避免引起其他客人注意，还将遗体盖上毛巾被后送出酒店。

4．事后工作处理得当。案例一中的酒店进行了到位的、尽心的事后抚慰工作。让客人深切感到酒店的人情和温暖。

（二）大堂副理的工作职责

无论采用哪种管理模式，都要明确大堂副理的岗位职责和管理权限。大堂副理的主要工作内容包括：

1）代表总经理做好日常的 VIP 接待工作，处理主要事件及记录特别贵宾、需要重点关注客人的有关事项。

2）代表总经理受理客人的投诉，并将客人投诉整理成文，与相关部门联系，尽可能地采取措施，争取将客人投诉逐步减少。

3）回答客人的询问，并向客人提供一切必要的协助和服务。

4）代表酒店维护和照顾客人利益，在客人利益受到损害时，与有关部门以及酒店外有关单位联系，解决问题。

5）处理各种突发事件，如停电，火警，财物遗失、被偷盗或损坏，客人逃账，客人突发疾病和死亡等，如遇处理不了的问题及时向总经理汇报。

6）负责维护前厅消防安全、环境和秩序，确保前厅安全、整洁、美观。

7）检查前厅部各岗位员工的仪容仪表和工作效率，并负责培训和指导总台员工的操作及服务技能。

8）处理管家部报房表与接待处有出入的房间及双锁房间。

9）做好每日工作记录，按时递交各类报表。

10）协助总台做好客情预测和售房工作，努力完成每月销售指标，并根据团队信息及当天住房情况合理排房。

11）参加酒店的有关例会，及时传达上级布置的各项任务，并督促下属员工执行。

12）完整记录在值班期间所发生和处理的任何事项，将一些特殊的、重要的及具有普遍性的内容整理成文，交前厅经理审阅后呈总经理批示。

13）以身作则，加强劳动纪律，团结员工，做好模范带头工作。

上述内容可以总结为四点：

1）控制酒店整体气氛。

2）处理客人投诉，解决问题。

3）协助各部门工作，协调矛盾。

4）代表总经理处理日常工作。

大堂副理是代表总经理全权处理客人投诉、保证客人生命安全及客人财产赔偿等复杂事项的。大堂副理应站在酒店利益的立场上机智、果断、敏捷地处理各项问题。大堂副理 24 小时当值，一般分三班工作：

早班大堂副理上班后应与前班做好交接工作，监督检查前堂全体员工的行为及仪态，协助前堂经理对该部进行管理，参与该部一切工作及过程的指挥督导。若有 VIP 的接待任务，要检查 VIP 的接待工作。在 VIP 未到达之前，还需检查 VIP 的房间，早上还需接受和解答退房客人对账单的任何疑问，处理客人遗失的物品，记录下班要处理或未处理完善的事情。

中班大堂副理与前班一样，首先要做好交接工作，督导员工的仪容仪表及工作程序，尽量完成早班定下的工作或未处理的事情，重新了解当天报告，对售房情况复查一遍，检查 VIP 房间锁匙有否准备好。同时还须检查当天团体客人的到达及离开情况，以及目前的客房使用情况；督导员工处理客房的出售。对留住的客人，若所欠账目太多，则视其身份进行处理，尽量提醒客人尽快付费。按规定，对不合作者采取适当的强制方法，还要记录下班要处理的事情及本班未处理完的事情。

夜班大堂副理也与前班一样，要做好交接工作并完成中班没有完成的工作，检查明天客人的订房情况，并为将到达的客人做好编排房间准备。根据“夜班报告”内容进行工作，与保安一起巡查酒店的安全，检查大堂卫生情况，复核接待处及电话房各种表格，记录下一班要处理的问题。在紧急情况下，要保持沉着、冷静。对任何事情都应敏感。接到紧急通知，立即弄清事情真相，与保安、值班经理及其他有关部门一起合作，采取有效的措施，迅速妥善处理各类问题，并做好记录，向总经理汇报。

二维码资源 6-02

二、大堂副理的设置

在我国，二星级以上的酒店一般都设有大堂副理。大堂副理可以是主管级，也可以是部门副经理级，以体现这一职位的重要性和权威性。对大堂副理的管理模式通常有两种：一是隶属于前厅部；二是由总经理办公室直接管理，大堂副理向总经理办公室或直接向总经理汇报。具体而言，酒店应该根据自身的实际情况来决定对大堂副理的管理模式。

（一）大堂副理的素质要求

1. 讲究形象

作为酒店对客服务的代表，大堂副理应保持良好的形象：精神饱满，面带微笑，思想集中，坐姿、站姿和走姿都要自然得体；出言谨慎，口气婉转，态度诚恳，谦逊有礼。在任何情况下，都不与客人争辩，避免发生语言和肢体冲突。

2. 礼貌待人

有客人前来，应主动上前或起立，彬彬有礼地问候；然后请客人就座，再慢慢细说。对外宾能用英语或其他外语交谈，对内宾要说普通话，不能讲方言。

对客人提出的问询，要给予全面、详细的答复，使对方感到可信、满意。自己能答复的问题，绝不借口推脱给其他部门解答。对确实不了解、没把握的事，不要不懂装懂，更不能不负责任、自以为是。

接待客人要百问不厌，口齿清晰，用词贴切，简洁明了。办事态度踏实、认真，考虑问题周到，能“急客人所急”，愿把困难留给自己，把方便让给客人。接待结束时要主动先向客人致谢，做到自然、诚挚。

3. 善于分析

在接待客人投诉时，首先要热情相待，耐心听取，冷静分析。即使对方情绪激动，甚至蛮不讲理，也不能受其影响而冲动。要心平气和，善解人意，逐步引导，充分尊重投诉者的心情。要显示出自己的文化、教养、风度，并且有能力帮助客人处理好事情。

在听取客人投诉时，应同时做好必要的书面记录，表示酒店对事情的重视，避免客人误认为酒店在敷衍了事。在客人陈述的过程中，不要随意插话，也不得打断。让其在平静的气氛中发泄，以便缓和矛盾，也可使投诉者获得心理平衡。

对客人的投诉，除表达理解、同情、重视、关心外，还要迅速根据实际情况做出必要的核查，拿出妥善的解决办法。在处理问题时不能主观、武断，不得轻易表态，不要简单回答“是”或“非”，更不可擅自做不切实际的许诺，以免酒店遭受不必要的名誉和经济损失。

要善于察言观色，适时地用征询、商量、建议性的口吻与客人交谈。要善于分析问题、判断是非，即使在对方理亏的情况下，也不要让其丢面子。大堂是人来人往的公共场所，为不影响其他客人的正常活动，对大声喧嚷、粗暴无理的投诉者，可另择场所单独接待。

4. 沉着冷静

大堂是酒店的重要窗口，大堂副理如遇突发紧急事件，要沉着、冷静、果断，及时向有关方面通报信息，尽快求得指示和协助，在礼貌服务中体现出优质、高效。

大堂副理对外是公关形象，接触面广，沟通联系多；对内在与酒店各部门的协作中，也应注意搞好人际关系，团结互助，友善谦让，共同配合。

【运营透视 6-2】

大堂副理常遇见的问题

1. 如何处理已离店客人信件？

答：查一下客人是否交待了如何处理其离店的信件。如有交待，则按客人交待的去办，如没交待，对特快专递、急件应转寄下一站或客人家址，或立即退件。

对于平信则可暂存一段时间，且每天都要查这位客人是否再次入住。若在暂存期内未入住，则办退件手续。

2. 一位非住店客人陈先生对大堂副理说，住在酒店的某客人欠了他许多钱，现在自己没钱回老家，希望大堂副理帮忙查询及告知房号，以便他可以把欠款追回，大堂副理是否应该同情这位先生？应怎样处理他的要求？

答：对他表示同情。向他解释，没有住客的同意是不能将其房号告知他人的。建议这位非住店客人通过法律途径解决。与住客联系，问是否可将房号告知这位非住店客人。

3. 外国客人想在较短的时间内在酒店所在地游览一下，领略一下当地风情，但人生地不熟，想得到指点时，大堂副理怎么办？

答：拿出一张本地的旅游图，向客人介绍代表性的名胜景点和反映市民生活习惯、风貌的场所。询问客人的爱好和时间，据此向客人提出建议，组织路线。如客人需要，可代联系导游人员和交通工具。祝客人玩得愉快。

4. 客人报称自己的房间钥匙遗失，大堂副理应怎样处理？

答：应认识到遗失钥匙的严重性，这对客人的人身及财物安全有威胁。进一步查找，看是否有人拾获。若找不到，则带客人去前台重新制作房卡，如有费用，需跟客人说清楚，结账时注意核实。如果客人仍感不安全，则帮他转房。

5．某位客人寄存了五件行李在酒店，但遗失了行李寄存卡的提取联，现在他要求取回自己的行李。当时客人没有带证件，但能详细说出行李情况，大堂副理应如何处理？

答：请客人回去拿了证件后再来领取。如果客人一时拿不出证件，又赶着取行李，应该：①请其出示信用卡，核实签名并复印。②请客人再填一张入住登记卡，与原来的进行核对。③此外还要核对其寄取行李的时间，以确定行李的详情与记录是否一致。核对无误后，请客人写下收条。

6．团体客人在入住时才要求代订酒店以外的餐厅晚餐，大堂副理应怎么办？

答：先了解客人的要求，如口味、时间、人数、标准、饮食禁忌等。再向客人介绍本地的餐厅及菜式，请客人选择。根据客人要求，联系酒店外的餐厅，帮客人预订餐位。将结果告诉客人。如订不到，则介绍本酒店的餐厅。

7．酒店一位住客在退房时将一包物品交给大堂副理，要求大堂副理转交给他的朋友黄先生，并说黄先生明天会取这包东西，大堂副理应如何处理？

答：了解物品的种类，贵重物品、违禁物品可拒绝转交。请客人写一份委托书，注明物品名称、数量、取物人姓名和联系地址等并签名。核对委托书与物品是否一致。黄先生来取物品时，出示有效证件，写下收条。如必要，则复印证件。

8．一位客人来登记入住，说他是提前一天到达的旅行社的客人，所以没预订，当时酒店尚有空房，大堂副理应如何处理？

答：先按散客形式安排客人入住。向客人讲清房价的差异。问清团号，在团单上注明该客已入住。如客人现住房与团体所订房种类不同，则与客人约好第二天转房的时间。做好交班，以便第二天更改有关资料，在团体到达时，及时通知客人、陪同人员、领队。

9．客人生病怎么办？

答：对客人表示关切，简单询问一下病情。如果客人行动方便，引导他去医务室；如客人行动不便，则叫医生到现场诊断。运送客人时要避开公共场所。对传染病做好消毒。慰问病人。

【运营链接 6-1】

在《旅游饭店星级的划分与评定》（GB/T 14308—2010）标准中，取消了对星际酒店大堂副理岗位的要求，也就是说不再要求星级酒店设立大堂副理这一岗位，对此，你如何评价？

（二）宾客关系主任

宾客关系主任（GRO）是一些大型豪华酒店设立的专门用来建立和维护良好的宾客关系的岗位。宾客关系主任直接向大堂副理或值班经理（DM）负责。他要与客人建立良好的关系，协助大堂副理欢迎贵宾以及安排团体临时性的特别要求。

宾客关系主任的岗位职责：

1）掌握酒店各项设施情况、功能及营业时间。

2）沟通协调本部门和其他部门之间的工作。

3）及时、准确地引导进店客人，协助大堂副理解决客人投诉。

4）每日征询客人对酒店的建议，装订成册。

5）协助进店团体客人的入住登记工作。

6）如遇有宾客生病，应及时协助处理，及时向上级汇报，并做好事后慰问工作。

7）及时处理客人遗留在酒店的物品，主动帮助客人联系查找。

8）协助本部门各个岗位的日常工作，及时补充岗位空缺。

9）协助上级领导对 VIP 的迎送工作，以及 VIP 在店期间的事务处理。

10）负责大堂各岗位运作情况，如员工仪容仪表、劳动纪律、服务质量，公共区域清洁卫生、秩序，以及设备完好情况。

11）认真完成上级领导交办的其他各项任务。

其中，征求客人意见（特别是 VIP 的意见）是 GRO 的重要职责，一些高星级酒店将其形成制度，要求每天每位 GRO 必须主动向客人征集五条以上的有效意见，并进行反馈。

除上述职责外，GRO 还负责客史档案的建立、完善和管理工作。凡是通过主动拜访、客人告知、员工反映等途径获得的客人喜好、习惯、忌讳等资料，都要整理成文字，输入计算机保存。GRO 在每天查阅预订客人名单和已入住客人名单时，要做到看到熟悉客人的名字、相关资料就能及时反馈，然后按照该客人的客史记录安排相关事宜，为客人提供个性化服务。

第二节　建立良好的宾客关系

一、宾客关系管理的内涵

宾客关系也就是客户关系，是指酒店为达到其经营目标，主动与客人建立起的某种联系。这种联系可能是单纯的交易关系，也可能是通信或联盟关系。酒店十分重视宾客关系的管理。

宾客关系管理，即客户关系管理（CRM）。宾客关系管理是 Gartner 公司于 1980 年提出的。Gartner 认为，CRM 是一种以客户为中心的经营策略，它以信息技术为手段，对业务功能进行重新设计，并对工作流程进行重组。SAS 公司则认为 CRM 是一个过程，通过这个过程，企业最大限度地掌握和利用客户信息，以提升客户的忠诚度，终身挽留客户。Sybase 公司则认为，CRM 利用已有数据仓库，整合客户相关资料，使其易于进一步分析，让组织能确定和衡量现有潜在的客户需求、机会风险和成本，从而实现最大化的企业价值。《哈佛商业评论》将 CRM 定义为：将企业流程与客户战略相结合，以建立客户忠诚，增加利润。

综合各家之说，本书将酒店宾客关系管理定义为：在相关数据库和资料的基础上，最大限度地为客人提供服务，提升客人的忠诚度，终身挽留客人，实现酒店价值的最大化。

二、宾客关系的建立

（一）正确认识客人

1. 客人是“人”

把客人当“人”对待，有以下三层意思：

1）要把客人当“人”来尊重，而不是当“物”来摆布。

2）要充分理解，尊重和满足客人作为“人”的需求。

3）对待客人的不对之处，要多加宽容、谅解。

2. 客人是服务的对象

酒店和客人的交往中，双方扮演着不同的“社会角色”。服务人员是“服务的提供者”，而客人则是“服务的对象”。客人不是“教训”和“改造”的对象。

1）不要评论客人。

2）不与客人比高低、争输赢。不要为鸡毛蒜皮的小事与客人争吵，因为员工即使赢了，却得罪了客人，使客人对酒店不满，这对酒店而言没有任何好处。

3）不与客人争辩。客人不是说理的对象，在与客人交往中，服务人员不应与客人说理，尤其是当客人不满意时，不要为自己或酒店辩解，而是应当立即向客人道歉，帮助客人解决问题。

4）不要“教训”和“改造”客人。酒店会接待形形色色的客人，服务人员的职责是为客人提供服务，而不是“教训”或“改造”客人。

【运营透视 6-3】

开门的启示

一天，1917房的徐先生气冲冲地跑到总台，把房卡狠狠地在台面上一摔，说道：“你们是怎么搞的，我的房门又打不开！早上已经换了一张，现在又没用了，你们想气死我呀！”大堂副理到场处理，先安慰了客人，让他不要生气，后迅速地把房卡读了一遍，的确是1917房，时间也对，应该是可以打开的。为确保无误，大堂副理又重新做了一张新卡，并陪同客人一起去房间。当时客人还很恼火，说：“早上就打不开了，是服务员给我开的门，我到总台换了一张卡，没想到回来还是打不开。”

到了房间，大堂副理却发现房卡没有问题，这种情况很可能是客人没有正确使用房卡，插反了方向。于是，大堂副理把门关上，用慢动作再一次把门打开。这一切客人看在眼里，他心里也明白了是怎么回事。但大堂副理还是礼貌地对客人说：“对不起，徐先生！可能是刚才门锁有点小问题。”这时客人表情变了，态度也变了，忙说：“谢谢，谢谢，麻烦你了。”

评析：酒店是高新科技产品运用的地方，不要说第一次住店客人会不懂如何使用有些设施，就连经常住店的客人一时间也会摸不着头脑，这就要求我们，在带客人进房间时多介绍一下房内设施的使用方法。

行李员在带客人进房间时能够向客人说一下“带芯片的朝上”，就可以避免不必要的麻烦产生了。我们要时刻记住“客人永远是对的”。设想一下，如果当时大堂副理说：“这房卡可以开的呀，是不是您插错方向了？”正在火头上的客人会有什么反应？他会更火，可能会说：“怎么可能呢？明明是你们的门锁问题，倒变成我在找事了。”遇到内向一点的客人，他虽不说什么，但心里却会不舒服，特别是当他有朋友在场时，会感觉很丢面子。

因此，我们平时处理问题，一定不能跟客人抢“对”，把“对”让给客人，事情也就会迎刃而解。否则，就算最后证明我们是正确的，但客人感到不开心，这还能说我们是对的吗？

一句话：客人对了，我们对了；客人错了，我们也错了。

（二）掌握与客人沟通的技巧

1. 重视对客人的心理服务

酒店为客人提供“双重服务”，即“功能服务”和“心理服务”。功能服务满足消费者的实际需要，而“心理服务”是指除了满足消费者的实际需要以外，还要能使消费者得到一种“经历”。从某种意义上讲，客人就是花钱“买经历”的消费者。

前厅员工不仅要为客人提供各种方便，帮助他们解决种种实际问题，而且要注意服务的方式，做到热情、周到、礼貌、谦恭，使客人感到轻松、愉快、亲切、自豪。

2. 对待客人要谦恭有礼

斯文和彬彬有礼只能防止和避免客人“不满意”，只有“谦恭”和“殷勤”才能真正赢得客人的“满意”。所谓“殷勤”，就是对待客人要热情周到、笑脸相迎、问寒问暖；而“谦恭”，不仅意味着不能和客人“比高低、争输赢”，还要求有意识地把“出风头的机会”全都让给客人。如果说酒店是一座“舞台”，服务员就应自觉地让客人“唱主角”，自己“唱配角”。

3. 对待客人要善解人意

给客人以亲切感，除了要做“感情上的富有者”以外，还必须“善解人意”，即能够通过察言观色，正确判断客人的处境和心情，并能根据客人的处境和心情，做出适当的语言和行为反应。

4. 反话正说

反话正说，就是要讲究语言艺术，特别是掌握说“不”的艺术，要尽可能用“肯定”的言语，去表达“否定”的意思。

5. 否定自己，而不要否定客人

在与客人的沟通中出现障碍时，要善于否定自己，而不要否定客人。比如，应该说“如果我有什么地方没有说清楚，我可以再说一遍”，而不应该说“如果您有什么地方没有听清楚，我可以再说一遍”。

6. 投其所好，避其所忌

客人有愿意表现出来的长处，要帮他表现出来；反之，如果客人有不愿意让他人知道的短

处，则要帮他遮盖或隐藏起来。比如，当客人在酒店“出洋相”时，要尽量帮客人遮盖或淡化，决不能嘲笑客人。

第三节 客人投诉及其处理

酒店受理客人投诉的主要场所是前台和餐厅。不少酒店客房和餐饮的营业收入是整所酒店经营收入的两大支柱，前台、客房部和餐饮部接待的客人人数较大，因此投诉客人多为住客、食客，投诉场所多在前台、餐厅，是合乎常理的。前台和餐厅是酒店直接对客人服务的营业场所，食客对食品质量的投诉往往是通过餐厅而非厨房，住客对客房设施的投诉往往是通过前台而非工程部。因此，前台、客房和餐厅的服务人员和管理人员要了解投诉原因，了解客人的心理活动，掌握接待投诉客人的要领和处理客人投诉的方法，正确运用投诉处理技巧，妥善处理投诉。这样不仅会使工作变得轻松、愉悦，而且对提高酒店服务质量和管理水平、赢得回头客具有重要意义。

一、客人投诉的类型和意义

（一）投诉的原因

投诉是指客人对酒店的设备、服务等产生不满时，以书面或口头的方式向酒店提出意见或建议。往往由大堂副理代表酒店受理客人的投诉；处理客人投诉的过程，也是酒店与客人建立良好宾客关系的过程。

就酒店服务而言，客人投诉的原因和环节是多方面的，既有酒店方面的原因，也有客人方面的原因。

1. 酒店方面的原因造成的投诉

酒店方面的原因主要表现为：消费环境、消费场所、设施设备未能满足客人的要求；员工业务水平低，工作不称职，岗位责任混乱，经常出现工作过失；部门间缺乏沟通和协作精神，管理人员督导不力；对客人尊重程度不够；服务指南、宣传手册内容陈旧、说明不详实等。

2. 客人方面的原因造成的投诉

客人方面的原因表现为：对酒店的期望要求较高，一旦现实与期望相去太远，就会产生失望感；对酒店宣传内容的理解与酒店有分歧；个别客人对酒店工作过于挑剔，或因个人情绪不佳而在酒店内借题发挥等。

【运营链接 6-2】

如何正确看待投诉？

客人投诉意味着客人的某些需要未能得到满足，实际上，投诉还是客人对酒店、对酒店员工服务工作质量和管理工作质量的一种劣等评价。任何酒店、任何员工都不希望有客人投诉自己的工作，这是人之常情。然而，即使是世界上最负盛名的酒店也会遇到客人投诉。成功的酒店善于把投诉的消极面转化成积极面，通过处理投诉来推动自己不断工作，防止投诉的再次发生。正确认识客人的投诉行为，不仅要看到投诉对酒店的消极影响，更要把握投诉所隐含的对酒店的有利因素，变被动为主动，化消极为积极。

我们应以积极的态度对待客人的投诉。一般来说，大多数客人都是通情达理的，即使遇到个别爱挑毛病的客人，也应本着“宾客至上”的宗旨尽可能满足其要求；但应遵循一个原则，即在维护酒店利益的同时使客人满意。

（二）投诉的类型

根据客人投诉内容的不同，可分为：对酒店某工作人员服务态度的投诉、对酒店某项服务效率低下的投诉、对酒店设施设备的投诉、对服务方法欠妥的投诉、对酒店违约行为的投诉、对商品质量的投诉等。

1. 对酒店某工作人员服务态度的投诉

对服务员服务态度优劣的甄别评定，虽然会根据不同消费经验、不同个性、不同心境的客人对服务态度的敏感度而不同，但是评价标准不会有太大差异。尊重需要强烈的客人往往以服务态度欠佳作为投诉内容，具体表现为：①服务员待客不主动，给客人以被冷落、怠慢的感受；②服务员待客不热情，表情生硬、呆滞甚至冷淡，言语不亲切；③服务员缺乏修养，动作、语言粗俗、无礼，挖苦、嘲笑、辱骂客人；④服务员在大庭广众中咄咄逼人，使客人感到难堪；⑤服务员无依据地乱怀疑客人行为不轨。

2. 对酒店某项服务效率低下的投诉

如果说以上投诉是针对某位服务员的，那么以下内容的投诉往往是针对具体的事件而言的，如：餐厅上菜、结账速度太慢；前台入住登记手续烦琐，客人等待时间太长；邮件迟送达，耽误客人大事；等等。在这方面进行投诉的客人有的是急性子，有的是要事在身，有的确因酒店服务效率低而蒙受经济损失，有的因心情不佳而借题发挥。

3. 对酒店设施设备的投诉

因酒店设施设备使用不正常、不配套、服务项目不完善而让客人感觉不便，也是客人投诉的主要内容。如客房空调控制、排水系统失灵，会议室未能配备所需的设备，等等。

4. 对服务方法欠妥的投诉

因服务方法欠妥，而对客人造成伤害，或使客人蒙受损失。如：夜间大堂地面打蜡时不设护栏或设标志提示，以致客人摔倒；客人延期住宿，总台催交房费的语气被客人理解为服务员暗指他意在逃账；意外烫伤客人；等等。

5. 对酒店违约行为的投诉

客人发现酒店曾经做出的承诺未兑现，或客人对酒店提供的物品或服务不满意时，会产生被欺骗、被愚弄、不公平的愤怒情绪。如酒店未兑现给予优惠的承诺，某项酒店接受的委托代办服务未能按要求完成或过时不回复等。

6. 对商品质量的投诉

酒店出售的商品主要是客房和食品。客房有异味，寝具、食具、食品不洁，食品未熟、变质，客人怀疑酒水是假冒伪劣品等，均可能引起投诉。

7. 其他（酒店方面）原因

其他（酒店方面）原因还包括：服务员行为不检、违反有关规定（如向客人索要小费），损坏、遗失客人物品；服务员不熟悉业务，一问三不知；客人对价格有争议；客人对周围环境、治安保卫工作不满意；客人对管理人员的投诉处理有异议；等等。

（三）投诉的意义

投诉是酒店管理者与客人之间沟通的桥梁，对客人的投诉应该有正确的认识。投诉是坏事，也是好事。投诉可能使相关部门或人员感到不愉快，甚至受到处罚；接待客人投诉也不是一件令人愉快的事情。但投诉又是一次机会，能告知酒店服务和管理中存在的问题，使酒店能对症下药地改进服务和管理，给了酒店第二次机会提供优质的服务。

具体而言，客人投诉的意义主要表现在以下三个方面。

1. 帮助酒店发现服务与管理中存在的不足

客人是酒店产品的直接消费者，对酒店服务中存在的问题有切身的体会和感受，因此他们更容易发现问题，找到不足。

2. 给了酒店第二次机会将“不满意”的客人转变为“满意”的客人

研究表明：使一位客人满意，就可以招揽 8 位客人上门，如因产品质量不好而惹恼了一位客人，则会导致 25 位客人从此不再上门消费。因此，酒店要力求让每一位客人满意。客人投诉，是客人通过正常的渠道表达他们的不满，为酒店提供了一次很好的机会，将“不满意”的客人转变为“满意”的客人，可以消除客人对酒店的不良印象，减少负面宣传。

3. 有利于酒店改善服务质量，提高管理水平

酒店可以通过投诉来不断发现经营管理和服务中存在的问题，并采取有针对性的措施解决问题，进而改善服务质量，提高管理水平。

二、客人投诉的处理方法

（一）投诉客人的类型

1. 理智型

这类客人在投诉时情绪显得比较压抑，他们力图以理智的态度、平和的语气和准确清晰的表达向受理投诉者陈述事件的经过及自己的看法和要求，善于讲道理。这类人的个性处于成人自我状态。

2. 火爆型

这类客人很难抑制自己的情绪，往往在产生不满的那一刻就高声呼喊，言语不加修饰，一

吐为快，不留余地。这类客人动作有力迅捷，对支吾其词、拖拉应付的工作作风深恶痛绝，希望能干脆利落、彻底地解决问题。

3. 失望型

情绪起伏较大，时而愤怒，时而遗憾，时而厉声质询，时而摇头叹息，对酒店或事件深深失望，对自己遭受的损失痛心不已，这些是这类客人的显著特征。这类客人投诉的内容多是自以为无法忍受的，或是希望通过投诉能获得某种程度的补偿。

【运营透视 6-4】

网络不通

2006 年 12 月 29 日，21:40，617 房间客人强烈投诉酒店网络影响其发送邮件。经查，该客人是 ×× 公司采访组的记者，要给报社发送一份非常重要的文稿，定稿时间为 24:00，此时客人焦急万分，至大堂副理处强烈投诉。

处理过程：

1. 大堂副理立即与网络主管至 617 房间向客人了解情况，经查客人计算机网络连接正常，是网络不稳定导致网络断线而非其他故障。其他房间可正常上网。

2. 经网络主管诊断，该网络断线是由于酒店路由器出现了一点小故障，一时半会没法修复，新路由器已申购但还未运到，且此时因团队入住已客满，无其他空房，无法为 617 客人换房。

3. 大堂副理了解情况后先宽慰客人，表示一定会在最短时间内解决客人发邮件的问题并提出解决方案。方案一：大堂副理借用 U 盘给客人让其复制文稿，再至商务中心发送（商务中心可正常上网）。方案二：请客人携便携式计算机至商务中心上网。

4. 客人采纳了大堂副理提出的第一个方案，大堂副理立即借来 U 盘将客人的文稿存好，几分钟后将客人的文件成功发送出去。

5. 客人对先前的强烈投诉向大堂副理表示歉意，大堂副理宽慰客人并表示理解，同时将网络不稳定暂不能马上修复的情况告之客人，对由此造成的不便希望客人谅解并向客人赠送酒店致意品，同时做出有空房立即为客人换房的承诺。

6. 最后，大堂副理将名片递给客人，表示随时乐意为其效劳，客人满意而归。

7. 大堂副理协同网络主管对全酒店网络进行全面检测，观察其他场所是否存在此情况，做好应急准备与对客解释。

8. 请总台有空房时立即通知大堂副理为 617 房间的客人换房并做好交班。

9. 将此案例记录在大堂经理日志中以备查。

评析：

酒店设施设备问题引起的客人投诉是酒店投诉类型中最常见的一种。对此类投诉，酒店除了加强对设施设备的维护保养外，更需要有行之有效的应急预案，这就要求现场管理人员有较强的灵活应变能力，对一些突发事件及投诉能快捷地做出反应，制订出解决方案。此案例中大堂副理在接到投诉后，在设施设备无法立即恢复的情况下，提出了替代办法，解决了客人发邮件的问题，从而使客人投诉得到较为圆满的解决。

（二）投诉处理的原则

坚持“宾客至上”的服务宗旨，对客人投诉持欢迎态度，不与客人争吵，不为自己辩护。接待投诉客人，受理投诉，这本身就是酒店的服务项目之一。

1. 受理投诉要注意兼顾客人和酒店双方的利益

管理人员在处理投诉时，身兼两种角色。他是酒店的代表，代表酒店受理投诉，因此他不可能不考虑酒店的利益。但是，只要他受理了客人的投诉，只要他仍然在此岗位工作，他也就同时成了客人的代表，既代表酒店也代表客人调查事件的真相，给客人以合理的解释，为客人追讨损失赔偿。客人直接向酒店投诉，这种行为反映了客人相信酒店能公正、妥善解决当前问题。为回报客人的信任，以实际行动鼓励这种“要投诉就在酒店投诉”的行为，管理人员必须以不偏不倚的态度，公正地处理投诉。

2. 对投诉的快速受理原则

接待客人投诉时，应专注地倾听客人诉说，准确领会客人意思，把握问题的关键所在。确认问题性质可按如下原则处理：

1）必要时查看投诉物，迅速做出判断。

2）向客人致歉，做必要解释，请客人稍等，马上与有关部门取得联系。

3）跟进处理情况，向客人询问对处理的意见，做简短祝词。

（三）处理客人的投诉的程序

接待投诉客人，无论对服务人员还是管理人员都是一个挑战。在客人投诉后，成功的酒店善于把投诉的消极影响转变为积极影响，通过处理投诉来促进自身工作质量的不断提升，防止同类事件的再次发生；同时把处理客人的投诉，作为与客人建立良好关系的契机。

投诉的一般处理程序如下。

1）倾听客人诉说，确认问题较复杂时，应按本程序处理。

2）请客人移步至不引人注意的地方，对情绪冲动的客人或由外地刚抵埠的客人，应奉上茶水或其他不含酒精的饮料。

3）耐心、专注地倾听客人陈述，不打断或反驳客人。用恰当的表情表示自己对客人遭遇的同情，必要时做记录。

4）区别不同情况，妥善安置客人。对求宿客人，可安置于大堂吧稍事休息；对本地客人和离店客人，可请他们留下联系电话或地址，为不耽误他们的时间，请客人先离店，明确地告诉客人给予答复的时间。

5）着手调查。必要时向上级汇报情况，请示处理方式；提出处理意见。

6）就调查情况与客人沟通，向客人做必要解释，争取使客人同意处理意见。

7）向有关部门落实处理意见，监督、检查有关工作的完成情况。

8）再次倾听客人的意见。

9）把事件经过及处理整理为文字材料，存档备查。

注意，坚持“客人总是对的”的信念。

在接待和处理客人投诉时要做到以下几点。

1）做好接待投诉客人的心理准备。首先，为了正确、轻松地处理客人投诉，必须做好接待客人的心理准备。其次，要掌握投诉客人的三种心态，即求发泄、求尊重、求补偿。

2）设法使客人消气。

3）认真倾听客人投诉，并注意做好记录。

4）对客人的不幸遭遇表示同情、理解和抱歉。

5）对客人反映的问题立即着手处理。要注意：①切不可在客人面前推卸责任。②给客人多种选择方案。③尽量给予客人肯定的答复。

6）对投诉的处理结果予以关注。

7）与客人再次沟通，询问客人对投诉的处理结果是否满意，同时感谢客人。

本章学习要点

1．大堂副理（AM）代表酒店总经理接待每一位在酒店遇到困难而需要帮助的客人，并在自己的职权范围内予以解决，包括回答客人问询、解决客人的疑难、处理客人投诉等。

2．大堂副理的主要工作内容是VIP的接待、处理客人投诉、为住店客人过生日、处理紧急事件等。

3．宾客关系主任（GRO）是一些大型豪华酒店设立的专门用来建立和维护良好的宾客关系的岗位。宾客关系主任直接向大堂副理或值班经理（DM）负责。

4．正确认识客人，客人是“人”，是服务的对象。

5．在与客人沟通时：重视对客人的心理服务；对待客人要谦恭有礼；对待客人要善解人意；反话正说；否定自己，而不要否定客人；投其所好，避其所忌。

6．投诉是指客人对酒店的设备、服务等产生不满时，以书面或口头的方式向酒店提出意见或建议。投诉产生的原因既有酒店方面的因素，也有客人自身的原因。

7．投诉客人的类型有理智型、火爆型、失望型。

8．坚持“宾客至上”的服务宗旨，对客人投诉持欢迎态度，不与客人争吵，不为自己辩护。接待投诉客人，受理投诉，要注意兼顾客人和酒店双方的利益，及时、快速地处理好。

本章思考练习

1．简述大堂副理的岗位职责与素质要求。

2．如何建立良好的宾客关系？

3．酒店处理客人投诉的基本原则有哪些？

4．客人投诉及其处理的方法有哪些？

5．在新装修了地毯的房间里，出现了两个新的烟头烫坏的洞，这时按酒店的常规要求客人赔偿，而客人则说在他入住以前就有，责任不在自己，所以不赔。而根据客房记录和我们的经验判断：这是在该客人入住后才产生的。此时大堂副理应该怎样处理？

6．一位客人前来投诉说：昨天下午外出回来时发现放在房间里的一台价值一万余元的手拍摄像机不见了。大堂副理应该怎样处理？

7．一位客人在浴缸里洗完澡，起身时由于浴缸比较滑而摔倒，多处软组织挫伤。客房服务员请大堂副理前去解决，大堂副理应该怎样处理？

本章管理实践

训练项目1 与大堂副理面对面

[实践目标]

1. 与大堂副理对话，了解大堂副理的基本工作内容。

2．调查与访问，了解大堂副理的职责与素质。

3．培养认知与自觉养成现代大堂副理的能力。

4．强化自我突破。

5．锻炼沟通能力。

[实践内容与方法]

1．以模拟酒店为单位，利用课余时间，选择一家五星级酒店和一家其他类型酒店进行调查与访问。

2．在调查访问之前，每家模拟酒店需根据所学课程知识，经过讨论制定调查访问的提纲，该提纲包括调研的主要问题与具体安排。具体可参考下列问题：①该酒店是否设置大堂副理或GRO；②重点采访一位大堂副理或GRO，向他了解他的职位、工作职能、胜任该职务所必需的素质技能等；③大堂副理或GRO的工作中有哪些你感兴趣的，并做简要分析。

[实践标准与评估]

1．实践标准：必须到实体酒店中做实地调查，并能运用本章的知识架构进行分析。

2．实践评估：①每人写出一份简要的调查访问报告。②以酒店或小组为单位，分别由酒店总经理或小组负责人根据每个成员在调研中的表现进行评估打分。③小组成员对酒店总经理或小组负责人打分。④对各酒店或小组的调研报告及其成员在讨论中的表现分别评估打分。

训练项目2 客人投诉处理

[实践目标]

1．掌握处理客人投诉的程序与原则。

2．学会与客人沟通的技巧和方法。

3．培养认知与学会处理客人投诉的能力。

4．强化自我突破。

5．锻炼沟通能力。

[实践内容与方法]

1. 观看有关大堂副理处理各种客人投诉的教学片。

2. 选用一个典型案例，教师现场做投诉处理的演示。

3. 教师给出若干案例。

4. 以模拟酒店为单位讨论一个案例的投诉类型、解决方法及处理程序。

[实践评估]

1. 实践标准：①每小组自行设计出对所讨论的案例进行处理的模拟情景对话。②各小组进行展示，展示完毕后集体讨论分析，交流意见。

2. 实践评估：①一位代表讲述该小组讨论出的投诉处理方法（要求准备 PPT 或展示板）。②每小组挑选出组员分别模拟客人、酒店员工、客务经理等，将讨论后的案例解决方案做现场情景展示。③以酒店或小组为单位，分别由酒店总经理或小组负责人根据每个成员在讨论中的表现进行评估打分。小组成员对酒店总经理或小组负责人打分。

第七章　房价与收益管理

【学习目标】

1. 掌握酒店客房价格的构成。
2. 熟悉影响客房定价的因素。
3. 熟悉客房商品的定价目标。
4. 掌握客房定价的方法和策略。
5. 熟悉客房商品价格体系。
6. 熟悉收益管理的核心思想。
7. 掌握收益管理的关键指标。
8. 掌握收益管理的具体措施。

【章前导读】

收益管理思想起源于美国航空业，该管理思想已应用于酒店业，酒店收益管理包含“五个最”，即酒店的产品能在最佳时机，以最好的价格，通过最优的渠道，出售给最合适的客人，以实现酒店收益的最大化。对于酒店经营统计中的两个关键指标——开房率、平均房价，酒店需通过收益管理达到开房率与平均房价的最佳匹配，并有效提高酒店收益。

第一节　房价的制定

在酒店营销因素组合中，客房价格是一个重要因素，是酒店主要的竞争力之一，客房价格对酒店利润会产生极大的影响。国际酒店业发展的经验表明，酒店经营是否成功、经济效果如何，在很大程度上取决于客房价格制定和决策的正确与否。

一、确定房价的基础

酒店客房价格的确定取决于房价构成各要素的支出和回报，也受到酒店经营过程中的内外部多种因素的影响。

（一）客房价格的构成与基础

客房商品的价格是由客房产品的成本和利润组成的。客房产品成本包括建造酒店的投资及产生的利息、固定资产、耗用品、维修费、经营管理费用、销售费用、营业税金等，它们是客房产品外在形式的成本组成。利润主要是指投资者或经营管理者期望获得的回报或收益。

综合酒店客房价格的构成，客房的理论价格基础主要包括三个部分：

（1）物化劳动转移的价值　物化劳动转移的价值（C）包括酒店建筑物、设施设备折旧、借款利息、修缮费、低值易耗品和物料用品价值。

（2）活劳动支出中的必要劳动价值　活劳动支出中的必要劳动价值（V）包括以工资和福利形式支付给职工的劳动报酬，即劳动力价值。

（3）活劳动支出中的剩余劳动价值　活劳动支出中的剩余劳动价值（M）包括酒店上缴给国家的税金和为投资者创造的利润。

基于酒店客房的构成和基础，得出客房理论价格公式

$$P=C+V+M$$

式中，P 是客房价格，C 和 V 是酒店客房产品的成本；M 是酒店创造的利润。

（二）影响客房定价的因素

客房商品的定价受到定价目标、市场环境和酒店内部条件的制约，合理的定价需要综合考虑影响客房定价的内外因素。

1. 定价目标

定价目标是指导客房商品定价的首要因素，产品定价应围绕定价目标进行，不同的定价目标决定了客房定价的高低和变化。

2. 投资成本与经营成本

投资成本是影响客房定价的基本要素，酒店投资者和经营管理者都期望尽快收回投资，在一定时期内需要用营业收入来偿付投资成本，并获得较好效益。因此，对客房产品进行定价时需要考虑对投资成本的偿付问题和经营成本的消耗情况，价格应确定在成本之上，否则将导致亏损，经营难以为继。

3. 供求关系

市场处于供过于求状态时，酒店应考虑降低价格；市场处于供不应求状态时，酒店应考虑提高价格；市场供求平衡时，酒店应维持当前价格不变，此即合理价格。市场供求变化的基本规律是从不均衡到均衡再到不均衡，周而复始、循环往复。因此，客房产品的定价应随供求关系的变化而不断调整。

4. 酒店的地理位置

酒店的地理位置影响酒店经营，也影响酒店定价。一般而言，位于地区中心、靠近机场和车

站、交通便利的酒店，房价可适当提高一些；地理位置不佳的酒店，应降低房价，以吸引顾客。

5. 旅游业的季节性

季节性强是旅游业的一大特点，旅游业的季节波动性直接影响酒店经营而形成淡、旺季，使客房供给和需求产生不平衡，酒店需要借助价格杠杆来调节市场需求。因此，酒店在制定客房价格时需要考虑经营的淡、旺季的价格，采取灵活的定价策略。

6. 酒店服务质量

在定价时，除考虑作为酒店硬件的设施设备成本之外，还需要考虑无形的服务质量成本，即员工的礼仪礼貌、服务态度、专业技能、服务效率和服务项目等。

7. 国家政策及行业价格政策

客房定价还受政府主管部门及行业协会等组织的制约。例如，我国为保护旅游业的规范发展、防止不正当竞争，对各等级酒店规定了最高和最低限制房价。酒店在制定客房产品价格时，需要考虑国家政策、行业规范等因素。

8. 客人消费心理

酒店进行客房定价时还应重点考虑客人的消费心理，尤其应考虑消费群体对客房产品的心理价位。

二、客房商品的定价目标

客房商品的定价目标是酒店在对其客房商品制定价格时，有意识的、要求达到的目的和标准。定价目标取决于酒店的总体目标，它是指导酒店进行客房商品价格决策的主要因素。酒店客房商品的定价目标主要有以下五项。

1. 追求利润最大化

追求利润最大化是制定客房价格最基本的目标。利润最大化分为短期利润最大化和长期利润最大化。酒店经营者必须在不同时期确定不同的价格水平。从严格意义上讲，应以长期利润最大化为追求目标，避免盲目调价和相互杀价。客房的需求量还受到除价格以外的很多不确定因素的影响，因而对需求量和成本的测算往往还要根据市场影响而变动。实践证明，高房价并不能保证实现利润最大化，而低房价也未必意味着客房利润的减少，只有适合的房价才能实现客房商品利润的最大化。

2. 追求价值最大化

追求价值最大化，即追求产品的市场价值最大化，它反映酒店客房产品潜在的或预期的获利能力和成长能力，其优点在于克服了追求利润最大化所造成的管理上的片面性和短期行为，有利于将客房产品外在形式质量与内在形式质量整合配置，增强客房产品在市场中的吸引力。

3. 提高市场占有率

酒店要提高市场占有率，就要增加客房销售量，还要提高其他设施设备的利用率。就价格因素而言，要达到提高市场占有率的目的，就要采取低价竞争策略。酒店经营者要注意低价策略的局限性：低价位并不一定能够增加客源、提高市场占有率，与其等级档次不符的低价竞争策略甚至会在行业内、消费市场上产生负面影响。究其原因：首先，客房商品需求量除了受到价格影响外，还会受其他诸如政治、经济、交通、季节等多方面因素影响；其次，低价位引起经营成本紧缩、服务质量降低，出现“低价格、低水平服务”的现象；最后，低价位影响服务质量，可能会进一步损害酒店自身形象和声誉。

4. 增强竞争力

竞争对手的价格是酒店进行客房定价时的重要参考依据。进行客房定价时，应首先了解本地区同等级的其他酒店的房价，一般来说，新酒店的房价应略低于同档次其他酒店的房价，这样才具有竞争力。但也有许多例外，如有些客人会把去某一高价格酒店消费视为身份和地位的象征，因此价格是竞争的有力手段，低价并不是有竞争力价格的唯一表现形式。酒店管理者应该根据竞争对手的情况和自己在竞争中所处地位和优劣势，制定有竞争力的价格。具有竞争力的价格主要有三种不同形式：

（1）与竞争对手同价　在少数卖方市场情况下，酒店客房商品与竞争对手的客房商品没有明显差别，而且消费者了解本地区产品价格水平，就可以采取跟随处于行业领导地位的酒店定价的方法。

（2）高于竞争对手价格　酒店的硬件设施设备水平、客房商品以及服务质量等方面，如果超出竞争对手的水平，且具有独特优势，就可以确定较高的价位，通过高价位向客人展示优质。

（3）低于竞争对手价格　在客房出售率不高、客房产品需求弹性较大、客人对价格较为敏感的市场中，低价进入市场不会损害酒店形象。如果酒店具有一定的经济实力，采取低价进入市场，就能够迅速提高市场占有率，达到有效竞争的目的。

5. 实现预期投资收益率

预期投资收益率是酒店经营方针的最重要的指标之一，也是必须考虑的客房商品定价目标之一。

三、客房定价法与价格策略

（一）客房定价的方法

在影响酒店客房产品定价的因素中，最主要的是产品成本、需求与市场竞争。酒店定价时，通常会考虑其中多个因素，因此酒店产品定价的基本方法主要有成本导向定价法、需求导向定价法和竞争导向定价法三种。

1. 成本导向定价法

成本导向定价法，也就是以成本为中心的定价法，是以酒店经营成本为基础制定客房产品价格的一种方法，用产品成本加酒店利润就是客房产品的价格。从酒店财务管理的角度看，客房产品价格的确定应以成本为基础。如果价格不能保证成本的回收，酒店的经营活动就将无法长期维持。成本导向定价法具体包括建造成本法、盈亏平衡定价法、成本加成定价法和目标收益定价法四种。

（1）建造成本法　建造成本法也称千分之一法，它以酒店总建造成本为基础计算房价。酒店总建造成本包括建筑材料费用、各种设施设备费用、内部装修及各种用具费用、所需的各种技术费用、人员培训费用、建造中的资金利息费用等。具体方法是将建造该酒店的总成本除以客房总间数，得出平均每间客房所占的建造成本，再除以1000（即乘以1‰），所得即为客房价格。其计算公式为

$$平均房价=\frac{酒店建造总成本\div 房间数}{1000}$$

【运营链接7-1】

建造成本法计算案例

某酒店总建造成本为8000万元，共有160间客房，求平均房价。

根据上述公式计算

$$\begin{aligned}平均房价&=\frac{酒店建造总成本\div 房间数}{1000}\\&=\frac{80\,000\,000\div 160}{1000}\\&=500（元）\end{aligned}$$

（2）盈亏平衡定价法　盈亏平衡定价法又称保本点定价法，在既定的固定成本、变动成本和客房产品估计销量的条件下，实现销售收入与总成本相等的客房价格，也就是酒店盈亏平衡、不赚不赔时的客房价格。它侧重于保本经营，主要用在市场不景气的情况下。计算公式为

$$客房价格=\frac{每间客房日成本额}{1-税率}$$

式中，每间客房日成本额包括客房固定成本日分摊额和变动成本部分。客房固定成本日分摊额可依据不同类型客房的使用面积进行分摊。每平方米使用面积固定成本的计算公式为

$$每平方米使用面积固定成本=\frac{全年客房固定成本总额}{客房总使用面积\times 年日历天数\times 出售率}$$

客房变动成本总额可以按客房数分摊，计算公式为

$$每间客房日变动成本=\frac{全年客房变动成本总额}{客房数\times 年日历天数\times 出售率}$$

另外，采用盈亏平衡定价法计算房价还有一个直接的计算公式，为

$$盈亏平衡点房价=\frac{全年固定成本总额}{全年销售客房数}+单位变动成本$$

【运营链接 7-2】

盈亏平衡定价法计算案例

某酒店有客房400间，每间客房分摊固定成本为150元，单位变动成本为40元，酒店年均出售率为70%，问酒店房价定为多少才能使酒店保本？

盈亏平衡点房价 =400×150÷（400×70%）+40≈254（元）

（3）成本加成定价法　酒店经营的实质就是利用资金经营酒店以获取利润，在正常经营的情况下，酒店的资金必须能够获取正常利润。这样，酒店经营者首先要运用成本加成定价法，来制定出保证酒店客房产品取得合理利润的基本价格。

成本加成定价法也称成本基数法，其定价方法是按客房产品的成本加上若干百分比的加成额进行定价，计算公式为

$$客房价格=\frac{每间客房总成本\times（1+加成率）}{1-税率}$$

按照这种定价方法，酒店客房价格可分三步确定：第一步，估算单位客房产品每天的变动成本和固定成本；第二步，用单位变动成本加上单位固定成本，以获得单位产品的全部成本；第三步，用单位产品全部成本加上成本加成额，获得客房价格。

（4）目标收益定价法　目标收益定价法也称赫伯特定价法、赫伯特公式法，由美国酒店和汽车旅馆协会主席罗伊·赫伯特于20世纪50年代首创，这种定价方法以目标收益率为定价的出发点，在已确定计划期各项成本费用及酒店利润指标的前提下，通过计算客房部应承担的营业收入指标，最终确定房价。在定价操作过程中，结合国际上普遍采用的统一会计制度，通过资产负债表和利润表，反映酒店收支状况，在预测成本支出的基础上制定价格。这种定价方法的计算结果比较准确，但需要大量的市场信息和相应的资料，其具体计算步骤如下。

第一步，估计酒店总投资额（1）。

第二步，确定正常情况下的目标收益率，并计算出目标利润额（2）：目标利润额 = 总投资额 × 目标收益率。

第三步，估计酒店的税金、保险费和折旧费（3）。

第四步，估计酒店的行政管理、水电消耗及维修保养、营销费用等（4）。

第五步，计算酒店经营总收入（5），即（2）+（3）+（4）。

第六步，估计酒店各部门的利润（不含客房部）（6）。

第七步，计算客房部应获得的利润（7），即（5）－（6）。

第八步，估计客房部营业费用（8）。

第九步，计算客房部应取得的营业收入，即（7）+（8）。

客房部营业收入 = 目标利润 + 酒店管理营业费用 − 其他部门利润 + 客房营业费用

第十步，确定客房预期销售量。

第十一步，计算客房平均房价：

$$平均房价=\frac{客房部营业收入指标}{预计客房出售间天数\times 365\times 年均客房出售率}$$

【运营链接 7-3】

目标收益定价法计算案例

某酒店有客房 80 间，预计明年的客房出售率为 75%，其成本费用及利润指标预测如下。

利润指标：产权筹资 1 000 000 元，要求达到 20% 的税后投资收益率

所得税税率：17%

折旧费：600 000 元

利息：应付抵押贷款为 4 000 000 元，年利率为 10%

财产税和保险费：32 000 元

管理费：235 600 元

营销费：141 000 元

维修保养费：163 200 元

公用事业费：73 000 元

客房部营业费用：310 000 元

餐厅营业收入：640 000 元

餐厅部门利润：占营业收入的 15%

其他营业部门的利润：38 500 元

用目标收益定价法计算客房价格：

举债筹资	4 000 000 元
产权筹资	1 000 000 元
利润指标（1 000 000×20%）	200 000 元
税前利润［200 000×（1−17%）］	240 964 元
利息（4 000 000×10%）	400 000 元
息税前利润（240 964+400 000）	640 964 元
折旧费	600 000 元
财产税和保险费	32 000 元
扣除固定费用前的收益指标	1 272 964 元
未分配营业费用	
管理费	235 600 元
营销费	141 000 元

维修保养费	163 200 元
公用事业费	73 000 元
合计	612 800 元
营业部门利润指标	1 885 764 元
减：餐厅部门利润（640 000×15%）	96 000 元
其他营业部门利润	38 500 元
客房部部门利润指标	1 751 264 元
客房部营业费用	310 000 元
客房部营业收入指标	2 061 264 元
预计客房出售间天数（75% 出售率）	21 900 元
平均房价（2 061 264 ÷ 21 900）	94 元

2. 需求导向定价法

需求导向定价法，也就是以需求为中心的定价法。各类成本导向定价法有一个共同的缺点，即忽视了市场需求和竞争因素，完全站在酒店角度考虑问题。以需求为中心的定价法是以市场导向观念为指导，从客人的需要角度出发，认为客房产品的价格主要应根据客人对产品的需求程度和对产品价值的认同程度来决定。

（1）直觉评定法　邀请客人或中间商等，在分析竞争对手的基础上，根据酒店自身的客房产品和服务水平，评定客房价格。

（2）相对评分法　对多家酒店的客房产品进行评分，按照分数的相对比例和市场的平均价格，计算客房价格。

（3）特征评分法　请消费者对不同等级酒店客房产品的可感知性、可靠性、保证性、移情性等特征进行评分，并给出每个特征的权重，以市场的平均价格乘以每个特征的权重，得出客房价格。

3. 竞争导向定价法

竞争导向定价法是以竞争为中心的定价法，以酒店面临的竞争环境作为制定房价的主要依据。处于激烈竞争中的酒店，往往会把对抗竞争或占有一定的市场份额作为定价的出发点。

（1）随行就市法　随行就市定价法是在竞争激烈、可以用价格定差别的时期，酒店普遍采用的一种方法。它以竞争对手客房产品的平均价格水平作为定价依据，但对本酒店的成本和市场需求考虑较少。价格制定者认为市价在一定程度上反映了行业的集体智慧，随行就市定价能使本酒店获得稳定的收益，降低定价的风险。

（2）率先定价法　率先定价法是指酒店根据市场竞争环境，率先制定出适销对路、符合市场行情并为客人所接受的产品价格，以吸引客人，争取主动权的定价方法。在激烈的市场竞争中，特别是在市场需求表面停止而潜在增长的情况下，谁率先制定出符合市场行情的价格，谁就有了占领市场的有力武器，也就拥有了竞争取胜的基础，当然，在使用这种方法的时候也应考虑其中存在的一定风险。

从上可以看出，不同的客房定价方法有不同的前提与特点，要想确保客房定价的成功，酒店就应根据不同方法，综合各种影响因素，确定适合自己酒店的客房价格。

（二）客房定价策略

客房定价策略是酒店在特定的经营环境中，为实现其定价目标所采取的定价方针和价格竞争方式，具体表现在对各种定价方法的有效选择上。研究和制定有效的客房定价策略，是实现客房定价目标的重要环节。

1. 新产品定价策略

新产品的定价是酒店经营决策中一个很重要的问题，它关系到新产品是否能及时打开市场、占领市场并获得满意的经济效益。

（1）撇油定价策略　撇油定价策略是指对新产品采取高价投放市场的策略，以便在短期内获得高额利润，尽快收回投资。这种定价策略一旦成功，就可以及时收回投资，也可为后期降价竞争创造条件，但这种策略的风险较大，如果客人不接受高价，则会因销量少而难以收回投资。所以这种定价策略比较适用于有鲜明特色且其他酒店在短期内难以仿制或开发的新产品。例如一些具有主题特色的豪华精品酒店，刚出现在酒店业市场时就把客房价格定得比较高，一个标准间往往要每晚 1500 元左右，通过这种定价策略，可以获得较高的营业利润，但是高价也可能导致入住率不高。

（2）市场渗透定价策略　市场渗透定价策略是指对新产品采取低价投放市场，以便增加销量、扩大市场占有率的策略。这种定价策略有利于尽快打开新产品的销路，争取产品迅速成熟完善，以提高产品的市场占有率；同时，还可以防止竞争者参与竞争。例如，某些酒店推出新型网络团购产品时，制定的房价几乎只有门市价的五六成，以这种低价策略来吸引众多的客人，并期望形成一定的知晓度和影响力。但这种定价策略不利于尽快收回对新产品的投资，影响产品后期的提价销售。

2. 心理定价策略

心理定价策略是指酒店为了刺激和迎合客人购买的心理特点，对产品价格进行一定调整的策略。常用的心理定价策略有以下几种。

（1）尾数定价　尾数定价又叫零头定价，是指酒店确定的产品价格以“零头”为尾数，而不是以“整数”为尾数。例如，某酒店的标准间房价本来是 300 元，现在却定价 299 元，让客人认为“这家酒店的标间只要 200 多元”，其实 299 元和 300 元的价格只相差 1 元。

（2）声望定价　声望定价是指酒店有意识地把客房的价格定高，以此来提高客房和酒店的档次与声望。这种定价策略的依据在于，人们经常把价格的高低看作产品质量的标志，所以有些客人把入住高档酒店和高档客房作为彰显自己身份和地位的一种手段。

（3）吉祥数字定价　吉祥数字定价是指酒店产品的价格采用与汉语中“发”“顺”等吉祥字谐音或相关联的数字，从而满足客人某种心理需求的一种定价策略。例如，酒店可使用 888

（发发发）元、168（一路发）元、568（我顺发）元作为客房的价格，以此来吸引客人的眼球。

3. 折扣定价策略

折扣定价策略是指酒店在明确公布的客房价格的基础上，给予客人一定比例的折扣或优惠。常见的折扣定价策略有以下几种。

（1）数量折扣　数量折扣是指根据客人购买酒店客房产品数量的多少，实行一定比例的折扣。购买数量越多，折扣也就越大。数量折扣可分为累积数量折扣和非累积数量折扣。

1）累积数量折扣。这种数量折扣是指购买者在规定时间内，累积购买酒店产品数量达到一定数量时，给予的价格折扣。通常折扣随着购买数量的增多而增大。这种方式有利于酒店和客人之间建立长期固定的合作关系，稳定客源渠道，从而保证销售量的稳定增长。例如某公司和酒店签订协议，这家公司如果在一年内使用该酒店的客房数量达到1000间，酒店就给予20%的折扣；如果达到1500间，就给予30%的折扣，以此类推。

2）非累积数量折扣。非累积数量折扣是购买者一次性购买酒店产品达到一定数量或金额时，所给予的价格折扣。同样，购买数量越多，折扣越大。这种方式有利于鼓励和刺激购买者增大购买量，同时可以减少交易成本。有时，这种数量折扣也可采用非价格折扣的方式。例如某旅行社的旅游团一次入住酒店使用客房达到15间时，酒店就给予旅行社一间免费房，供陪同人员使用，或免费提供该旅游团的简易早餐。

（2）季节折扣　季节折扣是指酒店根据客房产品经营季节性波动较大的特点，在淡季给予客人价格折扣的策略。它有利于酒店的设施设备和服务在淡季被充分利用，从而促进酒店的正常经营。

为了提高商务酒店周末的客房出售率和风景区度假酒店淡季的客房出售率，不少酒店加强了淡季促销活动，以此来吸引家庭旅游者来店居住。例如某些酒店制定了周末度假家庭特别房价，为了招揽客人，这类房价比正常房价要低得多。但是，在制定这类家庭房价时，酒店经营者必须进行仔细的分析研究，只有在降低房价会导致销量增加，而增加的营业收入额要高于所需的变动成本时，实行这种折扣定价策略才是有意义的。

（3）现金折扣　现金折扣是指为了鼓励客人用现金付款或提前付款，而给客人一定价格折扣的优惠，以加快酒店资金的周转，减少资金的占用成本。许多酒店采用赊销的方法，但如果客人以现金付款或提前付款，酒店就可以给予他们一定的折扣。例如酒店通常在交易条款中注明“1/10，净30”，即客人在成交后10天内付款的话，就可以得到1%的现金折扣，但最迟也必须在30天内付清全部款项。酒店在采用现金折扣时，要规定好以下几个方面的内容：允许客人推迟付款的时间期限，折扣的大小，允许哪些客人赊购，对逾期未付款的客户应采取的措施，等等。

（4）同业折扣　同业折扣是酒店给予旅游批发商和零售商的折扣。例如，旅游目的地酒店给予旅行社的折扣房价和一定的佣金。同业折扣可以充分发挥中间商销售职能的作用，是稳定销售渠道的重要措施之一。

加强与旅行社的合作，是酒店经营活动的重要组成部分。酒店给予旅行社的折扣或佣金数额，是决定这些旅行社是否会向客人介绍某一酒店的重要因素之一。许多酒店制定了通过旅行社向客人推销的策略。酒店除了给予旅行社优先订房权外，还给予它们一定的佣金或折扣，各家酒店的具体做法有所不同。但要注意的是，酒店不能把净房价数额告诉客人。

总之，酒店实行折扣房价的策略，必须在事前做出计划安排。由于折扣策略的实行会使酒店的平均房价下降，因此酒店经营者必须根据本酒店的经营目标来决定酒店的房价结构，并仔细研究采用哪种折扣定价策略。折扣房价策略一经确定，就应当在实际中如实执行。如果情况发生了变化，酒店经营者应重新审议房价，制定新的定价策略。

（三）房价的检验

要知道房价的确定和实施是否取得了预期的成效，需要对房价进行检验，酒店检验房价的常用方法有：客房出售有效率分析和客房最大利润分析。

1. 客房出售有效率分析

客房出售有效率是指酒店某一时期客房实际营业收入与营业收入最大潜力之比。例如，某酒店在 11 月份的客房出售率是 90%，实际平均房价和计划平均房价的比值是 90%，则客房出售有效率为 81%。酒店利用客房出售有效率来衡量酒店房价在施行过程中所取得的成果，以及销售人员为实现预期目标所做努力的程度。

2. 客房最大利润分析

客房最大利润分析，也称边际分析，是通过比较边际收入（MR）和边际成本（MC）来分析酒店所要实现的客房销售最大利润的方法。边际收入是指每多销售一间客房所带来的客房总收入相应增加的部分。边际成本是指每多销售一间客房所引起的客房总成本相应增加的部分。当 MR>MC 时，此时的价格是可行的，应继续扩大销售量，以提高客房经济效益。当 MR=MC 时，表明每多销售一间客房带来的收入的增加等于成本的增加，客房总利润既不增加也不减少，价格是可行的。当 MR<MC 时，表明产生亏损，客房总利润减少，应减少销售量，调整房价。

四、客房商品的价格体系

（一）客房商品的价格类型

酒店客房商品的价格体系由多种房价类型组成，主要包括门市价、追加房价和特别房价三大类型。

1. 门市价

门市价就是在酒店价目表上公布的各种类型客房的现行价格，也称原价、标准价、挂牌价或散客价。

目前，我国的酒店一般采取两种房价计价方式：一种是高星级酒店普遍使用的“含早”（包含早餐费用）房价，且早餐一般采用自助早餐的形式，提供的品种比较丰富，既包含了西餐的食品，又包含了中餐的食品，客人可以自由选择；另一种是中低档酒店普遍使用的“不含早”房价，也就是欧式计价。

【运营透视 7-1】

2019 年第四季度全国星级酒店房价指标统计表见表 7-1。

表 7-1 2019 年第四季度全国星级酒店房价指标统计表

星　级	平均房价［元 /（间·夜）］	平均出售率	每间可租房收入［元 /（间·夜）］	每间客房平摊营业收入（元 / 间）
一星级	121.45	40.79%	49.53	10 976.11
二星级	203.11	50.49%	102.51	15 687.18
三星级	249.52	53.16%	132.67	24 741.99
四星级	350.58	57.40%	201.27	39 833.10
五星级	622	62.58%	389.39	74 423.53

2. 追加房价

追加房价是在门市价格基础上，根据客人的住宿情况另外加收的房费。通常有白天房价、加床费、深夜房价、保留房价等。

3. 特别房价

特别房价是根据酒店的经营方针或其他原因，对门市价格做出各种折让的价格。酒店日常采用的特别房价有团队价、家庭房价、小包价、折扣价、免费等。

二维码资源 7-01

【运营透视 7-2】

某五星级酒店房价见表 7-2。

表 7-2 某五星级酒店房价表

房价表

房间种类	房价
标准间	RMB 680
大床间	RMB 580
豪华标准间	RMB 1000
商务间	RMB 1300
普通套房	RMB 1500
法式套房	RMB 4500
英式套房	RMB 7800
加床	RMB 260

- 房价需另加收 15% 服务费
- 若无定金或确切抵店时间，预订客房仅保留至当日下午 6 时，过时将自动取消
- 退房时间为中午 12 时
- 酒店受理的信用卡有美国运通卡、维萨卡、万事达卡、JCB 卡、银联卡
- 房价如有更改，恕不另行通知

（二）酒店客房价格组合类型

酒店客房价格组合为三大类型：基本价格、优惠价格和合同价格。组合类别和具体内容等见表 7-3。

表 7-3 酒店客房价格组合设计

序号	类 别	具体内容	备 注
1	基本价格	酒店价目表公开列出的要求客人支付的普通价格，酒店客房标价及菜单上的标价，均属于基本价格和市场价格	包括成本导向法、利润导向法、营销导向法和竞争导向法
2	优惠价格	酒店在基本价格的基础上制定的各种折扣价格，酒店可通过价格上的优惠在市场营销及其他方面获得利益，这些利益足以补偿价格方面的损失	包括数量折扣、季节性折扣、付款条件折扣、现金折扣等
3	合同价格	也称批发价，是酒店给予中间商的优惠价，中间商为酒店推销产品、提供服务、开展宣传，并从中获得利润	与酒店定期协商（一般一年一次），以确定散客和团体的优惠价

（三）不同类型客房价格系统

根据客房类型的不同，客房价格系统包括季节房价、特别房价、免费房价、日价、等待价和预付价，具体如图 7-1 所示。

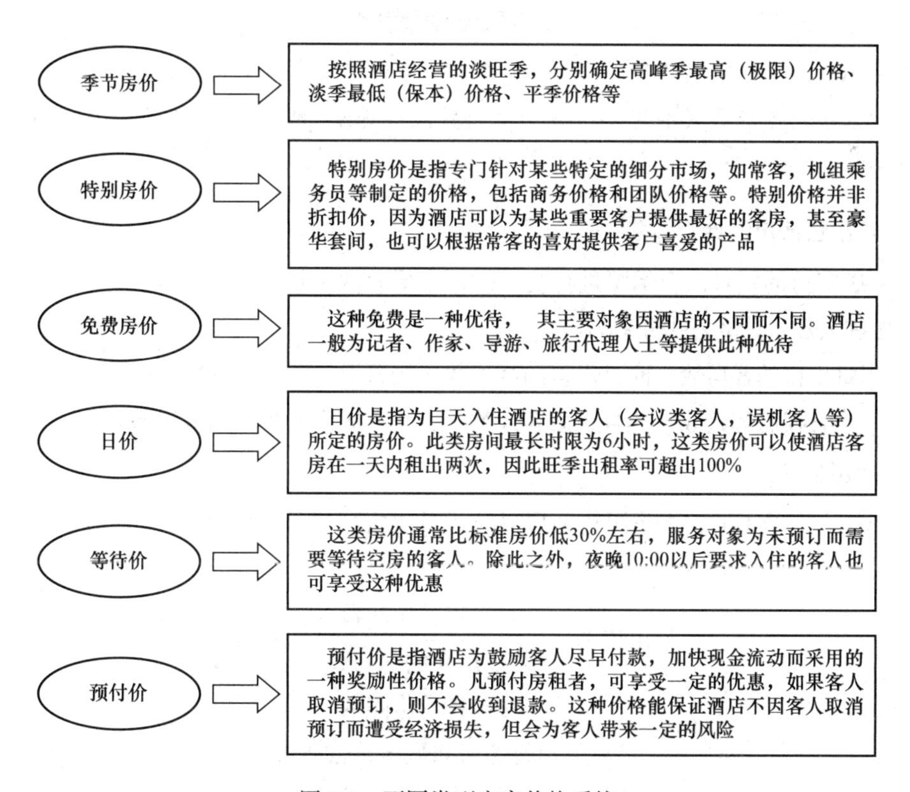

图 7-1 不同类型客房价格系统

第二节　平均房价控制与收益管理

开房率和平均房价是在酒店经营统计分析中较为重要的两个指标，酒店需通过收益管理达到开房率与平均房价的最佳匹配，并有效提高酒店收益。

一、开房率与平均房价的关系

（一）开房率

开房率又称为客房出售率，是指酒店已经出售的房间数和可供出售的房间数的百分比。它表明了酒店客房的利用情况，是反映酒店经营管理水平和经济效益的一个重要指标。计算公式为

$$\text{开房率}=\frac{\text{已出售的房间数}}{\text{可供出售的房间数}}\times 100\%$$

式中，可供出售的房间数并不是酒店建设的房间总数量，而是酒店客房总数量减去自用房、维修房及其他暂时不可用房间数之后的数字。

【运营链接 7-4】

开房率计算案例

酒店有100间房，昨天实际销售了85间房，昨天有值班房1间、维修锁房1间、预留免费房1间，那么，酒店昨天的可供出售的房间数应该是97间。则酒店昨天的开房率为85/97×100%=87.63%。

1. 当日出售情况统计

在对酒店客房的每日出售情况进行统计时，主要有两个指标需要核算：当日出售的客房数和当日在店客人数。计算公式分别为

$$\text{当日出售的客房数}=\text{昨日出售的客房数}-\text{当日退房数}+\text{当日新出售的客房数}$$

$$\text{当日在店客人数}=\text{昨日在店客人数}-\text{当日离店客人数}+\text{当日抵店客人数}$$

2. 客房出售率统计

根据统计周期的不同，客房出售率可以分为日出售率、月出售率和年出售率，其计算公式分别为

$$\text{日出售率}=\frac{\text{日出售的房间数}}{\text{可供出售的房间数}}\times 100\%$$

$$\text{月出售率}=\frac{\text{月出售的房间数}}{\text{可供出售的房间数}\times\text{月营业天数}}\times 100\%$$

$$\text{年出售率}=\frac{\text{年出售的房间数}}{\text{可供出售的房间数}\times\text{年营业天数}}\times 100\%$$

3. 客房双开率

一间客房同时有两位客人入住，称两个占用房，两人占用房数在总出售房数中所占比例，称两人占用房比例，即客房双开率。计算公式为

$$客房双开率=\frac{双开房间数}{可供出售的房间数}\times 100\%$$

假定酒店客房是单人或双人使用，那么其计算公式为

$$客房双开率=\frac{客人数-已售客房数}{已售客房数}\times 100\%$$

【运营链接 7-5】

双开率计算案例

例 1：

酒店共有 150 间客房，将 100 间客房售给 150 位客人，则

$$开房率=\frac{100}{150}=67\%$$

$$双开率=\frac{150-100}{100}=50\%$$

例 2：

某酒店下榻客人数为 140 人，当日出售客房数 90 间，其客房双开率为多少？

$$双开率=\frac{140-90}{90}\times 100\%=55.6\%$$

4. 开房率的控制

开房率是酒店经营中所追求的主要经济指标，但并不是开房率越高越好，一般来说，比较理想的平均开房率应该在 75% ~ 80% 之间，最高不能超过 85%（全年的平均开房率达到 85%，就意味着旺季一定会超过 100%）。这是因为：首先，如果酒店的开房率过高，那么客房的设施用具就会得不到正常的保养和维修，客房的管理也容易出现混乱，客房员工长期得不到休整和培训，就会出现“破坏性经营”的现象；其次，酒店属于服务行业，与酒店有业务往来关系的人士来往很频繁，因此就需要留少量的免费客房，用来接待这些客人，这既是一种不可缺少的社会交际，也是酒店的一种业务广告；最后，酒店还需留有一定的客房用来做紧急情况下的调用，如接待重要会议、重要客人下榻酒店等。

当然，在对开房率进行控制的同时，也应体现工作的机动性，全年各月的开房率根据实际情况可高可低。例如：旅游旺季，开房率可达到 90% 以上，甚至 100%；而旅游淡季则要相对低一些。总之，使全年的平均开房率保持在 75% ~ 80% 这个水平是最为理想的。

（二）平均房价

1. 平均房价的概念与计算公式

平均房价也称为实际平均房价，是指酒店实际客房净收入（房费）与实际销售客房数的比值，其计算公式为

$$平均房价=\frac{客房净收入}{已出售房间数}$$

式中，平均房价是指酒店各个房型产生收入总和后的平均房价，在实际工作中，每个房型对应的每个细分市场，价格是不同的。比如，豪华标准间这个房型，定价方面既有门市价格，也有前台散客折扣价格（通常会根据季节变动折扣），还有会员价格、团队价格等。不同细分市场的客人对价格的敏感度不同，不同细分市场的不同房价可以帮助酒店更好地在该细分市场开展具体营销工作。

【运营链接 7-6】

平均房价计算案例

某酒店某日客房的收入为 24 000 元，酒店共 100 间客房，售出客房 60 间，则

$$平均房价=\frac{24\,000}{60}=400（元）$$

除了总平均房价，平均房价类型还包括散客平均房价、团队平均房价和长住客平均房价，其计算公式分别是

$$散客平均房价=\frac{散客房费收入}{散客占有客房数}$$

$$团队平均房价=\frac{团队客房费收入}{团队客占有客房数}$$

$$长住客平均房价=\frac{长住客房费收入}{长住客占有客房数}$$

2. 理想平均房价

理想平均房价是指酒店各类客房以现行牌价按不同的客人结构出售时可达到的平均房价。计算理想房价时，要结合计划期内的客房出售率、双开率及客房牌价（尽量避免破坏式经营）。计算方式为：针对一定时间内，从计算最低价到最高价出售客房和从最高价到最低价出售客房而得出的客房价格平均值。

【运营链接 7-7】

理想平均房价计算案例

某酒店共有客房 400 间，其客房类型与牌价见表 7-4。预计未来该酒店客房出售率可达

80%，双开率 30%，计算期为 12 个月，求其理想平均房价。

解：根据已知条件，该酒店的理想平均房价计算如下

① 从低档到高档，计算平均客房价格（低价出售客房平均房价）。

为客人排房，从最低档的单人房开始，依次向高一档的客房类型推进，直到排完为止。

表 7-4　某酒店客房类型与牌价

客房类型	数量（间）	牌价（元）	
		1 人住	2 人住
单人房	50	140	/
标准间	270	200	260
普通套房	40	300	400
高级套房	10	450	600

酒店每天开房数　400×80%=320（间）

双开客房数　320×30%=96（间）

A. 每日客房收入　50×140=7000（元）

270×200+96×60=59 760（元）

该酒店每日客房总收入　7000+59 760=66 760（元）

B. 平均客房价格　66 760/320=208.6（元）

② 从高档到低档，计算平均客房价格（高价出售客房平均房价）。

为客人排房，从最高档房开始，依次向低一档的客房类型推进，直到排完为止。

A. 每日客房收入　10×450+10×30%×（600−450）=4950（元）

40×300+40×30%×（400−300）=13 200（元）

270×200+270×30%×（260−200）=58 860（元）

该酒店每日客房总收入　4950+13 200+58 860=77 010（元）

B. 平均客房价格为　77 010/320=240.7（元）

③ 理想平均房价　（208.6+240.7）/2=224.7（元）

在实际运作中，若酒店实际平均房价高于理想平均房价，就说明酒店经济效益好，酒店可获得较为理想的盈利。这种比较也能在一定程度上反映酒店牌价是否适应市场实际状况。若两者相差甚远，则说明牌价过高或过低，酒店应做适当调整。

（三）开房率与平均房价

开房率和平均房价是酒店经营统计分析中较为重要的两个指标，两者一般呈反比。客房收入与开房率和平均房价相关，但高开房率未必有高收入，高平均房价也未必有高收入；两天的收入等同，也不意味着平均房价与出售率等同。在出售房间数相同的情况下，平均房价越高，收入越高。需要注意的是：开房率等同，即变动成本没有增加，此时平均房价越高，收入也越高，利润自然增加；在

二维码资源 7-02

平均房价相同的情况下，出售房间数越多，收入越高。同时也要注意：出售房间数越多，变动成本费用会增加。为达到开房率与平均房价的最佳匹配，酒店需采用收益管理以有效提高客房收入。

二、平均房价的控制

制定了酒店客房价格之后，一定要建立房价调整约束制度，即使房价具有严肃性与稳定性的同时，在实际运用过程中又有弹性。

1. 严格执行房价制度

管理人员必须让前厅销售人员全面了解和掌握已建立的各项政策和制度，如：优惠房价的批报制度，酒店房价优惠的种类、幅度及对象，各类特殊用房的留用数量，有关管理人员对优惠房价所拥有的决定权限，前厅销售人员对标准下浮比例的决定制度，房价执行情况的审核程序和要求，等等。

【运营透视 7-3】

职业道德与企业伦理——优惠房价失去客人

背景与情境 在盛夏的旅游旺季，正是北戴河某酒店接待客人的繁忙时期。酒店总经理根据来自全国各地的客人与酒店的不同业务关系，分别给予不同的优惠房价。为了便于前厅总台销售客房，总经理将需要给予优惠房价的客人名单及具体打折数目列了一个清单，交给了总台，打折的幅度从七折到九折不等。一天，与酒店有业务关系的一位客人来到酒店总台。酒店某实习生接待了这位客人。实习生查阅客人登记资料，该客人属于总经理给予打折优惠的客人，且总经理给打了八五折。实习生告诉客人："酒店总经理关照给您的房价打八五折。"客人一听很高兴，连声道谢，非常满意。这时，实习生拿出总经理开列的打折清单，指着客人的名字说"您看，这是总经理定的优惠价格"。客人接过清单一看，自己名下确实是八五折，忙说"好，好，就这样吧"。等他一看其他人名下的折扣，不由得笑容消失而皱起了眉头，问道："都是你们酒店的客户，怎么给别人打七折、八折，给我却打八五折？"实习生亮清单亮出了麻烦，不知如何答复客人。客人生气地把清单摔给实习生，愤然离店而去。酒店总经理得知此事后十分生气，但又无可奈何地说："这位实习生的头脑怎么简单到如此地步？素质太差了！"

问题 案例中的实习生对房价制度执行得如何？它的行为符合职业道德和企业伦理要求吗？

分析提示 酒店总经理对部分客人的房价给予优惠是一种营销策略，对增进与客户的友情、吸引客源、拓展业务是有益的。但客户与酒店的业务关系不同，对酒店经营与发展起的作用不同，也就不能同等对待。总经理给予前厅的打折清单，仅供酒店内部人员掌握，绝不能泄露给客人，这是酒店内部的机密文件，是不能外传的。所以，保守酒店机密是每位员工的职责。本例中的实习生不守酒店机密，错误地把打折清单交给客人看，把已经很满意的客人惹得不满意。实习生泄露了酒店机密，又得罪了客人，更让酒店陷入被动局面，严重影响客人与酒店的关系，后果是严重的。他的行为不符合职业道德和企业伦理的要求。

2. 适时采用房价限制措施

限制房价的目的是提高客房实际平均价格，实现酒店客房收益最大化。市场不断变化，当酒店客房的出售率产生较大变动，能够预测到未来某个时期的客房出售率很高时，前厅管理人员可以采取房价限制措施，如限制出售低价房或特殊房价的客房，不接或少接团队客人，房价不打折，等等。

3. 灵活运用房价杠杆

制定酒店的客房价格后，管理人员必须密切关注市场动态，尤其是竞争对手的情况，充分考虑各种可能，确保酒店客房利润目标的实现，主要措施是调整房价，使房价更适应客观现实需要。房价的调整一般包括主动调整价格和被动调整价格两大类，具体价格调整见表 7-5。

表 7-5 酒店客房价格调整

类别		具体原因	备注
主动调整价格	降价	市场上的酒店产品供大于求，对消费者的总接待能力过剩 当酒店的生产与服务成本下降时，酒店也会通过降价来控制市场	是否可以真的增加销售量 当多数酒店都降价时，可能会爆发大规模的价格战，此时要考虑这种情况是否对自身有利
	涨价	由于通货膨胀，酒店的各种费用增加，酒店不得不涨价 消费者对酒店产品需求量的增加，此时酒店为了追求高利润，也会涨价 酒店重新装修，更换了设施设备，增加了服务项目，提高了产品质量，此时酒店也会选择涨价	一般来说，涨价会引起中间商的不满，也会对酒店营销人员的工作产生影响 酒店涨价会使酒店利润大大增加，因此仍有许多酒店坚持涨价
被动调整价格		酒店随行就市，采用这种方法来保持自身在市场中的地位 保持产品价格不变，把钱花在给客人增加利益上 采取与竞争对手相反的价格策略，同时配合其他营销组合因素，与竞争对手竞争	

酒店在进行客房商品价格调整的同时，还可以在理解客人不同需求和消费方式的基础上，对不同类型的客人进行细分，然后对不同类型的客人执行不同的房费标准。

对每种产品和服务都应画出一条理论上的需求曲线，以显示价格和消费量之间的平衡。客房具有无法储存的特性，对无法储存的客房商品，单一价格是不适用的，因为这会导致账面上出现事实上没有实现的收入。实行单一房价时，如图 7-2 所示能够获得 25 000 元收入；实行多种房价时，如图 7-3 所示，能够获得 40 000 元收入。

图 7-3 的方法是一种更为合理的方法。在这种方法中，对不同的客人采取不同的价格标准，不仅能获得更多的收入，而且能使更多的客人得到不同层次的需求满足。除差异定价外，在定价方面还应注重“价格栅栏”的设置。“价格栅栏”的设置，能有效地避免不同地区间或不同价

格的同类品，因价格差异产生客源混乱的现象。

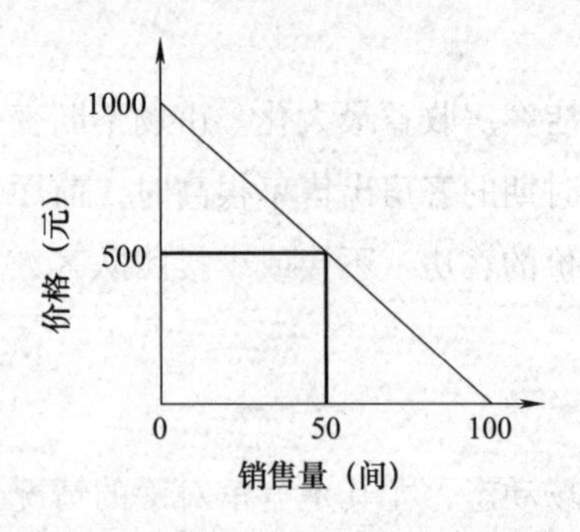

图 7-2　实行单一房价时可能获得的收入

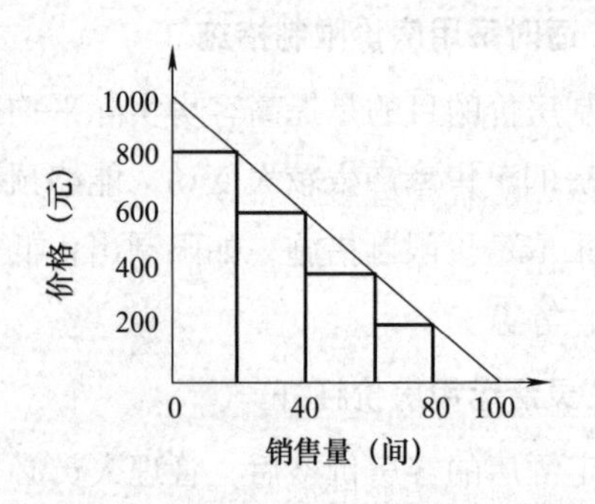

图 7-3　实行多种房价时可能获得的收入

除了按照客人细分价格及进行价格组合之外，也可以根据季节、客人数量、出行方式、出行时间等确定不同的价格，如包价旅游价格、合作性价格、周末价格、商务价格、常客价格、公司价格、亲子价格、会议价格、与景区等的合作价格、不同时间段价格等。多种客房价格能满足不同客人的需求，使客房获得更高的收益。

二维码资源 7-03

三、收益管理的核心内容和基本思路

（一）收益管理的概念及核心思想

收益管理（RM）是对未来收入预期的管理，是基于历史数据，对细分市场、产品结构、定价方式、消费习惯、销售渠道、销售时机、销售风险、风险规避等层面进行统筹分析，并给出科学、有效建议的一门学科。

收益管理的核心思想是在合适的时间，把合适的产品以合适的价格、合适的方式，销售给合适的客人。

【运营链接 7-8】

收益管理系统的诞生

收益管理兴起于 20 世纪 80 年代的美国航空业，它是指运用信息系统和价格策略，在正确的时间以恰当的价格把恰当的座位销售给恰当的顾客，从而获得最大的收益。

美国于 20 世纪 70 年代末放松了航空管制，各航空公司从 20 世纪 80 年代开始开展了激烈的价格战。价格战使各航空公司遭受了巨大的损失。航空业的有识之士于是运用收益管理的理论，开发了软件，进行各种价格水平下的关于航班和待售机票数量计算的工作，根据历史的和现时的数据提前预测每个航班在各个价格水平下的潜在需求，计算各个价格水平下的可售座位数，每日更新整理后传送给全球分销系统。这就是最初的收益管理系统。收益管理系统的出现标志着收益管理作为一种系统的管理方法得到了真正应用。

美国航空公司由于率先开发和使用了收益管理系统，在 20 世纪 90 年代初航空运输业普遍亏损的情况下平均年收入增长了6%。此后，欧洲一些国家的航空公司也先后使用了收益管理系统，平均年收入增长率达到3%～5%。今天，欧美几乎所有的航空公司都使用收益管理系统，收益管理成为航空公司生存和发展的重要工具。

（二）收益管理在酒店行业的适用性

就酒店行业而言，收益管理理念是否适用？一般来讲，需要执行收益管理策略的行业，应该具备以下特点。

1. 市场需求处于不断变化中

酒店业有着明显的淡旺季差异，且地域不同，淡旺季的周期也有差异，同时其需求差异也有明显的规律和特点，表现如下。

1）以海南为例，冬、春季节北方阴冷，更多人愿意去海南旅游，催生出海南酒店业的旺季；而夏秋季节，游客可以选择的旅游目的地更多，海南酒店就相对进入淡季。

2）城市有国际性会议，商圈内有明星演唱会、球赛等社会活动，会激发消费者对酒店的需求。

3）市场在情人节、国庆节、劳动节、春节等节假日对酒店的需求有明显的差异。比如情人节，市场对300元以下的主题酒店、精品酒店的需求明显增多，而四星级、五星级等高端豪华酒店，常会有较多房间空置。国庆节与春节则不同，因长假引发的长尾效应，促使包含酒店在内的整体旅游产业需求量呈倍数增长。

4）非旅游区度假型酒店，大多工作日的生意好于周末，常规情况下存在这样的共性：周二至周四生意最好，周五、周六次之，周日最低，周一开始有起色。

2. 市场可以细分

一般情况下，把市场分成散客与团队两大类（也有酒店把团购纳入团队统计）。而散客可以细分为前台散客、协议散客、会员散客、网络（OTA）散客等，团队可以细分为旅游团、商务团等。

如果对市场进一步细分，可以按照城市区域划分，也可以按照行业划分，比如政府类、事业单位类、金融类、院校类、互联网公司类等，不同细分市场对价格的接受程度均不相同。比如政府类和事业单位类，基于政策要求和出行差旅费预算，客人只能在规定的价格范围内选择酒店，而金融类和互联网公司类，时下正处于资本追逐的浪尖，其消费能力、消费频率均高于其他细分市场。对旅游类市场进一步细分，可分为亲子游/夏令营团队、夕阳红团队、教师团队等，细分后会发现，不同的细分市场对酒店价格接受程度不同，对服务内容和服务标准的要求也不同。

3. 产品不可储存

假设酒店有100间客房。今天早上，收入报表显示昨天的出售率是60%，即酒店只销售了60间房，那么，酒店就不能把昨天的40间空房拿来今天销售。也就是说，昨天没有销售出去的房间，对今天的销售来讲，只有分摊的固定成本，不再会有任何收入贡献。

4. 规模相关固定

假设酒店设有100间客房，其中大床房50间、双床房30间、套房20间。酒店一经建设完成，客房的总数量就不可能随时减少或增加。

5. 产品可以细分

如可口可乐公司的产品，可以分为可口可乐、雪碧、芬达等系列。产品细分可以满足不同年龄、不同性别、不同口味爱好者的需求，提高市场占有率和获得销售机会。

酒店客房也同样可以细分，假设酒店有100间客房，其中大床房50间、双床房30间、套房20间。可以根据房间的朝向、面积大小进行细分，沿街的可以观景，命名为街景大床房；不沿街的相对安静，可以称为舒适大床房。

6. 高固定成本，低变化成本

就酒店而言，成本分为固定成本与变动成本。酒店固定成本包括建设费用、装修折旧、人员工资及福利费用、库存等，其在成本中占的比重较大。这一类成本在酒店经营期间，无论出售率高与低，均长期恒定存在。而变动成本指的是日常损耗，包括布草洗涤、一次性用品消耗、水电气能源消耗等。变动成本会随着出售率的增大而增加，其费用占比相对较低。

7. 产品可以预售

酒店每天都可以对未来若干天的房间进行销售。今天可以订明天的房间，也可订下个月某天的房间，甚至可以订明年某个日期的房间。

8. 市场需求可以预测和规划管理

比如，在2021年3月5日，可以通过调取2020年“十一黄金周”期间的接待数据，评估2021年“五一黄金周”可能达到的接待量，完成初步预测。通过目前已经有的“黄金周”期间的订单量，开始关注竞争对手的价格政策，如果自己的价格过高，则客户可能会流失到竞争对手，如果自己的价格太低，则可能较早以低价把房间卖完，所以要对每一个房型、每一个销售渠道和细分市场进行规划管理，来保证收益的最大化。

综合以上分析可知，酒店业符合收益管理的使用条件，酒店管理者可以运用收益管理理念帮助酒店找到平均房价与开房率的最佳匹配，有效提高酒店收益。

（三）酒店收益管理的研究对象

酒店（尤其是其前厅部）的收益管理需要了解酒店客房收入的各项结构：一是协议客人的房租收入（包括协议公司散客和团队客人、协议旅行社或旅行团队收入、协议会议团客收入、协议长住房收入）；二是网络公司和订房中心协议房租收入；三是前厅散客房租收入。第一类、第二类房租收入基本上是由酒店营销部通过协议形式与相关企业签订的。因此，前厅的收益管理研究的重点对象是前厅散客，包括如何有效地提高散客的房价，如何充分利用酒店的和社会上的各种资源，以增加散客的消费。

二维码资源 7-04

（四）收益管理的关键指标

（1）客房出售率　客房出售率是指酒店已经出售的房间数和可供出售房间数的百分比。

（2）平均房价　平均房价是指酒店实际客房净收入（房租）与实际销售客房数的比值。

（3）单房收益　单房收益是指每间可供出售房的收入，通常用客房净收入与可供出售房间数的百分比表示。计算方法有两种：①单房收益 = 平均房价 × 出售率；②单房收益 = 客房净收入 / 可供出售房间数 ×100%。

【运营链接 7-9】

单房收益计算案例

酒店可供出售房 100 间，昨天出售率为 80%，平均房价为 138 元，今天出售率为 71%，平均房价为 188 元，求两天的单房收益。

昨天的单房收益　80%×138 = 110.4（元）

今天的单房收益　71%×188 = 133.48（元）

从两天的单房收益对比可以看出，今天的出售率虽然下降了，但是平均房价增长了，单房收益也增长了。

昨天的收入　100×80%×138 = 11 404（元）

今天的收入　100×71%×188 = 13 348（元）

从两天的单房收益与收入对比看，今天的单房收益高于昨天，今天的收入也高于昨天。

由此可见，单房收益与收入成正比，同时受平均房价与出售率影响。

（4）市场渗透指数　市场渗透指数（MPI）是指酒店的平均出售率与竞争群平均出售率的百分比。市场渗透指数表示酒店与竞争对手相比获客能力的强弱。

【运营链接 7-10】

竞争群：酒店根据自身客源特点及档次等指标，锁定 5 ~ 10 个竞争对手，简称竞争群；需注意，有些酒店因淡旺季客源结构会有变化，所以会设置多个竞争群。

市场渗透指数计算公式

$$\text{市场渗透指数} = \frac{\text{酒店的出售率}}{\text{竞争群平均出售率}} \times 100\%$$

市场渗透指数评估原则：指数高于 100%，表示酒店的获客能力（销售能力）高于竞争对手；指数低于 100%，表示酒店的获客能力不如竞争对手，应尽快调整经营策略，确保市场份额不会继续下降。

（5）平均房价指数　平均房价指数（ARI）是指酒店平均房价与竞争群平均房价的百分比。

平均房价指数计算公式

$$平均房价指数=\frac{酒店平均房价}{竞争群平均房价}\times100\%$$

平均房价指数评估原则：指数高于 100%，说明酒店的平均房价高于竞争群的平均房价；指数低于 100%，说明酒店平均房价低于竞争对手的平均房价，应考虑酒店产品定价相关问题，比如个别畅销但定价较低的房型，应该提价了。

（6）收益产生指数　收益产生指数（RGI）是指酒店的单房收入与竞争群单房收入的百分比。收益产生指数表示酒店在竞争群中单房的收益产值情况。

酒店收益产生指数计算方式

$$收益产生指数=\frac{酒店单房收益}{竞争群单房收益}\times100\%$$

竞争群单房收益计算方式

$$竞争群单房收入=\frac{竞争群所有酒店的客房收益}{竞争群所有酒店的可售房间数}\times100\%$$

收益产生指数对比原则：酒店收益产生指数高于竞争群收益产生指数，表示酒店当前价格政策与经营策略优于竞争对手，单房价值产出高于竞争对手；反之，则低于竞争对手，应考虑房价与营销策略的调整。

（五）收益管理的具体措施

1. 细分市场和客人，并进行需求预测

菲利浦·科特勒和约翰·鲍文在其《接待业和旅游市场营销》一书中指出："收益管理背后的概念是通过定价的差别来有效地管理收益和库存，而它的基础是被选择出来的细分市场的需求弹性。"每一家酒店都有自己的市场定位，但客人的分类、来源渠道和消费特点仍有许多具体的不同之处。不同类别的客人，其消费需求和消费特点也有很大的不同，因此其消费行为模式也不一样。对市场和客人进行科学细分，可以为酒店控制资源、提高收益提供准确的信息来源。

在细分市场和客人信息的基础上，就能对不同类别的客人需求进行相对准确的预测，并采用不同的预售方法和价格差异化的控制，实行动态管理和边际收益管理，把资源的使用风险降至最低。

2. 调控好散客的入住比例

平均房价和平均入住率是影响酒店客房收益的两大因素，而散客的房费收入又对酒店的平均房价有重大影响，因此应调控好协议客人和散客的入住比例，使酒店平均房价达到最大值。在酒店中，一般协议客人房价要低于散客房价，而协议客人通常是由营销部洽谈联系的，由于市场竞争激烈、酒店管理部门对营销部门的关注力度和工作压力加强，营销部门会不断地、千方百计地扩大协议客人的覆盖面并以此作为部门的工作业绩。随着营销部门协议客人覆盖面的扩大，散客的入住率会一路走低。如果要保障酒店平均房价的最大值，就需要加以协调，并根

据市场情况对营销部、前厅部各自的房费收入的历史资料进行分析，梳理出合适的散客入住比例，以抑制前厅部散客入住比例不断下滑的趋势。在实施前厅收益管理时，这个问题应引起足够重视。

3. 动态设定价格

价格是客人最敏感的消费因素，是最直接的销售管理杠杆，是酒店盈利增减的主要手段。在供大于求、竞争激烈的市场态势下，几乎所有酒店都对价格管理从单一静态价格，发展为多重价格、有市场竞争力的动态价格。动态价格包括协议公司散客优惠房价、旅游团队房价、会议团队房价、长住客房价、散客浮动房价等。对于酒店来说，在制定动态价格时，最有参考价值的数据是同一地区星级竞争对手的分类房价。

4. 控制超额预订

在本书第三章就提到过，由于预订和实际入住存在一定的差异，因此酒店通常在旅游旺季实行一定比例的超额预订以减少损失。超额预订如果做得好，可以使酒店在黄金季节达到最佳出售率，取得最大效益。但过度预订，必然会引起已预订但无法入住客人的极大不满。因此，前厅部应与营销部门相互协作，对历史数据进行分析，在此基础上确定一个比较合理的超额预订额度。

5. 控制节假日和重大活动的价格

节假日和重大活动期间往往是酒店获利的最佳时段，也是酒店管理部门和前厅部发挥管理收益系统效能的最佳时段。这一时段的管理格言应该是“该出手时就出手”，该提价时就提价，不必过多考虑其他后续影响问题。在一个短暂的“求大于供”的时机，最基本的消费心理是满足需求而不是比较价格。

6. 管理团队销售和代理销售

对于团队销售如旅行社的旅游团队价格，应根据每一阶段的市场变化，主要是该旅行社的消费总量和酒店的平均入住率、平均房价的涨落情况和本地市场的景气指数，适时进行调整和控制。对于代理销售，如网络订房代理，则可每年进行一次市场情况分析，重新调整新一期的价格。

酒店要增加网络订房的销售量，最关键的措施就是要与网络订房代理商议一个在本地区酒店中有竞争力的房价并给予网络订房代理一个阶梯式的售房奖励制度，做到双方共生共赢。

7. 充分使用网络订房和订房中心的资源

网络订房和订房中心的出现和发展，是经济市场化的必然结果，也是行业细分的结果，当今国内三大网络订房公司——携程、同程和飞猪，占据了网络订房业务中 80% 以上的市场份额，它们通过资本运作引进战略投资者并且成功上市，已稳固了市场地位。这些网络预订房“中间商”的出现，对于单体酒店或酒店集团的成员酒店来说，是一种可供利用的、成本低、收益高的资源，对于酒店原有的各种营销手段来说是一种有益的补充。这些网络订房公司都拥有汇集了数千家酒店的预订网络，一方面为客人提供更大的选择空间，贴近客人的消费心理需求；另一方面其规模又是单体酒店或酒店集团自办的预订网络无法比拟的。对酒店而言，不管是单体酒店，还是酒店集团的成员酒店，都应充分使用这些网络订房代理的资源，以提高酒店的收益率。

8. 充分利用酒店附设资源

酒店的附设资源主要是指客房之外的餐饮、娱乐设施和会议设施，这些附设资源对于前厅部的销售来说也是一种很好的产品资源。前厅部在实施收益管理时，应尽可能使前厅员工熟悉酒店这些附设资源的情况、销售价格政策和价格细则，并对前厅员工进行营销培训，制定奖励措施，有针对性地开发这些资源。

9. 比较和分析经营状况

前厅部应将每月的各种经营数据，包括入住率、各类房间、客人细分、各种附设资源销售情况，与历史数据进行比较，最主要的是与上一年数据进行比较；再结合市场上同类别的竞争对手的资料进行细致分析，把这些有参考价值的营销数据作为前厅部制定各时期房价政策的决策依据，并向酒店管理部门报告。

10. 结合客人价值进行收益管理

不同的客人其价值是不一样的，有时客人的价值不能简单地用某一项利润指数加以界定。例如在二线城市的酒店，外国宾客比较少，这时如果酒店懂得用更优惠的价格吸引较多的外国客人入住，虽然这些外国客人的入住价格低于国内客人的价格，但他们带来的综合价值，如对外国客人消费习惯、消费理念和人文情调的熟悉和传播、酒店外语操练氛围的改变等，却有着持久的、隐性的影响。

本章学习要点

1．客房商品的价格由客房产品的成本和利润构成，影响客房定价的因素包括：定价目标、投资成本与经营成本、供求关系、酒店的地理位置、旅游业的季节性、酒店服务质量、国家政策及行业价格政策及客人消费心理。

2．客房商品的定价目标有追求利润最大化、追求价值最大化、提高市场占有率、增强竞争力、实现预期投资收益率。

3．客房定价的方法包括：成本导向定价法（建造成本法、盈亏平衡定价法、成本加成定价法、目标收益定价法），需求导向定价法（直觉评定法、相对评分法、特征评分法）以及竞争导向定价法（随行就市法、率先定价法）。

4．客房定价策略有：新产品定价策略（撇油定价策略、市场渗透定价策略），心理定价策略（尾数定价、声望定价、吉祥数字定价）及折扣定价策略（数量折扣、季节折扣、现金折扣、同业折扣）。

5．客房商品的价格类型有门市价、追加房价和特别房价三大类。根据客房类型不同，客房价格系统包括：季节房价、特别房价、免费房价、日价、等待价和预付价。

6．开房率，又称为客房出售率，是指酒店已经出售的房间数和可供出售房间数的百分比。它表明了酒店客房的利用情况，是反映酒店经营管理水平和经济效益的一个重要指标。

7．平均房价，也称为实际平均房价，是指酒店实际客房净收入（房费）与实际销售客房数的比值。房价控制管理应严格执行房价制度，适时采用房价限制措施，灵活运用房价杠杆。

8．收益管理是对未来收入预期的管理，是基于历史数据，对细分市场、产品结构、定价方式、消费习惯、销售渠道、销售时机、销售风险、风险规避等层面进行统筹分析，并给出科学、有效建议的一门学科。收益管理的核心思想是在合适的时间，把合适的产品以合适的价格、合适的方式，销售给合适的客人。

9．酒店收益管理的具体措施有：①细分市场和客人，并进行需求预测；②调控好散客的入住比例；③动态设定价格；④控制超额预订；⑤控制节假日和重大活动的价格；⑥管理团队销售和代理销售；⑦充分使用网络订房和订房中心的资源；⑧充分利用管理酒店附设资源；⑨比较和分析经营状况；⑩结合客人价值进行收益管理。

本章思考练习

1．影响客房定价的因素有哪些？

2．酒店客房商品定价的目标是什么？

3．酒店客房定价的方法有哪些？

4．酒店客房的定价策略有哪些？

5．开房率是什么？应该如何核算？

6．酒店客房的极限开房率是多少？为什么？

7．平均房价和理想平均房价是指什么？分别如何计算？

8．收益管理的核心思想是什么？

9．收益管理的关键指标有哪些？

10．收益管理的具体措施有哪些？

本章管理实践

训练项目1 开房率与平均房价核算

［训练目标］

1．掌握开房率的计算方法。

2．掌握平均房价的计算方式。

3．掌握理想平均房价的计算方法。

［实践内容与方法］

练习1 某酒店客房425间，2019年5月22日酒店自用房2间，免费房1间，维修房2间，售出200间；当日客房总收入40 000元整，试计算客房出售率和平均房价。

练习2 某酒店共有客房600间，预计月出售率可达75%，9月份住店客人共计18 900人，其各房型与出售牌价见表7-6，求其理想平均房价。

表 7-6　房型与出售牌价表

客房类型	数量（间）	牌价（元）	
		1 人住	2 人住
单人房	50	60	—
标准间	500	80	100
普通套房	40	120	160
高级套房	10	200	250

训练项目 2　酒店收益管理调研

［**实践目标**］

1．与酒店运营管理者对话，以了解酒店收益管理理念的应用现状。

2．调查与访问，了解酒店如何制定房价和调控开房率。

3．调查与访问，了解酒店运营管理者如何进行收益管理。

4．培养认知与自觉养成现代酒店运营管理者的能力。

5．强化自我突破。

6．锻炼沟通能力。

［**实践内容与方法**］

1．以小组为单位，利用课余时间，选择一家五星级酒店和一家其他类型酒店进行调查与访问。

2．在调查访问之前，每个小组需讨论制定调查访问的提纲，该提纲包括调研的主要问题与具体安排。具体可参考下列问题：①酒店收益管理理念的应用；②酒店客房定价的方法和策略；③酒店开房率的调控；④酒店收益管理的具体措施。

［**实践标准与评估**］

1．实践标准：必须到实体酒店中做实地调查，并能运用本章的知识架构进行分析。

2．实践评估：①以小组为单位撰写一份简要的调查访问报告。②小组内部进行互评打分。③教师对各小组调研报告评价打分，并结合小组内部互评，对小组各成员分别评估打分。

第八章　客房设计与装修

【学习目标】

1. 了解客房的功能。
2. 了解客房设备的内容。
3. 掌握客房设备选择原则与保养要求。
4. 掌握客房设备的管理方法。
5. 掌握客房设计与装修的一般原则。
6. 了解卫生间设计与装修的发展趋势。
7. 掌握特色客房的设计要求。

【章前导读】

客房是酒店的主体，是酒店的主要组成部分。在酒店整体建筑面积中，客房面积是主要部分，一般占到了70%左右。而且，酒店在客房的装修装饰、设施设备等方面的投资比例也是非常大的，因此客房是一个酒店存在的物质基础。酒店客房设备配备是否齐全、性能是否优良，客房服务是否周到、细致等，会直接影响客人的住店体验。因此，酒店需要十分重视客房设计与装修。

第一节　客房功能与客房设备

尽管目前酒店越来越朝多功能方向发展，但是客房仍是酒店的主体部分，是酒店存在的基础。同时，客房还是客人在酒店逗留时间最长的地方，是客人的“家外之家”，客房服务质量水平的高低在很大程度上反映了整个酒店的服务质量。客房是酒店为住店客人提供暂时居住的场所，通过出售和提供配套服务而获得经济收入，为客人提供清洁、舒适、优雅、安全的住宿环境是酒店最基本的功能。

一、客房功能

客房功能的齐全与否直接影响住店客人的满意度。一般而言，酒店星级越高，客房功能越齐全。

（一）从整个酒店来看

从整个酒店来看，客房的基本功能是生产客房产品和提供客房服务。

1. 生产客房产品

客房为客人提供优雅的环境、功能齐全的客房设施设备、方便安全的客房用品等，以满足客人入住酒店的最基本的需求。酒店的经济收入主要来源于客房收入、餐饮收入和其他相关收入三个部分。从整个酒店来看，客房是酒店经济收入的主要来源，是酒店销售的主要产品。一般而言，客房收入占酒店全部营业收入的40% ~ 60%，有限服务型酒店可以达到70%以上，甚至更高。客房是酒店向客人出售的最基本的商品。

2. 提供客房服务

客房为住宿客人提供一系列服务，包括迎送服务、客房清洁服务、夜床服务、会客服务、房吧服务、托婴服务、管家服务、擦鞋服务、物品租借服务等。在具体对客服务中，由于受人力、物力、财力等因素的限制，各酒店采用不同的模式。我国传统酒店服务多采用楼层服务台模式；而与楼层服务台模式相比，宾客服务中心模式不仅节约人力成本和费用，而且具有保持楼层的安静、保护客人的隐私等优势，受到越来越多酒店的欢迎。目前，我国星级酒店普遍采用宾客服务中心模式为客人提供服务，即使有的酒店楼层设有楼层服务台，也不能由此认为采用的是楼层服务台模式。

（二）从客房本身来看

从客房本身来看，客房为客人提供睡眠、盥洗、起居、书写和储存等基本功能。客房这些基本功能的发挥离不开配套的客房设施设备。

1. 睡眠功能

舒适充足的睡眠是客人住宿的根本需求，睡眠功能是客房最基础的功能。客房通过配备床、床头柜及齐全的床上用品，以及提供干净、整洁、低噪声的住宿环境等为客人营造良好的睡眠氛围，以消除其旅行中的疲劳。其中，床的数量与规格体现了客房的等级与规格，床的质量直接影响客人的睡眠质量。

2. 盥洗功能

客房通过卫生间的设计为客人盥洗提供配套的设施设备及用品，具体包括浴缸、淋浴器、毛巾、马桶、洗脸盆、镜子、电源插座、吹风机等，以满足客人住店期间的盥洗需要。由于客人的需求不同、酒店的档次规模不同，因而卫生间区域大小不同、配套的设备也有所差异。例如，经济型酒店一般不设浴缸而采用淋浴，以节约空间及成本。

3. 起居功能

酒店等级不同，客房等级不同的最大差别在于起居休息空间的不同。为了更好地满足客人需求，客房为客人配备沙发、座椅、茶几、落地灯、电视机、电冰箱等设施设备，以供客人喝茶、饮食、接待访客、观看电视节目等，有条件的客房会在阳台提供躺椅、圆桌等，供客人赏景、阅读等，使其得以享受客房休闲时光。

4. 书写功能

对于商旅客人来说，客房办公是必不可少的。客房为客人提供了相应的书写空间，并配备相应的写字台、办公椅、台灯、计算机、梳妆镜、电话机等设施设备，以满足客人的办公需要。其中，写字台面上可放置电视机，以及一些简单的办公所需用品，如纸、笔、信封等，一般也会有酒店相关设施及服务的介绍或者当地旅游宣传册等。

5. 储存功能

客房为客人提供储存空间。一般客房储存空间主要是指设在房门进出小过道侧面的壁橱和与其紧靠的行李架，以方便客人行李、衣物等物品的储存。壁橱内可垂直墙面挂放衣服，也设有折叠衣服安放区；为了方便客人衣物存放，柜内设有小型照明灯，由柜门的开合自动控制。另外，为了保证客人贵重物品的安全，酒店特别是高星级酒店的壁橱里会配备保险箱，供客人使用。

二、客房设备

客房设备是酒店客房为客人提供客房产品过程中必需的各种基本设备。酒店要为客房提供与其等级相适应的优良设备。酒店客房的基本设备种类繁多，设备的质量、配备的合理程度及整体装饰布置的效果会影响客房价格的制定，也会影响客房的商品质量。

（一）客房设备的内容

客房设备主要包括家具设备、电器设备、卫浴设备、清洁设备、安全设备及其他配套设备。

1. 家具设备

家具设备是客人住店期间必然会用到的。家具分为实用性家具和陈设性家具两大类，酒店客房中的家具除了少量陈设性家具，例如陈列柜等，其他基本以实用性家具为主。客房里配备的家具设备主要有床、床头柜、衣柜及衣架、行李柜、写字台、座椅、茶几、沙发、电视柜等。

2. 电器设备

酒店客房需要配备各种电器设备以供客人住店期间使用。客房里配备的电器设备主要有以下几种。

（1）照明设备　酒店客房内的照明设备既包括必不可少的实用性照明设备，也包括用于营造氛围装饰用的照明设备，而且不少照明设备会同时具备照明功能和装饰功能。客房内的照明设备主要包括床头灯、台灯、吊灯、落地灯、门灯、应急灯等。

（2）电视机　目前电视机已经是每家酒店每间客房内必备的电器设备，而且随着新兴科技的应用，电视机功能越来越齐全，电视机可以丰富客人客房内的休闲生活。

（3）空调　客房使用的空调一般分为室内小型空调和集中送气的中央空调两种，空调的使用可以使客房内温度、湿度适宜，空气新鲜，使客房一年四季都保持一种让客人较为舒适的空气环境。

（4）小冰箱　为了提高客人住酒店的生活品质，也为了更让客人有一种家的感觉，酒店特别是高星级的酒店会在客房内配备小冰箱。小冰箱里会放置各类啤酒、果汁饮料、小零食等，并对应标注价格，供客人选用。

（5）电话机　酒店房间内一般会配备两台电话机，一台放置在床头柜上，另一台放置在卫生间（通常悬挂在马桶附近的墙壁上），方便客人随时接听电话。电话机功能齐全，一方面方便客人住店期间更快捷地享受各种客房服务，例如通过拨打短号快速与酒店餐饮部联系进行订餐等，另一方面也方便客人与酒店外界人员的交流。

3. 卫浴设备

客房卫生间内配备的相关设备即卫浴设备，为客人洗漱、洗浴、如厕等日常卫生清洁活动提供便利。客房内卫浴设备主要有浴缸、淋浴、吹风机、马桶、镜子、电源插座、洗脸台、毛巾架等。

4. 清洁设备

清洁设备主是让客人住店期间通过自助服务进行清洁，例如洗衣机、吸尘器、烘干机等，方便客人生活起居。

5. 安全设备

酒店应该确保客人的人身财产安全，因此客房楼层走道安装了监控器、自动灭火装置、昼夜照明指示灯、安全出口指示标志等。而客房内一般装有烟雾感应器、门上装有窥视镜和安全锁链，门后面张贴紧急疏散路线图，而且客房内也配备有灭火器，有的还有防毒面具等。

6. 其他配套设备

此处不一一赘述。

二维码资源 8-01

（二）客房设备的选择

客房设备的选择是保证客房服务质量的重要环节。客房设备的选择要符合两个基本要求：一是酒店购置的客房设备应该与酒店的质量等级相适应，酒店档次、等级越高，服务质量要求就越高，那么，客房设备的配备就越齐全、性能就越先进；二是客房所有设备的大小、颜色、款式等外观设计必须与客房整体风格相协调，陈设布置不能反差太大，影响美观。

1. 客房设备选择的原则

酒店在进行客房设备选择时，要遵循以下原则：

（1）齐全成套 齐全成套是指客房设备的功能齐全且设备间配套完整。客房设备包括家具设备、电器设备、卫浴设备、清洁设备、安全设备及其他配套设备。为不影响客人的住店体验，这些设备不仅要功能齐全，而且要布局合理、配置得当，服务项目、服务设施所需要的各种设备均要配套，如闭路电视、音响系统等的配套。

（2）经济合理 经济合理是指以相对低的成本配置相对优质的客房设备。酒店运营与管理的根本目的是追求经济利润，因此，在选购客房设备时，要考虑经济上的合理性，在保证符合酒店档次和特色的前提下，在配置最优设备的同时达到节约成本的目的，以利于提高工作效率和服务质量。

（3）使用方便 使用方便是指客房设备的使用方便、灵活。客房设备主要是供客人住店使用以满足其需求的，如果客房设备使用程序太复杂，客人需要花很长一段时间研究操作程序，这就会让客人很困扰或者难堪。因此，客房设备应该使用简单且易操作，如果确实个别设备操作复杂（例如保险柜），可在旁边配备详细的使用说明书，方便客人使用。同时，购置的客房设备还应该易于维修保养、具有较高工作效率。

（4）安全可靠 安全可靠是指客房设备运行正常，不存在安全隐患。选择客房设备时，酒店应保证采购回来的客房设备能处于良好的运行状态，即使发生故障，也可及时维修，不影响客人使用。另外，酒店要充分考虑购置的客房设备是否具备安全特性，是否有售后服务保证，以及是否装有防止事故发生的各种装置，例如电器设备的自动切断装置等。

（5）外表美观 酒店客房风格一般需要精心设计，客房内的所有设备物品不仅具有实用性，方便客人使用，还需具有艺术性，符合客人的审美需求。因此，酒店配置客房设备时，要求在外观设计上协调统一、与客房的格调一致、造型美观、款式新颖、具有可观赏性。

（6）节能环保 节能环保是指客房设备能源利用率高且不对环境造成威胁。随着水、电等资源的供应变得紧张，以及生态环境的问题愈演愈烈，人们的节能环保意识越来越强。酒店用电、用水量都比较大，在选择设备时，应该选择节能环保设备，符合市场需求。

此外，酒店选择客房设备时还应该考虑时代发展趋势，为了迎合新时代的客人住宿需求，要选择技术先进的客房设备，注重设备的发展性等。

2. 客房主要设备的选择

酒店客房设备的选择，既要考虑酒店的成本预算，也要考虑客人的实际使用感受。

（1）家具设备的选择 选购家具的要求是实用环保、构架结实、耐污染、耐高温、使用无噪声、防水防潮、配套协调、易于保养等。床是酒店为客人提供休息和睡眠的主要家具，大多数床包括弹簧、床垫和床架三个部分。客房用床要求尺寸合适，一般来说，床的长与宽有三个尺寸，即 1200mm × 1900mm、1500mm × 1900mm 和 1800mm × 2000mm，目前酒店标准双人床大多是 1800mm × 2000mm。床的高度主要考虑客人的舒适度和服务员的工作程度，一般高 550mm ~ 660mm。床头柜的高度与床的高度应该相配套，床头柜上安装有客房内的主要电器设备的开关。衣柜的深度以 550 ~ 660mm 为较理想，衣柜大小可根据客房大小来定。

（2）电器设备的选择 选购客房电器设备的要求是性能良好、节能环保、功能先进、款式美观、使用安全等，并注重在细节上做到人性化，例如电视机的电视频道要尽可能多，以供客人选择；空调温度适中，噪声小、不影响客人休息；三星级以上酒店客房必须配备小冰箱，里面的饮料或食品应尽量丰富以便满足客人需求等，

（3）卫浴设备的选择　客房卫生间是客人盥洗的空间，面积一般为 4 ~ 7m^2。客房卫浴设备主要有浴缸、马桶和洗脸盆三大件。卫生间三大件的搭配应该在色泽、风格、材质、款式等方面相协调。目前，高星级酒店一般都配备浴缸。根据不同形状，可将浴缸分为方形浴缸、圆形浴缸、椭圆形浴缸等。选择浴缸的要求是表面耐冲击、保温性良好、易清洁等，且浴缸底部应有防滑措施。大多酒店的马桶、洗脸盆多用瓷质，因为它具有美观、容易清洁保养等优点。

（三）客房设备的保养

客房设备的保养是指酒店为了保证客房设备的正常运行及消除隐患而开展的一系列定期或不定期的保护性工作。做好客房设备的保养，可以保证客房设备处于完好状态、运行正常，可以延长设备的使用寿命，降低经营成本，也有利于提升酒店的服务质量，提高客人的满意度。因此，客房服务人员应掌握各种客房设备的保养知识，做好客房设备的保养工作。

1. 客房设备保养的类型

根据不同的标准可以将客房设备保养分为不同类型。

1）按设备保养的周期，可以分为日常保养和定期保养。日常保养是指酒店对客房设备经常性的保养，这是客房设备的最基本保养。日常保养要求做到保持客房设备的清洁干净、安全可靠、外表美观、运行正常、摆放整齐等，主要是由客房服务人员通过日常工作来完成。定期保养是由工程部通过制定不同客房设备的检查与保养计划由专业人员定期进行的。

2）按设备保养工作量的大小，可以分为日常保养、一级保养、二级保养和三级保养。日常保养主要是指由客房服务人员进行清洗、润滑、检查状况等；一级保养是指客房服务人员在专业人员的指导下进行普遍的清洗、润滑、检查状况、局部调整等工作；二级保养是指专业人员在客房服务人员的协助下对客房设备进行局部解体和检查、内部清洁、润滑、更换零部件等；三级保养是指由专业人员对设备主体进行彻底检查和调整，对主要零部件进行检查与更换等。

3）按设备保养对象，可分为家具保养、电器设备保养、卫浴设备保养、清洁设备保养、安全设备保养等。

2. 客房主要设备的保养

（1）家具设备的保养　家具设备保养要做到以下几点：一是要经常性除尘，保持表面清洁，不留污渍；二是要经常开窗通风，保持空气流通，注意防潮；三是注意保持家具干爽，做好防水，清洁家具时如果不慎将水洒到家具上，应当及时用干抹布擦干；四是家具一般不要放在阳光直射的地方，如有阳光直射，可拉上窗帘，防止色泽减退；五是在橱柜、抽屉里放置樟脑丸或喷洒杀虫剂，以防止家具被虫蛀；六是使用时间较长的家具必须定期打蜡上光，保持家具美观；七是检查家具是否有螺丝松动、零件缺失等，发现问题要及时报修，以保证家具处于完好状态。

（2）电器设备的保养　电器设备应放在通风干燥、温度适中，且避免阳光直射的地方。客房服务人员对电器进行清洁时，要用柔软的干抹布小心擦拭，移动电器设备时应轻搬轻放，摆放整齐。另外，电器设备的电源线如电视机线、电话机线、落地灯线、小冰箱线等也要注意清洁，并检查有无破损，电线要整理好，以免客人摔倒，甚至损坏电器。清洁完毕后，需要检查客房内的电器设备是否能正常使用，如果出现故障，要做好记录并及时报修。

（3）卫浴设备的保养　卫浴设备的清洁与否直接影响客房对客服务满意度。对浴缸、洗脸盆、马桶等卫浴设备要勤擦洗，在擦洗时要注意清洁干净，同时也要力度适中，防止破坏其表面的光泽，一般应选用中性清洁剂。同时，还应注意检查卫浴设备是否能正常使用，例如淋浴喷头是否正常出水或水温是否合适，水龙头或淋浴喷头是否漏水等，如有发现相关问题，应及时通知工程部维修。

（四）客房设备的更新改造

客房设备会随着酒店的运营而受到磨损或出现故障等，而且随着市场需要的变化，一些客房设备会不符合客人需求，为了保证酒店的信誉和档次，酒店需要对客房设备进行更新改造。

1. 常规修整

常规修整里的部分工作属于客房部的计划卫生项目，每年至少一次，主要包括墙面的清洁、家具的修饰、常规检查和保养、设备油漆或打蜡等。

2. 部分更新

客房设备如部分灯具、水龙头、淋浴喷头、沙发靠垫等，使用五年左右很可能会出现问题，需要有计划地实行更新改造。

3. 全面改造

全面改造一般 10 年左右进行一次，它要求对市场情况进行相关调研，结合酒店成本预算与自身特色，在保证酒店整体利益的前提下，有计划、有步骤地对客房的所有设备进行彻底改造。全面更新改造的项目包括床垫、橱柜、写字台、沙发、座椅等家具，以及卫浴设备、电器设备等需要更新改造的设备。同时，酒店还应结合市场需要，增添一些符合时代趋势、客人需求的新设备。

（五）客房设备的管理

客房设备管理是酒店对客房提供对客服务过程中所必需的各种设备的采购、储存、使用、保养、更新改造和报废等所进行的一系列组织和管理工作。客房设备的有效运行是酒店提供优质服务的物质基础和支撑条件，因此，酒店需要加强对客房设备的管理。

1. 客房设备管理的意义

酒店客房设备配置是否科学合理，运行是否正常，直接关系到对客服务的质量，影响客人满意度，进而关系到酒店经济收益，因此，酒店做好客房设备的管理对客房服务人员、住店客人和酒店都有着重要的现实意义。

1）为客房服务人员生产客房产品和做好客房服务提供物质支撑。客房设备包括客人专用设备和客房服务人员工作设备。酒店客房设备是客房产品的重要组成部分，是客房服务人员赖以从事客房商品生产和服务提供的物质基础和技术保证，例如客房服务人员需要利用吸尘器打扫干净房间，吸尘器的性能会直接影响其工作的效率和效果。做好客房设备管理，为客房服务人员提供质量优良的客房设备，能有效提高客房服务人员的工作水平，而且技术先进的客房设备甚至可以提升客房服务人员的自信心与自豪感，从而提高工作满意度。

2）为客人提供整洁、舒适、优雅的住店体验。为客人提供住宿服务是酒店最基本的功能。做好客房设备管理，配置齐全、性能良好的客房设备能为客人提供整洁、舒适、优雅的住店体验。例如：舒适的床能使客人有好的睡眠；干净的浴缸能使客人舒服地泡热水澡；性能优良的空调设备，能为客人提供宜人的温度和新鲜的空气；丰富的电视频道能为客人打发休闲时间；等等。如果客房设备配置不齐全、陈旧老化等导致不能正常使用，就会极大影响原本身心疲惫的客人的情绪，极易引发投诉事件。

3）为酒店提高经济效益和树立良好企业形象。酒店是经济实体，追求经济效益是其根本目的。不少酒店客房设备价值昂贵，应做好客房设备管理，进行有效的设备成本控制，通过科学的管理方法，尽可能地延长客房设备的使用寿命，提高使用效率，最终提高经济效益。另外，酒店客房设备的配置情况与管理水平直接影响酒店形象。做好酒店客房设备管理，为客人提供满意的住店体验，可以为酒店树立良好的企业形象，获得稳定的客人忠诚度和良好的美誉度。

2. 客房设备管理的要求

做好客房设备管理就是要为客房提供与其等级相适应的优良设备，具体来说应该达到以下管理要求。

（1）购价合理　酒店客房设备品种多、投资大，采购时，如果有必要则应该“货比三家”。同时，要注意不能盲目地追求低价，应综合考虑其性价比，以相对低的价格购买合适的客房设备。

（2）供应及时　供应及时要求做到：客人住店需要时或者客房服务人员提供对客服务需要时，应该能够及时供应，以保证服务质量。

（3）控制数量　控制数量要求适当控制客房设备的采购数量，在需要时能足量供应，但同时要做到不囤积，避免设备积压而增加存货成本。

（4）保证质量　保证质量要求提供使用的客房设备应该符合相关质量标准，不购买劣质设备、存在安全隐患的设备等，保证客房设备能够满足对客需要。

3. 客房设备管理的方法

酒店客房设备种类繁多，价格悬殊，为了保证优质对客服务，节约运营成本，提高经济收益，酒店必须采用科学的管理方法对各种客房设备进行有效的管理。

（1）完善客房设备采购制度　客房设备采购，首先，客房部各业务部门需要根据经营状况提出需要增加的设备；其次，客房部根据实际需要综合衡量加以确定，报请酒店财务及采购部门进行采购。在采购过程中，采购部门应选择从设备质量优良、信誉良好、售后服务完善、价格合理的供应商处购买相应的客房设备。客房设备采购回来后，应由验收人员检查验收，确保符合采购标准。验收合格后，将客房设备按规定存放于仓库中以备领用。

（2）严格客房设备领用制度　客房各业务部门应严格按照客房设备领用制度的规定，由专人填写好客房设备领用清单，写明设备名称、规格、数量，由部门经理签字或盖章后到计划财务部报批。计划财务部应根据使用情况，批准领用项目和数量，在计划财务部负责人认可签字后，才能到仓库领用客房设备。仓库管理员要认真按照领用物品清单，填写出库单并由领用人签字，一式三联：一联库房存根、二联财务、三联记账。客房部负责人应该对领回来的设备进行严格查验。

（3）制定客房设备分类登记制度　为了对客房设备进行有效管理，客房部需要对每一件领用的客房设备进行分类和编号。分类、编号后，需要做好登记，包括建立设备台账和卡片，记下设备品种、型号、数量、价格、所归属的业务部门等，方便日后对设备定期盘查、保养等。

（4）做好客房设备分级归口管理　客房设备的日常使用和管理是由各客房业务部门、各班组共同完成的。实行客房设备分组归口管理意义重大。其中，分级就是根据酒店内部管理体制，实行设备主管部门、使用部门、班组三级管理，每一级都由专人负责设备管理，并建立设备账卡。归口是将某类设备归其使用的业务部门或班组管理，如客房的家具设备归楼层班组管理。

（5）建立客房设备岗位责任制　建立客房设备岗位责任制，能更好地实行客房设备的分级归口管理。客房各业务部门或班组有使用客房设备的权利，也要承担管好、用好客房设备的责任。客房设备岗位责任制既要明确客房各业务部门、班组、个人使用设备的权利，也要明确各业务部门、班组、个人保管好、保养好设备的责任。

（6）编制客房设备档案　建立客房设备档案有利于客房部准确掌握设备的调进、调出，对每件客房设备的使用、保养、维修和更新改造进行有效管理。因此，设备领用回客房部后，需要对每一件客房设备进行登记，建立档案；同时，还需要对每间客房所配置的设备编制客房设备历史档案，包括每间客房的设备资料、客房工作计划表等。

【运营链接 8-1】

五星级酒店客房必备项目检查表

1．至少有 50 间（套）可供出租的客房。

2．70% 客房的面积（不含卫生间和门廊）不小于 $20m^2$。

3．应有标准间（大床房、双床房）、残疾人客房、两种以上规模的套房（包括至少 4 个开间的豪华套房），套房布局合理。

4．装修豪华，具有良好的整体氛围，应有舒适的床垫及配套用品。写字台、衣橱及衣架、茶几、座椅或沙发、床头柜、全身镜、行李架等家具配套齐全、布置合理、使用便利。所有电器开关方便客人使用。室内满铺高级地毯或用优质木地板或其他高档材料装饰。采用区域照明，目的物照明度良好。

5．客房门能自动闭合，应有门窥镜、门铃及防盗装置。客房应在显著位置张贴应急疏散图及相关说明。

6．客房内应装修精致的卫生间，有高级抽水马桶、梳妆台（配备面盆、梳妆镜和必要的盥洗用品）、浴缸并带淋浴喷头（另有单独淋浴间的可以不带淋浴喷头），配有浴帘或其他有效的防溅设施。采取有效的防滑措施。采用豪华建筑材料装修地面、墙面和天花板，色调高雅柔和，采用分区照明且目的物照明度良好。有良好的无明显噪声的排风设施，温湿度与客房无明显差异。有110/220V不间断电源插座、电话副机。配有吹风机。24h供应冷、热水，水龙头冷热标识清晰。所有设施设备均方便客人使用。

7．客房内应有酒店专用电话机，方便使用。可以直接拨通或使用预付费电信卡拨打国际、国内长途电话，并备有电话使用说明和所在地主要电话指南。

8．应有彩色电视机，画面和音质优良。播放频道不少于24个，频道顺序已编辑，备有频道目录。

9．应有背景音乐，音质良好，曲目适宜，音量可调。

10．应有防噪声及隔音措施，效果良好。

11．应有纱帘及遮光窗帘，遮光效果良好。

12．应有至少两种规格的电源插座，电源插座应有两个以上供客人使用的插位，位置方便客人使用，并提供插座转换器。

13．应有与本星级相适应的文具用品。配有服务指南、住宿须知、所在地旅游景点介绍和旅游交通图等。提供与住店客人相适应的报刊。

14．床上用棉织品（床单、枕芯、被芯、被套及床衬垫等）及卫生间针织用品（浴巾、浴衣、毛巾等），材质高档、工艺讲究、柔软舒适。可应客要求提供多种规格枕头。

15．客房、卫生间应每天全面整理一次，每日或应客要求更换床单、被套及枕套，客用品和消耗品补充齐全，并应客要求随时进房清理。

16．应提供互联网接入服务，并备有使用说明，使用方便。

17．应提供开夜床服务，夜床服务效果良好。

18．应提供客房微型酒吧（包括小冰箱）服务，配置适量与住店客人相适应的酒和饮料，备有饮用器具和价目单。免费提供茶叶或咖啡。提供冷热饮用水，可应客要求提供冰块。

19．应提供客衣干洗、湿洗、熨烫服务，可在24h内交还客人，可提供加急服务。

20．应24h提供送餐服务。有送餐菜单和饮料单，送餐菜式品种不少于8种，饮料品种不少于4种，甜食品种不少于4种，有可挂置门外的送餐牌，送餐车应有保温设备。

21．应提供自动和人工叫醒、留言及语音信箱服务，服务效果良好。

22．应提供客人在房间会客服务，应客人的要求及时提供加椅和茶水服务。

23．客房内应备有擦鞋用具，并提供擦鞋服务。

第二节　客房设计与装修的一般原则

一、客房设计与装修的一般原则

客房是客人住店期间的主要活动场所，客人住店期间的生活起居依赖于客房的设计布局及客房所提供的设施设备。根据客人的活动规律与需求，酒店应做好客房设计与装修。酒店客房设计与装修应遵循以下一般原则。

（一）功能性与实用性原则

功能性与实用性原则是指客房应最大限度地通过有限空间的设计与装修来满足客人对客房的使用要求。为了给客人提供舒适的住店体验，客房设计与装修应充分考虑客房内环境布局的科学性、合理性，既能为客人提供充足的居住空间环境，又能最大限度地满足客人诸如物品储存、办公等的需求。酒店要精心设计、布置客房，为客人提供睡眠功能分区、起居生活功能分区、书写功能分区、盥洗功能分区和储存功能分区，并为每个功能分区配备齐全的设施设备。

另外，在考虑客房使用功能的同时，还要恰到好处地、充分地利用客房空间，以及考虑设施设备的实用性，保证客房设备符合客人使用要求，同时也符合客房服务人员清洁操作的需要。

（二）安全性与技术性原则

客房设计与装修时要保证客人住房环境的安全；为更好地满足客人的精神需求，要充分利用现代科学技术的最新成果。做好客房安全性设计，既是保证客人人身财产安全的需要，也是满足酒店自身财产安全、员工人身安全的需要。为保证客房安全，客房设计与装修时需要注意防火、防盗以及注意保护客人的隐私：通过使用防火、阻燃材料，设置火灾报警系统，门后张贴紧急疏散图，加强员工消防安全知识培训等，做好防火工作；通过在客房楼层安装视频监控设备，客房门上装窥视镜、安全链及双锁，加强楼层巡查等，做好防盗工作；通过定期排查客人隐私方面的安全隐患（如检查客房内是否被不法分子安装监视设备），为防止客人受干扰而将客房房门错开设计等，做好客人隐私保护工作。

空间的设计与装修要充分利用现代科学技术成果。首先，现代科学技术成果的应用是保证客房安全的技术支撑；其次，现代科学技术成果的应用为客人住店提供便捷、舒适的感受，甚至制造惊喜，例如酒店客房配备的网络专用电视集 VOD 点播、多媒体信息服务、客人住店账务管理、酒店个性化服务（如 VIP 入住时，可以为其量身订制个性化开机画面等）等功能于一体；最后，现代科学技术成果的应用不仅可以增加酒店服务特色，符合时代潮流，还能节约酒店运营成本，并提升酒店形象。

（三）经济性与合理性原则

经济性与合理性原则是指客房设计与装修要做好成本控制，客房布局、配备要科学合理。酒店客房造价本身很高，客房设计与装修费用也不菲，为了获得更多经济收益，酒店需要做好客房设计与装修的成本预算，做好成本控制，以提高投入资金的使用效率。

同时，客房设计与装修还需要科学布局、配置齐全，要符合酒店的规模、档次、标准，符合客人住店的要求，因此不能一味追求低价。酒店可以通过采购性能良好的客房设备、进行节能环保设计等措施，以较少的投入成本为客人提供布局合理、功能齐全的客房，做到既充分利用客房空间、节省成本，又满足客人的需求。

（四）方便性与舒适性原则

客房是客人在酒店逗留时间最长的场所，同时也是客房服务人员主要的工作场所，因此客房设计与装修应该让客人在住宿期间、客房服务人员在工作期间有方便、舒适的感觉。酒店应通过科学合理的客房设计与装修，使客房宽敞明亮，客用设备一应俱全，客房装饰符合客人心理需要，让客人走进房内就有一种方便舒适的心理感受。同时，还应注重客房细节性设计，例如有的酒店提供长方形的保险箱，方便客人存放笔记本电脑，甚至有的保险箱上还配备电源插座，以方便客人给笔记本电脑充电。

客房设计与装修不仅应满足客人的需要，还应考虑酒店客房服务人员工作的需求。客房的墙面、地面、家具、灯具以及其他摆设的材料选用等都要考虑满足客房服务人员清洁、维修保养的需要，例如卫生间等一些灰尘较多、常需打扫的地方用瓷砖最为理想，可以有效降低清洁的难度，为客房服务人员创造方便、轻松的工作环境。

（五）整体性与艺术性原则

整体性与艺术性原则是指客房设计与装修要保证整体风格的和谐统一，同时也要注重室内布置的美观。客房设计与装修是一门艺术，在注重功能性与实用性原则的基础上，客房的设计以及装饰布置整体上应该和谐、美观，要体现出酒店的艺术品位。通过室内环境艺术、客房和室内装饰布置的艺术设计、装饰材料和艺术处理手法的运用等，营造良好的艺术氛围，给客人创造一种艺术美的享受。

（六）生态化与人文化原则

随着生态环保理念越来越深入人心，绿色消费的呼声越来越高，客房设计与装修应融入生态环保意识，注重进行生态设计。酒店装修材料要选用天然、环保材料，设施设备要节能环保，客房物品要可回收、可降解。另外，室内温度、湿度、声响的舒适和愉悦程度等也是衡量客房内环境质量优劣的重要标准。因此，客房应做好隔音，为客人营造安静的住宿环境；空调设计和使用应在保证适宜的温度、湿度的前提下，尽可能地减少噪声，并能为客房提供充足的新风；客房灯光设计应满足客人在房间内进行办公、会客等活动的需求，同时要注意节能设计等。

客房设计与装修在环境上需要进行生态化设计，而在情感上需要进行人文化设计，突出酒店人性化、个性化客房服务，以彰显客人和酒店的文化品位。例如不少酒店推出各种特色客房（女性客房、蜜月客房、主题客房、老年人客房等）来满足不同客人的不同需求，再如为客人送上生日小礼物等，或制造各种小惊喜，给客人“家外之家”的温暖。

【运营链接 8-2】

绿色客房

《绿色旅游饭店》（LB/T 007—2015）将绿色客房定义为：绿色客房是指室内环境满足人体健康要求，设施品质高，智能化程度高，能源、资源利用率高的客房。其中还提出了绿色客房设计的要求，具体如下：

1）客房室内空气质量优良，无异味，无装修材料污染。客房新风、排风系统有效，客房新风量每小时 30 ~ 50m^3。

2）客房有良好的隔噪处理，室内噪声低于 35dB。室内设备无噪声排放。

3）客房可放置利于改善室内环境的植物。

4）客房提供优质饮用水；提供优质、恒温、压力适宜的盥洗用水。

5）客房提供优质照明。

6）客房室内设备运行，如中央空调、照明等应实现智能化控制，并方便客人使用。

7）客房采用建筑遮阳技术和自然通风。

8）客房有室内环境质量信息、棉织品更换、物品减量使用方面的告示。客房提供环保读物，提升客人环保理念。

9）客房楼层电梯应有新风系统。

10）酒店可设置自助服务区，如公共洗衣机、熨烫服务区、自助售货机等。

二、卫生间设计与装修的发展趋势

卫生间是客人盥洗、如厕等的场所，是客房重要的组成部分，是客房重要的功能分区之一。卫生间设计应该明亮舒适、方便实用，并兼顾安全、通风。一个功能齐全、精致美观、使用方便的卫生间，可以使客人心理愉悦。而且随着社会经济的进步、人们生活质量的提高，住店客人越来越重视客房卫生间的设计与装修，对卫生间的要求也越来越高。

（一）卫生间空间不断扩大

随着客人对卫生间要求不断提高，卫生间配备的设备也越来越多，而且较大的空间是确保卫生间舒适的首要条件，因此酒店卫生间空间不断扩大。为了使有限的卫生间空间显得宽敞，考虑到客人淋浴的习惯以及对卫生的要求，很多酒店特别是经济型酒店取消了浴缸的配备，而使用淋浴，这有助于扩大卫生间的视觉空间。另外，酒店通过装修设计将卫生间连接卧室的墙打通，装上方形透明玻璃，然后安上 PVC 卷帘，从而可以使卫生间与卧室连接起来，也大大增加了卫生间的视觉空间。

（二）卫生间趋向分室布局

酒店卫生间可分为面盆区、沐浴区、如厕区，这三区本在同一个空间区域，后来因为考虑到客人安全，防止客人滑倒，也为了清洁方便等原因，通过半阻隔的方式进行了干湿分区，即将沐浴区单独隔起来。再后来，有的酒店对卫生间进行分室布局，盥洗、沐浴、如厕等享有独立的空间，这种分室布局就特别适合家庭客人享用。

二维码资源 8-02

（三）卫生间功能更加丰富

酒店卫生间最基本的功能是满足客人如厕、盥洗、沐浴等卫生需要，而随着客人需求越来越多样化，卫生间的功能也越来越丰富，呈现多元化趋势。例如，有的酒店卫生间划出一定区域做成桑拿室，为客人提供蒸桑拿服务，增加了卫生间的保健功能；又如，有的酒店卫生间配备了熨斗和折叠熨衣板，方便客人整理衣物；再如，有的酒店卫生间提供直饮水装置，并贴有"节约用水"的标签，这不仅方便了客人，宣传了环保，还能节约能源。

（四）卫生间细节设计更加人性化

为了让卫生间更加方便舒适，让客人更满意，酒店卫生间越来越注重细节设计，更加人性化，体现在：卫生间内设置紧急呼叫按钮，让客人在卫生间出现紧急情况（如突发疾病）时能及时求助，提高客房卫生间的安全性；在卫生间安装音响设备，方便客人在沐浴时享受音乐，甚至安装小型壁挂电视，让客人随时收看各种电视节目，使卫生间环境更为轻松；为解决因客人使用热水而使镜面上有水蒸气，导致客人使用镜子不方便的问题，有的酒店在镜子的背面装有除水雾装置；在洗脸台下面放置装衣篓方便客人放置脏衣物，还会放置垃圾筒、体重秤等以备客人需要时使用；配置双人洗漱盆，以方便两个客人同时盥洗等。

（五）卫生间设备科技化

卫生间设备日益科技化，例如越来越多的酒店特别是高星级酒店在卫生间配备冲浪式按摩浴缸。这种浴缸宽大舒适，能够通过强劲水力为客人提供按摩保健功能，而且具备多维按摩技术，刺激人体穴位，让客人缓解身体疲倦，恢复体力。又如有的高端酒店配备全自动智能马桶，通过手感、脚感等自动翻盖，而且根据四季不同的气候调整为合适的水温、座温，如厕结束后，可自动冲洗，清洗后可自动烘干。

第三节　特色客房

特色客房是指根据本酒店实际情况、本地综合资源及不断发展变化的客人需求而特别设计和布置的客房；它可以是单间，可以是套间，或是整个楼层。随着酒店客人的需求越来越多元化，千篇一律的标准化客房模式受到了挑战，客人希望酒店客房产品和服务与众不同，客房的设计与装修能给人一种耳目一新的感觉，客房服务能让人享受一次新奇的住店体验。为了在激烈的市场竞争中脱颖而出、更好地满足市场需求，酒店除了配置各种基本的房间类型外，还会尝试提供各种具有特色的客房或者楼层来满足不同客人的需要。

酒店的特色客房会比一般客房有更多溢价空间，这将大大地提升酒店的盈利能力。为了让特色客房受市场欢迎，增加酒店经济效益，酒店在开发设计特色客房时，需要考虑这几个因素：

一是市场客人需求。市场客人需求对特色客房的开发起着关键性的作用，酒店需要做好市场调研，掌握客人需求动向，开发符合客人需求的特色客房。

二是酒店的规模等级。酒店规模等级直接影响特色客房的规模档次，进而影响客房的设计布局、设施设备的配备、服务的提供等内容。

三是酒店或当地的文化特色。一家企业的形象、文化背景与特色客房的风格定位紧密相连，对当地文化特色的充分挖掘也是特色客房设计理念的一个重要来源。

四是综合效益。酒店开发特色客房，在考虑其获得经济效益的同时，应该将社会效益和环境效益也考虑进来，这也是市场客人的需求，绿色客房受到市场大力推崇就证实了这一点。

五是科学技术的引入。时代在发展，科技日新月异，科学技术不仅为特色客房的开发与设计提供了技术支撑，而且科技本身也可成为特色客房设计理念的一个来源。

目前，越来越多酒店打破传统客房标准模式，大胆创新，特色客房成为市场新宠。下面将着重介绍几种常见的酒店特色客房。

一、女性客房

（一）女性客房的兴起

20 世纪 30 年代，随着美国女性逐步在职场中取得了与男性对等的权利与地位，女性这一群体在酒店开始受到高度重视。1923 年开业的纽约阿莱顿酒店（The Allerton Hotel）首推女性专属客房，市场反响强烈。入住女士客房的客人绝大部分都是商务女性，她们单独出差的机会较多，而女士客房可以给她们安全感和归属感。在我国越来越多酒店开设女性客房，但是不少是与男性客人共享同一楼层的，而且在旺季客房紧张的情况下，女性客房也会开放给男性客人入住。不过，在一些经济发展快速的地区，如上海、广州、深圳等发达城市的高端酒店开辟了“女士楼层”，该楼层设有“男士止步”的标志，入住者和酒店客房服务人员皆为女性，为女性提供周到、细致的专属服务。

（二）女性客房设计要求

女性大多具有爱干净、情感细腻等特点，商务女性除了一般女性特点外，还具有追求时尚、特立独行等特征，“安全、卫生、温馨、方便”是女性客人入住酒店时最为关心的问题，因此，女性客房除了采用更温和的客房设计与装修风格以赢得女性客人的欢心外，还需要提供针对女性特征而专门设计的多元化个性服务，更好地满足女性客人的情感需求。酒店女性客房设计需要做到以下几点。

1. 客房设计与装修方面

女性客房除了一般客房需要配备的设施设备外，还应配备符合女性客人需求的设备用品。客房需备有品牌洗浴用品、卫生巾和化妆棉等女性专用清洁用品等满足女性客人清洁需要；在客房内设置紧急呼叫按钮、放置针对女性客人的安全提示说明、做好房间隔音等，让女性客人有安全感；客房需配备大梳妆台、大全身镜、可挂连衣裙的高衣橱和衣架等，满足女性客人化妆打扮的需要；客房装饰布置符合女性客人品位，并准备各类鲜花或干花、精美时尚杂志等，满足女性客人爱美、追求时尚的需求等。

2. 客房服务方面

除了为女性客房统一配备女性客房服务人员外，还可设置女性专职贴身管家，以充分满足女性商务客人的个性化需求。客房服务人员在为女性客人提供服务的过程中要更为细致、周到，充分表现出对客人的尊敬，同时要为客人创造干净、舒适的住宿环境，根据女性客人的喜好，送上好吃的小点心、新鲜的时令水果等。此外，严格提供女性客人隐私保密服务，例如做好女性客人房间号保密工作等。

二维码资源 8-03

二、儿童客房

（一）儿童客房的兴起

随着生活水平的提高，父母对家庭教育的重视，夫妻两人利用节假日带着孩子外出旅行已经成为一种时尚。亲子游不仅可以为平日工作繁忙的父母创造幸福的亲子时光，而且可以开阔孩子的视野、锻炼孩子的能力，亲子游产品越来越受到旅游市场的青睐。随着亲子游的兴起，为了增强吸引力和竞争力，越来越多酒店瞄准了与父母一同出游的儿童，倾力打造具有童趣的儿童客房，并提供专门针对儿童的系列服务，为家庭出游创造更为轻松、愉快的环境。

（二）儿童客房的设计要求

儿童具有心智发育尚不完全、活泼好动、控制力差、好奇心强等特点，而且不同年龄阶段的儿童具有不同的特征，所以，在进行儿童客房设计时要充分考虑不同阶段孩子的特征，针对性地设计有利于孩子观察、思考、游戏的客房产品，还要注意设计一些富有创意和教育意义的多功能产品。

设计儿童客房时应注意考虑以下几个方面。一是安全方面。遵循安全第一的原则，儿童客房应做好儿童在客房内活动的安全性设计，例如防撞角、安全门挡等。儿童天性好动，所以儿童客房内家具设备的棱角不能过于尖锐，电器设备应做好防触电设计，固定好有可能掉落下来砸伤儿童的物品，卫生间做好防滑设计等，消除各种安全隐患，确保儿童能在房间内自由活动而不受安全威胁。二是客房设备用品方面。儿童客房从整个客房装饰布置到提供给儿童的设备用品，不仅要实用，而且应该充满童趣，牙刷、水杯、小毛巾等生活用品，琳琅满目的玩具，小沙发、小书桌和儿童床等，其设计都具有趣味性，让儿童在客房里感觉犹如来到了一个童话乐园。三是客房服务方面。客房服务人员为儿童提供服务时要更热情、更有耐心。儿童客房为带婴幼儿的客人提供更为周到的托婴服务以及奶嘴、尿布等品牌婴幼儿用品。另外，还可精心设计儿童专属定制服务，例如给过生日的孩子送上喜爱的卡通蛋糕、酒店定制的小纪念品等，为儿童带来惊喜体验。四是亲子互动方面。儿童客房需要注重设计亲子互动项目，例如：提供较宽阔的游戏空间，方便家长参与到孩子的游戏中来；提供可选的童话故事书，方便家长和孩子一起阅读，增长知识等。要注意，儿童客房只有根据儿童的性别、生长年龄特征的不同而进行针对性设计，才能更好地符合市场需求。

【运营透视 8-1】

客房摆放过期食品当样品，孩子未见提醒而误食

住过酒店的人都知道，商家都会在房间里摆放有偿食品，以便客人饿的时候吃。但是在刚刚过去的国庆长假期间，朱女士和弟弟一家人旅游，孩子却在酒店里吃到了过期的食品，让原本开心的一趟旅行变得挺闹心。

游客朱女士告诉记者："我洗完澡出来一看，两个女儿坐着床上吃东西，我问她们从哪里拿的，她们说就在房间里拿的。"当时朱女士的女儿吃的房间里的薯片是2013年12月生产的，保质期为10个月，算下来到现在已经过期一年了。而吃到过期食品的还有其他孩子。"我侄子也跑过来拿了嘛，他是住对面房间的，然后我让我弟弟看看，我弟弟看了之后发现也是过期的，孩子吃的饼干也过期一年多了。"

随后朱女士检查了房间里所有的食品，发现全是过期的。这让朱女士很不满："我跟营业员说，你们放这些东西得注意，过期食品根本不能放房间，这里人来人往，大人小孩都有。"

该酒店负责人张先生介绍："有的客人用掉一种食品了，我们就去添，有的时候服务员没添，所以会有过期的食品在里面。为此我们写了一个牌子，说明有些是过期的食品，是样品，如果需要的话就打301的电话。"这位负责人解释：酒店的房间比较多，摆放的食品量也比较大，一个个去检查食品是否过期太麻烦，所以他们就把这些食品当成样品，并且写了一个提示牌摆在食品的吧台上，但这种提示牌不仅字号小，而且位置高，明显超出了小孩的视线范围。

朱女士说："我侄子早上起来闹肚子，到了晚上五点多吧，闹了三次肚子，他说肚子疼。"朱女士说她的女儿早上起来还流了鼻血，所以他们怀疑与吃了过期的食品有关。

酒店负责人张先生建议朱女士带孩子们去医院检查，有问题就找酒店，没问题就算了。朱女士的弟弟对这样的处理感到不满："咱们出来是来旅游的，开开心心的，是因为吃了这些东西才去医院检查的，检查费用肯定不该我们先掏。孩子吃了这些东西，未必有事，但也未必没事。这家酒店为什么把过期的食品摆放在房间里呢？"

双方协商不成，最终朱女士决定向市场监督管理局投诉。

在房间里摆放食品，也是商家增加收入的一种手段，但是经营者以检查食品安全太麻烦为由，把过期食品放在房间里，显然说不过去。说到底，这还是责任心的问题。商家要么不摆，要摆就要保证安全。用作样品也行，但是要密封起来让客人拿不到，并且贴上显眼的"样品"字样让客人一眼就能看明白，这样才能避免类似的事件发生。

三、健康客房

（一）健康客房的兴起

根据《健康客房技术规范》，健康客房以环保节能、安全、卫生、舒适为设计理念，全面提

升和完善室内环境、睡眠质量、采光照明、饮用水、服务项目等，为消费者提供新型住宿环境。健康不仅是身体没有疾病或虚弱，而且要有完整的生理、心理状态和社会适应能力。我国有很多人处在“亚健康”状态。近年来，随着消费者对健康问题的日益关注，国内外很多高星级酒店纷纷推出“健康客房”来迎合市场需求。

（二）健康客房的设计要求

健康客房的目标市场集中于高层次的商务客人。因为常年奔波在外，工作压力大，这些人处于精神紧张、睡眠质量不高、容易疲劳、乏力的亚健康状态。鉴于工作的性质及健康问题的凸显，健康客房对这部分客人非常具有吸引力。

做好健康客房的设计，可以从以下几个方面考虑。一是室内设计方面。健康客房布局要宽阔舒适，多采用环保装饰材料，自然采光充足，通风性良好，保持室内空气新鲜（可在房间内适当摆放绿植），并且做好隔音设计等。二是设备用品配置方面。配备人性化的、满足舒适度和可靠性要求的智能化客控系统，而且配备全套健康睡眠用具，让客人拥有良好的睡眠质量；另外，配备性能良好的保健设备（如健身设备、桑拿按摩设备等），以满足客人在房内健身保健的需要。三是服务项目方面。客房服务人员及时做好健康客房卫生清洁，并对相应的设施设备做好消毒，客房摆放供客人阅读的健康类宣传资料（杂志），提供安全、洁净的直饮水或每天至少两瓶洁净、健康的瓶装水，为客人精心设计可供选择的多种健康饮食套餐，方便客人选用等。

四、主题客房

（一）主题客房的兴起

随着市场需求的多样化、个性化，酒店业的竞争从产品质量竞争、品牌竞争进入了文化竞争阶段。因而，拥有极具感染力的建筑装饰风格和丰富的文化内涵的主题客房深受市场喜爱。主题客房的类型非常丰富，主题客房大多存在于主题酒店中。主题酒店是在建筑风格、装饰艺术、产品生产、服务方式和企业形象等方面都围绕某一特定的主题而设计的酒店。我国第一家真正意义上的主题酒店是2002年5月在深圳开业的威尼斯酒店。主题酒店不同于传统星级酒店，带给了人们更丰富的选择，“星级”或许不再是人们住酒店时唯一的参考标准。

（二）主题客房的设计要求

主题客房的类型非常丰富，酒店可通过不同主题，设计风格各异的客房。例如以消费者特征为主题而设计的蜜月客房、老年人客房等；以卡通形象为主题而设计的功夫熊猫客房、海绵宝宝客房等。主题客房的具体设计要考虑以下要求。

1. 主题文化突出

主题客房的建筑装饰风格、配套的设备用品等都应围绕特定的主题精心设计，营造特色鲜明的主题文化氛围，让客人获得独具特色的不同文化感受和体验。例如位于洛杉矶和圣弗朗西斯科之间的玛利亚酒店推出的“史前山顶洞人”房完全利用天然的岩石做成地板、墙壁和天花板，房间内还挂有“瀑布”，而且淋浴喷洒也由岩石制成，而浴缸是石制，充分凸显了“史前山顶洞人”这一主题文化。

2. 设计富有创意

主题客房的设计应富有创意，与其他普通客房相比，具有独特的陈设、创新的装饰与布置，能吸引客人的目光，烘托环境气氛，使客人有一种新鲜感、奇特感，为客人留下奇妙的住店体验。

3. 目标定位精准

不同类型的主题适应不同类型的客人，所以，主题客房要有精准的市场定位。例如长沙的“2599”爱情主题酒店公寓的目标市场是情侣、新婚蜜月夫妻，以“2599、为爱而生、宾客至上、服务第一”为经营理念，特推出水床房、红床房、圆床房、心形床房等主题客房，满足不同品位人群的需求。

4. 服务个性化

除了通过硬件来烘托主题环境氛围外，主题客房的服务项目也应融入主题，以个性化服务代替一般服务，为客人留下美好印象。例如被授予“中国首家茶文化主题酒店”称号的西康大酒店，酒店房间的墙壁是用藏茶砖垒起的，挂有藏茶艺术品，服务人员还为客人表演茶艺，讲述各种与茶相关的历史典故，把服务和主题体验紧密联系在一起。

二维码资源 8-04

五、公寓式酒店客房

随着社会经济的发展，消费需求越来越多元化、个性化，酒店客人的居住需求也出现了分化，即出现了一批希望能获得在短期居住条件限制下的最自由的居家环境的需求，这使得酒店式公寓客房应运而生。公寓式酒店客房拥有居家的格局和良好的居住功能，客厅、卧室、厨房和卫生间，一应俱全，而且配有全套的家具电器，能够为客人提供酒店的专业服务，如室内打扫、床单更换及一些商务服务等。公寓式酒店客房在国外较普遍，而在我国发展比较缓慢，还不普遍。这是因为在我国，无论是在大中城市还是小城市中，高、中、低档餐饮都非常丰富，而且外卖很方便，所以很多客人无须自行做饭。再加上中国烹饪方式做饭会产生大量油烟，很多酒店不愿意提供公寓式客房。因此，公寓式酒店客房在我国的发展与推广还有待探索。

本章学习要点

1. 从整个酒店来看，客房的基本功能是生产客房产品和提供客房服务；从客房本身来看，客房为客人提供睡眠、盥洗、起居、书写和储存等基本功能。客房这些基本功能的发挥离不开配套的客房设施设备。

2. 客房设备是酒店客房为客人提供客房产品过程中必需的各种基本设备。客房设备主要包括家具设备、电器设备、卫浴设备、清洁设备、安全设备及其他配套设备。

3. 客房设备的选择要符合两个基本要求：一是酒店购置的客房设备应该与酒店的质量等级相适应，酒店档次、等级越高，服务质量要求就越高，那么，客房设备的配备就越齐全、性能就越先进；二是客房所有设备的大小、颜色、款式等外观设计必须与客房整体风格相协调，陈设布置不能反差太大，影响美观。

4．酒店在进行客房设备选择时，要遵循齐全成套、经济合理、使用方便、安全可靠、外表美观、节能环保等原则。此外，酒店选择客房设备时还应该考虑时代发展趋势，为了迎合新时代的客人住宿需求，要选择技术先进的客房设备，注重设备的发展性等。

5．酒店客房设备的选择，既要考虑酒店的成本预算，也要考虑客人的实际使用感受。

6．根据不同的标准可以将客房设备保养分为不同类型：按设备保养的周期，可以分为日常保养和定期保养；按设备保养工作量的大小，可以分为日常保养、一级保养、二级保养和三级保养；按设备保养对象，可分为家具保养、电器设备保养、卫浴设备保养、清洁设备保养、安全设备保养等。

7．做好客房设备管理就是要为客房提供与其等级相适应的优良设备，具体来说应该达到以下管理要求：购价合理，供应及时，控制数量，保证质量。

8．酒店必须采用科学的管理方法对各种客房设备进行有效的管理，包括：完善客房设备采购制度，严格客房设备领用制度，制定客房设备分类登记制度，做好客房设备分级归口管理，建立客房设备岗位责任制，编制客房设备档案。

9．酒店客房设计与装修应遵循以下一般原则：功能性与实用性原则，安全性与技术性原则，经济性与合理性原则，方便性与舒适性原则，整体性与艺术性原则，生态化与人文化原则。

10．卫生间设计与装修的发展趋势：卫生间空间不断扩大，卫生间趋向分室布局，卫生间功能更加丰富，卫生间细节设计更加人性化，卫生间设备科技化。

11．酒店在开发设计特色客房时，需要考虑以下因素：一是市场客人需求，二是酒店的规模等级，三是酒店或当地的文化特色，四是综合效益，五是科学技术的引入。

12．女性客房、儿童客房、健康客房、主题客房和公寓式酒店客房设计的具体要求。

本章思考练习

1．酒店客房的功能是什么？

2．客房设备主要有哪些？

3．客房设备的选择要符合哪些基本要求？

4．客房设备的选择应坚持哪些原则？

5．客房设备管理的要求有哪些？

6．客房设备管理的方法有哪些？

7．酒店客房设计与装修应遵循的一般原则有哪些？

8．客房卫生间设计与装修的发展趋势有哪些？

9．酒店在开发设计特色客房时，需要考虑哪些因素？

10．主题客房设计的要求有哪些？

本章管理实践

训练项目　绿色客房设计

［实践目标］

1．巩固客房装修与设计知识。

2．强化实践能力。

3．培养生态环保理念。

4．增强美感体验，培养艺术设计理念。

［实践内容与方法］

1．利用课余时间，收集网络资料、书本等相关资料，选择两家以上酒店的绿色客房进行调查与访问，形成团队的绿色客房设计方案。方案至少应包括绿色客房的设计理念、设计原则、绿色设计细节等。

2．由团队小组负责人汇报绿色客房设计方案。

3．给每组设计方案评分。

［实践标准与评估］

1．实践标准：要做好资料的收集与整理，必须到实体酒店中做实地调查，并能运用本章所学知识架构进行分析。

2．实践评估：①每人写出一份简要的调查访问报告。②以团队小组为单位，由团队小组负责人根据每个成员在调研中的表现进行评估打分。③小组成员对团队小组负责人打分。④对小组的调研报告及其成员在讨论中的表现分别评估打分。⑤对每个小组设计方案进行评分。

第九章　客房服务运营

【学习目标】

1. 了解客房服务模式。
2. 熟悉客房服务的主要项目及服务规程。
3. 了解客房服务的特点和要求。
4. 了解酒店客人的主要类型及特点。
5. 掌握客房服务质量管理的基本要求。
6. 掌握客房服务质量管理的基本方法。

【章前导读】

酒店被客人称为“家外之家”，但如何让客人真正感到“家”的温暖？酒店如何为客人提供有针对性的个性化服务？各项服务工作应该怎样做？标准是什么？如何才能控制好对客服务的质量？对于这些问题，酒店要分析客人的类型及需求，并结合酒店自身星级档次做出决定。

第一节　客房服务的特点及要求

一、客房服务的特点

客房运营管理有服务、卫生和安全三大任务。其中客房服务质量的高低直接影响酒店的服务形象、档次及客房出售率。酒店客房必须依托设施、设备和产品，通过服务来满足客人在物质上和心理上的需求。而客人对服务质量的衡量标准是心理上的感受，这就决定了客房服务的复杂性和特殊性，也对酒店提供的服务提出了较高的要求。

1. 接触面广，情况复杂

随着人们生活节奏的加快，旅游活动呈现出短暂性、客源流动性比较大的特点。客房部每天要接待很多来自不同国家和地区的客人，接触面很广。由于他们的身份地位不同、兴趣爱好不同、文化修养不同、生活习惯不同，所以对客房的要求也是多方面的，这就造成了客房服务工作的复杂性。例如：接待政府官员、贵宾和普通客人的方式不同；接待团体客人和零散客人的方式不同；接待商务旅客和度假旅客、会议旅客的方式不同。这都需要根据客人的具体情况和需求变化，提供灵活的、有针对性的客房服务。不同国家、不同民族的客人，他们的习惯不同，提供的服务也需要有针对性。例如，美国人不喜欢沉默，但当他不同意你的观点时他会默不作声，所以对待美国客人要格外热情周到，主动征求其意见。美国人说话时不喜欢距离太近，合适的距离为 0.5m，所以热情的服务要有分寸，否则就是一种粗鲁的热情。日本人不仅对自己要求严格，而且对服务质量的要求也很苛刻，另外对礼节也极为重视，所以对日本客人要注意礼节，要严肃认真，办事要讲究效率。

2. “明”“暗”结合，以“暗”服务为主

在客房服务中，客人看得见的服务为“明”，见不到的服务为“暗”。客房服务既有“明”又有“暗”。“明”的服务主要是面对面的服务，如迎送客人服务、引领客人进房、租借物品等。但客房服务应以“暗”为主。客房作为客人休息、睡眠的区域，必须为客人提供一个安静的环境。客房服务员在服务时要注意“三轻”，即走路轻、说话轻、操作轻。同时，客房作为客人的私人领域，不应被外人干扰。客人住进酒店，其生活起居有自己的习惯。客人凡是自己能解决的问题都不需要提供服务，只有无奈时才会求助于客房服务员。因此，服务员要做好“幕后英雄”，将服务工作做在客人到来之前，以及客人不在房内期间，让客人感到酒店处处都在为自己服务，而又看不到服务的场面。

3. 工作琐碎，随机性大

现代旅游酒店已经发展成为向客人提供吃、住、行、游、购、娱等各项服务的综合性企业。客房服务的范围既包括卧室、会议室、大厅、电梯等区域，也包括其他一些公共场所。客房服务的内容很多，从日常服务到洗烫衣服、委托代办等，工作非常琐碎，而且这些工作之间没有非常明显的、直接的联系，具有很强的随机性。不同类型的客人何时需要服务、需要哪些服务，这些都事先难以掌握，这就要求客房服务员要揣测客人的心理，提供规范性和个性化相结合的服务。

4. 体现出“家”的环境与气氛

既然酒店的宗旨是为客人提供一个“家外之家”，那么是否能够体现出“家”的温馨、舒适、安全、方便等，就成为影响客房服务成败的因素之一。在客房服务中，客房服务人员扮演着“管家”“侍者”的角色，因此要留意客人的生活习惯等，以便提供针对性服务，给客人“家”的感受。如客房服务人员清晨为客人整理房间时发现客人毛毯上盖着床罩，说明客人夜里嫌冷，那么应在交班时请中班服务员在做夜床时加床被子。对客服务要做在客人开口之前，给客人留下深刻的印象，让这个“家”的感觉更温馨、更美好。

【运营透视 9-1】

李先生的“家”

常言道：“在家千日好，出门一日难。”这句话说出了出门在外的诸多不便。作为酒店常客的李先生入住酒店期间，却因得到服务员体贴入微的照顾而感受到虽然出门在外但仍像在家里一样的温馨与舒适。

第一次入住贵宾楼689房时，偶然的一件小事给他留下了深刻的印象。退房之前，李先生买了一些水蜜桃准备带走。为了方便携带，他找到服务员要求给桃子装箱。服务员很快找来一个牢固的箱子，可是水蜜桃娇嫩易损，就这么放进箱里，经过一路颠簸，肯定会面目全非。这时细心的服务员又找来一些旧报纸，将每个桃子用报纸包好，整整齐齐地排放在箱内，然后用封口胶将箱子牢牢地“武装”了起来。当这个简单而又不失美观的箱子送到李先生手中时，他被服务员的认真负责感动了，对他们的心灵手巧大加赞赏。从此，李先生也成了贵宾楼六楼的常客。每来一次，他都会在这里得到一份新的感受、新的惊喜。

由于每次入住的时间较长，因而李先生往往携带大量衣服，房间提供的衣架远不够使用，于是他向服务员提出多备一些衣架，这个小小的要求却让有心的服务员记在了心里。前不久，当他再次入住689房时，惊喜地发现足够量的衣架整整齐齐地挂在了衣橱里。一个小小的变化让李先生感受到的是“家外之家”的温暖。

评析：

衡量酒店服务是否优质的最终标准是客人和社会的满意程度，客人不一定了解酒店的服务规范，他们常常是以自己的主观感受来评价酒店服务质量优劣的。宾至如归感正是优质服务的主要标志。所谓宾至如归，是指客人入住酒店就像在家里一样方便和温暖，同时又享受到家里没有而酒店特有的氛围。李先生离店前买了一些水蜜桃要带走，贵宾楼的服务员细致周到地为水蜜桃包装，既给了李先生惊喜，又使其感受到一种体贴入微的温暖，这是酒店特有的氛围；李先生提出多备一些衣架，当他再次入住689房间时，足够量的衣架整整齐齐地挂在了衣橱里，从而使他感到689房间就是自己的家。

点点滴滴似乎微不足道，但正是这些点滴，才使酒店的服务充满了无穷的魅力。服务是一种再创造的艺术，只有优质服务才能让离家的客人享受到宾至如归的温馨与舒适。

二、客房服务的要求

从上述特点看，客房服务是一种特殊的生产劳动方式，它不像一般商业生产劳动那样，总是按一种固定的模式、尺寸和工艺流程进行，而是必须根据客人的要求，不断改进和变化，这样才能满足客人的要求。

1. 真诚主动

员工对客人的态度，通常是客人衡量一家酒店服务质量优劣的标尺。真诚是员工对客态度好的最直接的表现形式，因此，客房服务首先要突出“真诚”二字，提供感情服务，避免单纯的任务服务。我们通常所说的提供主动的服务，是以真诚为基础的一种自然、亲切的服务，主动的服务来源于细心，即在预测到客人的需要时就把服务工作做在客人开口之前。如：客人接待朋友时，主动送上茶水；客人不舒服时，及时帮助请医生诊治。这些看似分外的工作，却是客房服务人员应尽的义务，更是优质服务的具体体现。客房服务人员要把客人当作自己请来的朋友那样接待，真诚地想客人之所想、急客人之所急，这是提高服务质量的有效方法。

二维码资源 9-01

2. 礼貌、热情

喜来登酒店管理集团曾花巨资对酒店客人进行了三年的专项调查，调查发现：客人将员工是否“在遇见客人时先微笑，然后再礼貌地打招呼”列为对酒店服务员是否满意的第一个标准。由此可见礼貌、热情对客人的重要程度。

礼貌待客是处理好对客关系的最基本的手段。在服务人员的外表上，表现为整洁的仪容仪表；在语言上，表现为自然得体的词语及悦耳动听的语音语调；在态度上，表现为落落大方的气质。热情待客会消除客人身处异地的陌生感和不安全感，增强其对服务人员的信赖。客房服务人员应做到：客来热情欢迎、客住热情服务、客走热情欢送，要把微笑贯穿到服务的全过程，这样才能表现出服务人员自身的良好素质，塑造酒店的良好形象。

3. 耐心、周到

客人的多样性和服务工作的多变性，要求服务人员能正确处理各种各样的问题，必须能经得起委屈、责备、刁难，摆正心态，“把对让给客人”，耐心地、持之以恒地做好对客服务工作。服务人员要掌握客人在客房生活期间的心理特点、生活习惯等，从各方面为客人创造舒适的住宿环境。只有通过为客人提供方方面面的照顾、关心，把周到的服务做到实处，才能体现“家外之家”的真正含义。

4. 舒适、方便

舒适、方便是住店客人最基本的要求。客房是客人入住酒店后长时间逗留的场所，因此客人对客房舒适方便的要求也是最高的。如：服务人员应定期翻转床垫，以保证床垫不会产生局部凹陷；服务人员应留意客人用品的日常摆放，以方便客人使用。这也是酒店为客人提供一个“家外之家”的前提。

5. 尊重隐私

客房是客人的“家外之家”，客人是“家”的主人，而服务人员则是客人的管家或侍者，尊重客人隐私是服务人员应具备的基本素质。酒店工作人员，特别是接触客人时间最长的客房部服务人员，有义务尊重住店客人的隐私。在尊重客人隐私方面，客房部服务人员应不打听、不议论、不传播、不翻看客人的书刊资料等，要为客人保密。

6. 准确、高效

准确、高效就是为客人提供快速而准确的服务。效率服务是现代快节奏生活的需要，是优质服务的重要保证。酒店服务质量中最容易引起客人投诉的就是等待时间长。客房部应对所提供的服务在时间上进行量化规定，制定切实可行的标准。当然，速度和质量是一对矛盾，在制定标准及具体服务工作中，需正确处理两者之间的关系，切忌只求速度、不求质量。

第二节　客房服务的工作内容

客房部提供哪些服务项目，采用什么样的服务模式，会在一定程度上影响客人的满意度。

一、客房服务的组织模式

由于受不同设施设备和人力条件的限制，所以在客房服务的组织模式上，各国酒店分别采用了不同的形式。国外酒店采用客房服务中心模式居多，而我国过去多采用楼层服务台的形式，由于前者注重用工效率和统一调控，后者突出面对面的专职对客服务，因而在客房部的岗位设置和人员配备量上是有较大区别的。各家酒店应根据自身的条件和特点，选择不同的服务模式和组织结构形式。

（一）客房服务的模式

1. 楼层服务台模式

楼层服务台也称楼面服务台，即在酒店客房区域各楼层设立服务台，配备专职的值台服务员，一天 24h 都会有服务员值班，为住客提供服务。楼层服务台发挥着前厅部总台驻楼面办事处的职能，同时它后面还设有供客房服务员使用的工作间。

楼层服务台由楼层主管直接领导，同时在业务上由总台指挥。

【运营链接 9-1】

楼层服务台的主要职责

1）负责本楼层客人和来访客人的接待和服务工作。

2）根据房态安排工作定额及清扫顺序。

3）负责客房和楼面的安全，保管和发放客用钥匙。

4）掌握客人动态，特别是有关客人迁入、迁出及客房租用情况，及时通报总台。

5）填写楼层日报表和楼面工作日志。

楼层服务台模式设置的优点在于：一是能够及时地为客人提供较全面、有针对性的服务；二是加强了与住店客人之间的交流；三是有利于酒店楼层的安全保卫工作；四是有利于及时、准确地了解客房房态的运营情况。此模式的设立也为前厅管理工作提供更准确、更及时的信息。

但楼层服务台模式也有诸多的缺点：一是楼层服务台员工一天三班倒，投入的人力成本较大；二是管理点过于分散，不利于部门工作的统一管理；三是使客人有一种被监视的感觉。

20 世纪 90 年代开始，一些中、高档酒店就在客房区域设立了商务楼层或行政楼层，它集酒店的前台登记、结账、商务中心、餐饮及客房贴身管家服务于一体，为客人提供更为便捷、舒适的服务和环境，让客人享受更加优质的服务。从客人进店开始，贴身管家便听从客人的吩咐和安排，包括为客人打扫房间、订餐送餐、收送客衣、发送传真、安排外出旅游、安排会议行程等，使客人享受到亲切和舒适的服务。贴身管家服务的出现，也可以说是楼层服务台模式的一项新举措。

2. 客房服务中心模式

为了使客房服务符合以“暗”的服务为主的特点，保持楼面的安静和尽量少打扰客人，客房服务中心的服务模式首先在我国中外合资酒店中出现，然后在其他酒店得到逐步推广。客房楼层不设服务台和台班岗位，而是根据每层楼的房间数目分段设置工作间，工作间在形式上是不对外的，也不担任接待客人的任务，而是由行李员引领客人进房，客用钥匙的管理也由前厅部的问询处负责。客人在住宿期间需要找客房服务员时，可以直接拨内线电话通知客房服务中心，由客房服务中心根据客人房间的位置，通知距离最近的工作间的服务员。

客房服务中心通常设一名领班或主管，负责一般的日常事务，对客房经理负责或与秘书直接联系。客房服务中心的职员须具有丰富的楼层服务经验和受过良好的训练，只有通晓前厅、客房、餐饮等所有服务环节，才能有效地加强客房部与客人、客房管理人员与员工的联系，增强服务环境的生动感和亲切感，发挥客房服务质量信息管理中心的职能。

【运营链接 9-2】

客房服务中心的主要职能

1）信息处理。有关客房部工作的信息一般都要经过客房服务中心的初步处理，以保证有关问题能被及时解决和分解传递。

2）员工出勤控制。客房部所有员工的上下班都必须打卡签名，既方便了考核和对客房服务工作的统一调控，又有利于加强员工的集体荣誉感。

3）对客服务。保管客人物品，租借用品，接受住客提出的各种合理要求，通知有关楼层服务员为客人提供及时的服务，为 VIP 准备礼仪物品。

4）楼层万能钥匙的管理。用于清洁整理客房的楼层万能钥匙都由客房服务中心负责统一签发、签收和保管。

5）与前厅部的联系。客房服务中心与前厅部接待处保持直接联系，按时通报客房情况，及时核对客房差异情况。

6）处理投诉。接受客人投诉并及时处理和汇报。

7）失物处理。处理客人失物的保存和认领事宜，提高失物招领的工作效率。

8）档案保管。客房服务中心保存着客房部所有的档案资料，并及时补充和更新，为客房部以后的许多工作创造了有利的条件和基础。

9）负责向工程部申报工程维修单。

10）协调与其他部门的关系。

客房服务中心的地理位置与客房部经理办公室相通或相邻，处在同一平面的制服与布草房、更衣室和职工电梯之间，便于统一调控和实行24h的连续服务。

客房服务中心模式的特点主要有：①减少了台班的人员编制，节省了人力和降低了成本费用。②使客房区域能保持安静的环境，体现出客房“服务处处为客人着想”的宾客至上的宗旨。③有利于统一调度和控制，客房服务中心承担客房服务质量信息处理中心的任务，确保工作的及时性，并且代理客房部经理处理一些日常事务，成为客房部的得力助手。正是由于客房服务中心具有以上特点，以及国外人工费用昂贵，所以欧美国家普遍采用此种形式。不足之处是客房服务中心与客人之间不是面对面的服务，缺乏亲切感，而且随机服务较差，客人感到不便。

客房服务中心的设立只有具备一定设施设备和人力条件，才能真正发挥效能。首先，酒店要有较完备的现代化安全设施，将客人住的楼面与其他区域严格分开，将员工通道与客运通道分开。其次，酒店提供较全的服务项目，且大部分已在客房内设立，使客人能自己动手，满足起居的生活需要。例如国际国内直拨电话，24h热水供应和可饮用的冷水，以及电热水瓶、服务指南、游览图等用品。最后，建立一个独立的呼叫系统，加强信息传递，及时通知有关服务人员，满足客人提出的各种合理要求。

综上所述，客房服务中心的设立和有效运转取决于建筑设计配置、设备配置齐全，还有赖于劳动组织和选位的合理，否则不能正常发挥其功能。

3. 宾客服务中心模式

近几年，一些酒店成立了宾客服务中心，为客人提供一键式（一键通）服务。住店客人只要拨一个特定的号码，店外客人只需拨打酒店总机，订餐、订房、送餐、问询、叫醒等服务全部都由宾客服务中心服务员协调解决，做到“服务一键式，沟通零距离”。一键式服务对客人而言，更为方便；对酒店而言，更为经济。采用宾客服务中心模式的酒店，客房部不再设客房中心，客房中心的其他职能如工作钥匙、遗留物品管理等可由客房部办公室承担。

例如，某星级酒店以前厅部总机班组为基础成立了“宾客服务中心”，将以往客人需要拨打多个电话、联系多个岗位才能解决的问题汇集到一个岗位，让客人轻轻松松拨打电话号码“9”，即可感受到“一键式”服务所带来的方便与快捷。作为整个酒店的信息传递中心，“宾客服务中心”的工作已不局限于接转电话，服务范围涵盖电话转接、信息查询、叫醒服务、紧急呼叫、留言服务、酒店咨询、城市咨询、信息传递、应急指挥、代理预订等工作职能，形成一体化、完整的服务体系。

二维码资源 9-02

4. 前台直管模式

21世纪以来，伴随着现代酒店类型的增多，在一些经济型酒店、快捷酒店、家庭式商务酒店内出现了一种前台直管的客房服务模式。这种服务模式将客房直接划归前台管理，不设楼层服务台，也不设置客房服务中心，而是在前台班组中设客房服务和清洁小组来对客房进行管理。

前台直管模式与客房服务中心模式的优点较为相似，即节省了人力成本。将客房纳入前台管理系统之内，保证了前台管理与客房管理的统一性。但是，前台直管模式应该慎用，主要是因为缺点比较明显，即在对客服务方面不能够做到面对面和及时性，同时也存在较大的安全隐患，如住客在客房区域发生问题时不能够被及时发现。

【运营链接 9-3】

客房服务模式的选择和设计

酒店采用什么样的客房服务模式，取决于多方面的因素。

1. 客源的类别与层次

通常情况下，高档次酒店特别是涉外酒店和以商务客人为主的酒店，采用客房服务中心的模式较为可行；以会议团体客人为主的酒店，采用楼层服务台的服务模式较为适合；特别豪华的酒店为进一步提高其服务规格，往往会在一部分楼层提供综合服务，我们把这些楼层称为商务楼层。该楼层的值台员被称为侍者或管家。他们所提供的服务项目要多于一般的值台服务，服务规格也高于一般的值台服务。

2. 硬件条件

酒店在选择服务模式时：①要考虑服务的垂直交通问题，相当一部分酒店在建筑设计时没考虑到员工电梯，或电梯数量严重不足，如果设立客房中心就会影响对客服务的速度。②要考虑通信条件。楼层服务员间及时沟通。因此，酒店通常采用店内寻呼系统，此外，根据楼的形状，客房中心与还可考虑使用子母机电话。如果没有良好的通信条件，客房中心就无法迅速把客人的需求及其他对客服务信息传递给楼层服务员。③要考虑安全监控系统、钥匙系统是否完善，能否适应客房中心的需要。④还应考虑酒店建筑特点，客房是集中于一栋建筑里，还是分散在各个小楼或别墅，不同类型的建筑对服务模式有不同的要求，客房部的管理人员应分别对待。

3. 安全条件

酒店所在地区的安全情况及本酒店的安全设施，也是在选择服务模式时应考虑的条件之一。安全性高、安全设施完备的酒店，采用客房服务中心模式较适合；否则，采用楼层服务台服务模式较好。

4. 劳动力成本

从成本的角度考虑，酒店还要根据当地劳动力成本的高低选择服务模式。一般在经济发达地区，劳动力成本较高，员工的素质也较高，采用客房服务中心模式较可行；否则，采用楼层服务台模式较恰当。

总之，客房服务模式不是一成不变的，而是随着市场需求的变化而不断发展变化的。为了迎合商务客人的需求，许多高星级酒店设立了商务楼层；为了提高客人的满意度，南京中心大酒店推出了楼层管家服务新模式；随着女性商务客人的不断增多，一些酒店开辟了女宾楼层，配有女保安和“妈妈服务员”，为女性宾客提供富有人情味的“保姆式”服务等，无疑这些都是对客房服务模式的丰富和有益探索。

二、客房服务项目及服务规程

客房服务是酒店服务的主要部分之一，在很大程度上体现了酒店的服务水准和质量。客房部与客人打交道的机会很多，为客人提供的服务一般包括常规服务和特殊服务两类。常规服务包括清洁客房、迎客、送客、会客、洗衣、擦鞋、租借物品等。特殊服务包括病客护理、托婴、VIP服务等。无论是常规服务还是特殊服务，都要求客房服务员工作认真负责、热情周到，以及注意服务中的礼仪。

【运营链接 9-4】

客房服务项目的设立

（一）客房服务项目设立的主要依据

根据《旅游饭店星级的划分与评定》（GB/T 14308—2003），星级酒店客房部应提供相应服务。

（二）客房服务项目设立的影响因素

客房部在设立对客服务项目时，要考虑诸多方面的因素，这些因素包括：

1）国家及行业标准。国家和行业标准是评定某一酒店是否符合其星级要求的主要标准，也是各酒店客房部在设立服务项目时考虑的最主要因素。

2）国际惯例。参照国际惯例设立服务项目是与国际同行业接轨的具体体现，而且酒店的客人也期望能享受到国际标准的服务。例如，对遗留物品的保管、物品的租借等服务，大多数星级酒店的客人都有此需求。

3）酒店客源市场的需求。满足客人的需求始终应是酒店努力的方向。酒店的类型不同，客源市场也会不同，不同的客源市场对客房服务有不同的要求。在一些以接待国内会议为主的酒店，客人普遍有午休的习惯，因此，早晨的客房清扫、下午的客房小整理就会受到客人的欢迎；而对于大多数境外商务客人来说，下午的小整理可能就没有意义。在一些以接待贵宾为主的酒店，楼层的值台及“客到、茶到、毛巾到”的“三到”服务就显得非常重要，而对于大部分商务酒店来说，则可以省去这些服务。

4）其他因素。一些其他因素也会对客房服务项目的设立及其具体的服务内容有一定的影响。这些因素有酒店的类型、硬件条件、房价、成本费用及劳动力市场等。

酒店为客人提供尽可能全面的服务，不仅可以满足客人的需求，使其更觉舒适与方便，而且还可体现酒店的规格和档次，引导和刺激客人消费，最终获取经济效益。

（一）清洁客房

清洁客房是客房部的基本职责，也是客房服务的首要任务。客房清洁卫生具有管理的空间大、工作人员分散、不易集中控制的特点，这一方面需要客房清洁员具有良好的职业道德和职业规范，另一方面需要酒店严格客房清洁卫生质量控制。

客房清洁需要科学的清扫原则、严格的清扫程序和明确的岗位规范。具体的清扫程序和要求将在后面的章节里进行详细的阐述。

（二）迎客服务

1. 了解客人情况

楼层服务台接到前台传来的接待通知单后，应尽可能详细地了解客情，包括客人的人数、国籍、抵离店时间、宗教信仰、风俗习惯、接待单位、客人生活标准、付费方式、活动日程等信息，做到“七知道、三了解”，即知道接待单位、人数、国籍、身份、生活特点、接待标准、健康状况，了解客人抵（离）店时间及车、船、航班的时间，了解客人宗教信仰，做好各项准备工作。

2. 房间布置

应按照酒店的规定对客房进行布置，先要补齐日用品，补充小冰箱的食品和饮料。如客人或接待单位有其他特殊要求，也应尽可能予以满足，以示对客人的尊重。房间布置完毕，还要对室内家具、水电设备及门锁等安全设施进行一次全面检查，发现有损坏失效的，要及时修理或更换。在客人到达前，也要根据当时的气候情况，调节好客房内的温度。如果客人预计到店时间较晚，可提前做好开夜床服务。

3. 迎接宾客

各项迎接准备工作做好后，服务员应根据客人抵店的时间，在指定的地点迎候。一般情况下，客房服务员只需在楼层迎接入住客人即可。当客人走出电梯时，服务员应主动微笑问候，并做自我介绍，然后问清客人的房号，引领客人进房。若无行李员陪同，服务员还应帮助客人提拿行李。

4. 引领客人

当客人抵达客房楼层时，服务员应主动引领客人到其入住的客房，特别是第一次入住的客人。服务员在引领时，应走在客人的斜前方，行走速度以客人的速度为准，与客保持 1m 左右的距离，转弯时应停住，面向客人伸出手臂向客人示意，到达客人房间时，按规程为客人开门，插卡取电，请客人先进入房间。

5. 介绍情况

进房后，服务员应向客人详细介绍酒店的服务设施、营业时间、收费标准和房内设施设备的使用方法等情况。如客人面带疲倦或是回头客，则可不做介绍，告诉客人客房服务中心的电话号码即可，并祝客人在酒店住宿愉快。然后退出房间，面向客人轻轻关上房门。

6. 做好记录

回到楼层工作间，按要求做好相应的工作记录。

（三）送客服务

1. 行前准备工作

在得知客人的离店时间后，客房部客房服务员要帮助客人做好离店前的各项准备，使客人感受到临行前的热情和关照。客房服务员应掌握客人离店的时间。检查各种账单、各项委托代办事项是否办好和客人洗烫衣物是否送回等。提醒客人收拾好行李物品并仔细检查，不要遗忘在房间。问清客人是否需要行李搬运服务，如果需要，则问清具体的搬运时间及行李件数，而后及时通知前厅行李部，早做准备。送别团体客人时，要按规定时间集中行李，放到指定地点，清点数量，并协同接待部门核实件数，以防遗漏。临行前，还应主动征求客人的意见。

2. 离开楼层时的送别

客人离开房间时，服务员要送到电梯口，主动为客人按电梯，协助行李员将行李送入电梯、放好。当电梯门即将关闭时，面向客人，微笑告别，并向客人表示欢迎再次光临。对老弱病残客人，要护送下楼至大门或上车。

3. 善后工作

客人离开楼层后，应迅速进入房间仔细检查衣柜、床铺、卫生间等处，查看有无客人的遗留物品。如有，立即通知客人并派人追送；如追送不到，应做好记录上交，以备客人查找时归还。同时检查房内物品有无丢失，设备有无损坏，有无消费项目。如有，立即通知前台收银处，请客人付账或赔偿。最后，做好客人离房记录，通知客房服务中心做好房态的变更。

（四）离店查房程序

当接到前厅收银处通知退房时，客房服务员应尽快查房。如发现客人的房门挂有“请勿打扰”牌，服务员暂不能进房打扰客人，则应将此情况及时通知前厅收银员，并注意该房情况。若房内有客人，应等客人出来后再查房；若该房客人已不在房内，则应通知领班一起进房查看。

服务员查房时，发现床罩、地毯有烟头烫痕，或其他设施设备或物品有损坏及遗失，应保持该区域的原状，然后及时通知大堂经理（副理），查看现场并与客人协商赔偿事宜（是否需要赔偿及赔偿标准等，不同酒店，标准也各异）。索赔后，服务员再进行清洁或修理。

处理客人遗留物品和事项时，有的客人因急事提前退房，而委托服务员代其处理未尽事宜。服务员承接后要做好记录，千万不可因工作忙碌而丢在一边或造成物品的丢失。

【运营透视 9-2】

客人离店被阻

一位40来岁的客人陈先生提着旅行包从北方某酒店512号房匆匆走出，来到楼层中间拐弯处的服务台，将房间钥匙放到台上，对值班服务员说：“小姐，这把钥匙交给您，我这就下楼去总台结账。”看来，陈先生一定是有急事，需要迅速结账离店。不料服务员小余却不冷不热地阻拦道："先生，请您稍等，待查完您的房后再走。"说完便给同伴打电话。陈先生顿时觉得十分尴尬，心里很不高兴，只得无可奈何地说："那就请便吧。"这时，另一位服务员小赵从工作间出来，走到陈先生跟前，将他上下打量一番，又扫视一下那只旅行包，陈先生觉得受到侮辱，气得脸色都变了，大声嚷道："你们太不尊重人了！"

小赵也不理睬，拿了钥匙，径直往512房间走去。她打开房门，进去不紧不慢地检查，从床上用品到立柜内的衣架，从冰箱里的食品到盥洗室的毛巾，一一清查，还打开电视机开关看看屏幕。然后，她离房回到服务台前，对陈先生说："先生，您现在可以走了。"陈先生早就等得不耐烦了，听到放行的"关照"，更觉恼火，待要发作，又想到要赶火车，只得作罢，带着一肚子怨气愤然离开了酒店。

评析：服务员在客人离店前检查客房的设备、用品是否受损或遭窃，以保护酒店的财产安全，这本来是无可非议的，也是服务员应尽的职责。然而，本例中的服务员小余、小赵的处理方法是错误的。在任何情况下都不能对客人说"不"，这是酒店服务员对待客人的一项基本准则。客人要离房去总台结账，这完全是正常的行为，服务员无权也没有理由限制客人的自由。随意阻拦客人，对客人投以不信任的目光，这是对客人的不礼貌，甚至是一种侮辱。比较妥当的做法应该是：

1）楼层服务台服务员应收下客人钥匙，请他下楼结账，并立即打电话通知总台服务员。总台服务员在结账时有意稍稍拖延时间或与客人多聊几句，如"先生，这几天下榻本店感觉如何？欢迎您提出批评""欢迎您下次光临"，或者在查计算机资料时放慢节奏等，意在让服务员有足够的时间检查房内物品有无缺损。

2）客房服务员也应积极配合，提高工作效率，迅速清点客房设备和用品，重点检查易携带、可供消费的用品，如浴巾、冰箱内的饮料和食品等，随即将结果报告楼层服务台，值班服务员则应立即打电话转告总台。

3）总台服务员得到楼层服务台的信息，即可为客人办理离店手续。

总之，这一连串的活动都应环环紧扣，在极短的时间内完成，同时又必须保持对客人的尊重。当然，不管怎样追求查房技巧，查房对客人的自尊心都是一种伤害，所以有的酒店，特别是高星级酒店开始尝试取消查房制度。这些酒店的管理者认为：随着人们经济生活水平的提高，酒店的用品被带走的可能性降低；不查房，会使酒店的物品受到一定的损失和损害，但如果损失和损害所占的百分比很小，酒店为什么不能因大失小呢？用酒店物品的少量损失，换来对广大客人的尊重和快捷的服务，这正是酒店长远利益之所在。

（五）房内饮料服务

为方便客人在房间里享用酒水饮料，同时增加酒店客房收入，中、高档酒店的客房都配备小冰箱或小酒吧，存放一定数量的饮料和干果，如烈性酒、啤酒、果汁、汽水等，供客人自行取用。收费单放在柜面，一式三联，上面注明各项饮料食品的储存数量和单价，请客人自行填写耗用数量并签名。

客房服务员每天进房清点小冰箱或小酒吧内的饮料数量，并核对客人填写的饮料收费单。收费单的第一联和第二联转交前厅收银处记账和收款，第三联则由客房部汇集后填写食品耗用报告。服务员除记录客人的耗用情况外，还须及时将食品按规定的品种和数量补充齐全，撤换用过的纸巾、杯垫、调酒杯等，并放上新的饮料收费单。

二维码资源 9-03

二维码资源 9-04

（六）洗衣服务

衣物洗涤方法通常有三种，即干洗、湿洗、烫洗。按时间划分，有快洗、普通洗两种；快洗一般 4h，普通洗一般 24h。客人送洗的衣物必须由客人在洗衣单上自行填写清楚。服务员收到客人送洗的衣物时，必须仔细检查客人衣物有无破损、严重污点、褪色、不适合洗涤的，衣袋里有无物品，衣物的扣子有无脱落等。如有问题，必须与客人讲明，在得到客人的最终授权后，方可为客人提供洗涤服务。

送洗的衣物，必须按质、按时、按要求如数送交回客人。若有缺损，应按照洗衣单中关于赔偿的事项给客人赔偿。

（七）擦鞋服务

客人需要擦鞋服务时，一般会致电客房服务中心或将脏鞋放在门外，服务员应热情主动地将鞋拿到擦鞋间帮客人将鞋擦亮，拿鞋时一定要注明房间号码，绝不可搞错。

提供人工代客擦鞋服务时，应在客房壁橱内放置标有房间号码的鞋篮，并在服务指南中告示客人：如需擦鞋可将鞋放入鞋篮内，于晚间放置房间门口并直接通知楼层服务员。

客房服务员一般只替客人擦拭深色普通皮鞋，若遇客人交来浅色皮鞋或特殊皮革制成的鞋，不可随意乱擦，应在征得客人同意和授权后，将皮鞋交鞋匠处理。

（八）托婴服务

带婴儿的客人有两种情况：一是以住公寓的长住客为多；二是度假的客人，他们喜欢带小孩外出度假。为了方便住客，酒店提供托婴服务。客房部帮助客人照顾小孩，并收取服务费。一般酒店设有专职保育员，承担照管工作的服务员应该受过照料小孩的专门训练，学习和掌握照看小孩的专门知识和技能，并且略通外语。在照管前，服务员必须向客人了解小孩的特点及客人的要求，确保小孩愉快、安全，使客人满意。酒店并不配备专职人员从事此项服务，而是向社会服务机构代雇临时保育员，或是由客房部女服务员完成。服务员在规定的区域内照看小孩，不得擅离职守，并需认真填写托婴服务情况表。托婴服务一般以 3h 为计费起点，超过 3h 的，按小时增收费用。

（九）租借物品服务

酒店还向有特殊需要的住店客人提供借用物品服务，临时出借熨斗、烫衣板、吹风机、婴儿床、睡枕、冰袋、体温计、剪刀等物品。

借用物品服务，由客房部负责提供。在酒店的服务指南中，应标明可供借用的物品名称及借用办法。客人在借用和归还物品时，都必须办理借用和归还手续，造册登记。在客人离开酒店前，客房部应通知客人归还借用的物品。

（十）加床服务

客房服务员不得随意答应客人加床的要求，更不得私自向客人提供加床服务。客房服务员接到总台有关提供加床服务的通知后，应立即在工作单上做好记录，随后将所需物品送至客房。如果客人在房内，则主动询问客人，按客人要求摆放好加床。在加床的同时，还须为客人增加一套棉制品、杯具、茶叶及卫生间用品等。

【运营链接 9-5】

加床服务操作规范

1）服务员接到加床的通知后，应致电服务中心表示已收到信息并准备立即执行。

2）推出折叠床（包括床架、床垫），检查是否牢固稳当。视客人需要，可在床架上铺专用床板，准备好床上用品（两个枕头及枕袋、一张棉被及被套、一张床单）。

3）住客在房内时，须先在工作间门口收拾好加床并按进门规范推进房间；住客不在房内，可在房间内整理加床。

4）日班把加床整理好并折叠起来放在房间角落处，以免影响客人走动；夜班则需把加床平铺开来，方便客人随时休息。客人在房内时应询问客人如何放置。

5）多配备一份清洁用具及物品，比如杯具、毛巾、拖鞋等。

6）致电服务中心，报告加床完毕。

7）在未接到前台通知加床前，如有客人致电服务中心或直接要求服务员加床，则应让客人先去前台办理加床手续。

8）客人临时取消加床，应及时撤出，并让服务中心通知前台更改费用。

（资料来源：东方酒店管理有限公司，客房实务与特色服务手册。）

（十一）送餐服务

房间送餐服务是指根据客人要求在客房中为客人提供的餐饮服务。它是酒店为方便客人、增加收入、减轻餐厅压力、体现酒店等级而提供的服务项目。

1. 接听电话

送餐服务的订餐电话必须具备来电显示功能，以便准确掌握客人的房间号码；服务员应在电话铃响三声以内接听电话，准确记录并复述客人所点食品、酒水的种类、数量、特殊要求，客人的姓名、人数、要求的送餐时间等内容；告知客人送餐预计需要的时间；向客人道谢并等客人挂机后再挂断电话。

2. 下单制作

服务员在填写订单时应认真核对订餐的内容，以免遗漏；订餐单上要注明下单的时间，以便传菜组、厨房等环节掌握时间，厨房在接到送餐订单后，要特别注意时效及出菜的同步性。

3. 送餐准备

送餐准备工作是否全面、无遗漏，直接关系到送餐服务质量和服务效率。服务员应根据客人所点菜品及酒水准备好用餐餐具、酒杯、开瓶器等；准备好牙签、小方巾、盐瓶、胡椒瓶及其他调味品；准备好账单，找零用的零钱（如客人现金支付）、签字笔（如客人签单挂房账），提前与前台确认客人签单的权限等。

4. 客房送餐

餐饮部应对服务员进行严格的进房程序培训，进房前必须先敲门、通报身份，在客人示意进房后方可进入。如遇客人着装不整，应在门外等候，等客人穿好衣服后再进房送餐；进房后应征询客人用餐位置的选择及餐具回收的时间（或留下餐具回收卡，以便客人知道回收餐具的联系方式）；退出房间前应面向客人礼貌道别。

5. 餐具回收

餐具回收需跨部门合作，回收不及时容易导致餐具遗失或剩菜存放过久而变质，影响环境卫生等。因此，在餐具回收环节要注重以下细节：送餐组设立“送餐餐具登记单”（一式两联，餐饮、客房服务中心各一联），列出所有送餐的房号、餐具种类、名称、餐具回收的时间等，送餐完毕后请客房服务中心签收并各自留下一联。到了约定时间或客人来电要求收取餐具时，应及时收取餐具并核对。

（十二）访客服务

1）访客来临时，服务员应礼貌地询问其姓名及有关事项，并请访客填写“会客登记单”。

2）及时为访客提供茶水和座椅等服务，主动询问住客是否还需要提供其他服务，并尽力帮助解决问题。

二维码资源 9-05

3）如果住客不在房内，向访客说明并提示其可以去前台办理留言手续或到公共服务区等候。如果住客不愿意接见访客，应先向访客致歉，然后委婉地请其离开，不得擅自将住客情况告知访客。如果住客同意会见，按住客的意思为访客引路。如果住客事先要求服务员为访客开门，要请住客去大堂副理处办理有关手续。访客抵达时，服务员须与大堂副理联系，证实无误后方可开门。

4）为保障安全，访客来访期间，服务员应密切关注楼层有无可疑动向。

5）如果是晚间来访，探访时间超过了酒店规定的会客时间，服务员应礼貌地请访客离开住客的房间。若访客需留宿，应请客人到前台办理住店手续。

6）做好访客进离店的时间记录。

（十三）遗留物品服务

酒店的住客或来店的其他客人，都有可能在酒店逗留或离店时将其个人物品遗忘在客房。遇到这种情况时，客房服务员应立即设法还给客人；对于不能当面交还的，客房服务员有责任为其妥善保管遗留物品。

1）在酒店范围内发现遗留物品时，应及时通知前台查询客人的动向，若客人尚未离开，应立即交还给客人。如果在客房内发现的是一般物品，应直接通知客房服务中心；其他情况应先通知大堂经理，再通知客房服务中心。无法交还客人的，应交由客房服务中心统一保管。

2）请拾遗人详细填写“遗留物品登记单”。客房服务中心服务员查对“遗留物品登记单”及遗留物品，并填写“遗留物品登记簿”。

3）将“遗留物品登记单”和物品一起装入透明塑料袋内，封口，写上日期。贵重物品送至财务部保管，请接收人在“遗留物品登记簿”上签字。其他的物品按日期顺序，存放于遗留物品储存柜中。

4）客人询问有关失物情况，应核对“遗留物品登记簿”记录，积极协助查询，给予答复。

5）失主认领遗留物品时，须请其说明有关失物详细情况。确认无误后，请失主到大堂经理处办理领取手续，同时立即将遗留物品和“遗留物品登记单”送给大堂经理，请客人交验身份证件，在“遗留物品登记单”上签字。领取贵重物品须留有有效证件的复印件，以备查核。经签字后的登记单应返回客房服务中心，贴附在“遗留物品登记簿”背面备查。

6）客房服务中心应定期整理和清点遗留物品。对于无人认领的遗留物品的处理结果均须在“遗留物品登记簿”上予以说明。

【运营透视 9-3】

客人要取遗留物品

某年夏天的某天下午，上海某旅游研究机构的刘先生与一位同事作为会务人员，因组织一个全国性会议，入住山西太原一家酒店的508房间。由于会议代表报到踊跃，报名人数一再突破，使本已排满的客房压力骤增，于是几位会务人员决定采取“紧缩政策”，连夜搬出各自的标准房间，挤进一间套房。由于那晚刘先生搬迁匆忙，把一双洗净的袜子遗留在客房卫生间里。第二天想起后，他便直奔508房取袜子，正好房客不在，因此他就只好请服务员帮忙了。当然他知道，现在他已失去该房主人的身份，要取遗留物品并不那么简单。不过东西还是要取的，顺便他也想看一下服务员是如何处理这个特例的。

他找到楼层服务员，一位朴实而秀气的山西姑娘，请她打开508房取件东西。只见她和颜悦色地点了点头，随即请他出示住房卡，他连忙向她解释了原委，说明自己是昨天曾入住的会务组工作人员。那姑娘表示知道这件事，接着她问清他要取的是晾在浴巾架上的一双灰色丝袜后，便爽快地把他领到508房门口。当她打开房门后，刘先生试着跟她进房，立即被她礼貌地制止，请他在门外稍候。接着她进房转进卫生间，很快手拿一双灰袜子出来，问他是不是这双，他一边称是，一边连声道谢。那姑娘将袜子交到刘先生手里后，只是平静地说声“不用谢”，随即关上门，道别后就往服务台去了。

评析：这家酒店的服务员体现了比较完美的客房服务水准。第一，服务员先请客人出示住房卡，以便确认其房主身份后再开门。第二，当她得知客人（会务人员）昨晚在客房遗留物品（普通的袜子）这一特殊情况后，并没有因住房卡问题而不作为，而是根据情况，站在客人的立场上，积极为客人排忧解难，去开门取物。第三，为了尊重客房主人，并保障他们的利益，服务员又很有原则地阻止了并非房主的客人进房。第四，当客人的遗留物品得到确认后，她便果断地将物品归还客人。这样，既及时满足了客人领回遗留物品的愿望，又符合酒店的有关规定。这样处理，每一个环节都合情合理而又无懈可击。

当然，这位服务员也完全可以循规蹈矩，拒绝为刘先生开房取物，请他等候房主回来后再过来取，而且这样处理也没有错，完全合乎酒店规范，客人也无话可说，但缺点是给取物客人带来了不便。相比之下，还是上述处理方法更好，因为它抓住了酒店规章制度的精神实质，根据具体情况做了灵活处理。这位服务员在确认了取物客人的身份又判断其不可能为一双普通的袜子来“冒领”的情况下，亲自为客人开房取出遗留物品，这种做法是十分积极而稳妥的。

这家酒店清洁整理房间工作的缺点也是应该提出的。一是晾在浴巾架上的灰色丝袜比较醒目，但由于清扫程序混乱或责任心不强，卫生班服务员都没有发现。二是领班是否查房或认真查房值得怀疑，一双位置明显且经过两次检查（服务员的自查和领班的检查）的袜子是不应该继续晾在浴巾架上“迎接”新客人的。

三、客人类型和服务方法

酒店住客来自不同的国家和地区，为着不同的目的，诸如探亲、旅游、经商、参加会议等而下榻酒店。按不同国家和地区来划分客人类别，可分为国内客人和外国客人，而他们在进住酒店时又会以个人形式和团体形式出现，即通常所称零星散客和团队客人。不同出现形式的客人有不同的消费水平和不同的服务要求，因此，了解他们的特点，提供针对性服务，是客房管理者和服务人员做好客房服务的前提。

（一）根据住客的组织方式划分

1. 散客

散客主要是指个人、家庭及五人以下自行结伴的旅游者。其中，大部分是因公出差的商务客人，少部分是旅游观光客人。这类客人在酒店滞留时间较长、平均消费水平较高，对客房的硬件和软件的要求都较高。在客房的硬件方面，他们多选择大床房，并要求房内要有计算机接口及不间断电源、办公设备及齐全的用品，还要有变压器、电热水壶、国内国际直拨电话、小酒吧等。在客房软件方面，他们要求客房的服务项目齐全、客房清扫整理的时间安排合理、服务快捷高效、水准高，并且不希望经常被打扰。客房部员工在接待这些客人的过程中应注意：当客人到达楼层时，服务员应微笑相迎，热情主动问好；在为客人提供行李服务时，要注意观察客人的态度，不要抢夺；要主动搀扶老弱病残的客人，服务要周到，照顾要细心；手拿钥匙引领客人到达所住的房间，进房后可以根据客人的要求，适当地介绍一下酒店的产品和情况。

2. 团队客人

团队客人大多数以旅游观光为目的，也有为执行公务、专业考察、商务活动、参加会议、访问、参观比赛或演出而出行的客人。他们一般都有组织、有计划地活动，并且日程安排较紧，一次购买的房间数量多，活动时间统一。除在酒店参加会议的客人外，这类客人一般店外活动较多，店内停留时间较短。酒店虽然给团体客人的折扣较大，但由于出售的房间数量多，因此其客房收入对酒店来说也是非常可观的。

在接待团队客人时，应注意对团中的每一位客人都要一视同仁，不要谈及房价、餐费等问题，不介入客人之间的矛盾，遇到问题时，与接待单位或团队的领队或负责人联系。要充分做好团队进店、离店前后的各项工作，为更好地为他们服务，可以根据接待单位或团队通知的预抵达时间，提前调好客房内的温度。这些客人一般对卫生要求比较挑剔，尤其注重卫生间的清洁。因此，在清洁客房卫生时，卫生洁具一定要按标准进行严格的清洗和消毒。

（二）按住客的入住目的划分

1. 观光客人

这类客人的主要目的是游览风光、了解风土人情、品尝地方美食、进行文化交流等。他们游览参观的项目多，一般每日行程安排较紧，在酒店逗留的时间较短，白天在外观光，体力消耗大，希望回酒店能得到很好的休息，尽快消除疲劳。他们喜欢购买旅游纪念品、拍照留念等，对于邮寄信件或明信片等委托服务的需要量较大。因此，客房服务员应努力为这类客人创造一个安静、整洁、温馨的居住环境，使他们有充足的精力、愉悦的心情完成旅行活动，同时应及时、准确地为其提供叫醒、问询、购物指引等服务。一般叫醒服务都是由前厅总机来负责的，但有时也需要客房服务员配合。在叫醒服务时，一定要在听到客人的应答后方可完成，以免耽误客人的行程和活动。

2. 疗养、度假型客人

此类客人以国内客人为主，他们多选择度假型酒店。此类型的客人与观光客人的区别在于，他们的目的地一般只有一个，而且逗留时间较长，因此他们对客房的服务水准要求较高，如24h热水、室内冷暖适度、房间的朝向和外景较好等。同时，对其他一些辅助服务也有要求，如客房送餐、小酒吧、委托代办、洗衣服务等。通常，他们喜欢丰富多彩的娱乐项目，喜欢与服务员打交道，希望得到热情、随和的服务。另外，此类客人对酒店的建筑格局也有特定的喜好，如别墅式、园林式建筑，对客房的安全也更为在意。

3. 商务、公务型客人

此类客人占酒店客源的比例较大。据统计，全世界酒店客源中，此类客人会占到55%左右。因此，他们对酒店的经营至关重要，要好好接待他们。这类客人对酒店要求较高，国际旅客要求享受高级别的生活待遇和优良的服务，因工作关系而对自身形象也较为注意，那么就要求酒店能够提供高质量的擦鞋服务、洗衣服务及其他委托代办服务等。国内公务旅游客人的消费水平以能够报销账目为限度，同样也要求有较好的服务。通常，这类客人都比较忌讳服务员挪动他们的办公资料或办公用品。因此，服务员在服务时要特别小心，不得随意翻动，同时也不得随意拔掉客人插好的电源插头，以免给他们造成损失。

4. 会议旅游客人

此类客人人数多、用房多、时间集中、活动有规律。因此，客房服务的任务较重、服务水准要求严格。客房部在服务时，要注意服务人员的灵活调配，以及客房、公共场所或会议室的合理布置及利用，并随时留意房间内信封、信纸、笔等文具用品的配备。

5. 蜜月旅游客人

此类客人一般对房间有特殊的要求，如大床房、房间整洁、外景要好等。一般情况下，酒店可以向蜜月旅游客人赠送礼品以增加欢乐气氛，做到既庄严隆重又热情礼貌。与客人见面时要讲祝福的话，平时多介绍景色优美的旅游点、旅游纪念品商店和风味餐馆的所在位置，方便客人游玩和购物。他们比较反感被打扰，因此，在服务上要特别注意时间的安排。

【运营链接 9-6】

新婚房布置规范

1. 床上用品

床上用品换成新婚房专用床上用品一套。

2. “囍”字

(1) 套房　床屏上方墙体正中位置贴“囍”字，卧室门上贴“囍”字，卧室办公桌镜面贴“囍”字，花架上方镜面贴“囍”字，卧室灯罩换成贴有“囍”字的专用灯罩。

(2) 大床房　床屏上方墙体正中位置贴“囍”字，办公桌镜面贴“囍”字，灯罩换成贴有“囍”字的专用灯罩。

3. 彩色饰带

(1) 套房　客厅天花板四角牵出彩带，以吊灯为中心。

(2) 大床房　天花板四周的中心位置牵出彩带。

4. 鲜花

客房服务中心在订花单上注明“新婚用房”，插花均配以红掌或百合。

(1) 套房　大型插花。

(2) 大床房　艺术花或金盅。

5. 水果

水果的品种、质量要求较好。

6. 餐巾

餐巾换为红色的。

7. 加椅

本地客人且在酒店请客的，需适当增加椅子数量。

（1）套房　8张折椅。

（2）大床房　4张折椅。

8．开水、茶叶、杯具、托盘和烟灰缸

提前备定，一部分先放入房间，另一部分放在工作间。

（资料来源：东方酒店管理有限公司，《客房实务与特色服务手册》。）

（三）按住客的身份划分

1. 专家学者

此类客人对客房的要求是清净、整洁及舒适，在服务上要细心和周到。

2. 新闻记者

此类客人一般生活节奏快，因此，要求有较高的服务效率。他们既把房间当卧室又当办公室，各种资料、稿件、复印件、传真件都较多，东西摆放也比较随意，希望房间有齐全的办公用品和完备的通信设施，也希望准时得到当天的报纸等。这类客人一般都比较敏感，服务员在为其提供服务时要特别留意。

3. 体育和文艺工作者

这类客人一般是文艺演出和体育代表团中的明星，很容易引来一大批“追星族”或崇拜者，对来店内的和店外的“追星族”要及时发现和劝阻，以免影响客人的正常生活。同时，服务员不要向客人索取签名或要求合影。为他们在安全方面提供保密服务，是客房部尤为重要和必要的一项工作。如有意外事件发生，应及时向保安部门汇报，请求协助。文艺代表团成员比较注重服饰，对客房洗衣服务的要求较高。

（四）按住客的国别划分

1. 国内客人

此类客人一般以公务型散客为主，观光旅游团队也会占有一定比例。他们习惯于随叫随到的服务方式，很多客人有中午休息或午睡的习惯，不希望在中午被打扰。此外，此类客人喜欢在客房内会客，所以访客较多。

在接待港、澳、台地区客人时，要注意保持热情、主动的态度，周到、细心的服务，同时也可适当介绍一些当地的风土人情、景区景点、购物场所等，始终给他们一种宾至如归的感觉。

2. 国外客人

此类客人在生活习惯方面：习惯于晚睡和晚起，因此对窗帘的遮光效果要求较高；对客房的卫生设施、设备非常敏感，喜欢淋浴，24h热水供应对他们来说非常重要；对室内温度要求较高，大多数外宾夏天喜欢把室内温度调得很低，很多人一年四季都喜欢食用冰块。在消费方面，习惯于享用酒店所提供的客房送餐服务、房内小酒吧服务、洗衣服务等。从事外宾接待工作，对客房服务员的外语水平就有一定的要求，同时还要求服务人员了解并尊重客人的不同文化和禁忌等。

（五）按住客的身份行为特点

1. 贵宾服务

贵宾是指由较高身份、地位或因某种原因对酒店有较大影响力的客人。酒店往往在接待礼仪和服务规格标准上将其区别于一般客人，以显示对他们的特殊礼遇。“礼”即尊重，“仪”即尊重的表现形式。为了区别贵宾的重要性，酒店在接待时从客房布置、礼品的提供到客房服务的内容都有所区别，以体现不同的待遇。

（1）抵达前的准备工作　客房部在接到贵宾接待通知书后，应编制相关服务方案，做好针对性服务。根据不同的客人布置不同的房间用品。如客人是电影明星，则在房间内多放些纸巾、棉球；若是文化人，则在房间内摆放多份报纸、杂志或其代表作等。准备高级的时令水果、精致豪华的艺术插花，撰写专门欢迎贵宾光临的欢迎函。安排服务技能娴熟的服务员提供日常服务，服务员应熟悉和掌握客人的各种生活习惯、喜好和禁忌；了解客人的行程安排，对贵宾入住到退房的全过程安排做到心中有数；对级别较高的客人，则需根据需要安排 24h 专人服务。

（2）抵达时的服务工作　贵宾抵达时，酒店应根据贵宾的等级，组织有关人员在大厅列队迎接，由不同级别的管理人员陪同贵宾到楼层。客房服务员必须礼貌问候客人，热情引领客人，及时为客人提供茶水等服务，视情况向客人介绍客房设施及服务项目。

（3）住店期间的服务工作　保持周围环境的安静，严禁任何外界噪声的干扰；不得随便打扰客人，清扫客房时不能移动客人物品；为不同的客人提供针对性服务，重点在于满足客人高层次的精神需求。相关服务人员应具有为贵宾保密的意识，客人的个人资料、生活习惯等都不得随便泄露。

（4）客人离店时的服务工作　接到贵宾退房的信息后，楼层服务员应立即检查客房，特别要注意贵宾房内是否有遗留物品，要求动作迅速、检查准确并将结果报告前台。

（5）贵宾客史档案的管理　客房部应组织相关人员开会，特别要注意接待贵宾服务过程中存在的问题。对表现好的员工适当给予鼓励，对贵宾接待工作进行记录、总结和建立客史档案（包括贵宾的姓名、国别、抵离店日期、房号、人数、风俗特点、宗教信仰、特殊要求）等。

2. 醉客服务

对醉客服务，既要耐心、周到，又要注意安全，包括客人的安全、酒店的财物安全和员工自身安全。客房服务人员在为醉客服务时，应做好以下几个方面的工作：

1）当发现客人在房内不断饮酒时，客房服务人员应特别留意该客人动态，并通知领班。在适当情况下，与当班其他服务人员或领班借机进房查看，切忌单独进房。

2）客房服务人员有时会在楼层发现醉酒客人，如果证实其为外来游荡的醉客，应请其离开，通知保安部门人员将醉客带离楼层，并控制醉客的行为。

3）若是住店客人，应通知领班或请同事帮忙，安置客人回房休息。

4）如果客人饮酒过量，但尚清醒，应扶客人上床休息，并将垃圾桶放在床边，以备客人呕吐用，并备好面巾纸、漱口水，放在床头柜上。客人呕吐过的地面要及时清理干净。

5）征求意见后，泡一杯茶给客人，放在床头柜上。

6）安顿客人休息后，房间要留灯，如夜灯或廊灯，然后轻轻退出房间，关好房门。

在服务好醉酒客人的同时要注意安全问题：

1）密切注意房内动静，以防房内物品受损或因客人吸烟而造成火灾。

2）对因醉酒而大吵大闹的客人要留意观察，在不影响其他客人的情况下一般不予干涉。但若发现客人因神志不清而有破坏行为，则应通知保安部门、大堂副理。若已造成设备物品损坏，应做好记录，待客人酒醒后按规定索赔。

3）若遇客人倒地不省和有发生意外的迹象，如酒精中毒，应及时通知大堂经理（副理），同时通知医务室医生前来检查，以保证客人安全；对纠缠不休的醉客要机警应对，礼貌回避。

4）做好记录。在“服务员工作日报表”上填写醉酒客人房号、客人状况及处理措施。

【运营透视 9-4】

深夜醉倒的客人

南京某酒店，凌晨2点。电梯在5楼停住，“叮咚”一声门开了，一位客人踉跄而出，喃喃自语：“我喝得好痛快啊！”口里喷出一股浓烈的酒气。这时保安员小丁巡楼恰好走近5楼电梯口，见到客人的模样，断定他是喝醉了，连忙跑上去扶住他，问道：“先生，您住在哪间房？”客人神志还算清醒，他轻轻地摇摇自己的左手。小丁会意，便细看客人的左手，发现一块517房的钥匙片。小丁一步一步地把客人扶进房里，让他在床上躺下，泡上一杯醒酒茶，并将衬有塑料袋的清洁桶放在床头旁。客人开始呻吟起来，小丁赶紧把客人稍稍扶起，端起沏好的茶喂给客人喝，一边安慰客人说：“您没事的，喝完茶躺下歇歇就会好的。”然后他又到洗手间弄来一条湿毛巾敷在客人额上，说道：“您躺一会，我马上就来。”随后退了出来，将门虚掩着。

一会儿，小丁取来一些冰块，用湿毛巾裹着进房，用冰毛巾换下客人额上的湿毛巾。突然，“哇”的一声，客人开始呕吐了。说时迟，那时快，已有准备的小丁迅速拿起清洁桶接住，让他吐个畅快，然后轻轻托起他的下颚，用湿毛巾擦去他嘴边的脏物。小丁又观察了一会儿，发现客人脸色渐渐转红，就对他说：“你好多了，好好睡上一觉，明天就能复原了。”他边说边帮客人盖好被子，在床头柜上留下一杯开水和一条湿毛巾，又补充一句：“您如要帮忙，请拨楼层服务台的电话。”然后他调节好空调，取出垃圾袋换上新的，轻轻关上门离房。

小丁找到楼层值班服务员，告诉她醉客的情况，并请她每过10min就到517房听听动静。天亮时，辛苦值勤一夜的小丁眯着一双熬红的眼睛又来了解情况，得知醉客安然无恙，才放下心来。最后小丁又让值班服务员在交接班记事本上写道：“昨夜517房客醉酒，请特别关照！”

评析：客人醉酒是酒店经常遇到的事。保障醉客的安全是酒店保安人员的神圣职责。酒店保安员小丁突然遇到客人酒醉，及时保护客人，这种急客人之所急的高度责任心值得赞扬。要保护好客人，保安人员还必须具备娴熟的服务技巧，只有这样才能在紧要关头临危不乱，救护有方。小丁突遇醉客，不是推给楼层服务员了事，而是沉着镇定，独立实施救护，达到最佳效果，这说明他平时训练有素。帮人帮到底，小丁将醉客安顿停当后，继续交代值班服务员定时观察，在天亮后又跟踪了解，并交代接班服务员特别关照，这种极致认真的服务态度、严谨过细的工作作风尤为难能可贵。

3. 病客服务

如果遇到住店客人生病，应给予特殊关照，并体现出关怀、同情和乐于助人的态度。

1）发现住店客人生病要表示关怀并主动帮助。

2）礼貌地询问客人病情，了解病因。若客人表示确有些不舒服或道出病情，服务人员应提醒客人，酒店有医务室或驻店医生服务，可前去就诊或请医生到客房出诊。

3）对在房内病卧的客人，应把纸巾、热水瓶、水杯、纸篓等放在客人床边，加送热毛巾。

4）要适时借服务之机进入客人房间并询问客人有无特殊要求，建议并协助客人与就近的亲朋熟人取得联系，提醒客人按时服药，推荐适合客人的饮食。

5）关上房门并随时留意房内动静，报告领班或主管，并将客人房号和生病概况记录在“服务员工作日报表”上。

6）客房部管理人员应亲自慰问病客，并送鲜花、水果等，祝客人早日康复。

在为病客服务时，要注意以下几点：

1）在日常对病客的照料中，服务员只需做好必要的准备工作即可离去，不得长时间留在病客房间，病客若有需要可电话联系。

2）如遇危重病人，应及时与医院或急救站联系，组织抢救，救护车未到前可由驻店医生给予必要的救治处理，同时要立即逐级上报，大堂副理或酒店值班经理应亲临处理。若客人处于清醒状态，则需征得客人同意。

3）未经专门训练和相应考核的服务员，在发现客人休克或有其他危险迹象时，应及时通知大堂副理或值班经理采取必要措施，不得随便搬动客人，以免发生意外。

4）若有客人要求服务员代买药品，服务员首先应婉言向客人说明不能代买药品，并推荐酒店内医务室，劝客人前去就诊。若客人不想看病，坚持让服务员代买药品，服务员应及时通知大堂副理，并由其通知驻店医生到客人房间，进而由医生决定是否从医务室为客人取药。

5）在发现客人患有传染病时，应做到以下几点：①关心安慰客人，稳定客人情绪；②请酒店医务室医生为其诊治；③将客人转到医院治疗；④客人住过的房间应请防疫部门进行消毒；⑤房间彻底进行清理后再出售。

4. 残疾人服务

常见的残疾客人有三种类型：一是坐轮椅的腿部有残疾的客人；二是盲人或视力不佳的客人；三是听力不佳的客人。在客房服务中应根据残疾客人行动不便以及生活自理能力差等特点，给予特别的照料。

在服务中应注意以下事项：

1）在客人进店前，根据前厅等部门提供的资料了解客人的姓名、残疾的表现、生活特点、有无家人陪同以及特殊要求等，做好相应的准备工作。

2）客人抵店时，在梯口迎接，问候客人并帮助客人进入客房，帮助提拿行李物品等。

3）仔细地向客人介绍房内设施设备和配备物品，帮助客人熟悉房内环境。对盲人和视力不佳的客人，这点尤其重要。

4）在客人住店期间，对其进出应特别关注，并适时给予帮助，如搀扶其进出电梯、客房，提醒客人注意安全、小心滑倒等。当客人离开楼层到酒店其他区域时，应及时通知有关人员给予适当照料。

5）主动询问客人是否需要客房送餐服务，配合餐饮服务人员做好服务。

6）应尽力承办客人委托事项，通过有关部门的协作，及时完成并回复，使残疾客人住店期间备感方便、愉快。如客人需代寄邮件或修理物品等，要及时通知大厅服务处为客人办理，提供让客人满意的服务。

7）对残疾人的服务应主动热情、耐心周到、针对性强，并照顾到客人的自尊心，对客人的残疾原因不询问、不打听，避免因言语不当而使客人不愉快。

8）当客人离店时，服务人员应主动征询客人意见和要求，并通知行李员帮助客人提拿行李，送客人进入电梯后方可离开。

【运营透视 9-5】

世界上最善良的人

沈阳某酒店即将来一位客人——下肢瘫痪坐着轮椅的法国记者塞勒先生。这天早晨，酒店总台接到通知后，立即安排专人到机场迎接。到达酒店后，行李员直接把他送到早就安排妥当的客房里，总台接待处派人到房间办理入住手续……塞勒先生到沈阳才半个多小时，已经切身体验到该酒店待客的热情。

住下后，他在酒店内受到的一系列特殊待遇，使他深受感动。

他进房后稍许整理一下行李，便躺到床上休息。不一会儿，门铃响了，进来的是负责这个楼层的小傅。一阵问候后，小傅告诉塞勒先生：虽然他行动不便，但在这儿却不必存有任何忧虑，酒店内的每位员工不仅会随时听候他的吩咐，还愿意满足他一切特殊的要求。塞勒先生坦诚地告诉小傅，他来沈阳之前确有不少担忧，但见到该酒店员工给他那么多超出意料的关怀和照顾，他已经不再惧怕了。接着他说了此次来沈阳的具体计划。

首先，他要出席明天的一次规模盛大的贸易恳谈会，后天下午要到市郊的某轻纺厂了解支持希望工程的情况，还要拜访若干位服务明星。说到此处，他略微停顿一下，似乎还有话要说，但有点犹豫。小傅告诉他不妨直说，酒店一定会尽力使他圆满完成这次沈阳之行的任务。在小傅的鼓励下，塞勒先生终于倾吐出自己的心事：原来他在北京时就曾听说有个沈阳故宫，还有一个“北陵”，都与中国历史有着密切的关系。他想去参观，却不好意思提出，因为这将给酒店带来太多的麻烦。

“塞勒先生，谢谢您对我们的信任。我们酒店虽没有陪客人游览的服务项目，但您的情况比较特殊，我将向领导汇报，我们将尽可能地使您满意。”小傅情意真切地说。

半个小时后，客房部经理来到塞勒先生的房间，告诉他：对其所有工作和活动计划都会给予全力支持，另外，客房部委派小傅和另一名服务员小冯专门负责他在沈阳的一切活动。塞勒先生听后，紧紧握住客房部经理的手，泪花在眼眶内闪烁。

客房部经理告辞不久，小傅又走进塞勒先生的房间，询问他是否要在客房用餐。晚饭后，小冯值班，他帮助塞勒先生脱衣、穿衣……

塞勒先生在沈阳逗留了四天。临别的那天上午，他请小傅陪同去天主教堂，用最虔诚的态度感谢上帝让他在沈阳遇到了“世界上最善良的人”，他祈祷上帝赐福给在沈阳的所有善待他的人们。

评析：本例中的塞勒先生的祈祷是发自肺腑的，也是他对沈阳某酒店服务质量的最公正的评价。

要做好对残疾客人的服务：一是要特别注意满足客人自尊的需要，替客人掩饰其残疾处，不要使客人觉得自卑；二是要细心得体地照料客人。该酒店在接待塞勒先生的全过程中真正落实了“宾至如归”的服务宗旨。

塞勒先生刚到沈阳，该酒店便送去方便和温暖，派人接机、将客人直送房间、房内办理手续等，这一切都是塞勒先生来沈阳前就盼望的。

更能体现酒店待客理念的事情，则是塞勒先生刚进房不久服务员小傅就受命来向客人做出愿意全力帮助他解决一切问题的许诺。对于一位下肢瘫痪、又置身于人地生疏的新环境中的客人来说，这是最暖心的保证，反映了该酒店确实站到了塞勒先生的立场上，想他之所想，急他之所急。小傅的这一许诺使塞勒先生对酒店有了绝对的信任，愿意把脑中酝酿的打算和盘托出。

塞勒先生在沈阳的四天里，在酒店各方的悉心照顾下，既完成了工作计划，又实现了游览名胜古迹的夙愿。塞勒先生感动得热泪盈眶自在情理之中。

接待塞勒先生那样的客人固然比较吃力，付出的代价也较大，但这是酒店发挥水准的好机会，各家酒店应抓牢这种良机，把平时练就的本领淋漓尽致地施展出来。

第三节　客房服务质量管理

客房服务是酒店服务的一个重要组成部分，客房服务质量在很大程度上决定了酒店产品的品质，而其服务质量的高低直接影响酒店的整体服务质量和经济效益。

一、客房服务质量的认识

（一）客房服务质量的内涵

质量是事物某一特性满足要求的程度。从质量的这个定义上可以看出，质量应包括三个方面的要素：①特性，这是事物某一方面的属性，如食物的功能、感觉、行为、时间等；②要求是指特定主体的某种需要或期望，这种要求可能是明显的，也可能是隐性的，如人们的心理需要；③程度就是满足的情况如何，可以用合格和不合格来对质量进行评定。

客房服务质量是酒店以客房设备或产品为依托的劳务，适合和满足客人物质及精神需求的程度。适合并满足的程度越高，服务质量就越好；反之，则服务质量就越差。

由以上的概念可以看出，客房服务质量必须由以下三方面内容构成。

（1）客房设备设施及用品　客房设备设施及用品包括客房家具、电器设备、卫生间设备、防火防盗设施、客房备用品和客房供应品。这些是客房服务的物质基础，其舒适、完好程度如何，直接影响到整个客房服务的质量。

（2）客房环境质量　客房环境质量主要是指客房设施设备的布局和装饰美化，客房的采光、照明、通风、温湿度的适宜程度等。良好的客房环境能使客人感到舒适惬意，产生美的享受。

（3）劳务质量　劳务质量是客房部一线服务人员对客人提供的服务本身的质量。它包括服务态度、服务语言、服务的礼节礼貌、服务方法、服务技能技巧、服务效率等。

在这三方面中，设备设施及用品和环境质量是有形的，构成了客房的硬件设施；劳务质量是无形的，构成了客房的软件设施，却又是服务质量的最终表现形式。三者的有机结合，便构成了客房服务质量。

（二）优质客房服务的具体体现

1. 注重礼节与礼貌

客房服务要使客人真正满意，取决于两个方面：一是服务项目本身具备的实际效用，如客用品本身质量的好坏；二是服务人员的具体表现，以及和客人的相互关系。由于客人缺乏具体服务项目的专业知识和直接接触的机会，所以当客人评价一项服务是否满意时，人际关系与服务态度方面比服务项目效用方面有更高和更直接的评判作用。因此，注重礼节与礼貌，是客房服务最重要的职业基本功之一，它体现酒店对客人的基本态度，也是做好优质服务的重要一环。

礼节与礼貌是两个不同的概念。礼节是向他人表示敬意的某种仪式，礼貌是待人谦虚、恭敬的态度。礼节与礼貌就是酒店员工通过一定的语言行为和方式向客人表示欢迎和感谢。

礼貌待客表现在外表上，就是客房服务员要讲究仪容仪表，注意发型服饰的端庄、大方与整洁，挂牌服务，给客人一种乐意为其服务的印象。在语言表达上，要文明、吐字清晰，讲究语言艺术，注意语气和语调，提倡讲普通话。对客人提出的问题要应对自如、得体，当无法解决问题时，应给予耐心解释，不推诿。在态度上要不卑不亢、落落大方，服务中始终以从内心发出的微笑相迎。在举止姿态上，要文明、主动、彬彬有礼，坐、立、行和操作都要有正确的姿势。

2. 对待客人要真诚

客房的最佳服务，首先要突出“真诚”二字。要提供感情服务，避免单纯的任务服务，这是一个服务态度问题。

客房服务人员为客人提供的服务必须是发自内心的，热情、主动、周到、耐心、处处为客人着想，也就是“暖”字服务。许多酒店服务质量差的案例，几乎都是服务人员的态度不好所造成的。客房服务人员经常会有这样的心理：客人是人，自己也是人，我为什么要“服侍”他？这是将人与人之间的关系和社会角色之间的关系混在一起了。客房部的每一位员工都要调整好自己的心理，把酒店的客人当作自己请来的朋友，以主人的身份来接待客人，替客人着想，这便是提供优质服务的保证。

3. 对客服务要快速而准确

客人在酒店内的吃、住、娱、购等活动都是在快节奏中进行的，因此对客服务也要突出快速和准确。服务动作要快速准确，服务程序要正确无误，这是一个过程的两个方面，缺一不可。例如，希尔顿酒店集团对客房服务员的要求是在25min内整理好一间客房，并且要符合酒店卫生标准，这是因为在对客服务质量中最易引起客人投诉的就是服务人员的慢节奏服务。

4. 随时做好服务的准备

随时做好服务的准备包括两个方面的内容：一是做好心理方面的准备，二是做好物质方面的准备。客房的服务工作不仅是面对客人所进行的服务，还包括了服务前所做的一切准备工作。做好服务的心理准备和物质准备，是优质服务的基础。“工欲善其事，必先利其器”，良好的准备工作，将会提高服务效率和质量。例如，客房服务中强调在接到前厅部的入住通知单后，迎客服务工作应做到“七知道、三了解”（知道客人到店时间、人数、国籍、身份、接待单位、客人要求和收费办法；了解客人的宗教信仰和风俗习惯、生活特点和活动日程安排以及离店日期等），主要是使客房服务员做好对客服务的心理准备，增强服务的针对性和主动性，这样才能为客人做好服务。而事前布置好房间以及准备好客用品等，则是做好物质方面的准备。

因此，随时做好服务前的准备工作，不仅是客房各级管理人员每天要督导的工作，而且是优质服务的基础。

5. 做好“可见”服务

客房服务工作面对的不是机器、原料，而是有思想、有感情的、活生生的人，尽管客房服务员不像餐厅、总台服务人员那样经常面对面地接触客人，但他们所提供的每一项服务都会给客人留下深刻的印象。客房服务员所负责整理的房间以及添补的各种用品都会成为客人评价服务员工作好坏的依据。只有让客房员工明确服务的价值，明白“见物如见人”的道理，才能使他们自觉随时地把自己的工作置于客人的监督之下，进而做好客房的服务和工作。

【运营透视 9-6】

冷峻的日本客人笑了

木村先生在北京某酒店一住便是4个月。他30多岁，个儿很高，约有1.85m，头发总是梳得有型，西装、皮鞋、领带一直整洁如新、一尘不染。日本常住客人见到服务员一般都很热情，又是微笑，又是点头，可是木村先生来到酒店后，与服务员相向走过总是爱理不理、视而不见。他的反常表现引起了负责这个块区服务员小李的注意。他曾多次试图接近木村先生，但收效甚微。

一天在送木村先生的一位朋友时，小李意外获悉，木村先生是很爱说笑的，只是因为半年前在我国南方工作时他的一块最心爱的手表丢失在某酒店客房里，他怀疑是服务员偷走的。从此，他对酒店员工存有戒心，笑容也同时被“锁”住了。

小李决心用自己的行动在木村先生心中重新塑造中国酒店员工的形象。

首先，他注意到看电视时木村先生特别爱看体育节目，凡是足球或拳击比赛他总是看得津津有味，读报时他通常先翻阅体育版。于是，小李在工作之余常跟他闲聊体育明星的事儿。为了丰富话题，小李阅读了不少书报，掌握了日本著名柔道、相扑运动员的成功史和佚闻。果然，木村先生心中那扇紧闭了4个月的“铁门”终于打开了一条缝。

在生活上，小李尽量给予木村先生特别的关心。例如木村先生身材高大，酒店里的浴袍太短，小李就到布巾部去换了两件特大号的，供其轮流使用。木村先生也注意到了这一变化，因此，心中的最后一道“防线”终于被攻破了。

某个星期日上午，木村先生一反常态，蓬松着头，衣冠不整，匆匆奔出房间。小李见了忙主动问候，不料他并不理睬，低着头径直朝电梯赶去。小李去打扫房间时发现，地毯上有一大堆呕吐物，发出一股难闻的气味。他二话没说便动手干了起来，花了很多时间才使房间恢复原状，然后又去仓库借来地毯清洗机，把地毯彻底洗了一下，还在各个角落喷洒香雾。在开夜床时，小李发现脏床单下有一个皮夹，便立即报告领班，并在领班给客人留言后，郑重地将皮夹放在书桌上。

翌日清晨，木村先生见到小李，第一次展现了发自心底的微笑，“寒冬终于过去了”。

评析：北京某酒店尽管地理位置处于劣势，规模又过于庞大，管理上有很多困难，但由于牢牢抓住了优质服务这个关键，因而在2400多名员工的共同努力下，经营状况始终处于我国数千家涉外酒店的最前列。中方总经理曾提出过“微笑一点，热情一点，主动一点，多做一点”的要求，还展开了“四个一点”竞赛，取得了理想的效果。

本例中服务员小李在改变日本客人的偏见时，就是在“微笑”“热情”“主动”“多做”四个方面下了功夫。优质服务含有感情交流的成分，小李为在感情上缩短与木村先生的距离，采取以热心换冷心的战术，使木村先生的心终于升温。“最后防线”的突破似乎是天赐良机，带有偶然性，其实不然，这是小李优质服务的必然结果。

6. 树立全员推销意识

一家服务优良的酒店，依赖于酒店全体员工的共同努力。受过良好训练的员工懂得如何为客人提供更好的服务，会在为客人提供服务时向客人销售或推荐酒店内的其他产品。

现代酒店流行着这样一句话：酒店的每位员工都是酒店商品的推销员。客人进店仅仅是消费活动的开始，进店后选择哪些饮食和利用哪些服务设施，往往会受到酒店服务人员的影响。

例如，客房服务员可以根据客人的爱好，向客人介绍有关酒店的服务项目，或者向客人介绍本地的旅游点和名胜古迹等，以期客人多购买酒店的其他服务和延长在酒店下榻的时间。此外，客房服务人员做好对客服务的每一项工作，本身就是一种推销，因此客房部每一位员工，特别是和客人直接接触的服务员，都必须成为酒店商品的推销员。这是酒店本身营销和经济利益的需要，也是优质服务的重要体现。

二、客房服务质量的管理

（一）确立客房服务质量的目标

酒店客房服务质量的高低是指以设施、设备和产品为依托，通过服务使客人在物质和心理需求两方面都得到满足的程度。服务质量是以客人的主观感受为标准的。高质量的客房服务，通常可以使人在以下四个方面获得满意的感受。

1. 宾至如归感

宾至如归，即住客有在家里的感觉。家，自然离不开客房以及里面的设施、各种客用品，如吹风机、电视机等样样具备，让客人使用起来像家里一样方便，而且它还包括了一层更深的含义，就是一个家庭成员所感受到的亲切、温暖和富有人情味。一些酒店之所以能够吸引客人多次入住，究其原因，就是服务的尽善尽美和浓厚的人情味，以及让客人能享受到居家的氛围。

2. 舒适感

客人下榻酒店前，往往经过了长时间的车船、飞机旅行，到达酒店时一般都比较疲倦，他们迫切需要立即解决他们的吃住问题，舒适已成为客人此时生理和心理上的主导需要。良好的客房服务向客人提供一个清洁卫生、赏心悦目的住宿环境，客人酒足饭饱后，躺在松软整洁的床上，自然就会产生一种舒适的感觉。

3. 安全感

客人住进酒店，希望酒店能为其创造一个安全的住宿环境，希望能保障他的财产和人身安全，保障他在酒店的隐私权，因此客房应有完备的防火、防盗、安全设施和保安措施，尽可能减少任何可能导致不安全的因素。同时，在客房服务及管理上更应将尊重客人对客房的使用权、保护客人的隐私作为一条准则，这样才能使客人住进房间感到放心和安心，从而产生一种安全感。

4. 吸引力

客房室内装饰布置得雅致、和谐，家具讲究式样、风格及色调，采光良好，空气清新，客房工作人员着装美观大方、对客人彬彬有礼，客房服务项目独具特色，服务环境具有生动感和亲切感，这就使客人不仅乐于选择这样的酒店投宿和进行各种社交活动，使客人住过一次就印象难忘，而且离店时还会产生惜别之情，成为酒店的回头客。

（二）建立客房服务质量标准

所谓标准，就是对重复性事物和概念所做的统一规定，是共同遵守的准则和依据。客房质量标准的建立与实施是质量管理的基础，是酒店一切工作的依据，包括培训依据、检查依据、考核依据、质量管理的依据、定价依据。标准的建立要有一个度，过严和过宽都不合适。

根据客房服务质量标准的设计所要考虑的因素，客房服务质量的标准应包括以下 10 个方面的内容。

1. 服务工作标准

服务工作标准主要是指酒店为保证客房服务质量水平对服务工作所提出的具体要求。服务工作标准不对服务效果做出明确的要求，只对服务工作本身提出具体要求。例如，客房床单应每日更换一次，大堂地面必须每天定时吸尘。

2. 服务程序标准

服务程序标准是指将服务环节根据时间顺序进行有序排列，既要求做到服务工作的有序性，又要求保证服务内容的完整性。例如客房接待服务有四个环节，即客人到店前的准备工作、客人到店时的迎接工作、客人住店期间的服务工作、客人离店时的结束检查工作，其中每个环节又进一步细化出很多具体的步骤和要求，即使一个小步骤出现问题，也会对客房服务质量产生很大影响。因此，确定客房服务程序标准是保证服务质量的重要举措。

3. 服务效率标准

服务效率标准是指在对客服务中建立服务的时效标准，以保证客人得到快捷、有效的服务。例如：客房服务中心接到客人要求服务的电话，3min 内必须为客人提供服务；客人交付洗烫的衣物必须在 24h 以内交还客人；等等。

【运营透视 9-7】

金海湾大酒店客房服务“六快”

五星级的汕头金海湾大酒店与 ISO 9004-2 国际标准（质量管理和质量体系要素）接轨，通过强化服务的时间观念来提高服务质量，推出了充分体现服务效率的“十二快”服务，其中，涉及客房服务的有“六快”。

1）接听电话快：铃响两声内接听电话。

2）客房传呼快：2min。楼层服务员配有对讲机，向客房服务中心提出的任何要求，服务员必须在 2min 内送到客房，如送开水、茶叶等。有些在 2min 内提供不了的服务，服务员也必须在 2min 内到达客房向客人打招呼，然后尽快解决。

3）客房报修快：5min 内处理好小问题。如更换灯泡、保险丝、垫圈以及设施设备运转中的各种操作性问题等。这就要求酒店设有 24h 分班值岗的“万能工”，精通水、暖、电、木、钳等各个工种。对于重大问题，一时不能解决的，也要安慰客人，并给予明确的回复。

4）客房送餐快：10min。酒店规定，员工电梯必须首先保证送餐服务，即使有员工想去低于送餐的楼层，也必须等送餐完毕后再返下。

5）回答问询快：立即。为此，酒店就客人常常问到的问题对员工进行全员培训。

6）投诉处理快：10min。小问题，10min 内圆满解决；大问题，先安慰客人，10min 内给予回复。

4. 服务设施用品标准

服务设施用品标准是指酒店对客人直接使用的各种设施和用品的质量与数量做出严格的规定。设施和用品是酒店服务产品的硬件部分，其使用标准的高低直接影响到客房产品质量水平的一致性。

【运营链接 9-7】

房间用品清单见表 9-1。

表 9-1 房间用品清单

放置部位	备　品	供 应 品
床	床单、毛毯、枕芯、枕套、床罩、丝棉被等	
床头柜	电话使用说明	便签、笔、简易拖鞋、擦鞋布
书写桌	酒店介绍册、服务指南、安全须知、房间用餐菜单、烟灰缸	信封、信纸、明信片、电传及传真用纸、笔、行李箱贴、宾客意见书、购物袋、洗衣袋、洗衣登记单
小酒吧	水杯、冰桶、起瓶盖器	杯垫、纸巾、调酒棒、小酒吧使用计费单
软座椅桌	茶杯、热水瓶、烟灰缸	茶叶、打火机
壁橱	衣架、折叠式行李架	

卫生间用品清单见表 9-2。

表 9-2 卫生间用品清单

放置部位	备　品	供 应 品
洗脸台	口杯、面巾、手巾、烟灰缸	牙具、面巾纸、肥皂、沐浴剂、洗发水、浴帽、梳子、指甲刀、剃须刀片
坐便器旁	废纸篓	卫生纸、卫生袋
浴缸边	浴巾、脚垫巾	肥皂

5. 服务状态标准

服务状态标准是指酒店针对为客人创造的环境状态、设施使用保养水平提出的标准。例如，客房设施应保持完好无损，所有电器可以正常使用，24h 供应热水，地毯无灰尘和无霉变。

6. 服务态度标准

服务态度标准是指对服务员提供面对面的服务时所应表现出的态度和举止礼仪做出的规定。如服务员需实行站立服务，接待客人时应面带自然微笑，站立时不得前倾后靠和双手叉展以及搔头挖耳，当着客人面不得高声喧哗、吐痰、嚼口香糖等。

7. 服务技能标准

服务技能标准是指客房服务员所应具备的服务素质和应达到的服务等级水平以及语言能力，

规定服务人员所应具有的服务经验和所应掌握的服务知识，规定特定岗位上的服务人员能够熟练运用的操作技能。如一名客房清扫员应能在30min左右完成一间标准客房的清洁工作。

8. 服务语言标准

服务语言标准是指酒店规定的对客服务中所必须使用的标准化语言。酒店在欢迎、欢送、问候、致谢、道歉等各种场合下要求员工使用规范语言。如规定服务中使用的敬语口诀："请"字当头，"谢谢"不断，见面时"您好"，离别时"再见"，得罪客人时"对不起"，客人谢谢时"没关系"等等。同时酒店也应明确规定服务忌语，如规定在任何时候不能回答客人说"不知道"。使用规范化语言可以提高服务质量，确保服务语言的准确性。

9. 服务规格标准

服务规格标准是指酒店对各类客人提供服务所应达到的规格标准。例如，规定对入住若干次以上的客人提供服务时必须称呼客人姓名；对入住豪华套房的客人提供印有客人烫金姓名的信纸信封；在VIP的房间要放置鲜花、果篮。

10. 服务质量检查和事故处理标准

这是针对前述服务标准的贯彻执行所制定的标准，也是酒店服务质量的必要构成部分。为应对服务质量事故，酒店一方面要有对员工的处罚标准，另一方面也要有事故处理的程序，以及对客补偿、挽回影响的具体措施。

（三）制定客房服务程序

客房服务程序是指用书面的形式对某一服务进行描述。俗话说"没有规矩，不成方圆"，客房服务程序的制定有利于酒店服务摆脱传统作业方式，让本来较琐碎的，看似杂乱无章、随机性很强的服务工作能够规范化、有章可循，使服务工作从随心所欲的状态转为有规则的、有一定标准的状态。有了书面的客房服务程序，对员工的培训就有章可循，在操作上也简单易行。

不同等级类型的酒店，客房服务项目多寡不同、繁简不同。但无论何种情况，在制定客房服务程序时都要考虑以下因素：

（1）客人的需求　服务是为客人提供的，服务程序也要满足客人需求，制定程序前必须对客人对客房服务的需求做详细的调查和分析。

（2）本酒店的特点　服务程序要与本酒店的档次、风格、管理等特点协调一致。研究本酒店特点时，要考虑酒店的接待对象、客房部组织形式、服务模式、员工素质等各方面的情况。

（3）国内外的先进水平　服务程序要有时代感，并具有一定的超前性，因而要了解国内外酒店业客房服务的先进水平，洞悉各种服务的合理和不合理之处，从而集各家之所长为已所用。

（4）动作及作业研究　在编制程序前，要对每个作业进行过程分析和动作分析，把这些资料作为依据保存起来。

（5）全员参与　客房部管理人员是制定对客服务程序的参与者和组织者，在制定服务程序的过程中，要尽可能地让客房员工参与讨论，该过程本身就是对员工的一种培训。员工参与制定的服务程序不仅更加符合实际、操作性强，而且在程序的落实过程中效果会更好。

【运营链接 9-8】

楼层台班工作规范

1）因接待需要增设台班岗时，应提前将台班桌及电话搬至接待楼层的客梯间，确定合适的台班人员。

2）上岗前应了解此次接待的接待对象及其国籍、房号、接待任务的性质、接待标准、日程安排等。

3）准时到达岗位，与上一班做好交接工作。

4）做好来访客人的登记，查验来访者的证件，记录进出房时间。

5）密切注意楼层出入人员动向，劝阻非工作原因进入楼层的人员，发现可疑人员应主动、礼貌地上前询问，有问题及时处理、汇报。

6）加强安全巡查，注意楼层是否有不安全因素（比如住客离开房间时门是否上锁），保障宾客的人身和财产安全。

7）严守岗位，保证不空台。对住客外出的房间，及时通知服务员整理房间，如果接待房的客人全部外出活动，可协助服务员做房。

8）维持楼面安静、整洁，及时清除客梯间烟筒内杂物、烟头，清洁客梯间镜面。

9）负责迎送宾客工作，为客按电梯，带客进房。

10）微笑服务，礼貌待客，始终保持站立服务。

11）做好保密工作，不清楚或不该说的不能向客人直接说出。

12）认真完成上级交代的任务，准确填写当班记录及工作交班记录。

13）用餐或换岗时间，如顶替人员未按时到达，应坚守岗位，有困难时向服务中心报告，等接班人员来交接后方可离开。

（资料来源：东方酒店管理有限公司，《客房实务与特色服务手册》。）

（四）提高员工的服务意识

服务意识是员工应该具备的基本素质之一，也是提高服务质量的根本保证。而很多酒店员工往往最欠缺的就是服务意识，从而导致服务质量下降，并遭到客人的投诉。客房部的很多工作是有规律可循的，客房部的管理人员根据这些规律制定服务程序、操作规程和质量标准来保证服务的质量。但也有一些问题是随不同情况而发生变化的，这就要求客房服务员必须要有相应的服务意识，只有这样才能将自身的服务工作做得更好。

1. 强化训练，形成职业习惯

强烈的服务意识是要把快而准的服务，通过语言、动作送给客人，同时还需要有扎实的客房服务方法和技能的基本功，这种基本功包括服务人员的职业道德、技能以及应变能力等。业精于“训”，服务人员扎实的基本功的形成，是客房部加强员工的职业化管理、教育和强化训练的结果。

所谓强化训练，是指客房部应经常利用淡季，集中一段时间，有计划、分步骤地对服务人员某方面的技能技巧或礼节礼貌进行反复的、严格的训练，以求达到，客房服务员始终能够提供快速而准确的微笑服务的目的。例如，通过对客房服务员敲门通报、等候客人反应的强化训练，最后养成凡打开客人房间门都要事先敲门通报的良好习惯，即使空房也是如此。

二维码资源 9-06

2. 扩大知识面，增强应变能力

由于个性和爱好不同，客人对服务的要求也不尽相同，有针对性地接待好每一位客人和应付意外情况，是服务意识的进一步深化，而机械地按照服务程序来接待客人，往往不能取得成功。例如，许多客人在抵达酒店时，由于旅途劳累，只想安静地休息，如果服务员单凭主观热情，从带客进房开始，就给客人介绍房间情况，再给客人递香巾、上热茶等，就会使客人感到烦躁。

3. 用激励的方法巩固员工的服务意识

强烈的服务意识绝不是一种外力驱动的结果，而是受人自身的内在动力驱使的。客房员工服务意识的形成不易，而服务意识的巩固更难，它需要客房部乃至整个酒店有一个良好的人际关系和人事关系的工作环境。激励，对客房部员工来说是十分重要的，只有在激励的作用下，才能发挥出他们的主观能动性与创造性，才能调动他们极大的工作热情，才能巩固他们的服务意识。

4. 合理安排工作量，实现高效率的服务

服务意识除了受人员素质与环境的影响外，还取决于每个人在工作中努力的程度和投入的劳动数量与质量。因此，合理安排工作量、最大限度地发挥每位员工的作用，是强化员工服务意识的必要条件。只有实行科学分工，确定合理的服务程序和严格的岗位责任制，建立部门之间的服务协调网络，才能使客房部乃至整个酒店如同一部和谐的机器，灵活而高效率地运转。

三、客房服务质量的控制

要有效地实现计划目标，必须实行有效的控制。所谓控制，就是监督各项活动，纠正各种重要偏差，以保证下属的行为和各项活动按照计划进行的过程。服务质量的控制必须做到准确、及时、有效，具体可采用事前控制、过程控制、事后控制等方式。

（一）事前控制

事前控制是质量管理的最高境界，做到防患于未然、未雨绸缪。事前控制包括两方面的准备：

1）精神准备。要求每位服务人员必须精神饱满、思想集中、着装整洁、规范上岗。必要时事先了解客人的身份、生活习惯等，以便有针对性地提供服务。

2）物质准备。物质准备包括前厅、客房、安全保卫等各方面的准备工作。保证客人一进店，

就能提供满意的服务。例如，客房部要检查房间的设备是否齐全完好，房间是否整洁，布置是否美观、舒适，用品配备如何等，以确保客房质量达到标准。

（二）过程控制

过程控制是现场管理的体现，过程控制起到随时发现问题、解决问题、纠正偏差的作用。过程控制将可能出现的问题消灭在萌芽之中，是客房服务全过程中的关键环节，直接影响到客人的满意程度和酒店的声誉。客房服务过程的质量控制主要有以下两方面内容：

1）严格执行客房服务规范，加强服务质量检查。特别是对客房服务的关键部门、岗位或薄弱环节要实行重点有效的控制。如接待重要来宾时，关键部门的经理24h待命，不断巡视检查，及时发现并解决问题。

2）充分利用质量信息反馈系统，反思质量管理中存在的问题。及时搜集客房服务过程中的各种质量信息，进行分析研究，找出质量问题产生的原因，采取改进措施，进一步提高服务质量。如发现服务质量标准存在问题，要认真研究，加以必要修订。

【运营链接 9-9】

长住客人需求征询表见表9-3。

表 9-3 长住客人需求征询表

尊敬的宾客：

首先请允许我对您长住我酒店表示热烈的欢迎。如您需要我店客房和洗衣部的任何额外服务，请拨分机找我。为给您提供尽可能满意的服务，请将您的需求填入下表：

1. 您希望我们何时清洁您的房间？____________
2. 您希望我们晚上几点为您开夜床？____________
3. 您喜欢羽绒枕头还是木棉枕头？____________
4. 您喜欢每晚将早餐卡放在床上吗？____________
5. 您喜欢每天几点叫醒？____________
6. 还需什么其他服务？____________

祝您住店愉快！

客房部经理__________

3）巡视检查。在不断的巡视中发现问题、解决问题，并将发现的问题及时分析总结，作为培训工作及指导工作的案例。

（三）事后控制

客房服务结束工作的质量控制，是客房全过程质量控制的最后一个环节，也是酒店服务质量问题暴露较为明显的阶段，这个阶段的质量控制有时可以起到亡羊补牢的作用，也可能产生锦上添花的效果。其主要内容包括以下几方面：

1）定期分析宾客意见。对宾客意见进行分类，我出宾客投诉的主要问题，分析原因，并采取相应措施。部门管理水平和客房服务质量就是要在不断解决主要矛盾的过程中得以提高。

2）定期召开部门质量分析会。客房部的主要管理人员要负责此项工作，会前有专人完成准备工作，参加者们也应有所准备。这类会议不仅能找到部门对客服务存在的问题，研究出对策，而且能增强部门全体员工的质量意识。

二维码资源 9-07

3）及时整改。根据客人需求的变化，对服务程序和标准进行修改，对服务用品进行调整。例如，某酒店在程序中规定服务员在客人进店时，要求客人查点小酒吧饮料。该做法受到了部分客人的投诉，经研究将程序做了修改，取消了该做法。又如，酒店从安全考虑一般不将熨斗、熨衣板作为借用物品，但近年来客人对其需求量大，一些酒店开始配备出借，受到了客人的好评。

4）将客人投诉的问题与员工工作表现评估挂钩。对于客人投诉率高的问题，评估将相对占较大比重。例如，如果客人普遍投诉员工服务态度不好，那么在考察员工工作表现时，对服务态度一项的评估分将占较大的比重。采取这样的措施后，员工特别注意改善对客服务态度，客人对这方面的投诉势必减少。随着客人对服务态度投诉的减少，对其他问题的投诉率就会相对增加，客房部可建议酒店根据新的情况制定新的评估评分标准。长此以往，客人的投诉将大大减少。

本章学习要点

1．客房服务管理的主要模式有楼层服务台、客房服务中心、宾客服务中心、前台直管等。客房服务模式的选择取决于客源的类别与层次、酒店硬件条件、安全条件及劳动力成本等因素。

2．常规性的客房服务项目有清洁客房、迎客服务、送客服务、离店查房程序、房内饮料服务、洗衣服务、擦鞋服务、托婴服务、租借物品服务、加床服务、送餐服务、访客服务和遗留物品服务等。主要的个性化服务项目有贵宾服务接待、对伤病住客的服务、对醉酒客人的服务、对老年客人的服务等项目。

3．客人的分类包括以下几种方式和类型：客人按旅行的组织方式划分，可以分为散客和团队客人；按住客的入住目的划分，可以分为观光客人，疗养、度假型客人，商务、公务型客人，会议旅游客人，蜜月旅游客人，等等；按住客身份划分，可以分为专家学者、新闻记者、体育和文艺工作者等。按住客国别，可划分为国内客人和国外客人。

4．根据客人的不同，客房部对客服务的特点需要体现出“家”的氛围。对客服务的表现形式要具有“明暗兼有”的特点。客房对客服务的要求具有真诚主动、礼貌热情、耐心周到、舒适方便、尊重隐私、准确高效的特点。

5．酒店客房服务质量保证体系主要由服务工作标准、服务程序标准、服务效率标准、服务设施用品标准、服务状态标准、服务态度标准、服务技能标准、服务语言标准、服务规格标准、服务质量检查和事故处理标准等组成。

本章思考练习

1．常见的客房对客服务模式有哪些？试对这些模式进行分析和比较。

2．酒店应选择何种客房对客服务模式，其决定性因素有哪些？

3．描述客房服务的特点。

4．客房服务的主要项目有哪些？

5．设立客房服务项目应考虑哪些因素？

6．行业内是如何对客人进行分类的？常说的客人类型有哪些？不同住客类型的客房服务需求有什么不同？

7．优质服务必须符合哪些标准？

8．如何才能有效地控制客房服务工作的质量？

9．客房服务质量管理应该达到哪些基本要求？

10．客房服务质量的内容有哪些？

11．客房服务质量有哪些主要的保证标准？

本章管理实践

训练项目　客房服务情景剧

【实践目标】

通过角色扮演，了解客房服务项目的程序规范。

【实践名称】

客房服务情景剧表演。

【实践内容】

1．将全班同学分成若干小组。

2．每组同学选一个“客房服务”项目，编写好剧本。

3．选择合适的同学担任演员，多次排练后在课堂上表演。

【实践标准与评估】

客房服务情景剧评分标准见表 9-4。

表 9-4　客房服务情景剧评分标准

项　目	要求及评分标准	分值	扣分	得分
脚本（10 分）	1．主题鲜明，内容真实，富有真情实感			
	2．对酒店服务中特殊情况的处理，体现出主动性、灵活性，符合酒店处理问题的规范			
	3．内容健康，积极向上，有一定感召力和教育意义			
	4．编排合理、完整，富有创意			
表演（10 分）	1．普通话标准，口齿清晰，语言生动、形象，语气、语调、声音、节奏富于变化，准确、恰当地表情达意，富有感染力			
	2．动作表情自然、大方，能准确、直观地表达主题内容和思想感情			
	3．人物形象塑造到位，富有表现力			
	4．妆容、服装造型符合表演形式和内涵			
	5．表演形式新颖、有创意			
合　计		20		

表演时间：　　　　扣分：

表演时间为 5 ~ 7min，不足 5min 扣 2 分，超过 7min 不予继续。

第十章　客房卫生管理

【学习目标】

1. 掌握客房清扫工作的流程。
2. 掌握中式铺床和西式铺床。
3. 了解客房清洁的质量要求。
4. 熟悉客房计划卫生的安排与实施工作。
5. 了解公共区域清洁保养的工作内容。

【章前导读】

客房是酒店的主体，也是酒店的主要组成部门，还是酒店存在的基础，在酒店中占有重要的地位。许多客人入住酒店后，不一定会在酒店就餐，但一定会使用客房，客房是客人在酒店逗留时间最长的地方。卫生是客人对酒店客房的最基本要求，是客人是否选择入住具体酒店的首要因素。因此，做好客房的卫生管理具有极其重要的意义。

第一节　客房清扫作业管理

客房清扫工作是客房部的一项主要任务，客房的清洁程度是客人最关心的问题之一，也是客人选择酒店的标准之一。客房清洁工作的好坏直接影响到客人对酒店的满意程度，以及酒店的形象和经济效益，清洁舒适的房间和优雅的环境会让入住客人产生宾至如归的感觉，因此，一名合格的客房服务员，应做到按时、按服务程序和标准认真、高效地清扫客房。

【运营透视 10-1】

2018 年，有网友在自媒体平台发布视频，曝光了近 20 家五星级酒店的卫生乱象问题：酒店服务员用从地上捡起的脏毛巾擦拭口杯、洗手盆、坐便器、镜面等，而且无论擦拭哪些地方，全程都只用这一块脏毛巾。整个场景令人瞠目，这其中不乏许多全球知名的五星级酒店。各地涉事酒店陆续发布声明，向消费者道歉，表示已在内部展开彻查。曝光的第二天，文化和旅游部责成上海、北京、福建、江西、贵州五省市文化和旅游主管部门进行了调查处理，派出督导检查组，赴被曝光旅游酒店进行现场督导检查，涉事酒店均被给予警告，各被罚款2000元。

点评：酒店客房的清洁卫生和安全舒适是酒店行业的核心竞争力，也是消费者选择酒店的关键。一块脏抹布揭开了五星级酒店华丽的面纱，引爆了公众对整个酒店行业的信任危机。这些知名五星级酒店的行为，无疑颠覆了消费者的认知，辜负了消费者的信任。酒店品牌和口碑的树立，不仅来自于高端豪华的装修，更来源于酒店对客房清洁卫生的严格把控，这些才是服务行业的根本。

一、客房清扫工作流程

客房的清扫工作流程可概括为十个字：备、进、收、撤、铺、洗、抹、补、吸、查。

（一）备，即做好清扫前的准备工作

1. 整理仪容、仪表

客房服务员应按酒店的要求穿工作服准时上岗，整齐着装，佩戴工作牌，头发梳理整齐，女服务员可适当化妆，保持清洁、整齐的仪容仪表。

2. 签领客房钥匙

客房服务员在清扫工作开始前到客房中心签到，楼层主管或领班根据当天客房的使用情况向客房服务员分配工作任务。服务员接受工作任务后，领取“客房服务员工作日报表”（见表10-1）和客房钥匙。领取客房钥匙时，必须履行签字手续，钥匙必须随身携带，并在当天上班和下班时领取和归还。

表10-1 客房服务员工作日报表

楼层：　　　　班次：　　　　服务员：

序号	房态	操作时间		布草类									补充品										
		进	出	小床单	小被套	大床单	大被套	枕套	面巾	浴巾	地巾	浴袍	香皂	浴帽	梳子	牙刷	剃须刀	茶叶包	针线包	拖鞋	卷纸	抽纸	备注

3. 了解客房状态，确定清扫顺序和清扫要求

服务员在开始清扫工作前，须明确自己的工作楼层、客房号、当日客情、房态以及客人的特殊要求等，以便确定清扫顺序。

客房的状况不同，清扫的顺序也不一样。一般情况下，客房的清扫顺序为：VIP 房间→“请即打扫”房间→住客房→走客房→空房。需要注意的是，以上清扫顺序并不是一成不变的，客房清扫工作应该分轻重缓急，可以根据具体情况灵活变动。如在旅游旺季，客房比较紧张，应该先清扫走客房，使客房能够尽快出售，使客人尽快入住。

客房状况不同，其清扫的要求也不同。一般情况下，空房只需要进行简单的清扫；住客房需要进行一般清扫；走客房需要重点清扫；VIP 将要入住的空房和长住客人刚刚离店退掉的客房要彻底清扫。

4. 准备工作车和清洁工具

工作车是客房服务员清扫整理房间的重要工具。准备工作车，就是将其内外擦拭整理干净，然后将干净的垃圾袋和布草袋挂在挂钩上，备齐客用品（准备数量为客房一天的消耗量），按规定的标准整齐地摆放在车上，要求工作车完好无损，车上房间用品和清洁工具齐全整齐，摆放有序，最后备齐各种清扫工具。吸尘器是客房清扫不可缺少的清洁工具，使用前，要检查各部件是否严密，有无漏电现象，如有问题要及时修好。

工作车和清洁工具的准备工作，一般要求在前一天下班前做好，但第二天清扫工作开始前，还须做一次检查，客房服务员在做好以上准备工作后，应再次检查一下自己的仪容仪表，然后将工作车推到自己负责的清扫区域，停在走廊靠墙的一侧，以免影响客人行走，吸尘器也推出放好。

二维码资源 10-01

（二）进，即敲门进入房间

1. 敲门

敲门前注意客房门把手上是否挂着“请勿打扰”的指示牌或者是否亮着“请勿打扰”的指示灯，如有则不能敲门，将工作车轻轻推走。进入客房进行清扫工作时，按规范敲门，房间内有无客人都要用手指敲门三次，每次三下，每次相隔 3s，并报称“你好，服务员”，通报时要面带微笑，平视前方。如听到客人有应声，服务员则说明来意，等客人开门后方可进入；如房内无应声，可用钥匙慢慢打开房门，先将房门打开 1/2，再次报称“你好，服务员”，确认房间内无人再完全打开房门。

2. 填写进入时间

在“客房服务员工作日报表”上填写进房时间，把“正在清扫”牌挂在门把手上，把工作车横放在房门口，调整工作车的位置，开口向着房内，堵在门口。如果房内有客人，则挡住房门的 1/3，整个清扫过程中，房门必须始终敞开。

3. 进入房间

进入房间，打开房灯，检查是否有故障；拉开窗帘，打开窗户，使房间通风透气，检查窗

帘、窗户是否存在故障。

（三）收，即收垃圾

依次将衣柜、行李柜、冰箱、咖啡台、床头柜、书桌、卫生间、洗漱台等处客人留下的垃圾杂物，连同垃圾筒内的垃圾一起收到工作车上的垃圾袋内，随手换上新的垃圾袋。把客人用过的茶具、饮具、酒具、烟灰缸等器皿收到清洗台待洗。收拾客房垃圾时，不经客人同意，不得私自将客人剩下的食品、酒水饮料及其他用品收起，房间内可能有保留价值的东西不可收拾丢掉。

（四）撤，即撤布草

将床拉出离床头 50cm，撤掉床单、被罩、枕套等床上用品，要注意检查是否夹带有客人物品；撤走客人用过的面巾、浴巾、地巾、浴袍等脏布草。

（五）铺，即铺床

铺床是指按照一定的规格和操作程序铺好床上用品。铺床有中式铺床和西式铺床，西式铺床是以西式规格的床上用品，按照西式铺法进行整理，而中式铺床则是按照我国传统的生活习惯整理床上用品。详细介绍见后面“客房清扫工作内容”部分。

（六）洗，即卫生间清洗

卫生间清洗的内容和流程，详细介绍见后面“客房清扫工作内容”部分。

（七）抹，即抹尘

1. 抹布

准备干、湿两种抹布，干布抹尘，湿布除渍。抹布要有分工，房间用抹布和卫生间用抹布必须分开，不得用客人“四巾”做抹布。

2. 抹尘顺序

从门外门铃开始抹至门框，按顺时针方向或逆时针方向由上而下、由里到外，先湿后干，不留死角。大灯泡、镜面、电视机等要用干布抹。

3. 抹尘过程

服务员在抹尘过程中要同时检查设备设施是否齐全，是否有损坏，在抹尘同时将物品按规定摆放整齐，还要默记待补充的物品。

（八）补，即补物品

补充房间内所需客用品和酒店宣传品，按规定的位置放好，卫生间内的用品要按要求统一摆放整齐，面巾纸和卷纸要折角。摆放物品时，不要对房间造成二次污染。

（九）吸，即吸尘

客房地面吸尘，先把吸尘器电线理顺，插上电源，把吸尘器拿进房间后再开机。吸尘时的顺序要由里向外，要按毛毯的纹路方向吸，还要注意把房间四边、沙发、窗帘后、墙角、床底等处的灰尘吸出。

（十）查，即检查

1）清扫工作完毕后，离开客房前应做检查，检查家具用品摆放是否整齐、干净，清洁工具是否有遗留在房间里的。

2）关好窗户，拉好纱窗、窗帘，把空调、房灯等按照要求调整到合适的位置，关掉电源总开关。

3）退出房门，取回“正在清扫”牌，在“客房服务员工作日报表”上填写退出客房的时间。

二、客房清扫工作的内容

（一）中式铺床

1. 准备工作

1）从工作车上取出相匹配的床单、被罩、枕套等布草，放在沙发、行李架或者床头柜等最顺手的地方。把之前拆下来的枕芯平放在行李架上备用，把被芯按照自己的习惯方式折好放在枕头上备用。

2）站在床尾，曲膝下蹲，双手将床垫慢慢拉出约 50cm，并整理床垫，检查褥垫、床垫是否清洁无毛发，平整、无脱线、无破损、无毛边、大小尺寸合适，褥垫四角松紧带无脱落，床垫要定期翻转，使其受力均衡。

2. 铺床单

1）开单。把床单从床头柜上拿放到床上，服务员站在床尾正中、面向床头。将折叠好的床单打开，用左手抓住床单一头，用右手提住床单另一头，用力抖动让床单尾部散开后，用力迅速抛至床头处，使其落下床头边缘。

2）甩单。站在床尾处，两手相距约 80 ~ 100cm，双手距离床单中缝线距离均等，手心向下，拇指和小指在床单下面，其余三指在床单上面，紧紧卡住床单边缘，左右手将床单完全打开，两手臂此时呈“一”字形，同时向上举起后用力向下向前甩动，让空气充分进入床单与床之间，使床头处的床单完全平展罩住床垫，然后将床单慢慢拉动至床尾相应位置。要求服务员甩单一次成功，正面朝上，中线居中，左右前后长短分布均匀。

3）包角。先包床头，服务员呈下蹲式，将床头下垂的床单掖进床垫下面，床角位置将下垂床单于床侧方向，折叠成里层 45° 角，外层 90° 角，并将床侧下垂床单掖进床垫下，使之包住床垫。用同样的方式将床头另一侧的角包好，依顺时针方向或逆时针方向大步行至床尾，将床垫推回，床尾与床架对齐。下蹲，将床尾下垂床单同样用双手塞入床垫下，按同样方法包好床尾两角。包好的角要求四个角度均匀紧实、呈直角垂直状，样式一致，四边包紧，床单面平整、挺括，无皱折。

3. 套被罩

1）服务员站在床尾，面向床头，将已折叠好的被套拿放在床尾，参考铺床单的方式，先把被罩甩开平铺在床上，开口处在床尾。甩好的被套要求中折线居中，床侧垂直两边、距离相等。右手掀开开口处，两手撑开，用力甩动，将被套尾部一次性展开，让空气充分进入被套内，同时将被套上层尽量打开，以方便被芯放入。

2）服务员抱起事先折好的被芯，放在被套开口处，展开被芯。先将床头一端的被芯的两个角塞入被套内，并将其与被套的两个角固定好，轻轻放下，双手握住被子顶端两角尽量上举抖动，将被子向内托起 1/4 后迅速向床头抛出。右手抓住被芯尾端，左手平整被套下层，将被芯左右两角分别塞进被套，并整理两边边缘使之服帖。抓住被套尾端左、右边距各 30cm 处分别抖动，使被芯在被套内平整。

3）两手分别握住被子末端左右边距各 30cm 处，手心向上、手指并拢并伸直，向前向下甩被一次成功。服务员从床尾处走至床头，将被子拉至与床头边缘平行再反折大约 30cm。要求套好的被子四边及四角都饱和、中心线居中、两侧均匀留出、被子平整挺括，被尾自然下垂，床面丰满、平整、无折皱、无脱空。

4. 套枕套

1）服务员将准备好的枕芯和枕套拿来放在有床头柜一边的床侧。两手执枕套开口处，将枕套抖开，把枕套放在床上并将上层翻开。右手掌在枕芯纵向中心线的 1/3 处切入，左手把枕芯对折至右边并用右手握住。将枕头底部边缘贴近枕套边缘，左手将枕套打开，用右手腕的力量一次性将枕芯两角完全塞进枕套，沿右边至右下角分别将另两只角塞入枕套后半部。整理枕套开口处，使之平整。

2）将枕头翻至正面，整理后使枕头四角匀称、平整、饱满，枕面呈弧形。将套好的一个枕头横放置于床头居中、与床头边缘平行，另一个枕头呈 30° 角斜放在第一个枕头上或者平放于第一个枕头上。如果是一软一硬两个枕头，则硬枕头在下，软枕头在上。

5. 检查

对做完的床查看一遍，对不够整齐、造型不够美观的床面，尤其是床头部分，用手稍加整理。需要注意的是，操作中如发现有破损的或没洗干净的布草要及时更换。做床时，不要用手梳理头发，防止掉落在床上。

二维码资源 10-02

（二）西式铺床

1. 准备工作

1）从工作车上取出相匹配的两条床单、毛毯、床罩、枕套等布草，放在床头柜上备用。

2）站在床尾，曲膝下蹲，双手将床垫连同床架慢慢拉出约 50cm，并整理床垫，使床垫与床架完全吻合。检查褥垫、床垫是否清洁、无毛发、平整、无脱线、无破损、无毛边、大小尺寸合适，褥垫四角松紧带无脱落，定期翻转床垫，使其受力均衡。

2. 铺垫单 / 底单（铺第一条床单）

1）甩单。站在床头，将床单从床头柜上拿放在床上并抖散、打开。双手执床单的一端，床单中折线居两手位置中间，用力将床单甩开，平铺于床垫上。铺设好的床单要求正面朝上，中折线居床的正中位置，床单均匀地留出四边，使之能够包住床垫。

2）包角。以下蹲姿势将床头下垂床单用双手塞入床垫下，床角位置将下垂床单于床侧方向折叠成 45° 角（或 90° 角），并将床侧下垂床单掖入床垫下，使之包住床垫。用同样的方式将床头另一侧的角包好。依顺时针方向或反时针方向大步行至床尾下蹲，将床尾下垂床单同样用双手塞入床垫下，按同样方法包好床尾两角。要求包好的角四个角度均匀紧实、样式一致；床单面平整、挺括，床侧面床单挺直、紧实。

3. 铺衬单 / 面单（铺第二条床单）

站在床头，将床单（衬单 / 面单）从床头柜上拿放在床上抖散。双手执床单的一端，床单中折线居两手位置中间，用力将床单甩开，平铺于床面上。床单反面朝上，中折线居中并与衬单 / 底单中折线重合，顶端拉出距床头边沿线约 5cm，两侧均匀留出。

4. 铺毛毯

1）甩毛毯。站在床头，将已折叠好的毛毯从床头柜上拿放在床上。双手抓住其顶端，双脚成右脚在前、左脚在后的姿势站稳，重心朝前，双臂伸出将毛毯从身体腹部位置抛出展开、平铺于床面。毛毯中折线居中并与床单中折线重合。将毛毯顶端拉至距床头约 25cm 处，毛毯头平直不歪斜；床侧两边均匀留出。毛毯商标在床尾下方。

2）包角。站在床头，将衬单 / 面单从床头拉起覆盖毛毯顶端，床单与毛毯顶端一定要重叠，不能有空余部分，并且要保持平整，覆盖部分长 30cm。以下蹲姿势将床两侧的毛毯连同衬单 / 面单超出床面部分掖入床垫下面，并折叠出美观的角度，要求角度样式一致、均匀、紧实。按顺时针（或逆时针）方向，将床尾部分下垂的毛毯连同衬单 / 面单一块掖入床垫下面，在床尾两侧折叠出 45° 角或 90° 角，要求两角样式一致、紧实。

5. 套枕套

站立床头，将枕芯和枕套从床头柜上拿放在床上，把枕芯拍松，分别将两个枕芯套入枕套内，并封枕套口，要求枕芯全部装入不外露、四角均匀饱满，外形平整挺括。将套好的两个枕头放置于床头居中，与床垫边线平行，要求两个枕头完全重叠。

6. 铺床罩

将床罩从床头柜上拿放在床尾。站立于床尾，将床罩的床尾定型边缝线与床垫床尾边线对准重合，床罩床尾的两角与床垫床尾两角对齐，用膝盖顶住床尾使其固定、不移动。打开床罩平铺于床面上，注意床罩定型边缝线与床垫两侧边线重合，下垂部分角度垂直，平整挺括。将床罩的顶端超出床面部分盖住枕头，并将多余部分分别均匀填入上下枕头夹缝中，整理加工，使枕线清晰、美观。

7. 复位

将床复位，将床身缓缓推回原位置，最后将做完的床查看一次，检查床面，调整不妥之处，使床面平整、挺括、美观。

【运营链接 10-1】

中式、西式铺床法之比较

近来，中式铺床悄然兴起，它以其简洁、方便、卫生而受到酒店及客人的喜爱。中式、西式铺床法二者比较如下。

1．优点与缺点比较

西式铺床，是指用床单加毛毯在床垫上包边包角，再加盖床罩的一种铺床方式。它的优点是线条突出、造型规范、平整美观。然而，西式铺床也存在着不足：一是不方便，由于床单和毛毯包边包角后紧压在床垫下，睡觉时要费劲将床单拉出来，给客人带来了不必要的麻烦；二是毛毯和床罩不能经常洗，容易沾染灰垢和细菌。

中式铺床取消了床单和毛毯包边包角的方法，将套好棉芯的被套直接铺在床上，客人把被子一掀，就可以入睡，很方便。由于被套是一客一换洗的，因而很卫生。但中式铺床也有不足，主要是没有包边包角造型，床面不如西式铺床平整、美观。

2．成本比较

1）床上用品费用比较。中式铺床所需用品一套，含床单 1 条、被套 1 条、被芯 1 个、枕套 2 个和枕芯 2 个。西式铺床所需用品一套，含床单 2 条、被套 1 条、被芯 1 个、枕套 2 个、枕芯 2 个、毛毯 1 条和床罩 1 个。可以看出，西式的床上用品成本要远远高于中式。

2）人工费用比较。按行业定额标准，一个服务员做西式铺床应做 13 间房。中式铺床，则可达到 15 间，提高工效 15%。如按 300 间客房计算，做西式铺床需要 23 人，做中式铺床只需要 20 人，节约用工 3 人。

（三）开夜床服务

开夜床服务又称“夜床服务”或“晚间服务”，即对住客房进行晚间入睡前整理，夜床服务时间为 18:00—21:00，其他时间可以根据客人要求提供开夜床服务。开夜床服务是高星级酒店的一个程序化、规范化、个性化、重要的服务项目，也是提供在住房整理的机会，通过整理房间、清洁卫生间、补充必需的客用品，恢复客房环境卫生，方便客人入睡，使客人感到舒适、温馨。开夜床服务是酒店服务的亮点。

开夜床服务的基本流程如下：

1. 准备

检查自己的仪表仪容；将需要更换的茶具、客用品以及清洁用具等备齐放在工作车上；准备好赠送的鲜花和小礼品；将工作车按规定摆放于客房门口。

2. 进房

要严格按照进房程序敲门进房，此时服务员须通报“开夜床服务”，如果客人在房内，则应经客人同意后方可进入，并礼貌地向客人道晚安。如果客人不需要开夜床服务，则服务员应在工作表上做好登记。

3. 调试设备

开灯并检查所有照明设备工作是否正常；将空调开到适宜的温度上；调试电视机，使电视频道齐全，图像清晰，且电视频道与服务指南内容一一对应；轻轻拉上窗纱、窗帘。

4. 开床

1）将床罩从床头拉下，整齐折叠好，放在规定的位置。

2）将靠近床头一边的毛毯连同衬单向外折成 45° 角，以方便客人就寝。

3）拍松枕头并将其摆正，如有睡衣应叠好置于枕头上。

4）按酒店的规定在床头或枕头上放上鲜花、晚安卡、早晚牌或小礼品等。

5）如一人住单床时，则开有电话的床头柜一侧；一人住双床，则一般开临近卫生间那张床的靠床头柜一侧；两人住双床，则开各自靠床头柜那边；如两人住大床，则两边都开。

6）在开夜床折口处摆好拖鞋。

5. 整理房间

1）清理烟缸、桌面和倒垃圾，如果有用膳餐具就一并清理。

2）简单清洁整理桌面、床头柜、茶几。

3）更换用过的茶具，增添冷、热饮用水。

4）检查冰箱和小酒吧的饮料，开好酒水单。

5）客人如有加床，则在这时打开并整理好。

6. 整理卫生间

1）清洗用过的水杯、烟灰缸；将客人使用过的面盆、马桶清洁干净，更换客人使用过的毛巾，也可将用过的毛巾按酒店规定整理后摆好。

2）擦干台面及地面的水迹，补充客用品。如有加床，增添一份客用品。

3）将地巾放入浴缸或者沐浴间外侧的地面。

4）将浴帘放入浴缸内，并拉出 1/3 以示意客人淋浴时应将浴帘拉上并放入浴缸内，避免淋浴的水溅到地面。

5）将靠近卫生间的顶灯和床头灯打开，其余灯关掉，灯光要微弱；关好窗户，拉好纱帘，以不透光为标准。将卫生间门关闭 45° 角。

7. 检查

1）按顺时针或逆时针方向绕房间一圈，检查是否按以上要求完成。

2）关掉除床头灯以外的所有的房间照明，将开过夜床的床头灯光线调到柔和光线。

3）用手轻轻把门关上，在工作表上记录时间。

二维码资源 10-03

（四）客房卫生间清洁

客房卫生间是客人活动的重要区域，其卫生状况不仅影响到客人的生活，而且事关酒店形象，所以客房卫生间的清洁至关重要。客房卫生间的清扫程序如下。

1. 准备工作

1）清洁用具箱，分格摆放马桶刷、浴缸刷、多功能清洁剂、洁厕剂、百洁布、分色抹布四块。

2）进入卫生间，打开灯和换气扇，使卫生间空气通畅，住客房卫生间门如果关闭，必须敲门确认是否有人。

2. 撤走客人使用过的布草

撤掉客人用过的浴巾、面巾、大毛巾和地巾；清除卫生间台面和废弃用品，但不能随意移动客人自带或正在使用的物品，如客人使用的化妆品、化妆盒、首饰和皮包，只需稍加整理。

3. 清洁面盆、台面

1）用不同的清洁剂，喷洒卫生间不同的区域；在马桶喷洒清洁剂前，先放水冲洗。

2）清洗烟灰缸，在卫生间内擦干；清洗所有客人用过的杯具并消毒。

3）用专用工具清洁面盆、台面、两侧墙面，先用清洁剂擦洗面盆及金属镀件，然后放水冲洗，用抹布将水迹擦干。

4. 清洁镜面

将玻璃清洁剂均匀地喷洒在镜面上；用干抹布从上至下将镜面擦干、擦净、擦亮；用干抹布将金属件擦干、擦亮（注意不要使用酸性清洁剂，以免腐蚀金属）；随手检查镜子上方的照明灯。

5. 清洗淋浴区

用专用工具清洁玻璃墙面、水龙头、淋浴花洒、防滑垫等；清洗完毕后用清水清洗、擦干；做到无水迹、无皂垢、无毛发。如果有浴缸，先将浴缸的活塞关闭，放一些热水和清洁剂在里面，然后用浴缸刷把浴缸周围伸手可触及的墙壁、皂托、金属巾架、浴帘杆、浴缸内外刷洗一遍，将浴帘放入浴缸清洗。将活塞打开用沐浴喷头放水冲洗，用抹布擦干并擦亮所有的金属。

6. 清洁马桶

在撤走布草之后，清洗面盆之前，先将马桶冲水，以除去马桶内的脏物，并倒入适量清洁剂浸泡，节省工作时间。用马桶刷刷洗马桶盖、垫圈、内壁及下水口，放水冲洗，注意用马桶刷搅动。用抹布将马桶上的水箱、马桶盖、垫圈、马桶外侧及底座彻底擦干，擦亮电镀冲水柄。

7. 清洁地面

在地面喷洒少量万能清洁剂，用专用抹布按从里到外的顺序，沿墙角平行，边退边擦净地面。地漏处尤其要仔细擦净，擦至门闩时要先转身将房门和门上的挂衣钩擦干净（注意换用抹布），擦亮金属镀件和毛巾架，然后再擦门口的地面。

8. 补充客用品

按酒店要求补充卫生间物品，包括棉织品和低值易耗品，并按要求摆放整齐。补充客用品应遵循离店更新、住客补缺不撤的原则。通常情况下，摆放的棉织品有：大毛巾两条，放在毛巾架上方，大毛巾要叠好，有店徽的则店徽朝上；浴巾两条，放在浴巾架上；面巾两条，叠好后放在台面上，店徽朝上，有面巾架的则挂在面巾架上；地巾一条，搭在浴缸盆沿中间，店徽朝外。增补易耗品，如一次性的牙具、梳子、浴帽、针线包等。

9. 检查后退出卫生间

环视整个卫生间，查看物品是否已经按要求补充齐全并按规定摆放；地面是否有毛发和水，查看有无工作漏项。如有，即刻清理或补充。带好清洁工具，关掉排气扇，将卫生间门虚掩然后退出。

第二节 客房的计划卫生

客房计划卫生是在客房日常清洁卫生工作的基础上进行的周期性清洁保养工作。所谓计划性是指采取定期的、循环的方式，对清洁卫生的死角或容易忽视的部位及家具设备进行彻底的清扫和维护保养，以进一步保证客房的清洁保养质量，维持客房设施设备的良好状态。计划卫生的项目、内容、周期和时间由客房部根据自己的设施设备状况或淡旺季进行合理的安排。

一、客房计划卫生的类型

客房计划卫生一般分以下几类。

（一）重点清洁整理工作

除日常的清扫整理外，规定每天对某一部位或区域进行彻底的大清洁。如每天重点清洁一间客房。例如，某位客房服务员负责 12 间客房的清扫，每天彻底大扫除一间，则 12 天即可完成他负责的所有客房的彻底清扫，也可以采用每天对几个房间的某一部位进行彻底清扫的办法。例如，对日常清扫不到的地方通过计划日程，每天或隔天彻底清扫一部分，经过若干天后，就可以完成全部房间的大扫除。

（二）季节性大扫除或年度性大清洁

这种大清洁只能在淡季进行。清扫的内容不仅包括家具，还包括对某一楼层实行封房，以便维修人员利用此时对设备进行定期的检查和维修保养。

（三）专项清洁工作

每天有计划地对客房某一项目进行清洁整理。如地板的维护保养、地毯的清洗、墙面清洁与保养、家具除尘与上蜡等。单项的清洁卫生在淡季进行。客房部应提前和前厅部、工程部取得联系，做好协调工作，对某一楼层或区域进行封闭，同时还可以对客房设备进行同步的检查和维修保养。

二、客房计划卫生的安排

客房计划卫生安排可按时间，一般分为周度、月度、季度。

（一）客房的周计划卫生安排

【运营链接 10-2】

客房周计划卫生安排见表 10-2。

表 10-2 客房周计划卫生安排表

日期	项目	标准	备注
星期一	清理房间装饰品处的镜面 卫生间地面 水龙头的除沙处理	注意镜面高处也需光洁、无灰 地面无毛发、无污渍，边角无黑渍 水龙头光亮、无尘、无水渍	每日工作：清理吸尘器集尘袋 用吸尘器吸尘：每月双日 每日地漏毛发的清理 每日对房间配备的绿植浇水及清理垫盆
星期二	清理面盆上方镜面 家具去污打蜡（包括卫生间的物品盒） 房间壁纸除污	注意镜框的清洁，镜面需光亮、无水渍 家具需光滑、无污迹、无灰尘 保证壁纸无笔印、无黑迹	
星期三	清理浴缸镜及毛巾篮 刷浴缸内外壁、清洁浴缸及面盆去水口 房门下木质面除污	注意镜面需无水渍 内外壁及浴缸边无水迹、污迹，去水口无黄锈及毛发，不锈钢件需保持光亮、无水渍 保证房门无皮鞋印	
星期四	清理淋浴间玻璃 地砖刷洗 花洒头清洁	玻璃、墙壁及地砖无水迹、皂迹 花洒无水垢、无灰尘	
星期五	电话消毒 吸床底、家具底部、衣橱及地毯	电话无污迹 房间彻底吸尘，注意边角及衣橱内	
星期六	清理抽屉 家具去污打蜡（包括卫生间的物品盒、小抽屉）	房间所有抽屉里面的边角一定要擦干净 家具需光滑、无污迹、无灰尘	
星期日	清理卫生间推拉门及马桶附近立面玻璃 清理垃圾桶内外壁	注意高处透明玻璃无污迹、无尘土，推拉门把手上无手印 垃圾桶内外无污渍，钢圈无手印、无水迹	

（二）客房的月计划卫生安排

【运营链接 10-3】

客房月计划卫生安排见表 10-3。

表 10-3　客房月计划卫生安排表

日　期	项　目	标　准	备　注
1—3 号	清理通道地毯角线、楼梯地面吸尘，定期做地面的刷洗	地面、角线无杂物、无泥土	清洁时由主管根据天气情况来安排
4—6 号	水壶除垢 电冰箱除污	能正常使用，水壶内无水垢，表面无水渍，壶把手及底座无积尘 冰箱能使用正常，内无异味，内外干净无尘、无污渍，酒水食品表面无积尘	用清洁剂时注意兑水及注意比例、勿弄湿电器线路，以免损坏水壶 清洁冰箱时切勿使用尖利的工具和使用热水进行除冰
7—10 号	清洁墙面 清洁垃圾桶	房间墙面无尘、无污渍、无破损 桶内外干净、无杂物、无渍	
11—14 号	清洁公共设施、房间窗玻璃	消防箱、应急灯明亮、无水渍、无污渍、无灰尘	人员充足时安排刮洗玻璃，领班随住客情况做安排
17—18 号	清洗沙发椅	无明显污渍，洗后及时吹干	由领班统计有明显污渍的椅子数，视入住情况安排清洗
19—21 号	清洁卫生间不锈钢制品	需光亮、无水迹、无手印	注意卫生间浴巾架的清洁
22 号	电器连线及各种电线插口面板	各种电线缠绕整齐，线上无积灰，插座面板无灰尘、无污渍	在清洁电器边缘电线时需搬动电器，完毕时要注意电器插头是否插好
23—25 号	高处扫尘、灯槽清洁	房间天花边角干净、无尘、无蜘蛛网 灯槽干净无尘	高空作业时需使用梯子，注意自身安全
26—28 号	清洁空调进、出风口、隔尘网、排气扇	出风顺畅无噪声，风口干净无积尘	高空作业时需使用梯子，注意自身安全
29—30 号	仓库整理，消耗品、布草盘存	仓库物品分类清晰，摆放整齐，各用品、布草盘存	各用品的消耗、库存统计，分析消耗及收入的比例，节能降耗

（三）客房的季度计划卫生安排

【运营链接 10-4】

客房季度计划卫生安排见表 10-4。

表 10-4　客房的季度计划卫生安排表

期	项　目	标　准	备　注
1 季度	翻转床垫 清洗纱帘、床裙 床底、家具彻底吸尘 窗户清洁	床垫翻到相对应的数字标记方向 纱帘悬挂均匀美观，表面无污渍，床裙相对应地套在床角上 床底抬起吸尘，注意床底，家具下无杂物 将窗户的边框、胶条、玻璃擦干净	所有的季度计划卫生需认真执行，领班可根据住房情况做相应的人员安排和调整，规定的每个季度的工作需在本季度尽快完成
2 季度	窗户清洁 床底、家具彻底吸尘 清洗纱帘	将窗户的边框、胶条、玻璃擦干净 床底抬起吸尘，注意床底，家具下无杂物 纱帘悬挂均匀美观，表面无污渍	
3 季度	翻转床垫 清洗纱帘 窗户清洁 床底、家具彻底吸尘	床垫翻到相对应的数字标记方向 纱帘悬挂均匀美观，表面无污渍 将窗户的边框、胶条、玻璃擦干净 床底抬起吸尘，注意床底，家具下无杂物	
4 季度	床底、家具彻底吸尘 清洗纱帘 电视机转盘下部的清洁	床底抬起吸尘，注意床底，家具无杂物 纱帘悬挂均匀美观，表面无污渍 移动电视机时要认真摆正位置，注意查看后方闭路线是否插好	

三、客房计划卫生的实施和管理

酒店对客房的计划卫生一般实行分区包干的制度。具体方式是由客房服务员相对固定地负责某一楼层或某一区域的客房的清洁保养工作。

（一）客房计划卫生的实施

为了保证计划卫生工作的质量，客房部根据具体情况专门设计“各班次计划卫生安排表”，此表列出不同的班次需在不同的时间内完成不同的清洁内容。另外，对于不同的计划卫生的区域和项目，清洁卫生要求的程度也不同，应根据其要求，确定该区域和项目的清洁周期。

【运营链接 10-5】

各班次计划卫生安排见表 10-5。

表 10-5　各班次计划卫生安排表

日期 班次	早　班	中　班	晚　班
周一	马桶周边黄渍及水箱的清洁，墙壁、地面、浴缸、面盆活塞清洁	门铃、门牌、安全指示牌及门框清洁	客梯间电话、公共区域开关及插座清洁
周二	门框、镜框、门锁、窥视镜的清洁，以及玻璃、挂画清洁	客用电梯间大清洁及防火门清洁	消防器材及应急灯清洁

（续）

日期 班次	早　班	中　班	晚　班
周三	电话机、计算机键盘、电吹风、电视机、机顶盒、电源线、房间开关清洁、消毒	井道门、地角线及地角边清洁	走火通道楼梯及扶手清洁
周四	迷你吧清洁，热水壶除渍，家具、房间地角线清洁，“三间”、工作车、吸尘机大清洁	走火通道楼梯清洁	走火通道门大清洁
周五	化妆镜护理，高空抹尘，灯具、垃圾桶内外清洁	走廊所有家具、壁纸及走火通道墙面的清洁	通道窗户玻璃及制冰机清洁
周六	淋浴间、浴缸边角清洁，地漏清洁，防滑垫刷洗，不锈钢保养	走廊风口、灯具、烟感、喷淋、扬声器的清洁及不锈钢保养	走廊古董清洁及公共区域所有工程统计
周日	床头柜清洁，床底、沙发缝隙、地毯边角吸尘	壁灯、壁画消防器材清洁	客梯口垃圾桶及服务中心大清洁
备注	走廊吸尘、壁画及公共区域开关、插座的清洁为日常工作 保持所辖区域公共区域卫生及走火通道楼梯卫生的干净	日常工作为走廊吸尘、地毯边角刷毛、壁画和家具清洁，绿植修剪，花架清洁 保持所辖区域公区卫生以及走火楼梯、墙面、扶手卫生的干净	每天楼层所有电梯保养为日常工作 保持所辖区域公区卫生干净 换垃圾桶白金沙 更换客梯内地毯

（二）计划卫生的管理

客房部管理人员依据“各班次计划卫生安排表”，对各班次的计划卫生进行检查和评估，并督导客房服务员按时按质完成该区域的计划卫生的实施，进一步保证客房清洁卫生的质量。

1）将客房的计划卫生安排表贴在楼层工作间的告示栏内或门背后。楼层领班还可让服务员每天在客房报告表上写上计划卫生的项目，以便督促服务员完成当天的计划卫生任务。

2）服务员每完成一个项目或房间后即填上完成的日期和本人签名。

3）领班等根据此表检查并记录分数，以保证质量。

4）客房服务中心根据各楼层计划卫生的完成情况绘制柱形图，显示各楼层状况，以引起各楼层和客房部管理人员的重视。

第三节　客房清洁质量的控制

客房是客人休息、放松的主要场所之一，因此客房的卫生是整个酒店卫生的关键。

一、客房清洁卫生质量要求

客房的清洁要做到以下标准：眼睛看得到的地方无污迹；手摸得到的地方无灰尘；设备用品无病毒；空气清新无异味；房间卫生要达到“十无”“六净”。

“十无”是指：四壁无灰尘、蜘蛛网；地面无杂物、纸屑、果皮；床单、被套、枕套表面无污迹、无破损；卫生间清洁无异味；金属把手无污渍；家具无污渍；灯具无灰尘、无破损；茶具和冷水具无污痕；楼面整洁，无老鼠、蚊子、苍蝇、蟑螂、臭虫、蚂蚁，即“六害”；房间卫生无死角。

“六净”是指清扫后的房间要做到四壁净、地面净、家具净、床上净、卫生洁具净、物品净。

客房卫生具体质量要求如下：

（一）卧室的清洁卫生质量要求

1）房门：无指印，门锁完好，安全指示图完好齐全，门把手完好。

2）墙面、天花：无蜘蛛网、无斑迹，无油漆脱落和墙纸破损。

3）护墙板、地角线：无灰尘，完好无破损。

4）地毯：吸尘干净，无斑迹、无烟痕，如需要，则做洗涤、修补或更换处理。

5）床：铺法正确，床面干净、无毛发、无污迹，床下无垃圾，床垫按期翻转。

6）硬家具：干净明亮，无刮伤痕迹，位置正确。

7）软家具：无尘无迹，如需要则做修补、洗涤标记。

8）抽屉：干净，使用灵活自如，把手完好。

9）电话机：无尘无迹，指示牌清晰完好，话筒无异味，功能正常。

10）镜子与画框：框架无尘，镜面明亮，位置端正。

11）灯具：灯泡清洁，功率正确，灯罩清洁，使用正常。

12）垃圾筒：状态完好而清洁。

13）电视与音响：清洁、使用正常，调整频道，音量调到最低。

14）壁橱：衣架品种、数量正确且干净，救生衣完好、数量正确且干净，门、橱、底、壁和格架清洁完好。

15）窗帘：干净，完好，使用自如。

16）窗户：清洁明亮，窗台与窗框干净完好，开启轻松自如。

17）空调：滤网清洁，工作正常，温控符合要求。

18）客用品：数量、品种正确，状态完好，摆放合格。

（二）洗手间的清洁卫生质量要求

1）门：前后面干净，状态完好。

2）墙面：清洁、完好。

3）天花板：无尘、无迹，完好无损。

4）地面：清洁无尘、无毛发，接缝处完好。

5）冲凉间：内外清洁，干净明亮，皂碟干净，淋浴器、排水阀和开关龙头等清洁完好，接缝干净无霉斑。

6）脸盆及梳妆台：干净，镀铬件明亮，水阀使用正常，镜面明净，灯具完好。

7）坐厕：里外都清洁，使用状态良好，无损坏，冲水流畅。

8）抽风机：清洁，运转正常，噪声低，室内无异味。

9）客用品：品种数量齐全，状态完好，摆放正确。

二、客房清洁卫生质量的控制

客房清洁卫生工作管理的特点是管理面积大、人员分散、时间性强、质量不易控制，而客房卫生工作又要求高质量、高标准、高效率，清洁卫生质量好坏是服务质量和管理水平的综合反映。因此，客房部管理人员必须抽出大量时间，深入现场，加强督导检查，以保证客房清洁卫生质量。

（一）客房清洁卫生质量控制途径

1. 强化员工卫生质量意识

首先，要求参与清洁的服务人员有良好的卫生意识；其次，要不断提高客房员工对涉外星级酒店卫生标准的认识。

2. 明确清洁卫生操作程序和标准

程序符合“方便客人、方便操作、方便管理”的原则，标准包括视觉标准和生化标准。

3. 严格逐级检查制度

检查制度包括服务员自查、领班全面检查和管理人员抽查。

4. 发挥客人的监督作用

客房卫生质量的好坏，最终取决于客人的满意程度。所以搞好客房清洁卫生管理工作，要发挥客人的监督作用，重视客人的意见和反映，有针对性地改进工作。设置“客人意见表”是较好的一种方法。“客人意见表”设计应简单易填，形式要便于摆放、要显眼。现在许多酒店将它设计成“致总经理密函”，内有酒店总经理真诚热情的欢迎、意见请求、祝福致辞，附一份简单而较为具体的宾客意见书。客人好像在和朋友交流一般，轻松自然地道出了宝贵的意见。

（二）严格逐级检查制度

客房的逐级检查制度主要是指对客房的清洁卫生质量实行服务员自查、领班全面检查和管理人抽查的逐级检查制度。这是确保客房清洁质量的有效方法。

1. 服务员自查

服务员每整理完一间客房，应对客房的清洁卫生状况、物品的布置和设备的完好等做自我检查。这在服务员客房清扫程序中要予以规定。自查可以加强员工的工作责任心和服务质量意识，以提高客房的合格率，同时也可以减少领班的查房工作量。

2. 领班全面检查

服务员整理好客房并自查完毕，由楼层领班对所负责区域内的每间客房进行全面检查，并保证质量合格。领班查房是服务员自查之后的第一道关，往往也是最后一道关，是客房清洁卫生质量控制的关键。因为领班负责“OK”房的报告，总台据此可以向客人出售该客房，所以领班的责任重大，必须由工作责任心强、业务熟练的员工来担任。一般情况下，楼层领班应专职负责楼层客房的检查和协调工作，以加强领班的监督职能，防止检查流于形式。

通常，领班每天检查房间的比例为100%，即对其所负责的全部房间进行普查，并填写“楼层客房每日检查表”。但有的酒店领班负责的工作区域较大，工作量较重，每天至少应检查90%以上的房间，一般可以对住客房或优秀员工所负责的房间进行抽查。

领班查房时如发现问题，要及时记录并加以解决。对不合格的项目，应开出做房返工单，令服务员返工，直到达到质量标准。对于业务尚不熟练的服务员，领班查房时要给予帮助和指导，这种检查实际上就是一种岗位培训。

3. 管理人员抽查

管理人员抽查主要是指主管抽查和经理抽查。在设置主管职位的酒店中，客房主管是客房清洁卫生任务的主要指挥者，加强服务现场的督导和检查，是其主要职责之一。主管抽查客房的数量，一般为领班查房数的10%以上。主管检查的重点是每间VIP房，抽查长住房、“OK”房、住客房和计划卫生的大清扫房。还要检查维修房，促使其尽快投入使用。主管查房也是对领班的一种监督和考查。

客房部经理每天要拿出一定时间到楼层巡视，抽查客房的清洁卫生质量，特别要注意对VIP房的检查。通过巡视抽查，掌握员工的工作状况，了解客人的意见，不断改进管理方法。同时客房部经理还应定期协同其他有关部门经理对客房的设施进行检查，确保客房部正常运转。

另外，总经理也要定期或不定期地亲自抽查客房，或派值班经理代表自己进行抽查，以控制客房的服务质量。

二维码资源 10-04

第四节 公共区域的清洁保养

酒店公共区域是酒店的重要组成部分。酒店公共区域的清洁保养水平直接影响或代表了整个酒店的水平。客人往往根据他们对酒店公共区域的感受来评判酒店的管理水平和服务质量。另外，酒店公共区域的设施设备很多，投资较大，其清洁保养工作直接影响到酒店的日常运营以及设施设备的使用寿命。因此，做好酒店区域的清洁保养工作有着特别重要的意义。

一、公共区域清洁保养的工作内容

（一）大堂的清洁保养

大堂是酒店的“门面”与“窗口”，是给客人留下第一和最后印象的地方，大堂的卫生清洁从一个侧面反映着酒店的管理水平和服务水平。大堂日夜使用，需要日夜不停地进行清洁保养。

1. 酒店大堂清洁与保养的标准

1）酒店大堂和入口处要随时保持清洁。

2）保持大堂内外大理石地面光亮。

3）保持大堂各处告示牌、各种家具光亮、无积灰。

4）保持立式垃圾桶、烟灰缸清洁。

5）保持大堂整个区域的周围环境清洁、整齐。

2. 酒店大堂清洁与保养的程序

1）领取清洁设备物品。

2）大堂地面除尘。

3）用吸尘器为地毯吸尘。

4）台阶的清洁。

5）打扫进出口的外面。

6）告示牌的清洁。

7）家具抹尘。

8）打扫电梯。

9）擦亮铜或不锈钢制品。

10）清洁墙壁。

11）将清洁设备用品归还到仓库。

（二）电梯的清洁

酒店的电梯包括客用电梯、职工电梯、餐梯、货梯等，而客用电梯也和大厅一样，是客人使用频繁、需经常清理的地方，酒店多使用自动电梯，其清洁保养难度更大。

对客用电梯的清洁一般分午、晚、深夜三次进行，清洁项目主要是天花板、灯、墙面、镜面、电话机除尘以及地面吸尘，要特别注意对金属部分或镜面的除渍保养，对电梯按钮也要不时用干抹布擦拭，以保持清洁。电梯厢内的地毯整天都被踩踏，十分容易受损，有条件的酒店可采取每天更换星期地毯的办法来解决电梯地毯特别容易脏的问题，应注意的是星期地毯应在每日零时准时换好。对酒店的其他电梯也应参照客用电梯的清洁方法进行清理保养，以保证酒店所用电梯的清洁卫生质量。

（三）公共洗手间的清洁

公共洗手间是客人最敏感的地方，如果有异味或不整洁，会给客人留下很不好的印象。所以酒店的公共洗手间必须经常打扫，要随时保持清洁和消毒，一般要求每隔一小时小清理一次，每日夜间及 15:00—16:00 客人活动低峰时，各安排一次彻底清洁，使公共洗手间始终保持清洁、干净、无水迹、无污渍。

1. 公共洗手间的清洁要求

1）台面、镜面、地面无水珠。

2）地面、墙壁无灰尘，无污迹。

3）马桶、立式便池无污水迹，无发丝。

4）洗脸盆无污迹，无发丝，无杂物。

5）卫生间门清洁、无灰尘。

6）不锈钢设备光亮，不发黑。

7）如有设备损坏，应及时报修。

2. 公共洗手间的清洁程序

1）先把告示牌放在即将清洁的洗手间门口，再把提前准备好的药水、工具（如干净毛巾、玻璃清洁剂、不锈钢护理液、厕所去污剂、马桶刷、全能水等）放进洗手间。

2）向所有马桶内喷入洁厕剂，放置一段时间，使化学剂充分起反应。

3）收集所有的垃圾，装入垃圾袋内，向垃圾箱上喷洒多功能清洁剂，用海绵清洁、擦干并更换塑料垃圾袋，从洗手间撤出垃圾桶脏物及烟灰缸烟头。

4）清洁墙面。

5）擦镜子。

6）清洁面盆（洗手池），喷上多功能清洁剂，冲洗并用海绵擦净。水龙头要清洁后用干布擦干。

7）清洁便池，从内部开始，尤其是边缘，用马桶刷或拖把清洁外部和后部，擦亮金属部件。

8）小便器的清洁也需要使用洁厕剂浸泡冲洗，注意清洁外部的最下沿。

9）清洁地面，先湿拖再擦干。

10）补充消耗品（如手纸、香皂），物品摆放整齐。

11）检查设施情况（如马桶是否下水，便池是否有感应，灯泡有无破损，等等），查看原有设施设备是否有丢失，有损坏的及时报修，发现是故意损坏的应及时上报。

（四）其他区域的清洁

其他区域包括餐厅、酒吧、多功能厅、歌舞厅、商场、会议室及康乐区域等。它们的正常清洁工作一般由各营业点自行承担，而客房部的公共区域组则负责其彻底的清洁保养，但应根据其地面材料、营业时间等分别进行。

二、公共区域清洁保养的实施

（一）公共区域清洁保养工作的计划安排

酒店公共区域的清洁保养工作要按时按期进行，可制订公共区域清洁保养工作计划表，按照表格进行。

【运营链接 10-6】

公共区域清洁工作安排见表 10-6。

表 10-6　公共区域清洁工作计划表

<table>
<tr><th>期</th><th>项　　目</th><th>标　　准</th><th>备　　注</th></tr>
<tr><td>周一</td><td>公区地脚线打蜡
墙上所有标示牌、指示灯、插座清洁</td><td>保证地脚线光亮、无尘
注意休息区位置的清洁</td><td rowspan="7">每日工作：
电梯厅（电梯门、立式烟灰缸、电梯厅地面、电话台、防火门）清洁
走廊地毯吸尘
连廊地面、桌面、黑云石边清洁
清倒垃圾，垃圾桶清洗
清洁楼梯，同时跟进扶手、栏杆、窗户窗框的清洁
大厅的清理
茶水间的卫生
公共洗手间的循环清洁</td></tr>
<tr><td>周二</td><td>窗框、窗槽清洁
高处安全出口灯清洁</td><td>注意高处窗框边角、窗槽内的卫生须无尘土</td></tr>
<tr><td>周三</td><td>走廊花台及后方玻璃清洁
连廊吸尘</td><td>花台花架下无灰，后方玻璃无尘土</td></tr>
<tr><td>周四</td><td>所有电梯口大理石墙壁清洁
所有防火门及连廊门清洁</td><td>保证墙壁光亮、无尘
注意门边缝的卫生、门顶门框的卫生</td></tr>
<tr><td>周五</td><td>走廊所有拐角防护板清洁
公共区域地脚线打蜡</td><td>不锈钢板上无水迹、无手印
保证地脚线光亮、无尘</td></tr>
<tr><td>周六</td><td>走廊墙上所有木制品打蜡
窗框、窗槽清洁</td><td>木制品上须无污渍、光亮
注意高处窗框边角、窗槽内的卫生须无尘土</td></tr>
<tr><td>周日</td><td>清洁走廊大镜子
清洁外出口通道门
清洁休息区玻璃门</td><td>所有玻璃门须无水迹、无灰尘</td></tr>
</table>

（二）公共区域清洁保养工作的管理

公共区域清洁卫生具有涉及面广、工作项目烦琐、人员变动较大等特点，为保证其工作质量、提高工作效率，必须实行相应的控制措施，进行严格管理。

1. 严格制度

为了保证卫生质量、控制成本和合理调配人力物力，必须对公共区域某些大规模的清洁保养工作采用计划卫生管理的方法，制定计划卫生制度。如墙面、高处玻璃、各种灯具清洁，以及地毯洗涤、地面打蜡等不能每天进行的，需要像客房计划卫生一样，制订一份详细、切实可行的计划，循环清洁。清扫项目、间隔时间、人员安排等要在计划中落实，在正常情况下按计划执行。对交通密度大和卫生不易控制的公共场所卫生工作，必要时应统一调配人力，进行定期突击，以确保整个酒店的清新环境。

2. 责任到人

由于公共区域卫生工作面积大、工作地点分散、不易集中监督管理，而且各类卫生项目的清洁方法和要求不同，很难统一检查和评比。所以不仅要求每位服务人员具有较高的质量意识和工作自觉性，同时也要做到分类管理，定岗、定人、定责任；可将服务员划分成若干个小组，如楼道组、花园组等。注意做到无遗漏，不交叉。

3. 加强管理

公共区域管理人员要加强现场巡视，要让问题解决在可能发生或正在发生时，因为一旦清洁卫生遗漏、失误或欠缺已成事实，首先感知的往往是客人，所以公共区域各类清洁项目应有清楚的检查标准和检查制度，以及制作相应的记录表格。管理人员要对清洁卫生状况进行密切监督，定期或不定期地检查和抽查，才能保证公共卫生的质量，才能维护公共区域的形象。

本章学习要点

1．客房的清扫工作流程可概括为十个字：备、进、收、撤、铺、洗、抹、补、吸、查。

2．中式铺床和西式铺床是客房做床工作的两种方式。

3．开夜床服务是对住客房进行晚间入睡前整理，开夜床服务是高星级酒店的一个程序化、规范化、个性化、重要的服务项目。

4．客房卫生间清洁是客房清扫卫生工作的重点，主要包括清洁面盆和台面、清洁镜面、清洗淋浴区、清洁马桶、清洁地面、补充客用品等内容。

5．客房计划卫生是在客房日常清洁卫生工作的基础上进行的周期性的清洁保养工作。所谓计划性是指采取定期的、循环的方式，对清洁卫生的死角或容易忽视的部位及家具设备进行彻底的清扫和维护保养，以进一步保证客房的清洁保养质量，维持客房设施设备的良好状态。客房计划卫生的类型包括重点清洁整理工作、季节性大扫除或年度性大清洁、专项清洁工作。客房计划卫生安排可按时间，一般分为周度、月度、季度。

6．客房的清洁要做到以下标准：眼睛看得到的地方无污迹；手摸得到的地方无灰尘；设备用品无病毒；空气清新无异味；房间卫生要达到“十无”“六净”。

7．酒店公共区域是酒店的重要组成部分。酒店公共区域的清洁保养水平直接影响或代表了整个酒店的水平。公共区域清洁保养的工作内容包括大堂的清洁保养、电梯的清洁、公共洗手间的清洁等。

本章思考练习

1．客房清扫工作流程是什么？

2．进入客房时敲门需要注意的事项有哪些？

3．比较中式铺床和西式铺床的优缺点。

4．开夜床服务的意义是什么？

5．客房计划卫生的类型有哪些？

6．如何安排客房计划卫生？

7．客房清洁卫生的质量要求是什么？

8．公共区域清洁保养的工作内容有哪些？

本章管理实践

训练项目1　中式铺床

［实践目标］

1．掌握中式铺床的流程。

2．掌握中式铺床的动作要领。

3．熟悉中式铺床的要求和考核标准。

4．锻炼中式铺床的实操能力。

[实践内容与方法]

1．实训内容：准备工作、开单、甩单、包角、套被罩、套枕套及最后检查。

2．实训的方法：选择在客房实训室进行分组练习，到实习酒店进行实际操练。

[实践标准与评估]

中式铺床实训考核内容、要点及评分标准等见表 10-7。

表 10-7 中式铺床实训考核表

序号	考核内容	考核要点	评分标准	配分	扣分	得分
1	拉床	屈膝下蹲，将床拉出 50cm 检查整理床垫	未将床拉开操作，扣 1 分 拉床时动作错误，扣 1 分 床身离开床头板不足 50cm，扣 2 分 未检查整理床垫，扣 2 分 其他，扣 4 分	10		
2	铺床单	抖单 定位 包角	抖单动作要领有误，扣 1 分 抖单后床单中线没有居中，扣 2 分 未定位而直接包角，扣 2 分 包角未达到 45° 角，扣 1 分 其他，扣 4 分	30		
3	套被套	被套平铺在床上，开口在床尾 从开口处将两手伸进被套，先将被套反面朝外，再将被套的两角处对准被子的两角，然后将被套翻身，拉平被套，四角塞入后，对准整平。开口处在床尾，铺在床上，床头部分向上折起 25cm；后面下垂部分跟地毯齐平，并拉挺	未按要领展开被套，扣 1 分 被套的开口不在床尾，扣 2 分 套好被套后四角未对准，扣 2 分 床头部分未折起 25cm，扣 1 分 床尾部分着地，扣 1 分 其他，扣 3 分	30		
4	套枕	将枕芯装入枕套；不能用力拍打枕头 将枕头放准于床头的正中，距床头约 5cm 两张单人床枕套口与床头柜方向相反，双人床枕套口互对，单人床和双人床的枕头与床两侧距离相等	套枕套套动作不规范，扣 1 分 枕套四角未饱满挺实，扣 1 分 套好的枕头未放置于床的正中间或距床头不到 5cm，扣 1 分 枕套口摆放的方向错误，扣 2 分 枕面上留下手痕，扣 1 分 其他，扣 4 分	20		
5	将床推回原位	放上床尾带及靠垫，床尾带必须要平整，两边均匀下垂，靠垫放在枕头前 用腿部力量将床缓缓推进床头板，再检查一遍床是否铺得整齐、美观，并整理床裙，保持自然下垂，整齐	床身推回原位置后有歪斜，扣 2 分 床尾带及靠垫放置错误，扣 2 分 没有最后查看，扣 1 分 对准不够整齐、造型不够美观、床面未加整理，扣 1 分 其他，扣 4 分	10		
合计				100		

训练项目2　西式铺床

[实践目标]

1．掌握西式铺床的流程。

2．掌握西式铺床的动作要领。

3．熟悉西式铺床的要求和考核标准。

4．锻炼西式铺床的实操能力。

[实践内容与方法]

1．实训内容：准备工作、开两条床单的开单、甩单、包角、铺毛毯及毛毯包边、套枕套、铺床罩、整理及最后检查。

2．实训的方法：选择在客房实训室进行分组练习，到实习酒店进行实际操练。

[实践标准与评估]

西式铺床实训考核内容、要点及评分标准等见表10-8。

表10-8　西式铺床实训考核表

序号	考核内容	考核要点	评分标准	配分	扣分	得分
1	拉床	屈膝下蹲，将床拉出50cm 检查并整理床垫	未将床拉开操作，扣1分 拉床时动作错误，扣1分 床身离开床头板不足50cm，扣2分 未检查整理床垫，扣2分 其他，扣4分	10		
2	摆正床垫	将床垫与床垫边角对齐 根据床垫四边所标明的月份字样，将床垫定期翻转，使其受力均匀平衡	床垫与床垫边角未对齐，扣2分 床垫四边所标明的月份字样不符合要求，扣2分 其他，扣6分	10		
3	整理棉褥	用手把棉褥理顺拉平 发现污损棉褥要及时更换	未把棉褥理顺拉平，扣2分 发现污损棉褥未及时更换，扣2分 其他，扣6分	10		
4	铺第一条床单	抖单 定位 包角	抖单动作有误，扣1分 抖单后床单中线没有居中，扣3分 未定位而直接包角，扣2分 包角未达到直角，扣1分 其他，扣3分	10		
5	铺第二条床单	抖单方法同前 抖单后使床单中线居中，中折线与第一床单对称，三面均匀 床单头部与床头板对齐	抖单后床单中线未居中，扣3分 中折线与第一床单不对称，扣3分 床单头部与床头板未对齐，扣2分 其他，扣2分	10		

（续）

序号	考核内容	考核要点	评分标准	配分	扣分	得分
6	铺毛毯	毛毯定位，与床头相距离35cm，毛毯中线与床单中线对齐 毛毯平铺且商标朝外在床尾下方 毛毯包角 毛毯包边	毛毯前部与床头相距离未达到35cm，扣2分 毛毯商标未朝外或不在床尾下方，扣2分 毛毯包角不符合要求，扣2分 毛毯表面松垮、不平整，扣2分 其他，扣2分	10		
7	套枕袋	套枕袋 用两手提起枕袋口轻轻抖动，使枕芯自动滑入，装好的枕芯要把枕袋四角冲齐	套枕袋动作不规范，扣2分 枕袋四角未饱满挺实，扣2分 其他，扣6分	10		
8	放置枕头	将套好的枕头放置于床的正中，单人床将枕袋口反向于床头柜，两个枕头各保持20cm厚度重叠摆放，离床头1cm 双人床放枕头时，将四个枕头两个一组重叠，枕袋口方向相对，当房间有两张单人床时，也要将两床枕袋口反向于床头柜，摆放枕头要求一致 枕头放好后要进行整形，轻推枕面，使四角饱满挺实，不要在枕面上留下手痕	套好的枕头未放置于床的正中间，扣2分 枕袋口摆放的方向错误，扣2分 枕头放好后没有进行整形、四角不够饱满挺实，扣2分 枕面上留下手痕，扣1分 其他，扣3分	10		
9	盖床罩	把折好的床罩放在床中央横向打开 床罩尾部拉至床尾下离地5cm处（扣准床尾两角） 整理床罩头部，使处于枕头上的床罩平整，两侧呈流线型自然垂至床侧	打开床罩动作不规范，扣1分 床罩尾部着地，扣1分 床罩尾部未扣准床尾两角，扣1分 床罩头部其下部分未能均匀填入上下枕头缝之中，扣1分 床面不平整、两侧不均匀，扣2分 其他，扣4分	10		
10	将床推回原位	把床身缓缓推回原位置 最后再将做完的床查看一次，对不够整齐、造型不够美观的床面，尤其是床头部分，用手稍加整理	床身推回原位置后有歪斜，扣2分 没有最后查看，扣2分 对不够整齐、造型不够美观、床面未加整理，扣2分 其他，扣4分	10		
合计				100		

第十一章　客房成本控制与预算管理

【学习目标】

1. 了解酒店的客房设备种类。
2. 掌握酒店客房设备的管理。
3. 掌握酒店布草的种类及管理。
4. 了解酒店布草的管理和控制。
5. 掌握酒店客房用品的管理和控制。
6. 了解洗衣房的布局和设备类型。
7. 掌握客房部的预算内容和控制管理。

【章前导读】

酒店客房用品是体现酒店等级水平的重要方面，是客房部为客人提供满意的住宿环境的物质基础，客房用品的选购、储存、配置、使用、控制等各环节工作的质量，直接影响到酒店和客房的经济收益。客房设备用品只有处于齐备、完好状态，才能满足客人的需要，保证客房的服务质量。

第一节　客房物品与设备管理

一般来说，客房设备用品的管理大致包括：客房设备用品的选择与采购、使用与保养、储存与保管。

二维码资源 11-01

一、客房设备用品管理的方法

酒店客房设备用品种类繁多，价格相差悬殊，必须采用科学的管理方法，做好管理工作。

（一）核定需要量

酒店设备用品的需要量是由业务部门根据经营状况和自身的特点提出计划，由酒店设备用品主管部门综合平衡后确定的。客房设备用品管理，首先必须科学合理地核定其需要量。

（二）设备的分类、编号及登记

为了避免各类设备之间混淆，便于统一管理，客房部要对每一件设备进行分类、编号和登记。客房部管理人员对采购供应部门所采购的设备必须严格审查。经过分类、编号后，需要建立设备台账和卡片，记下品种、规格、型号、数量、价值、位置，由哪个部门、班组负责等。

（三）分级归口管理

分级就是指根据酒店内部管理体制，实行设备主管部门、使用部门、班组三级管理，每一级都有专人负责设备管理，都要建立设备账卡。归口是指将某类设备归其使用部门管理，如客房的电器设备归楼层班组管理。多个部门、多个班组共同使用的某类设备，归到一个部门或班组，以它为主负责全局管理，而由使用的各个部门、各个班组负责具体的使用保管、维护保养。分级归口管理有利于调动员工管理设备的积极性，有利于建立和完善责任制，切实把各类设备管理好。

（四）建立和完善岗位责任制

设备用品的分级管理，必须有严格明确的岗位责任作为保证。岗位责任制的核心是责、权、利三者的结合。既要明确各部门、班组、个人使用设备用品的权利，更要明确他们用好、管理好各种设备用品的责任。责任定得越明确，对设备用品的使用和管理越有利，也就越能发挥设备用品的作用。

（五）客房用品的消耗定额管理

客房用品价值虽然较低，但品种多、用量大、不易控制，容易造成浪费，影响客房的经济效益。实行客房用品的消耗定额管理，是指以一定时期内为保证客房经营活动正常进行必须消耗的客房用品的数量标准为基础，将客房用品消耗数量定额落实到每个楼层，进行计划管理，用好客房用品，达到增收节支的目的。

【运营透视 11-1】

牙刷、牙膏、洗护用品、拖鞋等客房内提供的物品，在行业内被称为“六小件”。《上海市生活垃圾管理条例》的相关规定，将推动酒店、餐饮业限制或减少使用一次性产品。该条例已于2019年7月1日生效，“六小件”能否提供、是否免费，已有明确的行业约定。不过，对于是否取消“六小件”，不同人群有不同看法。

在上海的一家酒店，客房内的“六小件”一次性用品依然免费提供。不过在清理房间时，工作人员并不会直接将使用过的一次性物品丢弃，而是将其中可回收再利用的部分收集起来。某经济型酒店负责人表示：由于要考虑客人的感受度，如果不允许提供一次性用品，提供必须有偿的话，酒店的损失会特别大，毕竟还有竞争力这一说。酒店入住客人则表示：这个没办法，不方便，自己带不方便。上海市居民表示：虽然不是所有人都会用这些东西，但是有了以后就会造成浪费。

二、客房设备管理

（一）客房设备分类

客房设备主要包括家具、电器、洁具、安全装置及一些配套设施。

1. 家具

家具是人们日常生活中必不可少的生活用具。客房使用的家具主要有卧床、床头柜、写字台、软座椅、小圆桌、沙发、行李架、衣柜等。

2. 电器设备

客房内的主要电器设备有：

1）照明灯具。客房内的照明灯具主要有门灯、顶灯、地灯、台灯、床头灯等。它们既是照明设备，又是房间的装饰品。

2）电视机。电视机是客房的高级设备，可以丰富客人的生活。

3）空调。空调是使房间保持适当温度和调换新鲜空气的设备。

4）音响。音响是供客人收听有关节目或欣赏音乐的设备。

5）电冰箱。为了保证客人饮料供应，在客房内放置小冰箱，在冰箱内放置酒品饮料，方便客人随意饮用。

6）电话。房间内一般设两架电话机，一架放在床头柜上，另一架装在卫生间。方便客人接听电话。

3. 卫生设备

卫生间的设备主要由洗脸台、浴缸、坐厕、毛巾架、镜子、灯具、垃圾桶等组成。

4. 安全装置

为了确保客人安全，客房内一般都装有烟雾感应器，门上装有窥视镜和安全链，门后张贴安全指示图，标明客人现在的位置及安全通道的方向。楼道装有电视监控器、自动灭火器。安全门上装有昼夜照明指示灯。

二维码资源 11-02

（二）客房设备的选择

选择客房设备，是为了选购技术上先进、经济上合理、适合酒店档次的最优设备，有利于提高工作效率和服务质量，满足客人需求。每家酒店都要根据自身的特点，确定客房设备的选择标准，这是进行客房设备管理的基础。

1. 客房设备选择的标准

1）适应性。客房设备适应客人需要，适应酒店等级，与客房的格调一致，造型美观，款式新颖。

2）方便性。客房设备的使用方便、灵活，简单、易操作，同时易于维修保养、工作效率高。

3）节能性。随着水、电能源日益紧张，人们的节能意识也逐渐加强。酒店用电、用水量都比较大，节水、节电成了大家比较关心的问题。在选择设备时，应该选择节能设备。

4）安全性。安全是酒店客人的基本要求。在选择客房设备时要考虑是否具有安全可靠的特性和装有防止事故发生的各种装置，商家的售后服务也是设备安全的重要保证。

5）成套性。各种设备配套可以保持家具的一致性和外观的协调性。

6）可发展性。为了配合新时代商务旅客对酒店服务的需要，酒店在选购设备时要综合考虑其设备的经济性和可发展性。

以上是选择客房设备时要考虑的主要因素，对这些因素要统筹兼顾，权衡利弊。

2. 客房主要设备的选择

1）家具的选择。家具必须实用、美观，构架结实、耐用和易于保养。客房用床要求尺寸合适。床是酒店为客人提供休息和睡眠的主要设备，大多数床包括弹簧、床垫和架三个部分。弹簧使床具有弹性并提供支撑；床垫覆盖弹簧并加衬料；弹簧和床垫都安放在床架上。

2）卫生间设备的选择。客房卫生间是客人盥洗空间，它的面积一般为 4 ~ 7m^2，主要设备是浴缸、马桶和洗脸盆“三大件”。浴缸有铸铁搪瓷、铁板搪瓷和人造大理石等多种，以表面耐冲击、易清洁和保温性良好为最佳。浴缸按尺寸分大、中、小三种，一般酒店多采用中型的一种，高档酒店采用大型浴缸。浴缸底部要有凹凸或光毛面相间的防滑设备。马桶、洗脸盆有瓷质、铸铁搪瓷、铁板搪瓷和人造大理石等多种，使用最多的是瓷质，它具有美观且容易清洁的优点。卫生间的“三大件”设备应在色泽、风格、材质、造型等方面相协调。

3）地毯的选择。地毯主要有纯毛地毯、混纺地毯、化纤地毯和塑料地毯四种。不同种类的地毯有不同的特点。纯毛地毯好看、弹性强、耐用、便于清洁，但价格较高。混纺地毯具有纯毛地毯质感舒适的特点，价格又低于纯毛地毯。化纤地毯外表与触感均像羊毛地毯，阻燃、耐磨，而且价格低廉。塑料地毯则质地柔软、耐用、耐水、可用水冲洗。

（三）客房设备的使用与保养

客房设备的使用，主要涉及员工与客人两方面。客房部要加强对员工的技术培训，提高他们的操作技术水平，懂得客房部设备的用途、性能、使用方法及保养方法。

1. 客房家具的使用与保养

1）床。为了避免床垫有局部凹陷，应定期翻动床垫，床垫每年翻动四次。在翻动时，用手动吸尘器附件清洁吸尘，这样可使床垫各处压力和磨损相同，保持平整完好，延长使用寿命。

2）木质家具。衣柜、写字台、床头柜、行李架等木质家具有易变形、易腐蚀、易燃等特点，所以家具在使用中应根据其特点，注意保养，防潮、防水、防热、防虫蛀。使用时间较长的家具，必须定期打蜡上光，保养的办法是将油性家具蜡倒在家具表面或干布上擦拭一遍，形成一层保护层，15min后再重复擦一次，可达到上光的效果。

2. 地毯的使用与保养

1）地毯清洗计划。在酒店里，交通密集的公共区域通常是地毯重污发生区，针对这种情况，客房部应制订周密的地毯清洁计划。比如，可以在平面图中用不同的颜色来表示人流量大的区域和易产生重污的区域。人流量大的区域至少每天需要清洗一次，而人流量相对小、不易弄脏的区域则可以每周或每月清洗一次。

2）吸尘。吸尘是保养地毯的首要程序。大多数酒店的客房部每天至少对地毯吸一次尘，同时也包括定期深度清洁、局部清洁、去污渍等。污渍必须在其深入地毯、变成顽渍前及时去除。

3）防虫蛀。纯毛地毯很容易遭虫蛀，因此使用时应在地毯底下放些药物以防虫蛀。

3. 客房主要电器的使用与保养

1）电视机。要将各频道节目调至最佳效果，使客人按键即可收看。服务员对电视机擦灰时，要用柔软的干布，移动时要轻搬轻放。电视机应放在通风良好的地方，避免阳光直射电视屏幕，电线插座、接头要安全可靠，电源线不能有裸露的地方。如有不安全的地方，要及时通知维修人员。

2）电冰箱。酒店客房用的电冰箱一般以冷藏为主，容积较小，供制冰或冷冻少量的食品用。电冰箱要放在通风的地方，不要让太阳直射，冰箱的背部与墙面需间隔10cm以上，以保证散热。保持箱体内、外的清洁，以防异味产生。

4. 卫生间洁具的保养

坚持经常清洁卫生间洁具，要用专门的清洁剂来保洁，严禁用去污粉、硫酸等擦拭洁具。

（四）客房设备的管理要求及趋势

1. 客房设备的管理要求

（1）客房设备档案。

建立客房设备档案，使客房部对本部门的设备情况有明确的了解，正确掌握设备的调进、调出，为设备的使用、保养、维修和更新改造工作提供相关的信息。客房设备档案的主要组成部分有：

1）客房装饰情况表。该表要求将家具饰物、地毯织物、建筑装饰和卫生间材料等分类记录，并注明其规格特征、生产厂家及装修日期等。

2）楼层设计图。该图标明酒店客房的类型、数量，确切的分布和功能、设计等。

3）织物样品。墙纸、床罩、窗帘、地毯等各种装饰织物的样品都应作为档案资料。如果原来的织物被替代了，则应该保留一份替代样品。

4）照片资料。每种类型的客房都应保留如下照片资料：房间的设计图，床和床头柜的布置图，写字台和行李柜布置图，卫生间布置图，套房的起居室和餐室的布置图。

以上这些资料做好后，还要根据新的变化予以不断补充和更新，否则将逐渐失去意义。

（2）客房历史档案。

所有客房甚至公共区域，都应该设有历史档案，包括家具饰物、安装期或启用期、规格、历次维修记录等。

（3）客房设备的更新改造。

为了保证酒店的规格、档次和格调一致，保持并扩大对市场的影响力，多数酒店都要对客房进行计划中的更新改造，并对一些设备、用品实行强制性淘汰。这种更新计划常常包括：每年一次的常规修整计划，如地毯、饰物的清洗，墙面清洁和粉饰，家具修整，窗帘床罩的洗涤，等等；客房使用达五年时的部分更新计划；客房使用10年左右的全面更新计划，要求对客房陈设、布置和格调等进行全面彻底的改变。

2. 客房设备的新趋势

客房作为酒店出售的最重要的有形商品之一，设备、设施是构成其使用价值的重要组成部分。科学技术的发展及客人要求的日益提高促使酒店客房设备、配置出现了一些新的变化趋势，主要体现在人本化、家居化、智能化和安全性等几个方面。

1）人本化趋势。在现代化的酒店，“科技以人为本”的原则在客房设备的配置上应体现出来。以人为本就是要从客人角度出发，使客人在使用客房时感到更加方便、舒适。比如，传统的床头控制板正在面临淘汰，取而代之的是“一键控制”方式。又如，客房中的连体组合型家具不但使用起来不方便，而且使得酒店客房千篇一律，分体式单件家具则可以使客房更具特色，且住宿时间稍长的宾客还可按自己的爱好、生活习惯布置家居。

2）家居化趋势。家居化趋势主要体现在以下几个方面。首先是客房空间加大，卫生间的面积加大。其次是通过客用物品的材料、色调等来增强家居感。比如：多用棉织品、手工织品和天然纤维编织品；放置电烫斗、烫衣板；卫生间浴缸与淋浴分开；使用计算机控制水温的带冲洗功能的马桶。另外，度假区酒店更加注重提供家庭环境的氛围，客房能适应家庭度假、几代人度假、单身度假的需要，如儿童有自己的卧室、电视机与电子游戏机相连接等。

3）智能化趋势。可以说智能化趋势的出现将人本化的理念体现得最为淋漓尽致。因为在智能化的客房中，客人可以体验如下美妙感受：客房内将为客人提供网上冲浪等互联网服务，客人所需的一切服务只要在客房中的电视或计算机中按键选择即可获得；客人可以坐在屏幕前与商务伙伴或家人进行可视的面对面会议或交谈；客人可以将窗户按自己的意愿转变为“美丽的沙滩”“辽阔的大海”“绿色的草原”；客人还可在虚拟的客房娱乐中心进行自己喜爱的娱乐活动；房间内的光线、声音和温度都可根据客人的个人喜好自动调节。

4）安全性日益提高。安全的重要性是不言而喻的，但这需要更加完善的安全设施加以保障。比如，在客房楼道中安装微型监控系统；客房门采用无匙锁系统，以指纹或视网膜鉴定客人的身份；客房中安装红外感应装置，使服务员在工作间通过感应装置即可知客人是否在房间；床头柜和卫生间中安装紧急呼叫按钮，以备在紧急情况下，酒店服务人员与安保人员能及时赶到。这些设施大大增强了客房的安全性，同时又不会过多打扰客人，使客人能拥有更多的自由空间而且不必担心安全问题。

三、客房布草的管理

布草是酒店业对棉织品的一种专称。布草的质量、清洁程度、供应速度等在很大程度上会影响到酒店尤其是餐饮、客房等部门的正常运转。因此，对于布草的管理要求十分严格，并且要力争减少布草的损耗，尽量延长布草的使用寿命。

（一）布草的分类

布草是酒店客房、餐厅、康乐等经营部门的重要客用物品。酒店的布草按用途一般分为以下四类。

1）床上布草，包括床单、枕套、被套、褥垫、床裙等。

2）卫生间布草，包括浴袍、大浴巾、小浴巾、面巾、地巾等。

3）装饰布草，包括遮光窗帘、纱窗帘、沙发套等。

4）餐桌布草，包括台布、餐巾等。

二维码资源 11-03

（二）客房布草的质量要求

1. 床上布草的质量要求

1）纤维的长度：一般二级至四级棉的纤维长度是 27 ~ 29mm，一级（高级）棉的纤维长度是 29 ~ 31mm。

2）纱支数：棉纱的支数有三种，用于床单、枕套等的织物有 20 支纱、21 支纱和 24 支纱。24 支纱要用一级棉纤维纺制，20 支、21 支纱多为二级至四级棉纤维纺制。

3）织物密度：密度高且经纬分布均匀的织物强度和舒适度佳，可用作床单，枕套的织物密度一般为 288×244 根每 $10cm^2$，高级的可超过 400×400 根每 $10cm^2$。

4）断裂强度：织物的断裂强度与织物的密度等都有密切的关系，通常织物的密度越高，其断裂强度越好。

5）纤维质地：常用的床单、枕套的质地主要有全棉和混纺两类。客房使用的床上布草，特别是床单、枕套、被罩等大多是棉涤混纺织物，一般棉涤比例为 50∶50 或 65∶35 等。

6）制作工艺：布草的制作工艺也直接影响布草的质量。

2. 卫生间布草质量

传统的卫生间布草都可统称为毛巾。酒店的档次越高，使用的毛巾越舒适、越讲究。

1）毛圈数量和长度：毛圈多而且长，则柔软性好、吸水性佳，但毛圈太长又容易被钩坏，故一般毛圈长度在 3mm 左右。

2）织物密度：毛巾组织是由地经纱、纬纱和毛经纱组成的。地经纱和纬纱交织成地布，毛经纱和纬纱交织成毛圈，故纬线越密，毛圈抽丝的可能性也就越小。

3）原纱强度：地经要有足够的强度以经受拉扯变形，故较好的毛巾地经用的是股线，这就提高了吸水和耐用性能。

4）毛巾边：毛巾边应牢固平整。每根纬纱都必须能包住边部的经纱，否则边部很容易磨损、起毛。

5）缝制工艺：查看折边、缝线、针脚等的工艺。

3. 窗帘的质量要求

窗帘的功能是遮光、保护隐私、装饰美化、隔音隔热，还能弥补窗户本身的一些不足。客房的窗帘有薄窗帘和厚窗帘两种，多为织物制成。薄窗帘通称纱窗帘，作用是减缓阳光的照射强度、美化房间，白天既不影响室内的人观赏室外景色，又能保护室内隐私。厚窗帘则具有窗帘的较多功能，讲究的厚窗帘除有一层装饰布外，还有一层遮光背衬。

选择客房窗帘织物时要注意以下几点：

1）纤维的质地。

2）纤维的纺织方法会影响织物的柔软性、坠感、牢度和美观度。

3）阻燃性。

4）色彩和图案。

5）价格。

6）制作工艺。

（三）客房布草的日常管理和消耗控制

客房、餐厅及其他部门每天都要使用和消耗大量布草，而客人对布草的质量也有很高的要求，布草的内在质量和外观清洁程度，往往会直接影响到酒店的服务质量和规格。同时，由于酒店布草使用量大，容易损耗，因此，做好布草管理，从经济效益上来看也是十分重要的。

1. 客房布草需要量的核定

各种布草的需要量，应当根据每个酒店的等级、各类客房的床位数量以及替换率来核定。在此基础上，应本着既要保证经营需要又要保证最低消耗和库存周转量的原则，来确定各类布草配置的件数和套数。布草需要量的核定，主要应通过对在用布草和备用布草的核定来实现。

1）在用布草的核定。在用布草是指已经投入日常使用和处于周转环节的布草。在确定其数量时，要考虑如下因素：

① 必须能够满足客房出售率达到 100% 时的周转要求。

② 必须满足酒店客房一天 24h 运营的使用特点。

③ 必须适应洗衣房的工作制度对布草周转所造成的影响。

④ 必须适应酒店关于客用布草换洗的规定和要求。

⑤ 必须考虑到布草的调整、补充周期及可能发生的周转差额等。

2）备用布草的核定。备用布草是指存放在布草库的，准备用于更新和补充的布草，也可称为库存布草。备用布草量要根据以下因素决定：

① 预计更新的速度和数量。

② 预计流失布草的补充情况。

③ 是否有更换布草品种、规格的计划。

④ 定制或购买新布草所需要的时间。

⑤ 现有的库房储存条件。

⑥ 资金占用的损益分析等。

对以上情况进行逐一分析后，最终要购买的布草数就基本统计出来了。这一工作需要客房部经理会同采购部经理、财务部经理商定之后，报告总经理批准。

2. 布草消耗数量和质量的控制

为了更好地进行布草的管理，有必要建立有关的制度，设计有关的工作程序，确定有关的工作方法，控制好布草的数量和质量。

1）布草存放要定点定量。除了客房使用的一套布草之外，应规定其余的布草：在楼层布草房存放多少，布草车上放置多少，中心布草房要存放多少，各种布草的摆放位置和格式等。有了统一的规定，员工就有章可循。平时布草的流动过程中，要经常核对数量，及时发现差错。

2）建立布草收发制度。客房部、餐厅部等部门领用布草时，必须填写申领单。送洗的数量应填表列明，洗衣房如数收到并清点后，签字认可。如果申领者要求超额领用，应填写借物申请并经有关人员批准。

3）确定布草的更新率。布草的更新率是指布草每次替换数量占原有布草总数的百分比。由于酒店的等级不同，服务水准和规格不同，布草更新率不可能完全一样。酒店规格越高，对布草要求也越高，布草的更新率也越高。

4）按期进行存货盘点。布草房应在布草分类的基础上，登记布草的数量和金额，并设置“在库布草”和“在用布草”料目，以便分别控制仓库和楼面的布草使用数量。在设立账卡的基础上，布草房要每月或每季度进行一次存货盘点，并做出分析表（见表 11-1）。这个制度一是为了控制布草的数量，二是为了方便会计核算，三是能及时帮助客房部管理人员发现存在的问题，以便堵塞漏洞，改进管理工作。

表 11-1　布草盘点统计分析表

品名	额定数	客房		楼层布草房		洗衣房		中心布草房		盘点总数		报废数	补充数	差额总数
		定额	定额	定额	定额	定额	定额	定额	定额	定额	定额			

部门：　　　　　　　盘点日期：　　　　　　　　　制表人：

（四）客房布草的日常维护

客房布草的日常维护包括布草的洗涤、布草的保养和存放三个重要的环节，这里主要介绍布草的保养。

客房部对于布草的保养应贯穿于储存与使用过程中，应该注意以下几点：

1）新布草应该洗涤后再使用。这不仅是卫生清洁的需要，也有利于提高布草强度，方便使用。

2）洗涤好的布草应在货架上搁置一段时间，以利于散热透气，也有利于延长布草的使用寿命。

3）要消除污染或损坏布草的隐患。不要将布草随意丢在地上，防止践踏布草，更不能用布草作为抹布；收送布草时不能有粗鲁动作；布草中不要夹带其他物品，不要与不干净的或有污染的物品一起放置；布草车架和其他货架的表面要光滑，防止勾刺挂破布草；等等。

四、客房用品的管理

客房用品是客房部从事客房商品生产的物质凭证和技术保证，也是酒店生产水平、接待能力、服务档次的体现。客房用品主要是供客人使用的生活用品，这类物品数量大、品种多、消耗快、难以控制。加强客房用品的管理，以确保客人需要、降低消耗是客房用品管理的重要工作。

（一）客房用品的种类和选择原则

1. 客房用品的种类

按管理方法分类，可分为以下三大类。

1）客房备品。客房备品也称客用固定物品或多次消耗用品，是指客房内所配备的可供多批客人使用，正常情况下不会在短期损坏或消耗的物品。这类物品是仅供客人在住店期间使用，但不能被破坏或消耗，或客人离开酒店时不能带走的物品，如布草、衣架、水杯等。

2）客用低值易耗品。客用低值易耗品也称客房日耗品、客用消耗物品、一次性消耗品或供应品等。这类物品是指在客房内配备的供客人住店期间使用、消耗，也可以在离店时带走的物品。这类物品价格相对较低、易于消耗，如一次性洗浴用品等。

3）客用租借物品。客房备品和客用低值易耗品通常只能满足住客的基本需要，而不能满足住客的个别特殊需要。有些酒店为了能给客人提供一些具有个性化的服务，通常还备有一些特殊用品，如接线板、婴儿床等，以供住客需要时租借，通常称为客用租借物品。

二维码资源 11-04

2. 客房用品的选择原则

客房用品种类繁多，质量规格各异，不同星级酒店的客房或不同类型的客房对于客房用品都有不同的要求，因此，客房用品的选择必考虑以下几个方面。

1）适度。星级酒店客房用品的配备和规格的行业标准和《旅游饭店星级的划分及评定》国家标准（GB/T 14308—2010），是酒店选择客房用品的基本依据，在此基础上酒店客房用品应该能体现酒店的星级、档次以及客源特点。在质量要求上，酒店的星级越高，客房用品相对越讲究。反之，一些经济型酒店的客房用品则能够满足客人的基本生活需要、符合客房的价格水平即可。在品种、数量的要求上同样如此。在豪华型酒店，通常品种、数量都比较多，而经济型酒店则以够用和适用为根本，不必提高标准、增加运营成本。因此，客房用品的选择应根据酒店的星级和档次要求，选择适当的客房用品，并不是越豪华越好，也不是越多越好。

2）协调。客房用品应与客房的装修格调一致，与周围环境相协调。这就要求同一类客房用品在规格、型号或造型、质地、色调、花纹上统一，没有拼凑现象，高雅美观，并与客房整体风格相协调。随着酒店业的发展，许多酒店甚至要求客房用品也具有一定的文化品位，在包装上经过专门的设计，与酒店的标志设计相吻合。

3）实用。客房用品是为了方便客人使用而提供的，能够物尽其用是其基本原则。因此，客房用品的选择应该将切实满足客人需求作为标准，有些客房用品并不是大多数客人所需要的，就没有必要配备或没有必要在所有客房配备。

4）价廉。客房用品的消耗量很大，因此价格因素也非常重要。随着客房用品供应商的日益增多，酒店可以比较各个厂商的产品质量和价格，好中选优，优中选廉，在保证客房用品质量的前提下，降低成本。

5）环保。随着整个社会对环境问题的日益关注，绿色环保行动已经成为酒店行业的时尚，一些酒店在客房用品的配备上开始采购、使用环保包装的绿色用品，并通过宣传、告知等方式，在客房内逐渐减少放置一些并非每个客人都需要的一次性用品的数量，为绿色环保行动尽一份力。

（二）客房用品的消耗定额管理

客房用品消耗定额是指在一定时期内完成一定接待任务的物资用品消耗数量。合理制定客房系统物资用品消耗定额，既是保证业务需要、有计划地使用物资用品的客观要求，又是降低成本费用、加快资金周转的重要体现。

1. 客房用品定额的依据

客房部日常接待服务消耗的用品可以分为两类：一次性消耗的用品和多次性消耗的用品。一次性消耗用品是一次消耗完毕的，如文具宣传用品、清洁卫生用品、茶叶等；多次性消耗用品可连续供客人多次使用，如布草、茶烟具、衣架等。对这两类物品都要按酒店的经营决策和服务标准来确定其消耗定额。

制定客房用品消耗定额的依据如下：

1）酒店等级规格。酒店星级、规格越高，客人的消费水平越高，配备的客房用品，如信封、拖鞋、香皂、浴液等，要求越高。由此必然会提高酒店客房用品的消耗定额，特别是价值定额要比低档酒店高。可见酒店等级是制定客房用品消耗定额管理的客观依据之一。

2）客房接待能力。客房用品消耗定额是以酒店客房及其床位数量为基础来制定的。在酒店等级规格已经确定的条件下，客房和床位数量越多，需要配备的物资用品就越多。在正常经营的条件下，其物资用品的消耗数与制定的定额价值消耗量也必然越大。

3）客房用品更新状况。客房客用一次性消耗物品每天换新，客用多次性消耗物品的更新周期又各不相同。此外，这些物品在使用过程中还会发生损坏、丢失、洗坏等而需要换新。这些都是制定客房物品消耗定额的重要依据。

4）客房出售率。客房出售率越高，房间周转越快，所耗用的物资用品，特别是一次性消耗物品必然越多。因而，同一时期的客房用品消耗定额，因其出售率的高低不同而不完全相同。

2. 客房用品消耗定额的制定

1）编制客房用品定额消耗表。主要根据客房接待能力、单间客房或每个床位配备标准、一定时期的客房用品消耗数量等来编制客房用品定额消耗表。

2）核定客房一次性物品消耗定额。可以客房数量和床位数量为基础，按客房种类和定额时间来核定，其核定方法可参照下式计算

$$Q(1)=xyft(1-r)$$

式中，$Q(1)$ 为一次性物品定额；x 为客房或床位数；y 为单房或单床配备标准；f 为出售率或床位利用率；t 为定额时间（年或月）；r 为未开封使用物品回收率。

3）制定客用多次性消耗物品定额。客用一次性消耗物品和客用多次性消耗物品的消耗定额的主要区别是：前者每天更新，消耗量较大；后者不用每天换新，需要到一定更新周期时才更换。因此，客用多次性物品的消耗定额和制定方法可参照下式计算

$$Q(2)=xnhf$$

式中，$Q(2)$ 为多次性物品定额（月）；x 为客房或床位数；n 为单房或单床配备量；h 为多次小物品年度更新率；f 为月度消耗分摊率。

4）核定员工用品消耗定额。客房员工用品主要分为清洁用品和服务用品两大类。前者包括各种清洁剂，如酸性、碱性清洁剂以及玻璃水、“三缸”清洁剂等。后者以服务员使用的工具用品为主。定额方法一般是根据前几年或月度的实际用量，分析其合理程度大致确定。

在控制物品消耗时，要做到内外有别，即内部应提倡节约，对客人应保证服务规格。特别是注意客人使用的物品，要严格按照客房标准配备合格物品，不允许使用不合格的物品。服务员使用的物品，如清洁卫生用具等，则在能保证服务质量的基础上尽量节约使用。

（三）客房用品的管理

客房用品种类繁多，各种用品的使用价值、使用频率、更新周期各不相同，因此做好客房用品管理工作很有必要，同时，客房用品管理是保证酒店客房等级规格、满足客人消费需求的基本工作内容，也是降低客房成本费用、提高经济效益的客观要求。客房用品的选购、储备、保管和发放工作是客房用品管理的一个重要组成部分。

1. 客房用品的选购

客房用品购置应坚持统一领导、分级管理、集中进货、分散存放的原则和方法。具体包括以下工作内容和工作步骤：

1）部门提出购置申请，明确要求。客房用品不仅种类多、规格高，而且每种用品的规格、质地、式样、颜色、手感、质感、花纹等要求各不相同。只有由客房部门，包括楼层、洗衣房、公共卫生的主管及以上等专业人员提出申请，将各种用品的要求及购置数量列表申报清楚，才能保证客房用品符合酒店客房等级规格要求并形成特色，以及满足客人需要。

2）编制采购计划，报审核批准。在部门提出购置申请的基础上，由采购部人员编制采购计

划，逐项核定，报财务部和总经理审核，纳入酒店计划之中。采购计划要十分具体，每种用品的规格、质地、色彩、样式等都要明确。

3）掌握市场行情，确定样品与规格。客房用品中的任何一种物品，都有较多的厂家或供应商。同一种客房用品在不同厂家和供应商处，其质量和价格都是不相同的，为此，采购人员必须事先掌握市场行情，通过先购样品、多方询价、互相比较、货比三家、价比三家，特别是要将样品交房务部审查同意后，方可批量购置。

4）签订合同，集中进货。在掌握市场行情，确定采购品种、规格、型号、价格等基础上，由采购部与供应商签订合同。合同内容包括货品名称、等级、规格、质量、数量、价格、包装、交货日期、地点等。

2. 客房用品的储备

客房用品要有一定的、合理的储备量。用品储备量应以既能够保证供应又不积压为标准。储备量可以根据客房用品消耗定额、客房总数、过夜总数来确定。客房用品储备定额的制定方法如下。

1）一次性消耗用品的储备定额制定方法，是根据日均消耗量和储备天数确定的，公式为

$$Q(1)=x(t_1+t_2)$$

式中，$Q(1)$ 为一次性用品储备定额；x 为日均消耗量；t_1 为合理储备天数；t_2 为安全天数。

2）多次性用品的储备定额制定方法，是根据用品配备定额和更新周期内的损耗更新率和储备天数确定的。公式为

$$Q(2)=Dr+D_n$$

式中，$Q(2)$ 为多次小用品储备定额；D 为用品配备定额；r 为损耗与更新率；D_n 为储备数量。

客房部根据客房用品的使用消耗情况和实际储备情况制订物品采购计划，向酒店采购部申购。表 11-2 是客房用品申购单。

表 11-2　客房用品申购单

致采购部经理： 请供应好以下品种________ 部门________					正常一 加急一	
采购部填写			数量	规格说明	采购部填写 价格	总数
		合计				
		备注				
申购日期		申购者		批准者		接收者

3. 客房用品的保管

各种客房物资用品购进后，一般都要经过库房建账，再分发到各使用部门。酒店客房用品的库房一般分为三级管理：一是客房部门设用品库房，集中管理各种用品：二是各楼层设工作间，存放日常使用和周转的客房用品，又称楼层小库房；三是客房服务中心，存放每天客人需要使用的客房用品，如茶叶、小刀、圆珠笔等。因此酒店客房库房管理重点需要做好四个方面的工作。

1）严格验收，完善三级账务等级。客房用品购进后，不管是直接投入使用还是进入库房周转待用，都要先由客房用品库管人员按照品种、规格、型号、数量、单价和质量等，严格做好验收工作，直接进入各个楼层和客房服务中心三级账目或四级账（加洗衣房）。这是客房用品管理和消耗考核的基础。具体验收建账登记时，要把好三关，即数量记录关、质量价格关、单据填制关。进入库房和三级账务等级都要做到按物资用品的品种分类，按部门和存放地点归口，账务完善。

2）加强保管，确保客房用品安全。客房用品验收入库后，要根据用品种类、性质、外形、体积、包装等情况，分类保管，做到分类清楚、货位明确、货架整齐、货物码放规范，各种货架、货位与货号编制统一。同时，要定期整理库房卫生，注意库房温度、湿度，防止库存物品发霉、损坏。

3）掌握消耗定额，及时发放物资用品。库房管理是为业务经营服务的。发放物资用品，既要保证客房业务经营活动的需要，又要考虑各个楼层客房服务中心的消耗定额。因此，在制定客房用品消耗定额的基础上，一般由客房各个楼层客房服务中心保存 7 ～ 10 天的用品需求量。库房发放用品时，主要是按消耗定额、各个楼层工作间和客房服务中心的 10 天左右的用品周转量发放。每次发放都要按品种分类，按楼层和客房服务中心归类，做好账面登记，保证客房用品使用可追溯。

4）做好盘点与补充更新，保证业务发展需要。在客房用品管理过程中，无论是用品库房还是各个楼层工作间和客房服务中心，都必须每月做一次盘点工作。客房用品盘点应由酒店财务人员或库房主管人员牵头，各楼层工作间、客房服务中心、洗衣房等部门参加。正式盘点前，库房和各部门必须根据自己的账卡记录，事先计算出各种客房用品的账面余额，然后在每月最后一天或规定时间盘点，逐项清点各种客房用品，包括库房、客房服务中心、洗衣房等各处的实际储存数量，即盘存数，在做好盘点账务登记的基础上，填写盘点报表。

在库房用品管理过程中，随着各种用品陆续投入使用而库存逐步减少，到了一定情况，就需要补充更新，为此，应由客房用品库管人员根据储备定额消耗情况，提出补充更新申请，报领导批准后组织进货，以保证业务发展需要。如果补充更新的用品在规格、型号、质量、颜色、手感、质感等方面需要调整，需要报客房部门专业领导审批后方可办理。

4. 客房用品发放

客房部从酒店总仓库领取客房用品，要按财务和仓库管理手续登记、验证、发放。从客房楼层领取用品，要有审批手续，填写客房用品发放表（见表 11-3）。客房部经理要经常检查客房用品仓库，控制用品流转和使用。

表 11-3 客房用品发放表

楼层： 日期：

用品名称	申领数	实发放	用品名称	申领数	实发数
信纸			香皂		
铅笔			牙刷		
明信片			梳子		
便签			火柴		
宾客意见书			茶叶		
洗衣袋			护理包		
卫生袋			浴帽		

领取人： 发放人：

第二节 洗衣房的运行和管理

洗衣房是负责酒店布草用品、员工制服、客人衣物洗涤与整理的一个工作部门。洗衣房的业务属于生产加工性质，它通过设备、能源、化学用品及人力资源等的投入，并运用一定的技术手段，延长布草用品、员工制服和客人衣物的使用寿命。如果酒店的洗衣房设备较好，技术力量较为雄厚，还可以开展店外的洗涤业务，以增加收入。酒店是否设置洗衣房，应综合考虑酒店的规模、酒店的场地、酒店的资金、酒店的技术力量、当地洗涤业的社会化程度。

一、洗衣房的工作任务

洗衣房要负责酒店布草用品、客人衣物、员工工装的洗涤质量和服务质量，还要按照衣物的洗涤要求、时间要求进行洗涤、熨烫、保管，并送达用户手中，为客人提供生活的便利，为客房提供符合标准的布草，为员工提供清洁挺括的工装。洗衣房的主要工作任务有以下三个方面：

1. 负责洗涤业务

1）做好客衣洗涤工作。客衣洗涤工作包括：客衣收取、分类检查，打号送洗，干洗、湿洗、手洗，熨烫、挂架、送回等工作。客衣洗涤工作可以满足客人的生活需要，也可以增加酒店的经济收入。

2）做好布草洗涤工作。酒店客房、餐厅、康乐等部门每天有大量的布草需要洗涤，包括收取、交换、挑选、洗涤、压平、更新、入库等工作。布草洗涤工作可以保证客房、餐厅、康乐等部门的业务需要，又可以保证酒店接待服务规格，为客人创造良好的生活条件。

3）做好员工制服洗修工作。酒店员工的着装和仪表是酒店形象的一种重要表现形式，酒店要求员工着装整齐、干净、美观大方。员工制服的洗涤工作包括分类、去渍、水洗、干洗、烘干、熨烫、整理等工作。

2. 负责洗涤衣物的安全无损

无论是客衣、员工制服，还是酒店布草，洗衣房都要按照洗衣程序认真填单登记、检查分捡、发送、洗涤、烘干、熨烫、折叠整理、入库保管，每个工作环节都要指定负责人，保证各种洗涤品的安全、无损，不得出现任何差错。

3. 负责洗衣设备的维护和保养

现代化的洗衣设备不但有很高的机械程度，还有很高的自动化程度，当然投资额也较大，因此做好洗衣设备的维护和保养工作、延长洗衣设备的使用寿命、降低设备的运行成本，就显得非常重要。洗衣房通常归于客房部或管家部，洗衣设备的日常使用和维护保养由操作人员负责。洗衣设备的维护检修由设备部负责。维修洗衣设备要有一定的专业技术，应配备专职的维修人员。

二、洗衣房的布局

洗衣房的布局应根据洗衣流程来设计，其设计的基本要求是必须使布草按照单项流动的方向进行：污垢衣物从入口进入，清净的衣物从出口送到布草仓库。根据洗衣房的工作任务和洗衣流程要求，洗衣房通常要有以下几个功能区域：

1）脏布草入口和处理区。脏布草和脏衣物与干净的布草、衣物，应从不同的出入口进出。送入洗衣房的脏布草和脏衣物应在脏布草入口进入，进入处理区内分拣，并对衣物打码编号，对布草称重。

2）水洗区。水洗区应设在处理区附近，安装有不同容量的水洗机若干台。水洗机的数量视酒店规模、洗衣数量和洗衣房的面积大小而定。水洗机旁边放置有烘干机，以利于按洗衣程序操作。

3）干洗区。衣物干洗是一个独立的洗衣程序，洗衣房中应设有独立的干洗区，并将所有的与干洗有关的设备都放置在干洗区内，如干洗机、熨衣机、人像熨衣机、抽湿机等。

4）熨烫区和折叠区。在靠近烘干机的地方设置熨烫区和折叠区，以便对洗净、烘干过的布草进行熨烫和折叠处理。熨烫区和折叠区配有熨烫机、折叠机等设备。熨烫区和折叠区应邻近布草仓库入口，方便布草的入库和存放。

5）仓库和办公区。仓库通常设在水洗区和干洗区的出口处，方便衣物和布草的入库和存放。办公区一般设在洗衣房的入口处，相对比较安静，也便于管理。办公区内设有办公室和洗衣用品储藏室。

三、洗衣房的设施设备

为了做好衣物和布草的洗涤工作，洗衣房应配备各种洗衣设备，以提高洗衣效率，提高洗衣质量。常用的洗衣设备如下：

1）湿洗机主要用于洗涤床单、枕套、毛巾等布草。湿洗机的种类可分为全自动、半自动和机械操作三种，每种又有大小不同的洗涤容量。洗衣房应视酒店的洗涤需求来选择和配备。为了方便使用，洗衣房最好能同时配备大小容量不同的湿洗机，既能保证大件布草的洗涤，又能满足小件衣物的洗涤需要，节省能源。

2）烘干机。经湿洗机洗净甩干后的布草衣物仍含有较多水分，若直接熨烫，既耗力又耗时。所以，洗衣房应配备不同容量的烘干机，对洗净甩干后的布草和衣物进行烘干处理，以利整理和熨烫。烘干机分为电和蒸汽两种，酒店应根据能源供应情况来选择配备。

3）布草熨平机。布草熨平机专门用于熨烫床单、枕套、台布等面积较大的布草。它的工作原理是，通过电或蒸汽加热熨平机的杠杆，高温的杠杆对布草进行滚压、平整和干燥处理，完成布草的熨平工作。新一代的熨平机只需人工将甩干的布草平整送入熨平机传送带，机器便自动熨平、熨干和折叠，极大地节约了人力和时间。

4）干洗机。干洗机用于洗涤不能水洗的衣物，洗涤所用的溶液不是水而是干洗剂。由于干洗剂价值较昂贵，可以回收使用，所以干洗机必须有干洗剂的回收装置。

5）人像熨烫机。人像熨烫机是根据熨烫的原理设计的，它利用蒸汽和压力的共同作用来达到平整、定型衣物的效果，由于外型酷像人体，故称“人像熨烫机”。该机器主要用于上衣的熨平，如西服、夹克、衬衣、运动衣等。人像熨烫机的一些部位可以调节，如肩膀的宽窄、胸部、腰部、下摆的大小等，使用非常方便。

6）绒面蒸汽熨衣机。绒面蒸汽熨衣机是根据熨烫的原理设计的，可以熨烫多种衣物，因而有“万能熨衣机”之称。该机操作方便、熨烫质量好、省时省力。

7）光面蒸汽熨衣机。光面蒸汽熨衣机是根据熨烫的原理设计的，主要熨烫一些能耐一定温度、可以直接加热的纤维织物，对纯棉、混纺或某些化纤类织物效果更好，具有省时、省力、效率高、质量好的特点。

8）打码机。为了区分不同的衣物，须将衣物编号后再洗涤，以免混淆。打码机就是专用于衣物打码编号的小型工具，它是以加热的方式将不干胶打压到衣物上，打压的同时将编号印在不干胶片的上面，迅速完成打码编号工作，打码机替代了人工将编号写在布条上，再缝在衣物上的烦琐工作，省时省力，快速准确。

9）其他用品用具。除了上述各种机械设备之外，洗衣房还要配备各种不同的用品用具，如烫床、烫台板、地磅、桌子、熨斗、喷壶、刮板、去渍刷等。

二维码资源 11-05

四、洗衣房的管理

1. 洗衣房的质量控制与管理

洗衣房服务质量的优劣，关系到客人的满意程度，酒店的形象、声誉和生产运转效率，客房部管理人员对此应予以足够的重视。洗衣房的质量管理主要包括两个方面的内容：一是出品质量，即洗涤、熨烫、整理、包装的质量；二是服务质量，即对客人的服务质量。

1）出品质量控制

① 制定各类衣物的出品质量标准。不少酒店没有明确的衣物出品质量标准，洗衣房由于洗衣设备欠佳、洗涤技术不过关、员工培训不到位等原因，往往会出现布草发灰泛黄、衣物洗涤不干净、熨烫不平整，修补不好等问题，引发客人投诉，影响酒店声誉。

② 制定质量保证制度。这是为落实洗衣房的出品质量而制定的技术和组织措施，主要包括资金投入计划、洗衣设备维护保养制度、员工培训计划、洗衣流程设计、安全生产制度、衣物和布草的质量管理标准等。

③ 加强生产工序的质量控制。洗衣房的生产工序分工十分明确，每件衣物的洗涤都有一套完整的生产工序，每一道生产工序里又可分为多个洗涤步骤。为了确保出品质量，必须道道把关、步步控制，严格按照质量标准洗涤和生产。

④ 建立完善的质量保证体系。完善的质量保证体系保证洗衣房洗涤质量和管理质量高水平的重要标志，质量保证体系的根本任务是检验产品质量，保证产品合格出品。质量保证体系包括自我检查、互相检查、领导抽检和全面检查的各种检查制度。

2）服务质量控制。洗衣房属于二线服务部门，与客人直接接触的机会较少，但对于服务质量的要求却一点也不能降低，因为没有良好的服务意识和服务态度就不能提供优质的服务。同时，洗衣房服务质量的优劣，关系到客人的满意程度、酒店的形象及洗衣房的经济效率。洗衣房管理人员应给予足够的重视。

① 树立“顾客第一”的观念。到洗衣房洗衣的人员，无论是店内员工还是店外客人，洗衣房都应视为“顾客”。洗衣房员工应树立“顾客第一”的观念，提供让客人满意的服务。管理人员要采取各种方式和途径强化员工的服务意识，树立服务观念。

② 制定服务质量标准。洗衣房应对各个服务岗位、服务程序制定相应的服务质量标准，按照服务标准来培训和要求员工，并以服务标准来检查服务质量。

2. 洗衣的设备管理

在多数酒店，洗衣房的设施设备由操作员工来使用和保养，由设备部技术人员维护修理。要管理好洗衣房的设施设备，必须两个部门通力合作，操作人员和维修人员密切配合，采取科学合理的管理方法。加强对洗衣设备的管理，可以减少设备的维修次数、延长设备的使用寿命、降低设备的运行成本，这也是酒店服务工作正常运转的重要保证。

1）做好设备固定资产管理。洗衣没备属于酒店的固定资产，应按酒店的设备管理要求，建立设备账卡档案，做好洗衣设备管理的基础工作。

2）做好设备使用的培训工作。洗衣设备的操作技术性很强，应培训员工掌握设备的性能、操作和维护技术，合格后才能上岗操作。此项培训工作可由设备供应商完成，也可由酒店专业人员负责培训。

3）制定设备的操作规程。为了确保设备的正常运行，必须对每个设备制定操作规程，要求设备操作人员必须有强烈的责任心，严格按照设备的操作规程使用和运转设备，不允许出现任何设备操作事故。表 11-4 为洗衣机操作规程。

表 11-4 洗衣机操作规程

步　　骤	做法及标准
1. 准备工作	① 使用前，对洗衣机的机门、滚筒、洗涤用品加注器、传动皮带做目视检查 ② 打开各机位电闸。检查各按钮、开关的灵敏度，温度、蒸汽、气压是否正常
2. 将待洗的衣物分类	① 将不同质地、颜色、洗涤温度的衣物分别堆放 ② 检查客衣、制服有无破损、褪色等情况
3. 装机	① 将不同洗涤要求的衣物分别放入机内 ② 装载量为洗衣机设计容量的 85%，不得超负荷洗涤 ③ 关机门时应注意切勿使机门夹住衣物
4. 开机洗涤	① 根据洗涤要求，选择洗涤程序 ② 洗衣原料应在进足水位后再投入机内，不可与干衣物同时投入 ③ 衣物若要做漂白处理，应按要求操作 ④ 机器运行过程中员工不得离开岗位，应注意观察工作情况。若有意外，则马上切断电源、水源、汽源
5. 关机装衣	① 洗衣机使用完毕后，关闭机内电源开关 ② 准备好干净装衣车，将洗净的衣物装入车内。注意检查机器有无小件衣物遗留
6. 结束工作	① 每天机器使用完毕后，都应检查电动机及传动系统是否有异常 ② 关闭蒸汽阀、冷热水开关、总电源开关 ③ 对洗衣机做适当清洁工作，保证机器内外洁净 ④ 按要求做好洗衣机的保养工作

4）建立设备维护保养制度。设备的维护和保养与设备的使用寿命成正比。不同的洗涤设备和熨烫设备，应根据其保养要求建立相应的维护保养制度，确立责任人，对设备进行有计划的维护保养，以延长设备的使用寿命。表 11-5 为洗衣设备的清洁保养项目及要求。

表 11-5 洗衣设备的清洁保养项目及要求

设备名称	清洁保养项目	要　　求
水洗机	投料器 机器表面	每天清洁 每天清洁
烘干机	接尘器尘毛	每天清除
干洗机	机器表面 接尘器 主轴 风扇电机	每天清洁 每天加油 每天加油 每天加油
工衣夹机	机器表面 衬垫	每天清洁 损坏或用脏后及时更换
空气压缩机	排气、放气	每天进行

（续）

设备名称	清洁保养项目	要　求
人像熨斗机	人像机罩 机器表面	用脏或破损后及时更换 每天清洁
熨平机	机器表面 传动部位	每天清洁 每天或每周加油一次
各类熨衣机	机器表面 衬垫	每天清洁 用坏或用脏后更换
打码机	机器表面	每天清洁
吸湿机	机器表面 排放冷却水	每天清洁 每班后排放
电熨斗	底座及表面	每天清洁

5）建立检查监督制度。洗衣房各岗位的领班，主管及部门管理人员要按管理规定对洗衣设备进行定期、不定期的检查，以确保设备的正常使用。对使用和保养不合格的责任人，要给予口头警告、书面警告、填写“过失单”等处理；对使用和保养优秀的责任人，要给予表扬和奖励。

二维码资源 11-06

第三节　客房部的预算管理

客房预算既是酒店预算和计划管理的基础和重要组成部分，又是客房部管理人员用来控制和指导经营活动，特别是选择和控制设备用品的依据。科学地编制、严格地执行和控制预算，就能使客房部在经营过程中的各项费用开支得到有效控制，从而最大限度地保证客房部利润目标的实现。

一、预算编制的原则

客房预算管理是一项综合性和专业性较强的工作。预算管理的原则是预算编制、预算执行和考核的指导思想，它是一种理念和认识，指导客房部的各种实际工作。做好客房部预算管理，需遵循以下几个原则：

1. 轻重缓急的原则

制定客房部预算时，所有预算项目必须分清轻重缓急，按下列先后次序排列：来年绝对必须购置的项目第一优先，来年提高享乐程度和外观的新项目第二优先，未来两年内需要添置的项目第三优先，等等。

2. 实事求是、综合平衡的原则

预算必须实事求是。客房部的预算应按照客房部的实际情况和经营需要确定，不能建立在主观意愿的基础上。具体要求包括两个方面。一是正确处理好预算指标与客源市场的关系，要

坚持以调查资料和市场预测为基础。市场调查就是了解客源市场状况和发展趋势。市场变化把握得越好，预算就越能实际地反映客观规律，并真正起到指导作用。二是预算指标的分解和季节波动的关系。客房工作的随机性强，内容复杂，一年中每月的经营活动都随客情、企业的推销措施的变化而变化，在分解指标时要将具体情况，例如淡旺季、特殊事件、设备维修更新等结合后再进行分解，做好预算指标分解，以利于控制工作。

预算必须做好综合平衡。客房部预算指标编制和执行、考核过程中，要做好各方面和各项指标之间的平衡。一是客房销售指标和市场需求平衡；二是客房出售率指标和房租收入指标平衡；三是客房收入指标、客房毛利额及利润额指标平衡；四是客房接待任务量与资金需要量平衡；五是客房预算中的各种数量指标和质量指标平衡。

3. 充分沟通的原则

客房部是酒店的重要部门，要编制出高质量的预算，必须得到酒店其他部门的合作与支持。例如，在绝大多数酒店，客房部要负责整个酒店的家具配备工作，因此，客房管理人员必须与其他各部门如工程维修部负责人保持联系，以便协商确定客房部与这些部门预算有关的开支款项。

4. 预算管理与目标管理相结合的原则

目标管理将自下而上的目标期望和自上而下的目标分解相结合。前者反映企业各部门和员工的愿望和要求，后者反映企业对各部门和员工的任务和目标。预算管理则主要以营业收入、营业成本、费用和经营利润等财务指标为主。它反映对各部门和员工的经济管理任务和要求。因此，将预算管理和目标管理结合起来，可以使预算管理的贯彻实施建立在员工的主动性和积极性的基础之上，有利于预算任务的顺利完成。为此，坚持预算管理和目标管理相结合的原则。

二、预算编制的依据

预算不能建立在主观意愿的基础上，只有建立在科学的基础上才能成为客观现实的预算。编制预算，首先要有依据，客观依据掌握得越充分，预算就越能实际反映客观规律，并真正起到指导作用。影响预算编制的依据主要如下。

1. 市场状况

酒店产品既然是一种商品，商品的生产和销售就必须以市场为依据。要了解市场，就要进行市场调查。市场调查的基本目的是了解市场状况和发展趋势。市场调查的基本内容包括环境调查、本地酒店客房状况调查、客源状况调查，将环境调查、本地酒店客房状况、客源状况和本酒店客房的实际情况结合起来，就能为客房预算编制提供真实、可靠的客观依据。

2. 客房经营的历史资料

客房预算是逐年进行的，每年的客房预算指标的预测和确定，都要以客房以前经营的历史资源为基础。历史资料包括客房或床位出售率、接待人数、营业收入、各种成本和费用、利润和税金、人均消费额、工人人数、工资总额、劳动生产率、基础改造投资额、服务质量和还贷付息等，这些都是客房预算编制的重要客观依据。因此，酒店客房部必须注意收集每年各项指标的完成结果，做好分析和保存，形成档案资料，为客房预算编制提供决策参考。

3. 酒店对外的经济合同

酒店对外的经济合同是编制预算的又一依据。酒店对外的经济合同是酒店和有关单位签订的具有法律效力的契约。酒店和与之发生经济关系的单位为了各自和共同的利益必须遵守承诺，因此，经济合同也就成了客房编制预算的依据。主要的对外经济合同有：酒店与旅行社及有关客源单位签订的合同，如关于客源、价格、接待条件等的合同；酒店和物资供应部门签订的合同，如酒店和基建、安装、装修等部门的合同，酒店和联营单位的合同等。这些都是客房部在编制预算时要参照的内容。

4. 酒店客房部的综合接待能力

综合接待能力是指客房部能够接待宾客、容纳市场、获取效益的能力的总和。客房或床位数是表示酒店接待能力的最基本的指标。酒店以客房床位为中心，各部门按比例配套形成综合的接待能力，从综合接待能力的组成来分析，各部门的接待能力都会因时因势而异，客房部要按各部门的实际情况核定各部门的计划接待能力，以此作为客房部预算的一个依据。

5. 管理水平和技术水平

酒店以及客房部的管理水平和技术水平是实现酒店预算的基本保证，在制定客房部预算时也必须考虑这些因素。管理水平主要是指管理人员素质、管理人员的协作程度、管理机构的完善、管理制度的健全、管理体制的正常运行、人员的积极性和创造性等。技术水平是指酒店各岗位的操作技术、服务技术等。要对酒店以及客房部的管理水平和技术水平做细致全面分析和评价，以便能准确地把握客房部的预算。

三、预算编制的方法

要想使预算具有科学性、先进性、适用性，以适应客源市场及酒店实际状况，就必须采取科学的方法按预订的程序来编制。

1. 预算编制的种类

1）资本预算和经营预算。为购置长期使用的资产而编制的预算是资本预算，对企业的资金做出计划安排，预算期较长。经营预算是对企业提出经营目标，促使企业加强管理、提高经济效益。经营预算又可分为营业预算和财务预算。前者反映营业决策的结果，包括损益表的各项内容。后者反映财务决策的结果，包括预算现金表和资产负债表。经营预算的期限为年，或者划分为更短，以便于日常控制。

2）部门预算和总预算。部门预算是酒店内各部门为完成各自的目标而编制的预算，客房部预算就属于部门预算，它预算的所有内容均与客房部有关。总预算则是酒店各部门编制的经综合平衡而汇总的预算。

3）短期预算和长期预算。短期预算一般以一年为周期。客房部的经营预算通常表现为短期预算，它还包括季度预算、月预算、周预算、日预算等。这样便于对预算执行情况进行及时评估与分析，及时调整经营活动，确保预算的顺利完成。长期预算是指预算期在一年以上的预算，如资本预算，通常表现为长期预算，它往往与企业的长期发展有关。

2. 预算编制的程序

要想使预算具有科学性、先进性、适用性，就必须采用科学的方法，按预定的程序来编制。

1）确定目标和任务。先由酒店集中统一确定经营任务，提出该经营期内客房部要达到的目标和计划指标，由客房部确认并完成。这些一般包括销售指标、费用指标和利润指标等。

2）编制各部门的预算草案。客房部的下属部门根据下达的预算目标和任务，编制预算草案，并报送客房部预算委员会。各部门预算草案编制时要注意：第一，各种数量指标要详细具体；第二，提出完成这些指标应采取的措施和方法；第三，要广泛发动群众，征求意见，使预算更全面、更有群众基础。

3）预算审核。客房部在汇集各部门的预算后，对各部门的预算进行审核。审核的主要内容如下：①各部门是否按照规定的指标和任务安排制定预算；特别要审核预算的现实性，即根据实际情况，审核预算指标是否有太高或太低的现象。②审核各预算之间是否衔接、平衡。

4）报送酒店预算委员会。酒店预算委员会讨论、协调与修改，最终确定客房部的各种经营利润指标，并下达给客房部。

5）客房部将预算指标分解。客房部将预算指标分解，下达给各层次管理者和员工。如客房部经营预算中的销售指标，应分解给销售部和前厅部；费用指标则主要下达给部门内各级管理人员和各岗位、各环节的员工，做到职责明确。

3. 预算编制的方法

1）传统预算法。这种预算方法以客房部历史经营资料为基础，按预算期内定的增长率或节约率来编制预算，又称固定预算法。这种预算的编制方法简便易行，省时省力，但缺乏科学性、先进性和实用性。因为旅游业市场变化莫测，影响酒店的内外因素很多，酒店的经营目标应随着经营活动的变化而变化。所以，用传统预算法编制的客房预算不能很好地发挥经营的控制职能，更不能作为衡量客房经营业绩的标准。

例如：某酒店客房部 2019 年营业收入为 430 万元，预计 2020 年将递增 4%，则 2020 年营业收入预算指标为 430×（1+4%）=447.2（万元）。

2）滚动预算法，也称永续预算，即预算期是连续不断的，始终保持某个固定的期限。如 2019 年客房部全年费用预算已编制完毕，当 2019 年第四季度的预算已执行完毕时，又续上 2020 年第一季度的预算，这样始终保持四个季度的预算。采用这种预算方法，能及时考虑到各种经营因素的变化，并及时调整原定的客房部年度经营指标，从而使费用预算更加符合实际，更加便于控制。因此，客房部在编制预算时常采用滚动预算法，即按季度或月份编制滚动预算。

3）弹性预算法。这种预算法是指以客房部预算期内预计业务量为基础，编制出能反映预算期内多种业务量水平的预算的方法。传统的预算是在某固定的业务量基础上编制的静态预算，当实际业务量与预算业务量发生显著差异时，难以准确地衡量预算。市场变化莫测，影响客源的因素很多，受某些因素的影响实际完成的业务量或营业收入常与预算有较大的差异，这样在进行成本费用分析时，对不同业务量水平下的成本费用进行比较的结果便不能说明问题，有了弹性预算，就可以按实际执行结果进行比较，衡量业绩，寻找存在的问题和解决的途径。因此，对客房部编制弹性预算也是非常必要的。

四、客房预算的指标

客房预算指标又叫计划指标或管理参数，它是客房部在预算期内用数字来表示的经营、接待、供应、效益等方面要达到的目标和水平。客房部预算指标由三部分组成：一是指标名称，它反映指标的性质和含义；二是计算方法，它用特定公式反映本项指标和其他相关指标的关系；三是指标数值及规范的计量单位，它决定预算期内本项指标所应达到的水平或业绩。

客房部预算指标应根据客房部预算管理的需要形成系列，每项预算指标都反映客房部某方面的目标和情况，在管理中有其独特的作用。但每项指标都有其局限性，都不可能综合反映酒店的经营情况，因此，制定客房部预算指标要根据管理的需要和酒店客房部的实际情况形成必要的一系列指标。这些指标相互联系、相互补充，组成客房部预算指标体系。只有一个完整指标体系，才能正确反映客房部的经营情况。例如，客房部的营业收入只反映了客房部的收入情况，并未反映效益情况，但加上成本、费用、利润、税金等指标后，就能较客观地反映出客房部经济效益情况。客房部的指标体系有横向联系的指标，如接待人数、营业额、能耗、费用等，也有纵向联系的指标，这样就形成了一个完整的客房部预算指标体系。

【运营链接 11-1】

客房部预算指标体系见表 11-6。

表 11-6　客房部预算指标体系

编　号	名　　称	公　　式	含　　义
1	客房（床位）定员	= 客房（床位）数 × 计划期天数	反映客房接待能力
2	职工人数	=（期初人数 + 期末人数）/2	反映在编人员数量
3	季节指数	= 月（季）完成数 / 全年完成数 ×100%	反映季节经营程度
4	月（季）营业指数	= 全年预算额 × 季节指数	反映季节指标分解
5	床位利用率	= 预算期住客人数 / 床位定员 ×100%	反映客房销售情况
6	客房出售率	= 预算期租出客房间次 / 客房定员 ×100%	反映客房销售情况
7	客房双开率	= 双开客房间次 / 客房出租总间次 ×100%	反映两人购买房间利用程度
8	客房接待人数	= 客房出租间次 ×（1+ 双开率）	反映住客人次
9	客房预订率	= 预订客房间次 × 租出客房间次 ×100%	反映客房预订效果

（续）

编 号	名 称	公 式	含 义
10	取消预订率	＝取消预订人次（间次）/ 预订总人次（间次）× 100%	反映预订准确程度
11	平均房价	＝客房房费总额 / 售出客房间次	反映实际价格水平
12	房费收入	＝平均房价 × 客房数 × 出售率 × 计划天数	反映房费收入水平
13	客房附加值	＝客房利润额 + 人力成本 + 税金	反映劳动力所创造的新增价值
14	附加价值率	＝附加价值 / 客房经营总收入 ×100%	反映新创价值实现程度
15	劳动分配率	＝人力成本额 / 附加价值 ×100%	反映人力成本在新创价值中的比率
16	利润分配率	＝客房利润额 / 附加价值 ×100%	反映新创价值中的利润程度
17	客房保本销售额	＝固定费用 / 边际利润额	反映盈利点高低
18	客房目标销售额	＝（固定费用 + 目标利润）/ 边际利润额	反映计划收入水平
19	客房费用额	＝固定费用 + 单位变动费用 × 客房数 × 出售率 × 计划天数	反映客房费用
20	客房单位劳动费用	＝预算期变动费用额 / 同期售出客房间次	费用单位变动成本
21	客房费用率	＝预算期费用额 / 同期营业收入 ×100%	反映费用水平
22	客房变动费用率	＝预算期变动费用额 / 同期营业收入 ×100%	反映变动费用水平
23	客房人力成本	＝人均成本 × 职工人数	反映在编人员费用
24	流动资金平均占用	＝（月初占用 + 月末占用）/2	反映流动资金占用程度
25	流动资金周转次数	＝预算期营业收入 / 全部流动资金平均余额	反映资金周转的速度
26	流动资金周转天数	＝流动资金平均余额 × 计算期天数	反映资金周转的速度
27	客房利润额	＝预算收入 × 边际利润率 － 固定费用	反映计划利润
28	客房利率	＝利润额 / 营业总收入 ×100%	反映经济效益水平
29	边际利润率	＝（销售额 － 变动费用额）/ 销售额 ＝（销售份额 － 变动成本）/ 销售份额	反映增加产品的销售量能为企业增加的收益
30	资金利润率	＝利润额 / 平均资金占用额 ×100%	反映资金利用效果
31	流动资金利润率	＝计划期利润额 / 周期流动资金平均占用额 ×100%	反映流动资金利用效果
32	投资利润率	＝年度利润 / 总投资 ×100%	反映投资效果
33	投资偿还期	＝（总投资 + 利息）/（年利润 + 年折旧）+ 建造周期	反映投资回收效果
34	客房经营利润	＝营业收入 ×（1－ 费用率 － 税率）	反映计划利润
35	客房保本出售间次	＝固定费用 /（平均房价 － 单位变动费用）	反映客房出售盈利点高低
36	职工出勤率	＝出勤工时数 / 定额工时数 ×100%	反映工时利用程度
37	客人平均停留期	＝客人过夜总人次 / 接待登记人次	反映客人住期
38	客房收益程度	＝实际平均房价 / 预算平均房价 ×100%	反映计划和实际房租差效率
39	职工劳效	＝本月销售金额 / 本月职工人数	反映职工贡献大小

五、客房部预算的编制

客房部的经营预算由营业收入预算、营业费用预算和营业利润预算组成。

1. 客房部营业收入预算的编制

客房部营业收入预算是客房部经营预算编制工作的起点，应力保营业收入预算的精确性。可按下面的公式计算：

客房部预算营业收入 = 可供出租客房数 × 预计出售率 × 预计平均房价 × 预算期营业天数

预算期内，直接影响客房部营业收入的内部因素如下：

1）某类客房可供出租的间数。它是表示酒店接待能力的最基本的指标，是其他各项指标的基础。

2）可供出租的某类客房的预计出售率。客房预计出售率直接影响到酒店的经济效益。及时掌握客房出售情况，了解酒店业务运转状况的信息，可以为酒店经营提供市场情况。

3）可供出售的某类客房的预计平均房价。

4）预算期内的营业天数。

在进行客房部营业收入预算时，要在综合考虑各种内部因素后，直接利用上述公式预测出预算期内的营业收入指标，再根据各种外部因素进行调整，最终将营业收入预算数据确定下来。

例如，某酒店每天可供出租的标准间客房数为 200 间，预计该类客房在 5 月份的出售率为 75%，预计平均房价为 300 元 / 间 • 天，则 5 月份客房收入预计为

$$200\times75\%\times300\times31=1\ 395\ 000\text{（元）}$$

依次类推，可以用同样的方法，预测出其他类型客房的营业收入，将各种类型客房的营业收入相加，就可得到客房部年或月营业收入的预算。

2. 客房部营业费用预算的编制

按照会计核算的要求，客房部经营过程中发生的各种人力、财力和物力耗费，通过“营业费用”科目汇集，被称为客房部的营业费用。客房部的各种费用耗费通常有：员工工资及各项福利、布草及制服开支、客房低值易耗品开支、各项维修费用、洗涤费、固定资产折旧、电话费、电报费、邮资费、运杂费、差旅费用、水费、电费、培训费、燃料费、广告费、保险费、行政支出和税金等。

上述各项费用的开支水平直接影响客房部的经济效益。因此，在编制客房部经营费用预算时，需要精确地做出营业费用的预算。先将费用项目按照其与客房出售数的关系划分为固定费用和变动费用，分别计算预计发生额，然后再汇总，即为客房部营业费用预算。

客房部固定费用主要是与部门经营活动直接有关的费用，主要包括工资及福利费、固定资产折旧费、维修费、服装费、保险费等。固定费用由于不受客房出售数的影响，在预算期内比较稳定，因此，在预算客房部固定费用时，可利用客房部的历史财会数据，参考同行的水平，并根据客房部在预算期内的经营策略和计划，确定预算指标。例如：某酒店客房部上一个经营

期内，管理人员工资及福利费开支为289 000元；若没有其他变动，在编制下一个预算期的经营顶算时，其管理人员工资及福利费开支仍然应为289 000元。

客房部变动费用是指在某一经营期间和一定业务量范围内，随着业务量的增减，总发生变化的各项费用开支，如燃料费、洗涤费、水电费、修理费、客房部低值易耗品开支等。预算客房部变动费用，可根据资料计算出单位出售客房各项费用的定额标准，汇总为每间客房每天变动费用消耗额，再乘以预算期内客房出售数，其计算公式如下

预算期客房变动费用支出额 = 每间客房每天变动费用消耗额 × 客房拥有数 × 预计出售率 × 预算期天数。

例如，某酒店有客房200间，2019年5月出售率可达到75%，每间客房每天变动费用消耗额为38元，则5月份客房可变费用为38×200×75%×31=176 700（元）。

由于受各种因素的影响，客房部在经营过程中，单位变动成本很难保持不变，在进行变动成本预测时，应及时调整单位变动成本，以保证变动成本预测的精确性和权威性。将客房部每月固定费用预算和变动费用预算汇总在一起，便为客房部年度预算。

【运营链接 11-2】

某酒店客房部5月份营业费用预算见表11-7。

表 11-7　某酒店客房部5月份营业费用预算　（单位：元）

业务量						
业务量	出售额	3720	4216	4650	5146	5580
	出售率	60%	68%	75%	83%	90%
占预计出售数的百分比		80%	90%	100%	110%	120%
变动费用						
燃料费：a=2.8		10 416	11 805	13 020	14 409	15 624
洗涤费：a=3		11 600	12 648	13 950	15 438	16 740
水电费：a=8		29 760	33 728	37 200	41 168	44 640
物料费用：a=5		18 600	21 080	23 250	25 730	27 900
修理费：a=2		7440	8432	9300	10 292	11 160
其他费用：a=1.2		4464	5059	5580	6175	6696
小　计		82 280	92 752	102 300	113 212	122 760
固定费用小计		289 000	289 000	289 000	289 000	289 000
总　计		371 280	381 752	391 300	402 212	411 760

注：a表示出租每间客房费用；总客房数为200间。

3. 客房部营业利润预算的编制

获取利润是客房部经营活动的最终目标，利润预算是在收入预算和成本费用预算的基础上编制而成的。利润预算的编制可用下列方法：

1）直接计算法。即根据客房部营业收入预算、营业成本费用预算，直接计算出利润额的

大小。

客房部利润预算额 = 客房部营业收入预算 − 客房部营业成本费用预算

例如，某酒店客房 2019 年营业收入预算为 12 989.85 万元，营业成本费用为 5862.96 万元，则客房部 2020 年的利润则为

12 989.85−5862.96=7126.89（万元）

2）指标计算法。这是一种利用相关指标来预测利润的方法。

客房部预算期内的经营目标是实现目标利润，并追求经营利润的最大化。因此，客房部在编制经营预算时，往往已确定了预算期的目标利润。

例如，某酒店客房部预计 2019 年营业收入 8600 万元，营业收入利润率预计为 18%，则客房部的利润预算额为 8600×18%=1548（万元）。

3）变动成本法。这种方法是在保本点分析的基础上预算利润的。

所谓“保本点”，是指营业收入总额与成本总额相等时的商品销售量。就酒店客房而言，保本点可以用客房收入与客房成本总额相等时的客房出售数来表示，也可以用该点的出售率及客房营业收入表示。在这一点上，客房的利润为零，既不亏损，也不盈利。

例如，某酒店客房部日固定费用为 13 000 元，出租单位客房的变动费用为 20 元，客房出租价格为 150 元，该酒店共有客房 258 间，则保本点可以用表 11-8 计算。

表 11-8　保本点计算表　（单位：元）

客房出售数（间）	变动费用	固定费用	总　费　用	收　　入	盈亏状况
1	20	13 000	13 020	150	亏损
20	400	13 000	13 400	3000	亏损
50	1000	13 000	14 000	7500	亏损
100	2000	13 000	15 000	15 000	保本点

也就是说，当客房租量达到 100 间时，总成本与收入相等，则收入 15 000 元为保本点的营业收入。

除用上述表的方式外，还可以采用保本点图的方式表示，如图 11-1 所示。

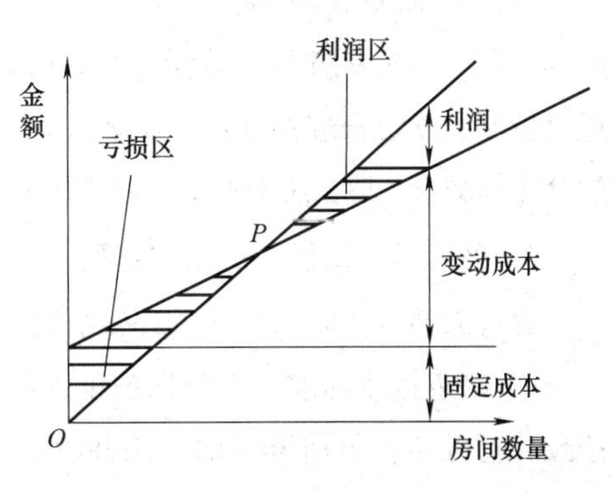

图 11-1　客房保本点

进行保本点分析时，要明确边际贡献这一概念。边际贡献是指每增加一个单位销售量所得到的销售收入扣除单位变动成本后的余额。例如，酒店的平均房价为 150 元，每间客房的变动费用为 30 元，则边际贡献为 120 元。这是用绝对数表示边际贡献，即边际贡献 =| 单位售价 − 单位变动成本 |，如果把全部销售额作为 100%，已知变动费用率为 20%，则边际贡献率为 80%，即

$$边际贡献率=\frac{销售额-变动成本}{销售额}\times100\%$$

保本点分析一般公式为

$$保本点=\frac{固定成本}{边际贡献}$$

或

$$保本点收入=\frac{固定成本}{边际贡献率}$$

这是用相对数表示的边际贡献。

客房部在编制经营预算时，保本点是一个很重要的经营指标。当实际业务量高于保本点时，客房部将获取一定的利润而当实际业务量低于保本点时，客房部无疑将发生亏损。计算公式如下

$$预计经营利润=（营业收入-保本收入）\times边际贡献率$$

例如，某酒店客房部有客房 200 间，固定费用每月为 180 000 元，客房房价为 200 元，每出售一间客房的变动费用（即单位变动费用）为 45 元，客房保本点收入为 194 000 元，客房营业收入预算为 350 000 元，则

$$预计经营利润=（350\,000-194\,000）\times［（200-45）/200］=120\,900（元）$$

上述三种预算利润的方法，都是在预算执行期内客房部的年固定成本总额、平均房价和平均单位变动成本等都不变的前提下进行的。但这些数据在客房部的实际经营过程中，由于受到市场竞争因素、物价因素、酒店高层管理者的某项决策因素等影响，都可能发生相应的变化，如平均房价变化、平均单位成本变化、固定成本总额增减等。因此客房部经营预算人员必须及时调整相关数据，保证更准确的预测结果。

六、客房部的预算控制

做好经营预算的编制和控制工作，是客房部管理人员的主要职责之一。在完成了科学、合理的经营预算编制后，客房部的各级管理人员必须在预算期内的预算执行过程中实施行之有效的措施和手段，对客房部的经营活动加强管理和控制。预算控制作为酒店控制系统的重要组成部分，通过编制科学、合理的预算，使客房部有明确的经营目标，并从整体上促进各部门、各单位之间的合作与联系，使员工对组织目标有更清楚的认识和理解，从而达到预算控制的目的。

1. 客房部预算控制的基本过程

客房部预算控制的基本过程包括以下三个步骤：

1）确定控制标准。控制标准设立的原则如下：①根据客房部预算制定考核标准，控制则是按预算标准来衡量所取得的成果并纠正所发生的偏差，客房部的预算和控制是一个问题的两个方面。客房的预算越明确、全面和完整，控制的效果也就越好。②控制标准应具体、详细。它们不论是定量的还是定性的，都要正式纳入目标管理的正常体系中。③客房部的控制活动应有

明确的控制对象，如营业收入控制、成本费用控制、利润控制等。

2）评定经营成效。有了合理、详细、准确的控制标准，就要随时将预算执行结果与标准进行比较，在比较的基础上及时发现偏差。

3）纠正偏差。由于预算不可能准确无误，所以预算指标与实际执行结果发生较大偏差是正常的，可以通过修订预算来纠正偏差。纠正偏差包含两个方面的过程：①找出发生偏差的原因，如客房部的营业收入下降，可以用间期比较的方法或用年度预算目标去发现。但引起营业收入下降的原因可能是多方面的，如果对造成偏差的原因分析判断得不准确，纠正措施就不可能奏效。②纠正性的调整。在对客房部预算的执行情况进行分析和评价之后，应及时纠正偏差，只有采取了必要的、及时的纠正措施，控制才是有效的。

2. 客房部预算控制的基本原则

要使客房部预算控制工作收到实效，应坚持以下原则：

1）控制应反映预算要求。控制是客房部实现预算的保证，控制的目的就是实现预算，因此，预算越明确、全面、完整，控制工作也就越有成效。

2）控制关键。客房部管理人员应将注意力集中于预算执行中的一些关键因素上。事实上，控制住关键点，也就控制了全局。关键点一般是客房经营中的重要环节和薄弱因素。对关键点的控制应采取有效的技术、手段和方法。

3）控制工作应具有灵活性。客房经营所处的外部环境是千变万化的，客房部的服务对象又是个性迥异的，因此，客房部的控制工作更应有一定的灵活性，使客房部的控制工作在预算出现失常或不可预测的情况时保持有效性，实现控制工作的灵活性。

3. 客房部营业收入的控制

客房部营业收入是酒店营业收入的重要来源，一般要占酒店全部营业收入的50% ~ 60%，是保证酒店经营活动不断进行的重要条件，是实现资金循环、加速资金周转的重要环节。

酒店客房部在经营过程中，利用其营业收入来补偿经营活动中发生的各种成本和费用，并实现一定的利润，同时营业收入也关系到酒店资金的积累，是其增强自我发展能力、扩大经营规模、提高员工物质生活水平的必要前提。因此，客房部要顺利地实现其经营目标，做好营业收入控制是非常重要的。下面我们从客房部的主要业务入手，介绍加强客房部营业收入控制的措施和手段。

1）加强结算控制。客房部营业收入的取得主要有三种方式：

① 预收，即在提供服务之前，预先收取全部或部分服务费。如酒店在客房预订确认后，会向客户收取部分预订金；长住客人也往往要在年初支付该年的全部费用。

② 现收，即在为客人提供服务的同时收取服务费，如在那些总台只负责结算房费的酒店里，客人的洗衣服务、客房的送餐服务采取现收形式。

③ 事后结算，即在向客人提供服务后，一次性或定期地结算。如有的酒店对客人的一次性结账，这种方式还常常在单位之间进行，如酒店与旅行社之间常采用事后结算方式。

不同的收费方式要用不同的方法进行管理，对预收定金的客人到期未来消费，则定金不再退回。采用现收方式要严格收银点的管理，做好记录，及时入账。对事后结算方式要加强管理，及时办理结算，对结算期过长的款项，要设专人催收，以减少资金占压。

2）加强账单控制。客房部的营业收入是通过客人的总账单反映出来，并最终得以实现的。总账单既是客人结账付款的凭据，又是财务核算的依据，因此，账单是客房部加强营业收入控制的主要书面凭据。因此，要做好以下几点。第一，严格制定总账单管理制度，如总账单必须有流水序号，并按序号连号使用；严格执行账单领用登记和注销号制度，总账单作废时一定加盖“作废”章并收回整份账单；制定并执行总账单遗失赔偿制度等。第二，加强客人入住总账单的建立。总台接待员在办理完客人入住手续后，应根据客人的“入住登记单”等资料，为每位住店客人建立“总账单”。第三，完善客人住店期间总账单的记录。第四，加强客人离店总账单的结算管理。

3）加强优惠、折扣控制。客房销售过程中灵活使用优惠、折扣政策，会有利于客房销售；但如果不加以控制，超过一定限度就会影响客房部的销售收入。计算客房收入的指标可以用下面的公式

客房收入 = 可供出售客房数量 × 预算期天数 × 出售率 × 平均房价 × 平均折扣率

可供出售客房数量反映了酒店的经营规模，通常是个常量。客房出售率是影响客房营业收入的关键因素。当客房出售率固定时，平均折扣率越高，实际房价越低，收入也就越少。某酒店 2018 年与 2019 年客房月收入情况见表 11-9。

表 11-9　某酒店 2018 年与 2019 年客房月收入情况

项　　目	2018 年	2019 年	差　　异
可供出售客房数（间）	200	200	0
出售率	80%	80%	0
平均房价（元 / 间）	120	120	0
平均折扣率	95%	90%	5%
实际房价（元 / 间）	114	108	6
月收入（元）	56 544	53 568	2976

从表 11-7 中分析可以看出，客房平均折扣率的高低是影响客房收入的重要因素，同样的出售率，由于折扣率不同，会使客房收入有很大的差别，因此应采取以下措施加强折扣、优惠控制：

① 加强客房优惠和折扣的权限管理。

② 当发生优惠、折扣业务时，经办人员要留下书面凭据。

③ 夜间稽核人员要审核每笔优惠、折扣业务的合理性和真实性。

4）加强内部稽核与核对制度。稽核工作就是对账单和会计工作质量的审核，如对原始凭证的真实性、正确性和合法性的审核，对账簿的登记及其相互关系的审核，对报表的内容、编制

及报送情况的审核等，通过内部稽核保证账目的准确性。此外，还要加强定期相互核对制度，俗称“对账”，避免客房经营中舞弊、逃账、漏账事件的发生，保证账款相符、账证相符、账实相符、账账相符，保证客房收入“颗粒归仓”。为此，从下面几个方面入手加以控制：

① 加强“房费日报表”与“当日客房使用情况统计表”的核对，保证客房销售记录的准确性和一致性。

② 加强“房费日报表”与“当日客房销售收入统计表”的核对，保证客房销售收入的准确性和一致性。

③ 加强对当日发生的优惠、折扣业务的审核，确保优惠、折扣制度的执行。

④ 了解客人的欠款余额及欠款方式，及时提供给销售结算人员，加强余、欠款的催收，避免逃账情况的发生。

4. 客房部营业费用开支的控制

客房部营业费用，是指客房部在经营过程中发生的各种人力、财力和物力的耗费，一般包括固定资产折旧费、燃料费、水电费、广告宣传费、邮电费、差旅费、洗涤费、清洁卫生费、低值易耗品摊销费、物料消耗费、保管费、保险费、经营人员工资及福利费、工作餐费、服装费以及其他营业费用。因此，在客房部的营业收入得到有效控制的同时，也必须要加强对营业费用的控制，只有这样才能使客房部的经营目标得以实现，才能保证客房部经营预算的完成。

1）针对固定费用和变动费用的性质实施控制。客房部的营业费用开支中包括固定费用和变动费用两部分。

固定费用是指在预算期内总额基本保持不变的费用，一般包括员工工资及福利费、租金、固定资产折旧费、保险费等。客房固定资产的折旧等不会因为出售客房数量的增多而增加，也不会因为出售客房数量的减少而降低。虽然固定费用的总额在经营期内保持不变，但单位固定成本却与经营业务量的变化有关，即随着经营业务量的增加而减少。如某时期客房部固定费用总额为5万元，该时期内如果客房出售数为5000间，则出租一间客房平均分摊固定费用为10元，若该时期内客房出售数为5500间，则每出租一间客房平均分摊固定费用就降低为9元。由此可见，随着客房经营业务量的变化，固定费用总额不变，单位固定费用却是变化的。

变动费用是指其总额随着经营业务量的变化而成比例变化的费用，如供客人消耗的客房用品等。客房的出售率越高，出售客房的数量越多，则客房用品的消耗总额就会随之增加。虽然变动费用总额随业务量的增加而增加，但是单位变动费用却不随业务量的变化而变化，即无论业务量是增加还是减少，单位变动费用是保持不变的，因为单位消耗定额是固定的。如每出租一间客房，客房用品的配备数量是固定的。由此可见，随着经营业务量的增加，变化费用总额成比例变化，但单位变动费用却是固定不变的。因此，控制客房费用的支出，降低消耗，需从两方面入手：

① 低单位固定费用。途径是提高客房出售率，通过出售数量的增加来降低每间客房分摊的固定费用。

② 制定单位变动费用。主要是按照客房消耗品标准费用（即消耗品定额）控制单位变动费

用支出。消耗品定额是对固定费用进行控制的依据。必须按酒店的不同档次，确定消耗品的配备数量和配备规定。对一次性消耗品的配备数量，要按照客房的出售情况落实到每个岗位和个人，领班和服务员要按照规定领用和分发各种消耗品，并做好登记，以便对每个人所管辖的客房消耗品数量进行对比和考核，对费用控制好的班组和个人要给予奖励，对费用支出超出定额标准的要寻找原因，分清责任，对由于主观因素造成的超标支出给予一定处罚。对于非一次性用品的消耗，要按酒店的档次和正常磨损的要求确定耗用量，尽量减少使用不当造成的损耗，加强部件房的领发料控制和安全保卫工作，减少丢失。

通过对固定费用和变动费用的有效控制，就能达到降低消耗、增加盈利的目的。

2）针对低值易耗物料的控制。客房部经营过程中会消耗大量物料用品，而且这些物料用品品种多、单价较低，很容易被忽视。但这种物料用品的消耗量一般比较大，如果缺少控制，就会造成客房部营业费用总额的提高，经营利润的下降。要实现客房部经营预算的目标利润，就必须对客房部低值易耗物料进行严格控制。

低值易耗物料的费用受消耗量和物品单价两个因素的共同影响，所以，对低值易耗物料费用的控制应从价格管理、用量管理和质量管理入手。通常物料用品的采购验收和库存环节对物料用品的价格和质量影响较大，而用量则主要发生在客房部日常供应环节。因此，加强低值易耗物料用品的控制应该围绕着控制的目的来进行。

① 采购环节的控制。

- 应制定采购运作程序。采购运作程序是采购工作的核心，酒店客房部可根据自己的管理模式制定符合本部门情况的采购程序。在整个采购运作程序中，应使各部门明白各项工作均应以向生产部门及时提供适质、适价、适量的物料为唯一目标，各部门在提供物料时都负有各自的责任，管理者应严格按采购程序对采购过程进行督导和管理。
- 应控制采购质量。要保证客房产品的质量始终如一，酒店客房部使用的物料的质量也应该始终如一。物料质量是指物料是否适用，越适用质量就越高。客房部管理人员应在确定本部门的预算目标和编制预算时规定物料的质量标准，采购部列出本部门常用的物料的目录，并用采购规格书的形式规定对各种物料的质量要求。一份实用的采购规格书，可以成为订货的依据、购货的指南、供货的准则和验收的标准。
- 应控制采购数量。客房部使用的低值易耗品一般不容易变质，可以较大批量地进货，但这可能造成资金占用和物品积压。因此对采购数量也必须进行控制，尽量降低实际库存量，这样做对减少库房占用、防止偷盗、节省仓库劳动力都有好处，一般采用“定期订货法”和“水续盘存卡法”来控制数量。值得注意的是，不论使用何种方法，订货数量的最后确定，都必须根据当时的具体情况，既要考虑当时的营业量增长或下降的趋势，又要注意市场供应情况。
- 应控制采购价格。价格受各种因素的影响，诸如市场的供求状况、采购的数量、本身的质量、供应单位的货源渠道和经营成本、供应单位支配市场的程度等。针对这些影响价格的因素，可采用规定采购价格、规定购货渠道和供应单位、加大购货量和改变购货规格、根据市场行情适时采购、尽可能减少中间环节等方法降低价格、保证质量，以实施对采购价格的控制。

- 应选择与控制采购方式。采购方式多种多样，选择何种采购方式，关键在于客房的生产规模和业务需求，并结合市场实际情况进行比较分析，从而选择适合本酒店客房部的最佳采购方式。比较成功的方法有：开招标，择优采购；合作采购；源头采购；实行供货商保证金制度；“一次停靠”采购。客房部除采用最佳采购方式外，还要对供货商建立档案，建立供货商“第二梯队”，在选择供货商时实行淘汰制，以便更好地加强对低值易耗物品采购价格的控制。

② 验收环节的控制。验收环节的任务是保证采购部采购的客房物料用品的价格、质量和数量均符合订货要求，是加强客房低值易耗物品费用控制的重要保证。

- 建立合理的验收体系。建立一套合理完善的验收体系，必须保证有称职的验收人员、科学的验收程序、良好的验收习惯、经常的监督检查。
- 确定科学的验收操作程序。根据验收的目的，验收程序要围绕核对价格的依据——“订购单”检查物品的价格、盘点数量、检查质量三个主要环节而展开。

验收表格和票据中最重要的是发货票。所供物品都应有发货票，验收合格后，验收员签名。第一联交送货人，证明已收到供货单位发出的货物。第二联应交财会部，由财会部付款。验收单也非常重要，验收员应及时填写验收单，准确记录验收情况。如供货单位名称，商品名称及规格、单位、数量、单价及合计金额与总计金额，并在验收单上签字。另外还有验收日报表、验收章等。

- 验收控制。验收不仅要有良好的验收体系，而且应指定专人负责验收体系的控制工作，一般应该是财会部门负责人和总会计师。

③ 仓储与领发环节的控制。物料用品的仓储管理和领发控制与物料用品的采购、验收一样，对物料用品的质量及客房部的费用和经营效益都有直接影响。许多酒店物料用品的储存管理混乱，引起供应中断、贪污、盗窃与严重事故的发生。因此，必须明确仓储和领发环节的职责，制定并执行科学、合理的管理制度。

- 仓储。在物料用品仓储中，合理的存储规范、有效的安全措施、严格的账目管理是保证控制效果的基本要点。因此，仓库保管员要做到以下几个方面的工作：适时提出订货要求；根据物料的性质及时入库分类存放，保证物料用品质量；加强安全管理，做到定期盘点，加强账目核查；限制仓库进出人员，配备储存区域专用锁系统和实行电视监控系统。
- 领发。领发环节控制的任务是保证客房部物料用品得到及时、充分供应，控制领料手续和领料数量，并正确计算客房部物料用品的耗费。因此，物料用品发放必须遵守以下规定：定时发料；凭单发料；实行先进先出法，保证物品质量，避免变质、过期；耗用环节的控制。

客房部经营过程中使用的低值易耗物品有客用和非客用两种，其耗用的形式也分为一次性和多次性两种。为了有效地控制，应针对性地采取不同的手段。对客用一次性消耗品宜采用定额控制法，客房部在编制预算时，就应根据消耗物品的历史消耗数据，结合目前的实情，制定每套客房各物品的消耗标准定额。按消耗标准从仓库领用。对非客用一次性消耗品应采用计划控制，根据客房部的营业收入预算，制订客房部预算时期内非客用一次性消耗品的耗用计划，并要求在计划期内耗用，原则上不得超过计划耗用标准。控制的目的是促使相关人员精打细算，从而降低耗费。对客用的多次性物料用品，宜采用标准损耗率来控制。

本章学习要点

1．酒店客房设备用品种类繁多，价格相差悬殊，必须采用科学的管理方法，做好管理工作。客房用品和设备管理的方法有：核定需要量，设备的分类、编号及登记，分级归口管理，建立和完善岗位责任制，客房用品的消耗定额管理。

2．客房设备主要包括家具、电器、洁具、安全装置及一些配套设施。客房设备的管理要求有：客房设备档案；客房历史档案；客房设备的更新改造。

3．布草是酒店客房、餐厅、康乐等经营部门的重要客用物品。布草的质量、清洁程度、供应速度等在很大程度上会影响到酒店尤其是餐饮、客房等部门的正常运转。酒店的布草按用途一般分为床上布草、卫生间布草、装饰布草、餐桌布草四类。

4．客房用品种类繁多，质量规格各异，不同星级酒店的客房或不同类型的客房对于客房用品都有不同的要求，因此，客房用品的选择必须考虑适度、协调、实用、价廉、环保等要求。客房用品消耗定额是指在一定时期内完成一定接待任务的物资用品消耗数量。合理制定客房系统物资用品消耗定额，既是保证业务需要、有计划地使用物资用品的客观要求，又是降低成本费用、加快资金周转的重要体现。客房部日常接待服务消耗的用品可以分为两类：一次性消耗的用品和多次性消耗的用品。制定客房用品消耗定额的依据有：酒店等级规格、客房接待能力、客房用品更新状况、客房出售率。

5．洗衣房要负责酒店布草用品、客人衣物、员工工装的洗涤质量和服务质量，还要按照衣物的洗涤要求、时间要求进行洗涤、熨烫、保管，并送达用户手中，为客人提供生活的便利，为客房提供符合标准的布草，为员工提供清洁挺括的工装。

6．要想使预算具有科学性、先进性、适用性，以适应客源市场及酒店实际状况，就必须采取科学的方法按预订的程序来编制。预算编制的种类有：资本预算和经营预算，部门预算和总预算，短期预算和长期预算。

7．客房预算指标又叫计划指标或管理参数，它是客房部在预算期内用数字来表示的经营、接待、供应、效益等方面要达到的目标和水平。客房部预算指标由三部分组成：一是指标名称，它反映指标的性质和含义；二是计算方法，它用特定公式反映本项指标和其他相关指标的关系；三是指标数值及规范的计量单位，它决定预算期内本项指标所应达到的水平或业绩。客房部的经营预算由营业收入预算、营业费用预算和营业利润预算组成。

本章思考练习

1．客房用品和设备的管理有哪些方法？

2．客房设备的发展呈现什么样的趋势？

3．客房布草包括哪些？

4．你认为酒店是否应该取消向客人提供“小六件”？

5．如何核定客用一次性物品和客用多次性消耗物品的消耗定额？

6．如何加强洗衣房的质量控制和管理？

7．客房预算编制的原则和依据是什么？

8．客房用品和设备管理的方法有哪些？

9．预算期内，直接影响客房部营业收入的内部因素有哪些？

本章管理实践

训练项目 1　调查酒店的“小六件”提供和使用情况

［**实践目标**］

1．与行业发展动态接轨，了解酒店行业“小六件”的提供和客人使用情况。

2．调查与访问，了解不同人群和团体部门对“小六件”的态度。

3．锻炼对行业的调查、分析和沟通的能力。

［**实践内容与方法**］

1．以模拟酒店为单位，利用课余时间，选择不同类型酒店进行调查与访问。

2．在调查访问之前，制定访问提纲，包括调研的目的、调研的结果、调研的问题设置。

［**实践标准与评估**］

1．实践标准：要进行实地走访调查，得出不同酒店类型提供“小六件”的情况和不同类型酒店的客人使用“小六件”的情况，以及不同群体对“小六件”的态度。

2．实践评估：①每组写出一份详细的调查访问报告。②以小组为单位，进行调查结果的汇报。

训练项目 2　调查酒店的洗衣房设置情况

［**实践目标**］

1．调查酒店行业最新动态，了解酒店设置洗衣房的情况。

2．调查与访问，了解不同类型、不同等级酒店的布草洗涤要求。

3．锻炼对行业的调查、分析和沟通的能力。

［**实践内容与方法**］

1．以模拟酒店为单位，利用课余时间，选择不同类型酒店进行调查与访问。

2．在调查访问之前，制定访问提纲，包括调研的目的、调研的结果、调研的问题设置。

［**实践标准与评估**］

1．实践标准：要进行实地走访调查，调查目前酒店设置洗衣房的情况，有哪些酒店拥有洗衣房，有哪些酒店没有洗衣房，有洗衣房和没有洗衣房的酒店各有什么样的特征，没有洗衣房的酒店的洗涤方式是什么。

2．实践评估：①每组写出一份详细的调查访问报告。②以小组为单位，进行调查结果的汇报。

第十二章　客房部安全管理

【学习目标】

1. 了解客房部的主要安全问题。
2. 了解盗窃者的类型。
3. 掌握盗窃事故的处理程序。
4. 掌握盗窃事故的防控管理。
5. 了解火灾的起因和特征。
6. 掌握预防火灾的原则和措施。
7. 掌握客房火灾扑救方法。
8. 了解网络安全的管理。
9. 掌握客房其他意外事故的防范处理。

【章前导读】

安全性是客人对酒店最基本的要求，酒店应让客人在住店期间免遭人身及财产损害，做好安全管理。客房安全管理是酒店管理的主要任务之一。客房是客人在酒店进行起居生活的主要场所，也是客人存放财物的地方，保障客房安全对客人来说意义重大。同时，客房是酒店的主要资产，员工是酒店的重要资源，做好客房安全管理，对酒店本身财产安全和员工安全同样有着重大的意义。酒店在客房设备的配备、客房部工作程序设计和客房服务管理等方面都应充分考虑各种安全因素，防范任何安全事故的发生，保障酒店的客人和员工始终处于安全的生活和环境中。

第一节　客房部主要安全问题

客房安全是指在酒店客房所涉及范围内所有的人、财产的安全，没有危险，生理、心理不受任何威胁。可见，客房安全也意味着客人、员工的人身和财产以及酒店财产在客房范围内不受侵害，客房内部的服务及经营活动秩序、工作及生产秩序都保持良好的安全状态，客房范围内不存在可能对客人、员工的人身和财产以及酒店财产造成侵害的各种潜在因素。客房部不仅需要提供干净舒适的客房、优质的客房服务来满足客人的住店需求，还应为客人的人身财产安全提供保障，并且要为员工提供安全的客房工作环境。客房部主要安全问题涉及客房的设施、客人和员工的人身安全、客人和员工的财产安全等方面。

一、客房的设施

为满足酒店客人的住宿需求，酒店客房需要配备齐全的客房设施设备。客房内主要有家具、电器、卫浴等设施设备。既可能由于员工、客人不正规操作或使用，也可能由于客房设施设备本身问题，而造成人身伤害或财产损失。

（一）家具设施

客房里配备的家具主要有床、床头柜、衣柜、行李柜、写字台、座椅、茶几、沙发、电视柜等，家具油漆和装修材料中的有机物挥发出的苯、甲醛、酚等气体对人体有害，酒店应选用绿色环保的符合健康标准的家具；客房家具普遍易燃，给防火、灭火都带来很大困难，所以，酒店客房要尽量选用具有防火、阻燃性的家具饰物；家具安装要结实牢固，并做好日常维护，否则可能会威胁客人人身安全，例如不结实的椅子可能让客人摔倒等。

（二）电器设施

电器设施问题是客房内安全事故的主要起源。为方便客人在客房内的起居生活，客房内配备的电器种类较多。电器设施问题可能导致客人或员工触电或者引发火灾等安全事故。电器设施问题发生的原因可能是电器本身因质量或长期使用而出现短路，也可能是由于客人或员工操作不当。因此，酒店客房应选购质量合格的电器产品，电器设施的各线插座接头要安全可靠，电源线不能裸露，电器设备应装有自动切断电源装置，且注意经常检查电器设施运行情况，发现问题及时维修，以防止触电、火灾等安全事故。另外，应通过醒目的警示标志或者安全使用说明告知客人正确使用电器的方法，同时，规范员工清洁保养电器的操作程序，防止意外事故的发生。

（三）卫浴设施

卫浴设施问题也是引发客房内安全事故的重要起源，例如浴室冷、热水供应不正常烫伤正在沐浴的客人，或者浴室排水不畅导致客人在浴室滑倒等。酒店客房应选用质量优良的卫浴设施，同时注意维修保养，确保卫浴设施处于良好运行状态。完善卫生间防滑、漏电等事故的预防措施，例如对卫生间进行干湿分区、配置防滑垫、选用防水电源插座等。

（四）安全设施

为保障客房区域内人员、财产安全，需要加强各类安全设施的配置，包括电视监控、自动报警设施、消防设备等。酒店安全设施问题集中在各类安全设施的配置不够齐全方面，这导致不能全面做好安全事故的预防，或者事故发生后不能及时施救，还体现在忽视对各类安全设施的检查与更换，安全事故发生后影响正常使用。

二、客人和员工的人身安全

酒店不仅要保障住店客人的人身安全，还需要保障员工在酒店工作期间的人身安全。酒店客房区域范围广、进出人员复杂等原因，使得做好客房客人和员工人身安全工作的难度较大。

(一）客人的人身安全

1. 客人人身安全的影响因素

客房区域影响客人人身安全的因素主要有：一是客房安全保障不到位，例如没有建立完善的安全防范系统，监控存在死角；二是客人自我安全意识薄弱，不能及时发现或防范安全隐患，例如在客房内休息不关房门或随便给陌生人开房门；三是客房设施设备存在安全隐患，例如客房设施年久失修造成短路失火，给客人造成人身伤害；四是客房区域进出人员复杂，加大了住店客人人身安全保障的难度；五是客房紧急救援不到位，出现威胁客房客人人身安全的事故后不能及时紧急救援等。

2. 客人人身安全的保障措施

1）做好客房区域的安全防范，建立完善的安全防范体系，包括电视监控系统、安全报警系统、消防监控系统、通信联络系统、客房安保设施等。其中，典型的电视监控系统主要由前端监视设备、传输设备、后端存储、控制及显示设备这五大部分组成。电视监控系统是整个酒店主要的安全装置；安全报警系统是由各种类型的报警器连接而成的安全网络系统，用以防盗、防止抢劫、防暴等；消防监控系统一般由火灾报警系统（烟感器、手动报警器)、灭火系统（消防给水系统、化学灭火器材）和防火设施（防火墙、防护门、排烟系统）组成，是酒店必备的安全设施；通信联络系统是指以安全监控中心为指挥枢纽，即通过电话、对讲机等通信器材而形成的联络网络，酒店通信联络系统主要由专用电话、传呼系统、对讲机等组成；客房安保设施包括门锁、窥镜、安全链等，门锁是保障酒店客人住房安全的最基本也是最重要的设施，窥镜便于房内客人观察房间外部情况。另外，要提高客房员工的安全防范意识，提高客房员工及时发现可疑人员或觉察可疑事件的能力，一旦发现可能威胁客人人身安全的事件，客房员工应迅速向上汇报，并能及时采取防范措施。

2）客房装修与设计要考虑住店客人的人身安全保障。在采购客房内的所有电器及家具等设施设备时要充分考虑其使用的安全性，设施设备的安装要确保安全；客房的装饰装修材料应具有阻燃性；通过恰当的方式告知客人相关设施设备的使用方法，以便客人正确使用相关设施设备，防止安全事故的发生；定期检查与维护设施设备，特别是电器设备，保证其完好运行，确保客人使用安全。

【运营透视 12-1】

酒店客房内摔伤，赔偿客人 2000 余元

孔女士穿着高跟鞋经过入住 A 酒店客房内卫生间门外的过道时意外滑倒，导致其前牙外伤及手机屏幕损坏。酒店所在地区中级人民法院做出终审判决，由A酒店赔偿孔女士经济损失2468.55元。事实经过如下：

孔女士所在公司于2016年4月20日至22日组织培训班，培训及食宿均安排在A酒店。2016年4月22日上午8时许，孔女士穿着高跟鞋拟离开客房到会议室培训时，在经过客房内卫生间门外的过道时滑倒，导致其前牙外伤及手机屏幕损坏。另查明，孔女士入住的A酒店8532号客房卫生间门系木质推拉隔断门，并可当衣柜门使用，在进卫生间的墙壁上设置了白色背景红色字体的“小心地滑”标识及黑色滑倒图标，在卫生间门外的过道处能够看到该标识；卫生间内的淋浴间为设置了防水台的玻璃隔断淋浴间，淋浴间内地面为凹槽式地砖；酒店还配备了防滑地巾、塑料拖鞋和棉质拖鞋，卫生间门外的过道处地面为地砖，过道以内地面铺设了地毯。

法院认为，《中华人民共和国侵权责任法》第三十七条第一款规定：“宾馆、商城、银行、车站、娱乐场所等公共场所的管理人或者群众性活动的组织者，未尽到安全保障义务，造成他人损害的，应当承担侵权责任。”A酒店的卫生间虽做了干湿分区的设计，也设置了“小心地滑”的警示标识，但客人在正常使用淋浴间和洗漱台时，仍有可能将水带至干区地面，而该卫生间的地面与过道地面水平，铺设的地砖不具备防滑功能，卫生间入口亦未设置吸水或防滑地垫，在此情况下，一旦卫生间内的水流入或被客人的鞋带入过道，则会造成安全隐患。孔女士正是因过道有水而滑倒的，这与A酒店未尽合理限度内的安全保障义务有关，应由酒店对其损失承担主要赔偿责任。孔女士作为完全民事行为能力人，具备相应的自我保护意识，其未尽注意义务导致自己摔倒，也存在过错，应自担一定责任。法院认定由A酒店承担70%的民事赔偿责任。孔女士因摔倒造成牙齿损伤、手机损坏，产生的医疗费2906.50元、修理费620元，应由玉昆酒店承担70%，即2468.55元。赔礼道歉是以弥补精神痛苦为目的的法律责任，本案损害后果较轻，孔女士亦未证明给其造成了精神损害，对其要求A酒店赔礼道歉的主张法院不予支持。

从上述案例中可看出，酒店作为经营者，有义务为客人提供安全的住宿环境，最大限度地保障消费者的人身、财产安全。酒店在客房装修与设计中要注重细节设计，充分考虑安全因素。

3）对于客房内的一些不安全因素进行必要的提示或提醒，例如床头柜上放有“请勿在床上吸烟”的提示牌，提醒客人不要随便给陌生人员开门等。

4）成立安全事故应急处理专门小组，并制定一套处理客人人身安全危机事故的紧急措施，例如告知客人当出现危急情况时所用的联络电话或应采取的自救措施，员工在客人出现安全事故时能及时到达现场进行应急处理等。

（二）员工的人身安全

保障员工安全是客房各项工作顺利进行的基础，客房管理者应高度重视员工的劳动保护，保障员工工作过程中的人身安全。

1. 员工人身安全的影响因素

一般来说，影响客房员工人身安全的因素主要包括三个方面：一是员工个人原因（如粗心大意、不规范操作设施设备等）导致工作过程中受到人身伤害；二是由于设施设备本身存在的安全隐患、劳动保护措施不到位等给员工人身安全带来威胁，如楼道走廊灯光照明不良导致员工滑倒，电源插座漏电导致员工触电等；三是由于客人无意或有意的伤害（如情绪激动的客人为发泄不满情绪而对客房服务人员采取过激行为），也可能是员工之间的矛盾激化而发生肢体冲突等人为因素，造成客房员工人身安全受到威胁。

2. 员工人身安全的保障措施

1）做好客房区域的安全防范，建立完善的安全防范体系，可以有效预防其他人员威胁员工人身安全事故的发生。

2）开展员工职业道德教育和安全防范知识教育，加强员工的安全意识，防止事故发生。客房服务人员大多是女性，在工作中要加强员工自我防护意识，在为客人提供热情、周到、优质的服务的同时，要与客人保持一定的距离，如与客人单独在房间时要将房门打开等。

3）改善工作条件，为客房员工创造安全的工作环境。应特别留意是否有危险工作的情况，如工作区域湿滑或有油污应立即清理，以防止员工摔倒，同时配备必要的劳保用品，如员工使用清洁剂时配有橡胶手套，以免化学剂腐蚀皮肤。

4）制定完善的工作程序，要求员工严格按工作程序规范操作，一些具有危险性的工作应进行专业化的培训后再上岗，避免员工危险操作而发生人身安全事故。

5）加强员工安全知识培训，增强员工在确保自身人身安全的前提下应对安全事故的能力。同时，加强员工紧急救护相关知识的培训，例如对员工中暑、外伤出血、脚踝扭伤等常见事故的紧急处理能力的培训，这不仅对员工自身安全有益处，也对紧急救护客人有很大帮助。

三、客人和员工的财产安全

（一）客人的财产安全

客人到酒店入住都会随身带有钱包、金银首饰、笔记本电脑等价值不等的财物，再加上客房区域空间大，又具有私密性，财产安全保障工作就非常必要。由于客人的粗心大意（如贵重物品随意在房间摆放，没有放入保险柜，或者出门匆忙而忘记关房门等）、酒店安全管理存在问题、不法分子处心积虑谋划等，可能使住店客人的财产遭受损失。

为了保障客人财产安全，应劝客人将现金、昂贵的财物等放在前厅寄存，尽量不要放在客房；客房内为客人配备保险柜，以便客人保管重要财物。酒店本身应加强客人财产安全管理，做好消防安全管理，做到客房公共区域全天候、无死角监控，提高客房员工安全意识，发现可疑人员及时上报。

（二）员工的财产安全

由于各种主客观因素的影响，客房部员工个人财物会受到威胁，做好客房部员工财产安全管理有利于客房部员工安心做好客房服务工作。一般而言，整个酒店员工包括客房部员工都应穿着工装上岗，员工自己的衣物会存放在酒店更衣室，每位员工在酒店更衣室里会有一个存放衣物和相关物品的更衣柜。做好员工更衣柜安全管理，保管好员工上班期间存放的物品，也是酒店安全管理的重要内容。同时，客房部员工在客房区域工作期间也存在着手机、现金等财产遭损的风险。客房部管理人员要提醒员工在工作期间尽量不要带过多现金或贵重物品上岗，提高安全意识，妥善保管好自身财物。有条件的话，也可为员工在所属楼层工作间提供存放个人物品的储存柜。

为切实做好客房区域安全管理，保障客人和员工人身、财产安全，除了做好上述事宜外，还应做好客房日常安全管理：一方面，根据酒店实际情况，应制定一套切实可行的客房钥匙编码、发放、使用、收回、存放以及控制的程序，严格做好客房钥匙管理；另一方面，要做好客房部管理人员、服务人员以及保安部人员对客房廊道的巡视，如查看房内是否有异常声响、楼层是否有可疑人员出没等，消除安全隐患，确保楼层安全。

第二节　盗窃的防范与处理

客房区域存放不少酒店财物，而且还存有不少客人和员工的财物，许多财物具有实物小、价值高等特点，成为不法分子的盗窃目标。近年来，随着酒店行业的迅速发展，犯罪分子针对酒店特别是客房进行盗窃的事件频频发生，在管理不善的酒店更是严重。酒店盗窃事件侵害范围广，会直接影响酒店形象，因此，要引起足够的重视，做好盗窃的防范与处理。

一、盗窃者的类型

客人的防盗意识薄弱、酒店客房安全管理不善等使得盗窃分子得手，这会给酒店客人、员工甚至酒店本身带来财产损失。而盗窃分子既可能是外来不法分子，也可能是酒店内员工，还可能是酒店内住店客人。根据盗窃者的来源，盗窃者可以分为以下三种类型。

（一）外来人员

社会上的不法分子通过冒充客人或访客等方式混进客房楼层进行盗窃。这些外来人员中还包括曾经在酒店工作一段时间后离职的员工，他们在酒店工作期间掌握了酒店客房内部情况，例如客房区域监控死角、楼层管理方面的疏漏等。

（二）员工

酒店员工对酒店物品的存放情况、管理情况等非常熟悉，如果员工利用工作之便，盗窃客人或者酒店的财物，更容易成功。酒店员工的盗窃行为往往不易被察觉，而且在所有盗窃事件中占比大。

（三）客人

酒店客人在住店期间，发现同楼层某房间门未关，可能趁机进入房间偷窃等。这种盗窃现象相对少见。另外，酒店客房内都摆放着价值不等的物品，由于是非卖品，如果客人不愿意花钱购买，就可能将客房内物品顺手带走。这种盗窃现象相对较多。

二、盗窃事故的处理程序

就整个酒店来说，客房部发生盗窃事故的概率较大，盗窃事故发生后，及时、有效地处理盗窃事故就显得尤为重要了。基于客房区域可能遭遇被盗事件的受害对象，客房管理者可确定对应的处理程序，以便正确处理各类盗窃事件。

（一）对客人财物被盗事件的处理

有效处理好客人财物被盗事件有利于挽救酒店形象，维持顾客忠诚度。处理客人财物被盗事件的过程中，在真相未明的情况下，除了告知相关人员事件的进展情况外，要控制信息向外传播，以免打草惊蛇或者对酒店或相关人员造成负面影响。具体而言，对客人财物被盗事件的处理，一般要做好以下环节。

1. 客人财物报失

客人发现自己财物丢失后会情绪激动，如果是贵重财物更会心烦意乱。因此，客房服务人员、大堂副理等处理客人报失的酒店相关人员要保持冷静，将情绪激动的客人引至不影响其他客人的地方，认真听取客人反映情况，同时要同情客人遭遇，安抚客人情绪，帮助客人回忆是否放在其他地方或不小心掉在其他地方。如果确属被盗案件，要及时报告保安部及相关部门人员（包括大堂副理、客房部管理人员等）。

2. 及时赶赴现场

保安部及相关部门人员接到客人财物被盗通知后，要及时赶赴现场，保护好现场，并听取客人对丢失过程的详细陈述。

3. 做好相关记录

在客人陈述过程中，要详细记录客人的基本信息（包括姓名、房间号、国籍等）、丢失财物的基本信息（名称、数量、规格等）、财物被盗的具体经过等。

4. 检查事故现场

在征得客人同意的情况下，帮助检查事故现场，但注意做好事故现场的保护，同时通知酒店监控室查看监控，看能否发现客房区域或相关区域的可疑情况。

5. 调查处理事故

结合客人陈述所涉及的情况，对有关人员进行谈话、调查，如果被盗事件涉及酒店服务人员，调查人员不得偏袒、维护，也不能听客人一面之词，要客观、公正、谨慎地处理。根据被盗性质，酒店可主动征询客人是否需要报案，如果客人要求马上报案，酒店应该协助客人。公安部门介入调查期间，酒店相关部门人员应积极配合，协调公安部门调查、处理事故。

6. 整理材料归档

客人被盗事故的调查和处理结果出来后，做好相关材料整理和存档工作。注意分析事故发生的原因，如果是酒店客房部安全管理失误而导致事故的发生，需要汲取教训，采取措施预防类似事故的发生。另外，针对客人被盗事故，如果是酒店责任，该赔偿的要赔偿；如果不是酒店责任，也可通过向客人赠送小礼品、有一定价值的优惠券等弥补客人住店期间的心理伤害，博得客人对酒店的认可。

（二）对员工财物被盗事件的处理

客房区域内员工财物被盗的事件较少发生，由于工作要求，也为了工作方便，员工一般不会带太多或太贵重物品上岗，但是员工的随身物品诸如手机、金银首饰等可能会在上岗期间发生被盗事件。客房部管理人员、保安部人员等相关人员接到员工财物报失事件后，同样要给予重视，这不仅反映出客房安全管理方面存在的问题，也直接影响员工工作的情绪。另外，在处理员工财物被盗事件过程中，同样要尽量控制事故处理的影响面。

客房部管理人员、保安部人员等相关调查人员经过初步调查后，如果员工财物确属被盗，就根据员工的意见来处理。如果员工不要求报案，只是要求帮助查找，相关调查人员应积极配合，通过调取酒店监控、与相关人员谈话等方式处理。如果员工要求报案，酒店相关调查人员应予以支持，让员工自己报案，并积极配合。最后，事故处理结束后，要将整个事故过程形成书面材料并整理归档，以便之后改进客房部安全管理工作，也可作为提升员工安全意识教育的案例。

（三）对客房部财物被盗事件的处理

酒店客房部财物被盗事件时有发生，有可能是员工监守自盗，也有可能是客人顺手牵羊，还有可能是外来人员作案。客房部失窃财物通常有毛巾、毛毯、精美饰品、电吹风等客房用品、装饰品等，这些财物虽价值不等，但日积月累对酒店来说亦是很大损失，因此需要引起重视。

客房服务人员日常盘点发现财物丢失，要及时上报客房管理人员或者酒店财务部等部门；组织定期盘点时发现客房财物缺失，也要及时上报处理。客房管理人员、保安部等相关调查人员在排除自然损耗或其他合理可能性，确定财物被盗窃后，要及时处理，采取措施及时查明真相。例如，通过调查相关人员掌握财物可能被盗的时间段、通过监控掌握可能的线索等；也可根据财物被盗性质确定是否需要报案，报案后积极配合公安部门的调查工作，直至查明客房财物被盗事故始末。同时，对整个处理过程进行详细记录，做好备案，为后期改进酒店财产管理方法提供方向。另外，如果客房服务人员通过查房发现客房物品很可能被住店客人顺手带走，可以及时打电话给前台服务人员，通过巧妙的方式留住正在办理退房手续的客人，然后交由大堂副理妥善处理，以挽回酒店的损失。

三、盗窃事件的防控管理

由于客房区域范围大，进出人员复杂，偷盗现象在酒店里时有发生，要完全杜绝偷盗行为是很难的，但是客房管理人员可以通过充分了解盗窃的作案方式，有针对性地采取适当的预防措施，以有效减少或避免盗窃事件发生。为了有效防范客房部盗窃事件，酒店在日常经营管理和服务工作中要加强对盗窃事件的防控管理。首先，必须在客房区域配备必要的防盗设施设备，如电视监控系统、防盗报警装置、门窥镜、防盗扣（链）、保险箱等，有条件的酒店可以采用高科技的新型门锁（如电子密码锁、指纹门锁等），使客房的安全更有保障；其次，加强员工反盗窃知识的培训，提高员工识别盗窃行为的能力和正确处理盗窃事故的能力；再次，加强日常客房区域安全管理，做好客房区域的巡视检查，除了保安部人员每天例行巡视楼层走廊外，客房管理人员、客房服务人员也要加强楼层巡视检查，发现可疑或异常情况应及时处理；最后，对可能的盗窃者（外来人员、员工、客人）进行有针对性的防控管理。

（一）加强对外来人员盗窃事件的防控管理

1）要充分发挥客房区域监控系统的作用。对客房楼层走廊、各出入口、客房电梯等进行严格监控，发现不明外来人员要及时报告。

2）做好客房访客管理。凡是住店客人亲自带来的来访客人，要做好相关记录（包括访问的时间和人数）。如果是单独来访的客人，员工要上前询问，并查验证件，及时联系住店客人进行确认；如果客人不在，应请来访客人在公共区域等候，不可以直接带来访客人进房间。

3）加强酒店财物安全防护。例如对于摆放在客房公共区域的、有价值的物品要注意保护。

4）加强客房巡查。密切注意在客房楼层徘徊的外来陌生人员、可疑人员，发现异常情况要及时上报。同时也要注意观察客房情况，如发现客房房门未关而客人不在房内，可进入检查有无异常情况。

（二）加强对员工盗窃事件的防控管理

1）在招聘过程中，酒店人事部门和客房管理人员要对员工进行严格的资料审查，选聘高素质的员工。同时，加强员工的职业道德教育，使员工爱岗敬业、严于律己、诚实守信，提高员工的职业道德素质。

2）加强酒店规章制度培训，规范员工行为，并让员工认识到偷窃行为的严重性。

3）严格员工管理制度，如加强员工出入的检查管理、要求员工必须穿着酒店统一的制服和配戴工作牌上岗等。加强员工的相互监督，为检举员工内盗行为的相关人员提供有效渠道，对有效的检举行为给予适当奖励，同时对检举人员信息保密。

4）做好客房服务人员、工程部维修人员、送餐服务人员等出入客房的登记，包括姓名、出入时间、事由、房间号等。

5）做好客房钥匙的控制与管理，完善员工钥匙使用制度。包括客房服务人员在内的任何酒店工作人员使用客房钥匙都要进行登记签名，使用完毕后要及时归还到原处。

6）完善酒店部门资产管理制度，定期或不定期对客房部门资产进行盘点清算，发现问题，及时找相关负责人员进行调查。同时，人力资源部、保安部等部门定期或不定期组织相关人员对酒店员工的更衣柜或储存柜进行检查并做好记录，并且将结果公开。

（三）加强对客人盗窃事件的防控管理

1）客房部应制定科学、详细的“宾客住店须知”，明确告诉客人入住客房应尽的义务和注意事项。

2）通过适当方式标记客房提供的免费客用品与非免费用品，方便客人识别。同时，在酒店客房用品上印上酒店标志，提醒客人不要带走。

3）客房服务人员不可随便为客人开房门，如确实需要帮客人开房门，开门前做好客人验证工作，严格按规定为客人开门。

4）客人退房后，客房服务人员要按规范及时查房，若发现客房内物品丢失，要及时报告并处理。

5）客房服务人员在清扫房间时，将工作车停在客房门口，调整好工作车的位置，使工作车上的物品面对客房，防止路过的客人顺手拿走工作车上的客房物品。另外，如果这时客人进入房间，应礼貌问好，并进行验证，以免其他人员进入实施盗窃行为。

【运营透视 12-2】

1500元放客房被盗

2015年12月18日，唐先生和同事出差，一起入住了一家酒店的515号房，在入住酒店期间，放在客房里的1500元现金被盗。事件经过是这样的：唐先生的背包等行李放在酒店515房间的柜台上，钱包则塞在背包里。12月20日中午，唐先生和同事回到房间，发现钱包里的1500元不见了。背包里的身份证、银行卡和笔记本电脑等物品并未被盗走。唐先生查看了从酒店的监控录像后发现，20日早上6时40分，一名男子通过电梯进到五楼后，一直在电梯口附近徘徊。20日上午8时13分44秒，五楼有两名房客提着行李下楼。8时14分11秒，有一名男子伸手拉开房门，随后匆匆走出。唐先生从监控视频中看见，男子从靠近房门到离去，整个过程不到一分钟时间。

“财物失盗，酒店肯定要承担相应的责任。”唐先生说，酒店随后以“没有门卡，房门不可能被打开”等理由推脱，迟迟没有给出处理结果。随后，同事提前离去，唐先生只能继续留下来等待答复。

唐先生发现：站在走廊将515号房门关闭后，通过门缝，仍能看见房内透出的光线；用门片插进门缝后用力一推，就成功推开锁舌打开房门。

后来，酒店住店经理张先生赶到并查看后表示：“我不是技术人员，无法确认房门设计是否存在安全隐患。另外，我们也无法确认唐先生的财物是否是在房间里失盗，也无法确认失盗的数额是多少。”张先生说，宾馆24小时有专门保安巡逻，并有专人监控视频，“发现陌生人进入宾馆时，服务员都会上前询问，对方多是以‘来接朋友’等理由应对。酒店属于服务行业，我们也不好赶人家走。”

唐先生发现财物失盗后，立即报警。派出所民警已介入调查。张先生说：“如果警方调查后认为是酒店的责任，我们肯定要按调查结果来处理。”

律师杨××表示，《消费者权益保护法》规定：“宾馆等经营场所的经营者，应当对消费者尽到安全保障义务。”酒店经营者有义务保障消费者的人身、财物安全。

在案件未侦破之前，酒店先承担损失，并送给唐先生一张价值2000元的储值卡，表示今后将采取措施做好酒店安全防范。对于房门安全措施不到位一事，张先生表示会尽快采取措施完善。与此同时，酒店也将缩短安保巡逻时间，增加安保巡逻次数，防止类似情况发生。

第三节 火灾的防范与处理

火灾是酒店的头号安全问题。酒店设备先进、设施豪华、投资额大，而且人员密集，火灾不仅会给酒店财产带来严重损失，影响酒店形象，也常常造成人员伤亡。例如 2017 年 2 月 25 日 8 时许，某酒店的 KTV 发生火灾，造成 10 人死亡，13 人受伤；2018 年 8 月 25 日凌晨 4 时，某温泉休闲酒店发生火灾，导致 20 人死亡，23 人受伤。据统计，火灾多发生在客房区域，占酒店火灾的 68.8%。现代酒店大多以高层建筑为主，客房一般位于酒店的高楼层，并且客房区域范围较大，客房建筑结构也较复杂，住店客人对居住环境不太熟悉，万一发生火灾，扑救和疏散人员都比较困难，极易造成群死群伤的恶性事故。因此，为了酒店和客人的人身财产安全，酒店管理者必须高度重视对火灾安全事故（特别是客房区域火灾）的管理，制定一套完整的火灾预防措施和处理程序。

一、火灾的起因和特征

客房区域是酒店火灾的重灾区。了解客房发生火灾的原因，可以防患于未然。酒店管理不善，或客人、员工方面的各种原因，都会导致酒店客房发生火灾。

（一）火灾的起因

1. 酒店管理不善

深究原因，酒店发生重大伤亡事故的火灾大多与酒店管理不善有关，主要体现在：酒店违反消防法律法规，整个酒店区域防火安全系统不健全，消防设施不完备，酒店管理者不重视员工消防安全知识培训，客房安全出口设计不规范或疏散通道堵塞，等等。

2. 电线线路或电器设备故障

因电线线路或电器设备故障而引起的酒店火灾的比例较高。现代酒店运营过程中的电量消耗巨大，极易由于电线年久失修、线头裸露、电力负荷超载等原因，产生电火花、局部过热，导致电线、周围可燃物着火。例如 2005 年 6 月 10 日中午 12 时，广东省某酒店因为电线短路故障引起的特大火灾事故造成 31 人死亡，28 人受伤。另外，酒店客房内电器设备较多，电视机、空调、电冰箱等，也易因电器设备安装不合理或使用中发生故障，从而引发火灾事故。

3. 客人消防安全意识薄弱

因住店客人消防安全意识薄弱而引发火灾的比例也非常高。例如 2010 年 10 月 26 日凌晨 3 时，某酒店因客人在客房乱扔烟头而引发火灾，由于消防救援官兵及时到场，此次火灾虽然未造成人员伤亡，但却令酒店损失惨重，火灾直接财产损失达 10 万元以上。客人不规范使用客房电器设备（如使用电器没拔插头），甚至私自带超负荷电器设备进客房使用等，也易导致客房火灾的发生。其中，因吸烟不慎而引发火灾是酒店火灾发生的最主要原因之一。

4. 员工的不规范操作

客房部员工在工作时操作不规范也是引发火灾的原因之一。例如客房部员工违反规定吸烟（如躲在布草房内吸烟），不按安全规程操作（如客房内明火作业），等等。

5. 其他原因

由于人为故意纵火、雷电天气等原因引发酒店客房火灾。

（二）火灾的特征

酒店客房火灾具有以下特征。

1. 火灾燃烧猛烈，蔓延迅速

酒店客房由于装修及功能需要，内部存在大量易燃材料及生活用品等，一旦发生火灾，这些材料往往燃烧猛烈。客房密闭性强，起火不易被及时发现，而且酒店建筑结构易产生烟囱效应㊀，使火势沿着竖井和通风管道迅速蔓延，危及整个酒店建筑。

2. 火灾扑救难度大

由于现代酒店多为高层建筑，内部建筑结构复杂，可燃物多而集中，导致一旦发生火灾，燃烧快而迅猛，纵使配备先进的现代消防设备，也无法保证有效和成功地扑灭高层建筑的火灾。

3. 经济损失大

在酒店整体建筑面积中客房占比 70% 左右，酒店（特别是高星级酒店）的客房装修豪华、设施设备配备先进、投资比例大，客房一旦发生火灾，给酒店带来的经济损失之大可想而知。

4. 人员伤亡大

酒店客房楼层高、人员比较集中，且大多数是流动性较大的住店客人，他们对客房居住环境和疏散通道不熟悉，加上不少客人火灾自救能力差，客房发生大型火灾后，被困人员无法做到及时疏散。另外，一些装饰装修用的高分子材料、化纤聚合物在燃烧的同时，释放大量有毒气体，给人员疏散和火灾扑救工作带来很大困难，这也是造成不少被困人员伤亡的重要原因。

二、火灾预防

酒店客房装修可燃物多，电器设备多，相关人员消防意识不强等，使得酒店火灾安全隐患较多。要做好酒店客房火灾安全管理工作，采取有效措施做好火灾预防是关键，这样才能防止火灾事故的发生。

（一）火灾预防的原则

客房部开展火灾预防工作，要坚持全员、全过程、全方位原则。

1）全员原则是指火灾预防工作不是某个部门、某位员工的事情，应该是整个酒店全体员工工作职责的一部分，因此，每位客房部员工都应有做好火灾预防的意识和能力。

㊀ 烟囱效应是指户内空气沿着垂直坡度的空间向上升或下降，造成空气对流加强的现象，它会加剧高层建筑火灾。

2）全过程原则是指火灾预防应该贯穿酒店各项业务活动，即从开始到结束的整个生产运营与管理过程，而不仅仅是在某一环节，这就要求客房部在整个运营管理过程中都应做好火灾预防工作。

3）全方位原则是指从多角度、多渠道开展火灾预防管理工作，客房部经营管理工作的各个方面都应做好火灾预防工作。

（二）火灾预防的措施

为有效防止火灾事故的发生，要坚持“预防为主，防范在先”的原则，将火灾防患于未然。为预防和控制火灾事故，酒店客房区域的防火措施主要包括下列内容。

1. 装修设计充分考虑消防功能

整个酒店建筑装修设计应符合《建筑内部装修设计防火规范》的规定。酒店客房设计并安装必要的消防设施设备，如报警器（主要包括烟感报警器、热感报警器和手动报警器）、灭火器材（包括喷淋装置、消防栓、便携式灭火器等）。客房内所有装饰、装修材料采用阻燃材料，地毯、家具、床罩、窗帘、房门等，应尽可能地选择具有阻燃性能的材料制作。客房区域按要求设计消防电梯和安全通道出口，安全出口 24h 都必须有照明指示灯，楼道内应有疏散指示灯，同时确保电梯口、楼层走廊等公共场所有足够的照明亮度等。另外，还应按照《消防安全标志设置要求》的规定构建酒店消防安全标志系统。

二维码资源 12-03

2. 完善消防安全管理

完善酒店客房消防安全管理可以从以下几个方面入手：通过成立酒店消防安全委员会等形式，建立以总经理为最高领导的消防安全管理领导小组，对整个酒店消防安全管理负责；逐级落实消防安全责任制和岗位消防安全责任制，制定和执行客房区域日常消防巡查、检查制度，确保安全出口畅通，排除电气线路和电器设备故障，及时发现火灾隐患；消防设施设备由专职管理员负责管理，做好消防设施设备的保养维护，并定期测试消防设施设备，确保发现火灾时能正常使用；制定符合实际需要的客房区域灭火和应急疏散预案并组织客房部员工学习和熟悉，同时将消防安全工作成绩作为客房部员工工作绩效考评的内容以督促员工。

3. 加强员工消防知识培训

对新上岗的客房部员工进行消防安全知识培训，使他们明确岗位职责，按工作规范安全操作，增强他们的防火意识，提高他们发现火灾隐患的能力，通过培训使客房部员工能正确使用消防设施设备自行灭火，并且对客房部员工进行消防安全知识考核，通过考核才能上岗。利用淡季，定期让员工进行消防演练，这有利于切实提高员工消防知识水平与消防能力，减少酒店火灾事故的发生，还可以将火灾扼杀在萌芽状态，直接减少酒店和客人的人身财产损失。

4. 做好客人火灾隐患预防

客人有意或无意的行为也是酒店客房发生火灾的重要源头。酒店需要采取各种措施加强对客人火灾隐患的预防：明文规定或口头提醒客人及来访人员不要将易燃易爆物品带入酒店客房，凡携带进入酒店者，可提醒客人交由客房服务员或前台专门储存、妥善保管；客房内应配有禁止卧床吸烟的标志、应急疏散指示图、客人入住须知及酒店内的消防安全指南，做好客人的警示和提醒工作；提醒客人除了客房内固有电器和允许客人使用的电吹风、电动剃须刀等日常生活所用小型电器外，不要使用其他电器设备，尤其是电热设备，以免超负荷而造成线路短路，引发火灾；客房内要配备灭火器、防毒面罩、紧急报警器等消防设施设备，方便客人应急使用；客房服务人员平时应不断巡逻查看，注意客房异常状态，发现火灾隐患要采取措施及时处理。

三、火灾扑救

【运营链接 12-1】

火灾的分类

参考《火灾分类》（GB/T 4968—2008），根据可燃物的类型和燃烧特性，可将火灾分为六种类型。

1．A 类火灾：固体物质火灾，这种物质通常具有有机物性质，一般在燃烧时能产生灼热的余烬，如棉纺织品、纸张、木材等。

2．B 类火灾：液体或可熔化的固体物质火灾，如汽油、甲醇、煤油等。

3．C 类火灾：气体火灾，如煤气、天然气等。

4．D 类火灾：金属火灾，如钾、钠等。

5．E 类火灾：带电火灾，即物体带电燃烧的火灾。

6．F 类火灾：烹饪器具内的烹饪物火灾，如动植物油脂等。

针对不同类型的火灾，要用不同类型的灭火方法和灭火器材来灭火。酒店客房火灾安全隐患较大，通常属于 A 类火灾。

（一）灭火的方法

1. 冷却法

这种灭火法的原理是：将灭火剂直接喷射到燃烧的物体上，以将燃烧的温度降低至燃点之下，使燃烧停止；或将灭火剂喷洒在火源附近的物质上，使其不因火焰热辐射作用而形成新的火点。

2. 隔离法

隔离灭火法是将正在燃烧的物质和周围未燃烧的可燃物质隔离或移开，中断可燃物质的供给，使燃烧因缺少可燃物而停止。

3. 窒息法

窒息灭火法是阻止空气流入燃烧区或用不燃物质冲淡空气，使燃烧物得不到足够的氧气而停止燃烧的灭火方法。

4. 化学法

化学灭火法即通过使灭火剂参与燃烧过程，破坏燃烧的链式反应，使燃烧终止的灭火方法。

（二）灭火器材的种类及使用方法

1. 消防栓

消防栓是固定的消防工具，主要用水来扑灭火灾。消防栓主要是供消防车从市政给水管网或室外消防给水管网取水实施灭火的，也可以直接连接水带、水枪出水灭火。使用方法是：先用扳手打开地下消防栓的水袋口连接开关，然后将消防水带连接，再用扳手打开地下消防栓的出水阀门开关，接连水带口及出水枪头，最后手拿喷水枪头向火源喷水，直到火熄灭。

2. 便捷式灭火器

1）干粉灭火器。干粉灭火器由具有灭火效能的无机盐和少量添加剂经干燥、粉碎、混合而成微细固体粉末组成，适用于扑救石油、石油产品、油漆、有机溶剂和电器设备火灾，不适用于贵重物品的灭火。使用方法是：使用前上下晃动灭火器，然后打开保险销，再将喷嘴握紧对准火焰根部，捏动手柄，干粉即可喷出，灭火时人要站在上风方向。

2）泡沫灭火器。使用泡沫灭火器灭火时，能喷射出大量泡沫，它们能黏附在可燃物上，使可燃物与空气隔绝，同时降低温度，破坏燃烧条件，达到灭火的目的。泡沫灭火器适用于木材、棉麻、纸张等火灾，但不能扑救火灾中的水溶性可燃、易燃液体的火灾，也不可用于扑灭带电设备的火灾。使用方法是：拔掉保险销，之后将灭火器倒置，一只手紧握提环，另一只手扶住筒体的底圈，然后对准火源的根源进行喷射即可。

3）二氧化碳灭火器。二氧化碳灭火器有降温和隔绝空气的作用，适用于扑救600V以下的电气设备、精密仪器、图书档案的火灾，以及范围不大的油类、气体和一些不能用水扑灭的物质的火灾，但不能扑救水溶性可燃、易燃液体的火灾。使用方法是：拔掉保险销，然后一手握住压把，另一手握住喷管，对准火苗根部喷射。使用二氧化碳灭火器时还要注意两点：一是使用前不得使灭火器过分倾斜，更不可横拿或颠倒；二是使用二氧化碳灭火器时不要握住喷射的铁杆，以免冻伤手。

（三）火灾扑救的程序

系统、全面的火灾预防措施可以有效地减少火灾发生，但仍然难以保证火灾不会发生。由于酒店客房楼层相对较高、人员相对集中、可燃物相对较多等，一旦发现火灾，应争分夺秒，及时扑救。

1. 及时发现

当烟感报警器发出火警信息、闻到燃烧异味或感觉任何可能发生火灾的预兆时，客房部员工应立即停止手中工作，迅速查明火源，掌握火情。

2. 及时上报

找到火源后，除非火灾很小并有绝对把握迅速扑灭，否则必须马上将着火地点、燃烧物质等信息上报给酒店消防中心等相关部门或值班经理等相关人员。

3. 及时灭火

完成火情上报工作后，根据火情及燃烧情况，在确保自身安全的情况下，迅速使用附近合适的消防器材进行初步灭火，控制火势。关闭所有电器开关，关闭通风、排风设备。如果不能控制火势，则立即离开现场，离开时记得关闭沿路门窗。在安全区域等候酒店消防中心的救援人员到场。

4. 及时报警

酒店消防中心等相关部门或值班经理等相关人员到场后，应迅速掌握火灾情况并组织人员灭火。同时，根据火灾情况，消防指挥人员要及时做出是否向消防报警的决定。根据已有案例：发生火灾后，有些酒店管理人员因担心报警会影响酒店形象而迟迟不愿报警，最后导致消防火灾救援不及时而造成更大的人员伤亡和财产损失。

5. 及时疏散

根据发生的火势情况，如果需要疏散人员，通过火灾报警器、酒店广播等做好火灾通报。消防指挥中心应分工明确，制订人员疏散方案，将责任落实到楼层服务员，及时做好人员撤离。楼层服务人员应安抚客人紧张情绪，按上级疏散应急方案，组织客人有序撤离。

【运营链接 12-2】

楼层服务人员疏散客人逃离火灾的注意事项

1）要确保通知到房间内的每一位客人。楼层服务人员要大声敲门通知客人，并向客人说明紧急撤离的最近的疏散出口。如果没有应门，可以用钥匙自行开门确定是否有客人。确定房内无人时，把房间的门关上，阻止火势蔓延。为提高工作效率，可在已通知或确认无客人的房间门上做好记号。

2）楼层服务人员要注意分工合作，安排足够人力通知楼层客人，同时，还需要安排人员引领客人至疏散通道，管理客人疏散秩序，阻止客人互相推拉等不安全行为，组织客人有序快速地撤离。

3）疏散逃生时，楼层服务人员要提醒客人戴上房间内的防毒面罩。如果数量不够，可提醒客人随身带一条湿毛巾，经过烟雾区时可捂住嘴鼻，匍匐前进，以防吸入有毒气体而窒息。

4）楼层服务人员还要提醒客人不要乘坐电梯逃生，而且要快速逃离，不要携带行李。

5）在人员疏散过程中，照顾好特殊人群，如老人、残疾人、孕妇、儿童等。

6. 及时救护

火灾发生过程中，如果有人员受伤，可由医务人员带头，组成医疗救护队，及时救护伤员。如需要，应联系 120 急救中心或者立即送往就近医院救治。

在整个火灾扑救过程中，除了做好上述事宜外，还应保持客房着火楼层与消防控制中心、前后方的通信联络，确保火灾救援应急方案顺利实施。同时，要做好安全警戒，清除路障，保证消防通道顺畅；不准无关人员进入，也不准客人返回着火楼层，防止不法分子趁火打劫或意外事故发生而防碍火灾扑救的正常进行。最后，火灾扑灭后，要配合公安消防人员找出火灾发生的原因，将整个处理过程记录归档。

第四节　信息安全管理

信息安全管理对酒店的运营与管理有着至关重要的作用。酒店信息设施的建设与应用给酒店的经营和管理带来了诸多好处：一是有利于向酒店外部全面详细地介绍酒店及酒店产品，塑造酒店形象；二是酒店可以通过信息设施全方位、快速地收集与酒店运营管理相关的最新信息，掌握酒店外部环境的现状与变化趋势，及时调整运营策略；三是酒店可以更好地收集、整理、分析客户信息资料，强化与客户的联系，提供针对性服务，提升客户满意度与忠诚度；四是可以有效加强酒店内部各部门的沟通与联系，提升酒店运营管理的效率等。然而，酒店信息环境的开放性、结构的特殊性和应用的多样性使得酒店信息安全存在许多特有的隐患。因此，酒店需要加强对信息安全的管理，防范风险。

一、影响酒店信息安全的因素

随着信息设施在酒店特别是酒店集团内部经营与管理中应用得越来越广泛，信息安全的威胁也越来越大。各种计算机病毒、网络攻击、入侵甚至色情反动等违法内容威胁着酒店信息安全，使酒店的信息系统以及酒店用户直接面临内外威胁。影响酒店信息安全的因素有很多，大体可以归纳为以下几类。

1. 酒店信息安全管理意识

酒店的信息安全受到威胁或攻击，不仅可能泄露酒店内部运营与管理机密，而且会威胁到客人的隐私，这很大程度上与酒店信息安全管理意识薄弱相关。不少酒店管理者只看重信息建设与应用给酒店带来的利益，而忽视了信息安全管理。另外，信息安全管理不仅需要酒店投入大量资金，而且对专业技术人才的要求也较高，使得有些酒店管理者抱有侥幸心理，不重视信息安全管理。

2. 酒店信息安全管理制度

信息化建设、信息系统运行管理及酒店信息安全责任等方面的制度构建是酒店信息体系正常运行的重要保障。信息安全管理制度不健全会使酒店信息安全管理缺乏制度支撑而管理不到位，存在各种信息安全隐患，给酒店带来经营风险。

3. 酒店信息技术人才队伍素质

信息技术人才队伍素质是酒店信息安全运行的关键保障。酒店信息技术人才队伍在信息化建设、信息系统的运行环境监控与管理等方面有着至关重要的作用，会直接影响成效。酒店信息技术人员的技术不过硬、工作粗心大意等，都可能导致酒店信息安全面临威胁。

4. 黑客等不法分子的蓄意攻击

为了个人私欲、获得暴利等，黑客等不法分子会蓄意发起攻击，影响酒店信息安全，给酒店带来损失，如2017年某知名酒店支付系统被黑客入侵，住客支付卡姓名、卡号、有效期和内部验证码等信息遭到泄露。

5. 其他因素

自然灾害等其他因素也会影响酒店安全性。

二、保证酒店信息安全的措施

酒店信息安全不仅对酒店本身的运营管理至关重要，而且由于酒店存储着大量用户信息，甚至很多敏感信息，因而对住店的客人来说也是意义重大。2017年6月1日，《中华人民共和国网络安全法》正式开始施行。酒店开展经营和服务活动，必须遵守法律、行政法规，尊重社会公德，遵守商业道德，诚实信用，履行安全保护义务，接受政府和社会的监督，积极建立健全安全保障体系，保障信息系统安全及个人信息安全，提高信息安全保护能力。

1. 完善酒店信息安全管理制度

酒店管理者应提高酒店信息安全管理意识，不断建立健全信息安全管理制度，包括酒店信息化设计建设制度、酒店信息安全运行监控制度、酒店信息安全风险控制制度、酒店信息安全事故应急处理制度等。根据酒店实际情况，制定酒店内部安全管理制度和操作规程，确定信息安全负责人，落实信息安全保护责任。同时，制定信息安全事件应急预案，并定期演练。另外，酒店之间在网络安全信息收集、分析、通报和应急处置等方面合作，提高酒店安全保障能力。

2. 加强酒店信息技术人才队伍建设

加强酒店信息技术人才队伍的建设：首先酒店要重视信息技术人才的选聘，应当招聘高素质信息技术人才；同时还要注重定期对酒店信息技术从业人员进行信息安全教育、技术培训和技能考核，提升酒店信息技术人才队伍的专业技能素质，提高酒店信息安全管理水平；另外还应注重酒店信息技术人才队伍的职业道德素质教育，使酒店信息技术人才不仅拥有过硬的技术技能，还能够遵守职业道德，不会利用职务之便或因玩忽职守、粗心大意等泄露酒店商业机密、客户信息等。

3. 建立健全用户信息保护制度

酒店收集、使用客人信息，应当遵循合法、正当、必要的原则，公开收集、使用规则，并经客人同意。同时，酒店也应当采取技术措施和其他必要措施，确保其收集的个人信息安全，防止信息泄露、毁损、丢失。在发生或者可能发生个人信息泄露、毁损、丢失的情况时，应当立即采取预防和补救措施，按照规定及时告知客人并向有关主管部门报告。

4. 采取措施预防黑客等不法分子的攻击

酒店应积极做好对黑客等不法分子攻击的防范，做到以下几点：时刻关注权威机构公布的系统漏洞、计算机病毒、网络攻击、网络入侵等信息安全信息，提前做好防范准备；采取防范计算机病毒和网络攻击、网络入侵等危害信息安全行为的技术措施；采取监测和记录网络运行状态、信息安全事件的技术措施，并按照规定留存相关的日志（不少于六个月）；采取数据分类、重要数据备份和加密等措施；建立信息安全监测预警和信息通报制度，一旦发现受到不法分子攻击就迅速预警，以便快速反应、及时处理，如有必要及时报警。

5. 加强酒店客人网络使用管理

酒店应该为住店客人营造便捷、安全的网络使用环境，例如如家“酒店网络门户”在为在酒店上网的住客创造随时随地通畅上网体验的同时，还可让客人获得更多贴心的在线服务。当然，酒店还应加强客人使用酒店网络的安全管理：酒店应对使用酒店网络的住店客人进行身份识别，提醒客人文明上网，同时还应当加强对客人发布的信息的管理，发现客人发布或者传输危害国家安全、扰乱经济社会秩序、侵害他人名誉、隐私等违反法律法规的信息时，应当立即停止传输该信息，采取消除等处置措施，防止信息扩散，保存有关记录，并向有关主管部门报告。

6. 制定酒店信息安全事件应急预案

制定酒店信息安全事件应急预案，在发生危害酒店信息安全的突发事件时，立即启动应急预案，及时处置系统漏洞、计算机病毒、网络攻击、网络入侵等安全风险，采取相应的补救措施，将损失或负面影响降至最小，如有必要及时报警。

【运营透视 12-3】

某酒店数亿条开房数据疑泄露，警方介入调查

2018 年，一张黑客出售某酒店集团客户数据的截图在社交网络中流传。截图显示，一名黑客在“暗网”（网络黑市）发帖叫卖某酒店集团开房数据。贴文称，数据涉及多家酒店截至 8 月 14 日的数据。全部信息打包售价为 8 个比特币（约 38.3 万元人民币）或 520 门罗币（约 36.5 万元人民币）。

网传信息还显示，数据包括：官网注册资料，如身份证姓名、手机号、邮箱、身份证号、登录密码等，共约 50G，约 1.23 亿条记录；入住登记身份信息，如姓名、身份证号、家庭住址、生日、内部 ID 号，共约 20G，约 1.3 亿条；酒店开房记录，如内部 ID 号、同房间关联号、姓名、卡号、手机号、邮箱、入住时间、离开时间、酒店 ID 号、房间号、消费金额等，共约 70G，约 2.4 亿条。总计近 5 亿条信息，约 140G。黑客还就上述三类数据提供了各 10000 条免费测试。

该事件曝出后，相关酒店集团通过官方微博发布声明称，已在内部迅速开展核查，确保客人信息安全。相关酒店还表示，已经第一时间报警。

中国人民大学未来法学专家表示：网友购买或传播此类数据，违反了相关法律，特别是用于犯罪的，还可能属于情节严重的刑事违法行为，建议立即删除、停止传播；从长远来看，酒店必须汲取教训，提高自身的隐私保护能力，如果没有采取必要的保护措施和尽到相应的责任，那么就违反了《中华人民共和国网络安全法》等法律规定，还可能面临行政处罚。此外，法律

专家还表示，我国的《中华人民共和国民法总则》和《中华人民共和国民法典》明确规定了个人信息受到保护的权利，这意味着平台还可能面临民事责任。相关主体如果对酒店发起民事诉讼或民事公益诉讼，酒店可能需要承担相应民事责任。

第五节　其他意外事故的防范与处理

在客房运营管理中，安全问题是最为重要的问题之一，给客人创造一个安全的居住环境，是客房管理的重要任务。酒店客房除了做好盗窃、火灾等常见意外事故的预防与处理外，还需要做好客人意外受伤、食物中毒、突发重病等日常工作中意外事故的防范处理，以及客人意外死亡等事故的处理。因此，客房管理者需要建立和完善相应的安全管理制度，预测客房区域可能发生的各种意外事故，并分别制定有效的处理程序，以保障客人、员工和酒店的利益。

一、日常工作中意外事故的防范与处理

（一）意外受伤

客人住店期间可能因为某种原因意外受伤，例如客人因为客房地板、浴缸太滑而不小心扭伤脚踝或破皮出血，因淋浴设备出现问题而被热水烫伤，因电器设备漏电而触电等。为防范客房区域客人意外受伤事故的发生，应该做好相应的防范措施：做好客房设施设备的安全管理，防止因设施设备故障让客人受到伤害；在客房相应地方设置提醒或警示标识，例如冷热水龙头做好标记，卫生间放置防滑提醒标识等；客房地板、浴缸等选用防滑材料，卫生间内安装紧急呼叫按钮，以便客人出现意外时能及时联系酒店服务人员获得帮助；做好客房公共区域防滑管理，及时清理客房公共区域水渍、油渍等。

发现客人意外受伤后，客房服务人员要安抚客人情绪，询问伤情。如果只是轻伤，可以根据客人要求提供必要帮助，如帮忙涂药膏、提供冰块冷敷处理等。如果病情很严重，在上报客房管理人员的同时，立即采取必要的救护行动（如止血包扎等），并及时通知医务人员前来检查、治疗，如有必要也可直接呼叫 120 急救中心或立即送往医院进一步救治，并征求客人意见，与其亲人或朋友取得联系；如果客人回酒店养伤，需要适当探病问候，并提供必要的帮助，如果是酒店方面的原因导致客人受伤，还应道歉并做适当补偿；最后，要将意外受伤客人的姓名、房间号、受伤时间、地点、经过等记录归档，调查事件发生原因，防止类似事件发生。

（二）客人患病

由于某些原因，客人住酒店期间可能生病，包括一般性疾病（如感冒、中暑、腹泻等）和重大疾病（如心脏病突发、哮喘发作等）。对于住店客人特别是常住客人，除了要掌握客人基本信息外，也应关注客人的身体状况，如客人是否对某种花粉、某种食物过敏，在酒店有某种疾病的发病史等。客房区域是客人住店期间停留时间最长的地方，针对已知的客人身体状况，客房服务人员可以采取提前拿走房内让客人过敏的鲜花等措施，消除可能诱发客人疾病的因素，调节好房间内空调温度防止客人感冒等，尽量采取有效措施预防客人患病。

发现客人患病后，如果是一般性疾病，客房服务人员应主动关心客人，提醒客人多休息，为客人提供必要帮助，例如为感冒客人提供姜糖水，带领客人去酒店医务室买药等，但不要擅自将自用药物给客人服用。如果是重大疾病，客房服务人员要赶紧上报，根据情况需要和上级领导指示，及时通知酒店医务人员前来救治或呼叫 120 急救中心，同时采取必要的救护措施缓解客人病痛，如有必要及时联系客人亲属或朋友。如果客人在酒店养病，应适当问候并提供必要援助，以示关怀。

（三）客人醉酒

住店客人醉酒事件时有发生。由于客人醉酒，可能出现：不法分子趁虚而入；醉酒客人摔倒而受到人身伤害；或醉酒客人在客房区域大吵大闹，损坏酒店财物，甚至做出威胁他人人身安全行为；等等。针对醉酒客人，要建立相应报告制度。楼层服务人员要特别关注本楼层醉酒客人的情况。如果发现客人醉酒，客房服务人员要根据醉酒客人的醉酒程度进行处理。对醉酒较轻、神智清醒的客人，应协助客人回房休息，然后提醒客人注意房内安全，关好房门。对重度醉酒的客人，客房服务人员要高度警觉，及时上报，特别是在醉酒客人没人陪同的情况下；如果客人醉倒在楼层区域，与其他工作人员一起将客人移至安全区域或房间。注意：如果无法联系与醉酒客人一同在酒店入住的亲属或朋友，不要单独将重度醉酒的客人留在房间，以免发生意外事故，应轮流查看客人情况，确保客人安全。如醉酒客人做出过激行为，及时上报，并协助保安人员将其制服，以免影响其他客人。若客人醉酒后造成酒店客房设备物品损坏，做好记录，待客人酒醒后按酒店规定处理；如果伤害到相关人员人身安全且情节严重的，要及时报警处理。

（四）食物中毒

食物中毒是指食用了不利于人体健康的食品、饮料等而导致的急性中毒性事件。食品、饮料过期变质或本身具有毒性等都可能导致客人中毒。为防止食物中毒事件的发生，酒店在采购、验收、储存、使用等环节都要做好食品安全卫生管理，确保提供给客人的食品、饮料等是卫生、安全的，还应严格按规定对宴会食物取样保存以备查验，及时发现问题，以改进产品质量，同时也为发生食物中毒事件后查明原因提供依据。客房楼层服务人员在日常工作中要善于观察，尽量防止客人有意或无意吞食有毒食物。

客房服务人员发现客人食物中毒后，应及时上报领导并通知酒店医务人员，同时采取必要的急救措施（如设法为客人催吐），如果客人中毒严重则应及时送往医院抢救。另外，如果是客人集体食物中毒事件，应该及时通知相关部门，组成临时机构小组，做好客人救护工作，在真相未明之前还应做好舆论管理，及时查明集体中毒的原因，并向相关人员通报调查结果，做好善后事宜。如果是酒店方责任，要向客人道歉并提供相应赔偿。

（五）突然停电

酒店外部供电系统原因，以及酒店内部供电系统或设施设备故障而引发的停电事故，会给住店客人带来不便。酒店的运营管理非常依赖电力的供应，因此，酒店一般会采用备用发电机等，保证在停电时能立即自行供电。同时，酒店应做好内部供电系统和设施设备故障排除，保证尽量不发生停电事故。另外，如果客房部接到酒店停电通知，要及时通知住店客人，让其做好准备，以免突然停电给客人带来不便。

客房服务人员接到客房突然断电通知后，要向客人表示歉意，并查明情况，及时为客人解决问题。如果只是一间客房断电，客房服务人员可以根据客人描述查找原因（如跳闸），不能处理时，要立即通知工程部维修人员过来处理。注意：当排除故障的时间很长，会严重影响到客人的起居生活时，客房服务人员应及时联系前台，为客人调换房间。如果是所有客房断电，要及时安抚客人情绪，告知客人酒店正在采取措施以保证尽快恢复供电，以免引起客人恐慌。同时所有楼层服务人员要坚守岗位，做好停电期间的安全管理，例如查看电梯是否有被困人员，是否有可疑人员行窃，等等。

二、其他意外事故的处理

（一）客人死亡事故的处理

酒店客房可能发生客人死亡事故，例如突发疾病、自杀、他杀等。不管是正常死亡还是非正常死亡，客房服务人员发现客人死亡后，应立即报警，并及时上报；客房经理、保安部经理、大堂副理等管理人员应及时赶赴现场，在公安机关部门到达酒店前组织人员认真做好现场保护工作，同时在真相未明前，除了通知死亡客人家属等相关人员外，尽量封锁消息，以免引起其他客人恐慌；公安机关人员到达现场后，要积极配合公安机关人员开展调查工作；注意做好死亡客人家属的安抚工作，并为其提供必要的支持与帮助；公安机关人员调查完毕，查明真相后，根据公安部门的指示做好善后处理，并将整个事故处理过程的相关记录材料整理归档。

（二）客人违法行为的处理

由于客房具有高度的隐蔽性，一些不法分子往往将酒店客房作为违法犯罪的场所，如传销、吸毒、赌博、色情交易等。客房管理人员要加强客房服务人员安全意识的培训，提高客房服务人员对不法分子的识别、判断和妥善处理问题的能力。如果客房服务人员发现不法分子利用客人身份在酒店客房或隐蔽区域从事违法活动，要及时上报并报警；同时保安部、客房部等要加强对相应客房楼层的安全管理，当公安机关人员到达后，积极提供相关信息，配合公安机关执法工作，及时制服不法分子。另外，在整个过程中，尽量控制现场，做好消息封锁，并保护好其他客人的人身财产安全。

（三）自然灾害事故的处理

由于酒店所处的地理位置、气候气象等特征，酒店可能会遭遇自然灾害，如台风、地震、洪涝、龙卷风等。这些自然灾害往往难以预料，而且一旦发生，会给酒店内的人员和财产带来重大威胁。因此，酒店应根据自身实际情况，提前制订应对可能发生的自然灾害的应急预案。同时，注意加强对员工预防和处理自然灾害能力的培训，对应对自然灾害的设施设备进行定期检查与测试。当发生自然灾害时，客房管理人员要根据自然灾害应急预案和上级指示，组织人员做好客房区域内的安全管理。楼层服务人员要坚守岗位，听从指挥，切实落实自然灾害预防及应对措施。

【运营透视 12-4】

客人轻生血流客房，酒店员工奋力抢救

某大酒店总台接到一个来自杭州的电话，询问某客人是否住在这家酒店。得到肯定回答后，对方焦急地说："她有自杀倾向，请你们务必帮忙，我们立即赶来。"安保人员小陈立即赶到这位客人所住的1306房，叫开门后发现茶几上放着一瓶红酒和几个菜，客人满脸愁容。小陈见状说："您在喝酒？但不要过量呀！"几句贴心话，使那位客人立即明白了安保人员的来意，她淡淡地说了句"谢谢你们的好意，我没事的"，随后就关上了门。

小陈继续在1306房门口注意房内动静，并通知了总值班。不一会儿，那位客人搁起了电话，开了电视。半个小时后，房内传来短促的哭声。酒店员工商量后，决定趁送水的时机看看情况，一进门却发现卫生间里满地鲜血，那位客人躺在两张床之间的地上，手腕上鲜血直流。大家立即拨打"120""110"，小陈等随救护车到了医院，挂号、付款，忙个不停。当那位轻生客人的家人、朋友赶到医院时，她已经脱离了生命危险。此时，家属们连声说："谢谢，谢谢！你们真好！"

酒店是客人旅途中的家，酒店除了为客人提供舒适的住宿环境和服务外，还要时时保持警惕，主动预防一些事故的发生。在案例中，酒店员工（包括总台、安保人员、客房部员工等）为挽救客人生命通力合作、细致入微，最终获得好评！

本章学习要点

1．客房安全是指在酒店客房所涉及范围内所有的人、财产的安全，没有危险，生理、心理不受任何威胁。客房安全也意味着客人、员工的人身和财产以及酒店财产在客房范围内不受侵害。

2．客房内主要有家具、电器、卫浴等设施设备。既可能由于员工、客人不正规操作或使用，也可能由于客房设施设备本身问题，而造成人身伤害或财产损失；酒店客房区域范围广、进出人员复杂等，使得做好客房客人和员工人身财产安全工作的难度较大。

3．盗窃分子既可能是外来不法分子，也可能是酒店内员工，还可能是酒店内住店客人。对客人财物被盗事件的处理，一般要做好以下环节：客人财物报失，及时赶赴现场，做好相关记录，检查事故现场，调查处理事故，整理材料归档。

4．通过充分发挥客房区域监控系统的作用、做好客房访客管理、加强酒店财物安全防护、加强客房巡查等措施，来加强对外来人员盗窃事件的防控管理。

5．通过以下方法加强员工盗窃事件的防控管理：选聘高素质的员工，加强员工的职业道德教育；加强酒店规章制度培训，规范员工行为；严格员工管理制度；做好客房服务人员、工程部维修人员、送餐服务人员等出入客房的登记；做好客房钥匙的控制与管理，完善员工钥匙使

用制度；完善酒店部门资产管理制度，定期或不定期对客房部门资产进行盘点清算。

6. 客房部通过制定科学、详细的“宾客住店须知”，明确告诉客人入住客房应尽的义务和注意事项；通过适当方式标记客房提供的免费客用品与非免费用品，方便客人识别；客房服务人员要严格按规定为客人开门；客人退房后，客房服务人员要按规范及时查房；在清扫房间时，将工作车停在客房门口，调整好工作车的位置，使工作车上的物品面对客房，同时，避免其他人员进入实施盗窃行为。以上是加强对客人盗窃事件的防控管理的方法。

7. 酒店客房火灾发生的起因包括：酒店管理不善，电线线路或电器设备故障，客人消防安全意识薄弱，员工的不规范操作，其他原因（如人为故意纵火、雷电天气等）。

8. 酒店客房火灾具有以下特征：火灾燃烧猛烈，蔓延迅速；火灾扑救难度大；经济损失大；人员伤亡大；等等。

9. 客房部开展火灾预防工作，要坚持全员、全过程、全方位原则。全员原则是指火灾预防工作不是某个部门、某位员工的事情，应该是整个酒店全体员工工作职责的一部分；全过程是指火灾预防应该贯穿酒店各项业务活动，即从开始到结束的整个生产运营与管理过程都应做好火灾预防工作；全方位是指从多角度、多渠道开展火灾预防管理工作。

10. 为有效防止火灾事故的发生，要坚持“预防为主，防范在先”的原则。为预防和控制火灾事故，酒店客房区域的防火措施主要包括下列内容：装修设计充分考虑消防功能，完善消防安全管理，加强员工消防知识培训，做好客人火灾隐患预防，等等。

11. 由于酒店客房楼层相对较高、人员相对集中、可燃物相对较多等原因，一旦发现火灾，应争分夺秒，及时扑救。客房火灾扑救程序包括：及时发现，及时上报，及时灭火，及时报警，及时疏散，及时救护。

12. 影响酒店信息安全的因素包括：酒店信息安全管理意识、酒店信息安全管理制度、酒店信息技术人才队伍素质、黑客等不法分子蓄意攻击酒店网络以及自然灾害等其他因素。

13. 保证酒店信息安全的措施有：完善酒店信息安全管理制度，加强酒店信息技术人才队伍建设，建立健全用户信息保护制度，采取措施预防黑客等不法分子的攻击，加强酒店客人网络使用管理，制定酒店信息安全事件应急预案。

14. 酒店客房除了做好盗窃、火灾等常见意外事故的预防与处理外，还需要做好客人意外受伤、客人患病、客人醉酒、突然停电等日常工作中意外事故的防范和处理，以及客人死亡事故、客人违法行为、自然灾害事故等意外事故的处理。

本章思考练习

1. 简述客房部的主要安全问题。

2. 简述客房盗窃事故的处理程序。

3. 如何做好客房盗窃事故的防控管理？

4. 客房火灾的起因有哪些？客房火灾具有什么特征？

5. 简述预防客房火灾的原则。

6. 简述预防客房火灾的措施。

7. 如何进行客房火灾扑救？

8. 影响酒店信息安全的因素有哪些？

9. 如何保证酒店信息安全？

10. 客房服务人员发现客人醉酒怎么处理?

11. 客房服务人员发现客人食物中毒怎么处理?

12. 客房服务人员发现客人突发重病怎么处理?

13. 如何处理客人在客房死亡的事故?

14. 客房服务人员发现客人在客房从事违法活动该怎么办?

本章管理实践

训练项目1　酒店客房部安全事故调查

[实践目标]

1. 巩固对酒店客房部安全事故的认知。

2. 增强酒店安全事故风险防范意识。

[实践内容与方法]

1. 利用课余时间,学生分组对所在城市内三星级以上酒店客房部发生过的安全事故开展调研,调研内容包括统计每家酒店近五年来发生安全事故的数量、原因、处理的经过、处理结果等内容。

2. 每个小组对调研数据进行分析与整理,由团队小组负责人汇报。

3. 对所有小组收集的成果进行总结分析,形成所在城市酒店客房部安全事故现状调查成果总结。

4. 对每个小组的成果汇报评分。

[实践标准与评估]

1. 实践标准:必须到真实酒店中做实地调查,调查数据客观真实,并能运用本章所学知识架构进行分析。

2. 实践评估:①每人写出一份简要的调查访问报告。②以团队小组为单位,由团队小组负责人根据每位成员在调研中的表现进行评估打分。③小组成员对团队小组负责人打分。④对小组的调研报告及其成员在讨论中的表现分别评估打分。⑤对每个小组的成果汇报评分。

训练项目2　酒店客房部安全事故处理情景模拟

[实践目标]

1. 增强酒店安全事故风险防范意识。

2. 强化实践能力,提升酒店安全事故处理能力。

[实践内容与方法]

1. 教师根据酒店客房部常见安全事故(如火灾、盗窃、客人突发疾病、客人醉酒等)设置不同的情景模拟场景。

2. 将学生分组,每位小组成员担当不同岗位责任(根据情景需要进行岗位设计,包括客房部、保安部等部门管理人员和一线服务人员,以及大堂副理、酒店总经理等)。

3. 各小组根据选定的酒店客房部安全事故情景模拟场景的要求进行角色扮演,模拟事故发生后的处理流程，进行情景再现。

4．对每个小组的情景模拟评分。

［**实践标准与评估**］

1．实践标准：每位小组成员都参与情景的角色扮演，角色扮演时的表情、动作到位，并能运用本章所学知识架构进行情景设计。

2．实践评估：①每人对情景模拟的个人体验进行经验分享。②以团队小组为单位，由团队小组负责人根据每位成员在情景模拟设计、排练、现场表现中的情况进行评估打分。③小组成员对团队小组负责人打分。④对小组的情景模拟情况及其成员在经验分享中的表现分别评估打分。⑤对每个小组情景设计方案评分。

第十三章　前厅与客房人力资源管理

【学习目标】

1. 熟悉前厅与客房人力资源管理的基本情况。
2. 了解前厅与客房员工的素质要求。
3. 掌握前厅与客房员工的人员编制原则。
4. 了解前厅与客房员工的主要招聘途径。
5. 熟悉前厅与客房员工招聘的基本程序。
6. 掌握前厅与客房员工培训的内容和方法。
7. 掌握前厅与客房员工的考核方式与激励方法。
8. 学会运用本章知识进行前厅与客房人力资源管理操作。

【章前导读】

酒店是劳动密集型企业，人力资源是酒店中最基本、最重要、最活跃的资源，只有通过人力资源才能开发，利用和创造酒店中的其他资源，通过酒店的经营运作将资源转变为资本，实现酒店生存、发展、获利的企业目标。酒店前厅与客房人力资源管理是指根据酒店发展战略，有计划地对人力资源进行获取、培养、保持、评价、发展和调整等一系列活动的过程。这些活动主要包括人力资源规划、员工的招聘与配置、员工培训、绩效管理、薪酬与激励、职业生涯管理和劳动关系管理等，通过这些管理形式有效运用酒店内外相关人力资源，以满足酒店当前及未来发展需要，确保酒店最终目标的实现和员工发展的最优化。

第一节　前厅与客房员工的素质要求

随着经济的发展，大量国际品牌入驻我国市场，我国酒店业进入了快速发展时期，酒店业规模不断扩张，设施档次逐步提高，行业竞争日益加剧，这些都对酒店员工的素质提出了更高的要求。酒店员工的素质是提高酒店服务水平、市场竞争力的关键因素，同时也是影响员工顺利从业和继续发展的关键因素。在酒店服务中，客人在入住到离开酒店的全过程中，主要都是跟酒店前厅与客房服务人员打交道的。前厅与客房服务人员的素质表现很大程度上决定了客人的入住体验。现代酒店业的竞争，其本质就是酒店管理人员和员工素质的竞争。

一、前厅员工的素质要求

前厅员工是酒店形象的代表，包括管理人员和普通员工。作为酒店的接待员、推销员、公关员、调解员、信息资料员以及业务监督员，他们是酒店各部门中素质最高的员工。酒店的经营成功与否，客人对酒店的印象甚至是否在本店留宿，都往往取决于酒店前厅管理人员和员工的素质。

（一）前厅管理人员的素质要求

前厅管理人员包括了前厅经理、主管和领班，他们是前厅经营与管理的最高指挥，是前厅全体员工甚至是整个酒店的形象代表。他们的主要工作是通过对前厅经营的计划、组织、人员配备、指挥与控制，创造出前厅高效工作的气氛，从而保证酒店的经济效益。因此，前厅管理人员应该具备以下基本素质。

1. 前厅经理的基本素质要求

1）具有旺盛的精力、强健的体魄。前厅经理应思维敏捷、决策果断、性格外向、五官端正、仪表整洁、气质高雅。

2）良好的职业道德。良好的职业道德主要是指：忠于职守，乐于奉献；实事求是，不弄虚作假；依法行事，严守秘密；公正透明，服务社会。

3）强烈的事业心和工作动力。前厅经理应该带头爱岗敬业，具有强烈的事业心，对本职工作充满热情，埋头苦干、开拓创新、无私奉献，在本职岗位上做出显著成绩。

4）较高的业务水平。具备较高的业务水平是前厅经理重要的素质之一，决定了前厅部管理工作质量的高低。前厅经理要掌握酒店经营、销售知识，熟悉旅游经济、旅游地理、公共关系、经济合同等知识；熟悉涉外法律，了解国家重要旅游法规；掌握前厅各项业务的标准化操作程序、客房知识，了解客人心理和推销技巧；能够合理安排前厅员工，使他们有条不紊地工作，能处理好与有关部门的横向联系；了解宗教常识、国内外民族习惯和礼仪要求，了解国际时事知识；能够根据客源市场信息和历史资料预测用房情况、决策客房价格，果断接受订房协议；能独立起草前厅工作报告和发展规划，撰写与酒店管理相关的研究报告；具有前厅部服务和管理的经验，曾担任过前厅主管或经理助理等职务；善于听取他人意见，能正确地评估他人的能力，能妥善处理客人的投诉；具备较好的语言能力，能够熟练运用一门外语阅读、翻译专业文献，并能流利、准确地与外宾对话；具有较高的管理水平；具有一定的计算机知识；掌握酒店财务管理知识，懂得酒店经营统计分析。

5）良好的人际关系。前厅经理应具有很强的领导能力、组织能力和合作精神，善于在各种场合与各阶层人士打交道，风度优雅，谈吐大方；能够积极与外界建立业务联系，同时也能够与酒店内各个业务部门协调和配合工作。

6）自信心。前厅经理必须遇事冷静、感情成熟，有较强的自我控制能力。

7）公平、公正、公开的工作作风。这主要是指遵纪守法、严于律己、以身作则、廉洁奉公。

2. 前厅主管的素质要求

在规模较大的酒店里，前厅管理人员除前厅经理之外，还有主管人员，如前厅业务主管以及下属的各位领班人员。前厅主管接受前厅经理领导，负责前厅运营的日常工作。一般地，前厅主管应该具备以下基本素质：

1）熟知“服务”的多重结构，掌握销售组合概念、商品广告艺术和效果、产品定价策略知识。

2）了解中外旅游市场的需求层次，以及主要对客工作。

3）能够在前厅经理授权下，协调与各旅行社、酒店以及涉外企事业单位的工作关系，努力为酒店开辟客源新渠道。

4）能熟练撰写客源市场分析、酒店经营分析报告等业务文件，有较强的口头表达能力。

5）思维敏捷，具有协作精神，具有协调前厅各项工作关系和人际关系的能力。

6）具有监督、检查和指导前厅员工各项业务工作的能力。

7）能妥善处理客人投诉和前厅客人滋事等情况，维持良好的客、店关系与前厅秩序。

8）有组织、指挥员工按服务要求和工作规程完成各项工作的能力。

3. 前台领班的素质要求

1）五官端正，气质高雅，口齿清楚。

2）了解当地旅游景点及娱乐等方面的知识和信息。

3）熟练掌握计算机以及酒店预定系统的操作。

4）良好的英语口语水平。

5）性格活泼、思维敏捷，理解能力和自控能力强，善于应变。

（二）前厅员工的素质要求

前厅部是酒店线下对客服务最重要也是首要的部门，为了保证对客服务的质量，保证酒店经营活动的正常开展，酒店应该选拔素质最高的员工在前厅部工作。前厅员工（服务员）的基本素质包括以下几方面。

1. 仪表、仪态

优秀的前厅服务员，必须着装整洁、大方、面带微笑、主动热情、讲究礼仪和礼貌、彬彬有礼地接待客人，而且反应灵敏、记忆准确、表情自然，能留意客人表情、注意客人动作、掌握客人心理。许多酒店规定前厅服务员上岗前：要洗头、吹风、剪指甲、保证无胡须、发型大方；化妆轻淡、朴素雅致；不使用有颜色的指甲油及浓味香水等。

前厅服务员的仪表仪容、礼仪礼貌直接影响酒店的形象，关系到服务质量、客人的心理活动，甚至影响到酒店的经济效益。也就是说，酒店前厅服务员首先在仪表仪态上给客人形成一个酒店管理有素、经营有方的印象，从而使客人觉得受到尊重并且愿意在这样的酒店里住宿。

2. 语言

前厅服务员不仅应有良好的仪容仪表，而且必须具备优美的声音、令人愉快的声调、恰当的内容和灵活策略的语言技巧。这样，前厅的服务就显得生机勃勃。前厅服务员必须掌握一两门外语的基本会话，发音标准，表达准确。

3. 行为举止

优秀的前厅服务员，应该做到站立标准、行为规范、举止大方。无不良习惯动作，如吸烟、嚼口香糖、工作场所吃喝、高嗓门叫喊、勾肩搭背、指手画脚等。

4. 业务操作技能

前厅服务员必须能够熟练、准确地按程序完成本职工作。工作的快速敏捷、准确无误也标志着酒店管理水平高。任何业务操作失误，不仅会给酒店造成经济损失，而且会破坏客人对酒店的总体印象。良好的业务操作需要以下素养的支持。

（1）较强的应变能力　应变能力是前厅服务员应该具备的特殊服务技能与素质。因为客人来自全国各地或异国他乡，不同的生活习惯、不同的知识与修养都会有不同的表现，酒店在经营中也会出现失窃、火灾以及账目失控等特殊的情况，所以前厅服务员只有具备应变能力，才能妥善处理好这些特殊问题。在任何情况下，前厅服务员都应沉着冷静，灵活多变地处理好每次事件。

（2）较高的诚实度　前厅服务员必须具有较高的诚实度。这一素质在酒店经营中非常重要。特别是在涉及出纳工作及外币兑换工作时：前厅服务员必须能够严格遵守工作纪律，在接待工作中，给客人的优惠必须符合酒店的规定，绝对不能徇私舞弊。

（3）较广的知识面　前厅服务员在业务中经常能碰到客人各种各样的提问。这些问题会涉及政治、经济、旅游、风俗、文化以及有关酒店情况，前厅服务员只有具备较宽的知识面和丰富的专业知识，才能为客人提供准而实的信息。

（4）良好的合作精神　前厅的每一位员工都应该意识到前厅就是酒店的一个“舞台”，每个人都在扮演一个特定的角色，演好这场戏需要员工的集体合作。当接待员忙于接待或因特殊情况离开工作岗位时，其他员工必须能够替代其工作，让客人满意。

二、客房员工的素质要求

客房员工包括了客房经理、主管和服务员，客房对客服务的专业水平在一定程度上反映了整个酒店的服务水平，是酒店服务质量高低的主要标志。客房员工是与入住客人接触最多的服务员，是面对面为客人提供服务的一线员工，客房员工的素质决定了对客服务的质量。

（一）客房经理素质要求

客房经理全权负责客房的运行与管理，负责计划、组织、指挥、协调和控制所有房务事宜，督导下属主管的日常工作，确保为住店客人提供热情、周到、舒适、方便、卫生、快捷、安全的客房服务。客房经理的基本素质包括以下方面。

1. 品德素质

客房经理主要实施管理职能。作为一个重要部门的管理者，应德才兼备、有强烈的事业心和责任感，能团结和带领本部门全体员工共同工作，作风正派，严于律己，能将国家利益和酒店利益放在首位，顾全大局，并能与酒店其他各部门保持密切的合作互助关系。

2. 知识素质

（1）专业知识　客房经理要熟悉旅游经济、客房管理等方面的理论知识；要了解当地社会、经济、文化情况；要熟悉酒店各部门经营管理的运转程序，以便配合其他部门的工作；对本部门的专业知识，如客房装饰布置、清洁卫生原理、清洁剂的种类和性能，以及安全、消防等知识更要熟练掌握。

（2）管理知识　客房经理要熟悉和掌握人、财、时间、工作规程、材料、设备、能源等方面的管理知识，要熟悉计划、组织、协调、人员配备、指导、控制、评估等各个环节的操作程序和标准。

（3）外语掌握程度　客房经理至少要能熟练运用一门外语，并能流利准确地与客人对话。

3. 能力素质

客房经理的能力素质包括决策计划能力、组织协调能力、激励沟通能力、评估培训能力以及本部门的实际操作技能等。

4. 工作经验

具有 3 ~ 5 年客房服务和管理工作经验，具有识别一般棉织品布料性质、工服款式、洗衣、清洁剂和客用品用途等知识。

（二）客房主管素质要求

1. 基本素质

事业心强，责任感强，工作态度认真、积极。办事效率高，擅长处理各种人际关系。

2. 知识素质

（1）专业知识　掌握酒店管理一般知识；熟悉客房管理专业知识、客房服务规程和接待礼仪。

（2）外语掌握程度　达到酒店英语专业水平。

3. 能力素质

具有较强的专业操作技能，能较好培训和指导下属工作，并能处理客人的一般性投诉。

4. 工作经验

具有 3 年以上客房服务工作经验及 1 年领班工作经验。

（三）客房领班素质要求

1. 基本素质

有事业心、责任感，热爱本职工作，办事公平、合理，熟知本岗位的工作程序和质量标准，能认真执行上级的指令。

2. 知识素质

（1）专业知识　熟悉客房服务、清洁和物料管理的规程和标准，掌握接待服务礼仪礼节和安全消防知识。

（2）外语掌握程度　达到酒店英语中级水平，能够与客人进行基本的沟通交流。

3. 能力素质

具有过硬的专业操作能力，能检查、督导下属工作。

4. 工作经验

具有1年以上的客房服务工作经历。

（四）客房服务员素质要求

1. 基本素质

遵守职业道德，执行酒店各项规章制度，具有较强的服务意识，工作认真，有团结协作精神，吃苦耐劳，积极肯干。

2. 知识素质

（1）专业知识　了解客房服务知识，熟悉客房服务工作流程和标准，以及接待服务礼节礼仪和安全消防知识；掌握客房各种设备设施的使用和保养方法，熟悉客房清洁服务流程和标准。

（2）外语掌握程度　具有初级英语水平，能用简单的英语与客人沟通，解决客人的困难。

3. 能力素质

精通本职工作技能，能在规定的时间内较好完成本职工作，为客人提供优质服务。

【运营链接 13-1】

失而复得的行李箱

2月的某日10点半左右，客人徐先生一行退房后向前台询问无锡的旅游景点。前台员工向其介绍灵山大佛、太湖等无锡著名景点。但因自己要赶下午的飞机，徐先生便决定利用3个小时的时间去太湖玩一圈，于是前台为其联系了出租车送其去太湖。11点10分左右，徐先生致电酒店前台：其行李箱落在出租车的后备箱内，里面有很多现金，自己很着急，因是从酒店出发，所以希望酒店可以帮助找回行李箱。

前台员工接到客人的电话后，马上安抚客人，并告诉客人可以根据打印的发票查到出租车车牌号，但客人告知并未索取发票。前台员工立即想到，当时客人要的车是前台通过叫车中心联系的出租车，于是前台员工马上联系叫车中心，并根据客人上车的时间和目的地，获得了出租车的车牌号和司机的电话的号码。前台员工立即在第一时间将出租车司机的电话号码告知客人。

结果：

半个小时后，客人回电已经拿到了自己的行李箱，里面的东西一件不少，客人称赞酒店员工的办事效率非常高。

第二节　前厅与客房的人员编制

员工是酒店最基本、最重要和最宝贵的资源。在日益激烈的酒店业市场竞争中，酒店之间的竞争实质上是人才的竞争。员工管理不仅是酒店人力资源部门的主要工作，也是前厅与客房部门的管理任务之一。只有高度重视员工管理的各个方面的工作，才能充分发挥前厅与客房部门的人力资源优势，实现前厅与客房部门乃至酒店的管理目标。

一、前厅与客房人员编制的原则

要提高前厅与客房管理的效率和质量，必须科学合理地配置人员，掌握部门对员工的需求数量和标准，编制定员是前厅与客房员工管理的一项基础工作。所谓定员，就是指结合前厅与客房经营的规模、档次、员工素质等因素，前厅与客房部门及各班组、各环节为了完成一定的任务并达到最佳的群体效应而应有的人员配备。

（一）人员编制的影响因素

1. 服务模式

前厅与客房部的服务模式从劳动组织形式上确定了前厅与客房部门的业务分工、职责范围及用人数量与质量要求。客房服务模式一般有两种，即楼层服务台和客房中心，不同的服务模式在用人数量上有很大的差异。前者注重客房用工效率和统一调控，在人员配备数量上比后者少。

2. 组织机构

前厅与客房部门的组织机构与酒店的规模有关，不同的组织机构，其前厅与客房部门的分支机构、管理层次和岗位设置都有所不同。规模大、分工细的酒店通常设置经理、主管、领班、服务员四个层次；而小型酒店通常将主管与领班并为一个层次，不设副职，同时对服务员不做工种的细分，只是划分班次和区域。

3. 工作量

工作量是前厅与客房部门定员的一个主要因素。工作量的大小与所配置的员工数量成正比。前厅与客房部门的工作量往往与前厅与客房部门的业务范围、酒店的规模、档次、经营情况有关。

前厅与客房部门的工作量一般可分为三部分：

（1）固定工作量　固定工作量是指那些只要酒店开业就会有，而且必须按时去完成的日常例行事务。例如，前厅与客房部门管辖范围内所有公共区域的日常清洁保养，保证内部正常运转所需要的岗位值勤等。固定工作量往往反映了一家酒店或部门工作的基本水准，所以其政策性比较强，要能体现出本酒店决策者的经营管理思想。

（2）变动工作量　变动工作量是指随着酒店业务量等因素的变化而变化的工作量，在前厅与客房部门主要表现在随客房出售率的变化而变化的那部分工作量。例如，客房的清扫数量、对客服务的工作量及一些特殊情况的处理等。这部分工作量的计算通常以预测的年平均客房出售率为基准来做进一步具体测算。如某酒店出售率最低可达 30%，最高可达 100%，其全年平均出售率为 65%，则一般以 65% 作为计算变动工作量的基础。

（3）间断性工作量　间断性工作量通常是指那些不需要每天操作，或者不是每天 24h 都需要连续操作，但又必须定期进行的工作量。例如，餐厅、舞厅和多功能厅的清洁，金属器材的擦拭，地毯的清洗，玻璃的擦拭，等等。这一部分工作量需要管理者逐项分解和测试单项操作标准时间，以便较准确地测算。

4. 岗位工作定额

工作定额是指每位员工在单位时间内，在保证服务质量的前提下，平均应完成的工作量指标。工作定额是对工作效率的要求，是实行定员编制的基础；定员则是对人员配备的要求，是完成工作定额的手段，二者相互联系、相互作用。

制定工作定额必须首先确定定额指标。由于在前厅与客房中随机服务较多，不同于生产型企业和其他服务性企业，所以除前厅与客房清扫员外，其他岗位的工作定额指标不易确定，需要灵活掌握。一般可根据岗位工作性质确定看管定额指标、责任指标、营业指标、成本消耗指标或利润指标。有了定额指标就可以编制工作定额。

制定工作定额的方法有如下几种。

（1）实际测定法　实际测定法适用于清扫员工作定额指标的确定，具体做法如下：按照清扫操作规程和质量要求，组织具有不同操作水平的员工多次清扫操作，记录每个人每一项目的完成时间，进行科学综合，得出各项目的平均操作时间。在前厅与客房各工种中楼层清扫员的工作定额比较简单，公共区与洗衣房的定额可参照此法。楼层服务台值班员的工作定额指标因以对客服务为主、随机服务多而较难确定，一般是根据实际需要，按清扫员的一定比例大致确定工作定额。

（2）经验估计法　以过去已完成指标情况为基础，综合分析可进一步提高劳动效率的有利因素和不利因素，用经验来估计工时消耗，制定工作定额。

（3）统计分析法　参考过去的统计资料，结合当前的劳动条件和管理条件，制定工作定额。

（4）类推比较法　以过去已完成指标情况为基础，分析同类酒店前厅与客房工作定额指标，然后结合本酒店前厅与客房现状，通过对比分析来估计工时消耗，制定工作定额。

确定工作定额是一项比较复杂的工作，要考虑多方面的因素，如人员素质、工作环境、规格标准、器具配备等。规格标准高，每人的工作定额就要少一些，以使员工能有充裕时间把工作做得细致些。

（二）人员编制的原则

1. 科学、合理

合理确定服务工种之间的员工比例、管理人员和服务人员的比例等都需要科学的管理手段。

2. 精简、高效

在编制定员时要保证精简、高效，避免人浮于事。前厅与客房部门的服务人员众多，人际关系复杂，有时人多反而会导致效率低下、状态不佳、负担沉重、责任不清、是非增多。因此，前厅与客房部门在确定所需配置的员工数量时，一定要把满负荷、快节奏、高效率作为前提条件，要确保“人人有事做，事事有人做”。

二、前厅与客房人员编制的程序

人员编制一般可分为服务模式及管理层次确立、工作量预测、编制定员方案三个环节。

（一）服务模式及管理层次确立

客房服务通常有两种模式，即客房中心和楼层服务台。由于前者重视用工效率和统一调控，后者强调面对面专职对客服务，因而所需人员数量是有较大差别的，各酒店应根据本身的条件和特点而做出选择。

管理层次通常由工作范围的大小决定。规模大、范围广、分工细的酒店通常要在部门经理与服务员之间设有副经理、秘书或经理助理、各区主管和领班等层次，而服务员可按工种和职级细分；但小型酒店可将主管和领班并为一个层次，不设秘书或助理，这种酒店的服务员大多为全能型的，不做工种的细分而只做服务区域与班次的划分即可。

服务模式与管理层次是前厅与客房经理必须认真研究的问题，而其的确立又必须贯彻酒店总经理的管理思想，符合酒店的市场形象，有利于完善服务、促进管理、提高效益。

（二）工作量预测

在确定了酒店的规模、档次和服务规格等要素之后，就要求对前厅与客房部门所需承担的工作量做出预测。为便于分析，往往把工作量分成两个部分，即固定工作量和变动工作量。

前厅与客房部门的固定工作量是指那些用以维护酒店既定规格水准的工作。例如，全部工作范围内的计划卫生和定期保养工作，所有公共区域的日常清洁整理，保证内部正常运转所需要的岗位值勤，等等。固定工作量往往反映了一个酒店或部门工作的基本水准，所以其政策性比较强，要能体现出本酒店决策者的经营管理思想。

前厅与客房部门的变动工作量是随着酒店业务量等因素的变化而变化的，如贵宾服务、特殊情况的处理等。虽然住客率、客人个体差异、季节和天气等，都可能对这部分工作量产生影响，但从简便的角度出发，总要试图设定一个平均工作量。比如某酒店即将开业，估计来年其开房率最低可达 40%，而最高时将突破 100%，但根据本地区全年的客情预测来看，平均开房率只能达到 70% 左右，那么就可以将 70% 看作这一变动工作量的轴心，来做进一步的测算。

为了方便下一步工作，在统计工作量时还要将那些规定在不同时间做的工作尽可能反映清楚。例如，公共区域的工作是 24h 连续进行的，但一些特定工作项目的时间性又很强，因而对其工作量的预测要做到全面、仔细和准确。工作量预测需要有一定的政策水平、管理经验和业务能力，否则将会导致今后工作的被动和失败。

（三）编制定员方案

编制定员的一般程序如下：

1）根据前厅与客房部门的管辖范围将各职能区域分开。

2）计算并预测各区域的总体工作量。

3）确定各区域所需的工种、岗位及班次。

4）计算并确定各岗位、各班次的工作定额。

5）确定前厅与客房部门各岗位、各工种所需的员工数量。

前厅与客房部门业务范围广，工作岗位多，员工数量大，各区域、各岗位员工的工作性质、特点不尽相同，要使每位员工都有适合的岗位，做到人尽其才，在编制定员时就应采取不同的方法。前厅与客房部门常用的定员方法主要有三种。

1. 比例定员法

比例定员法又分两种。一种是根据酒店的档次、规模定员，按全员数量确定工种和岗位的人数。例如，前厅与客房部门人数约占酒店总人数的30%；设客房中心的酒店，楼层服务员人数与客房数的比例为1 ∶ 5左右；设楼层服务台的酒店，楼层服务员人数与客房数的比例则为1 ∶ 3或1 ∶ 4左右。另一种是根据被管理人员的人数确定管理人员的人数。例如5 ~ 8名服务员配一名领班等。这一方法简单易行，比较常用，但比较粗糙和平均化。

2. 岗位定员法

岗位定员法是根据前厅与客房部门的机构设置、岗位和工作量等因素确定员工人数的定员方法，主要适用于行政管理人员，如经理、办公室秘书和文员、楼层台班服务员、公共区域的部分员工等。

3. 定额定员法

定额定员法是根据工作量、工作定额和员工出勤率来计算员工人数的定员方法。此方法主要适用于客房清扫员，其计算公式如下

$$定员人数=\frac{劳动任务\times 客房数\times 平均出售率}{劳动定额\times 出勤率}$$

【运营链接 13-2】

如何计算客房楼面所需人数？

某酒店客房区域共10层，每层24间，有客房240间。卫生班服务员清扫定额为12间/（人·天），夜班客房服务员负责48间/（人·天）的开夜床服务，台班每层楼2人。日班领班定额为3个楼层的客房，夜班领班为5个楼层的客房。所有员工实行8小时工作制，每周工作为5天。除国家规定的节假日11天外，每位员工还可以享受104天的休息日，年旅游假7天，预计

每位员工可能有14天病事假/年。督导人员设主管3人、经理1人、经理助理1人。预测年平均客房出售率为80%。求楼面所需人数。

根据已知条件和定员分析，计算方法如下：

（1）计算员工出勤率

员工实际工作日 =365－104－11－7－14=229（天）

员工每年的出勤率 =229/365=63%

（2）计算日班卫生班定员人数

日班卫生班定员人数 =240×80%/（12×63%）≈25（人）

（3）夜班服务员定员人数

夜班服务员定员人数 =240×80%/（48×63%）≈6（人）

(4) 台班服务员定员人数

按岗位定员方法定员，客房区域共10层，台班每层楼2人。

台班服务员定员 =2×10=20（人）

实际需要人数 =20/63%≈32（人）

（5）领班定员人数

日班领班定员 =10/（3×63%）≈5（人）

夜班领班定员 =10/（5×63%）≈3（人）

（6）主管、经理、经理助理人数

主管、经理、经理助理人员 =3+1+1=5（人）

（7）客房楼面所需人数

该酒店客房楼层所需要人员总数 =25+6+32+5+3+5=76（人）

注：计算过程中，凡小数点以下数据均采用四舍五入的方法。

第三节　前厅与客房员工的招聘

招聘是企业为了发展的需要，根据人力资源规划和工作分析的要求，寻找、吸引那些有能力又有兴趣到该企业任职的人员，并从中选出适宜人员予以录用的过程。前厅客房员工的招聘必须坚持“公开招收、自愿报名、全面考核、择优录用”的原则，并注意招聘时机、招聘程序和择员技术的决策。

一、前厅与客房员工招聘的途径

酒店出现职位空缺后，可根据实际情况，从酒店内部和外部同时寻找合适的人选。

（一）内部招聘

内部招聘是指在酒店出现职务空缺后，从酒店内部选择合适的人选来填补这个位置。内部招聘主要有以下几种。

1. 内部晋升

当酒店有些比较重要的岗位如部门经理、主管、领班等，需要招聘人员时，提拔内部可以胜任这些岗位的优秀员工，使他们从一个较低的岗位晋升到一个较高的岗位的过程，就是内部晋升。

内部晋升给员工以升职的机会，会使员工感到有希望、有发展前途，有利于激励员工奋发向上，也有利于形成稳定的企业文化。而且，内部晋升的员工对本酒店的业务工作比较熟悉，能够较快适应新的岗位。然而内部晋升也有一定的不利之处，主要是不易吸收优秀人才，较封闭，可能使企业缺少活力。

2. 内部调用

将员工从原来的岗位调往同一层次的空缺岗位去工作的过程称为内部调用，也叫作“平调”。这是在酒店内部寻找合适人选的一种基本方法。

内部调用的目的是填补空缺，但实际上它还起到许多其他作用。如可以使内部员工了解酒店内其他岗位的工作，与更多的人员有更深的接触和了解。这一方面有利于员工今后的晋升，另一方面可以使上级对下级的能力有更进一步的了解，也为今后的工作安排做好准备。

3. 工作轮换

工作轮换和工作调换有些相似，但又有些不同。如工作调换的时间往往较长，而工作轮换则通常是短期的，有时间期限。工作轮换可以使酒店内部的管理人员或普通员工有机会了解酒店或部门内部的不同工作，给那些有潜力的员工提供以后晋升的条件，同时也可以为员工带来新鲜感，减少其由于长期从事某项工作而产生的烦躁和厌倦等感觉。

4. 人员重聘

酒店有时由于某些原因会有一批不在其位的员工，如下岗人员、长期休假人员、停薪留职人员等。在这些人员中，有的恰好是内部空缺岗位需要的人员，有的人素质较高，对这些人员的重聘会使他们有再为酒店尽力的机会。另外，酒店聘用这些人员可以使他们尽快上岗，同时也减少了培训等方面的费用。

内部招聘的做法通常是酒店在内部公开空缺职位，吸引员工来应聘。这种方法使员工有一种公平合理、公开竞争的感觉，使员工更加努力奋斗，为自己的发展增加积极的因素。这无疑是人力资源开发与管理的目标之一。

（二）外部招聘

在许多情况下，内部招聘满足不了酒店对人员的需求，尤其当一个酒店处在创业初期或者快速发展扩张时期，或者因为扩大了业务范围等，这时就需要通过外部招聘来解决人员短缺问题。外部招聘主要有以下几种形式。

1. 广告媒介

许多企业通过媒体广告的形式获得所需的人才。好的广告一方面能吸引所需的人员前来应聘，另一方面扩大了企业的知名度。在招聘广告中，除了介绍本企业及有关部门职位的情况、职位的要求和待遇、联系方式等，一定要选择合适的媒体，这样才能达到预期的目的。

2. 院校预定

每年都有成千上万的学生从大中专院校毕业。有的单位已经与有关院校联系，预定本单位所需的人员；有的单位甚至在相关院校设立奖学金，为自己培养专业人才。这种有目的的预定方法，与单位的人力资源计划是分不开的。单位根据自身的人力资源计划，在一两年甚至更长的时间之前，就与院校在培养人才方面进行了沟通，这样培养出来的大学生到了工作岗位后能较快地熟悉业务、进入状态。这种方式一般适用于招聘专业职位或专项技术岗位的人员。

3. 人才交流

随着经济的发展、社会的进步，人才流动的现象越来越普遍。为了适应人才流动的需求，许多城市出现了人才交流中心或职业介绍所等。这些机构扮演着双重角色，既为用人单位选人，也为求职者选工作单位。因此通过这些机构几乎可以找到所有需要的人员。一些大城市里出现了猎头公司，更便于用人单位寻觅急需的各类管理人员、专业技术人员，甚至是总经理、副总经理等高级管理人员。

外部招聘具有以下优点：选择范围广，选择余地大；可以为企业引进新生力量，注入新的活力；避免原有工作绩效和人际关系等因素所带来的偏见，易于做到一视同仁，平等对待，从而减少管理上的困难；为酒店的服务创新和思想创新带来新的灵感。

二、前厅与客房员工招聘的程序

科学合理的招聘程序一方面可以确保招聘工作有序进行，另一方面对于降低招聘成本具有重要意义。因而，根据酒店自身情况和岗位要求设计招聘程序，是成功招聘的重要开始。一般来讲，招聘工作应遵照以下程序开展。

（一）确定招聘的目的和岗位

首先要确定招聘的岗位。招聘岗位的种类和数量与招聘的目的密切相关，酒店企业招聘的目的主要有以下几种。

1. 新酒店开业

新酒店开业的首要工作就是招聘员工，这种情况下招聘的岗位是种类全面和数量众多的，招聘工作的规模也最大。

2. 出现空缺岗位

出现空缺岗位是酒店经营过程中最常见的现象，也是招聘的最常见原因，但出现空缺岗位的原因不尽相同，主要有以下三种。

（1）原有人员离职　有可能是岗位原有人员获得了晋升或调离，也可能是原有人员退休或流失。

（2）新岗位产生　酒店自身经营和市场需求的变化都可能导致新岗位的出现，需要招聘人员负责新的岗位。

（3）酒店业务量扩大　业务量扩大带来的人手短缺导致了岗位数量的增加，也需要通过招聘来满足酒店这类需要。

3. 调整员工结构

如果酒店员工结构存在不合理的情况，如学历结构、年龄结构、性别结构等方面，就要调整现有员工结构，需要“吐故”和“纳新”，这也会导致招聘员工的需要。

不同的招聘目的对于招聘的规模、招聘的具体方法和程序具有重要影响，因而确定招聘目的是招聘工作的首要环节。确定了招聘的目的、招聘的岗位种类和数量，才能够正式启动招聘的程序。

（二）招聘的前期准备阶段

1. 了解工作分析资料

了解工作分析资料主要是指阅读和研究招聘岗位的工作说明和岗位规范，以确定如何向应聘者描述岗位的工作内容以及任职资格要求等信息，对于方便应聘者选择以及确定选拔标准有重要作用。

2. 了解法律法规要求

了解相应的法律法规要求，特别是可以确保招聘的合法性。

3. 确定需要向应聘者传达的信息

要事先确定如何向应聘者介绍企业和岗位的相关情况，如本酒店的性质、规模、发展机会等。尽量在真实的基础上增强酒店和岗位对应聘者的吸引力。

4. 确定招聘途径

根据招聘目的和岗位情况确定本次招聘的途径，即要内部招聘还是要外部招聘。

5. 确定招聘和发布信息的渠道

选择招聘的渠道，如人才市场、职业中介机构、大中专院校、公开招聘等，以及发布招聘信息的渠道，如店内公告、校园海报、媒体广告等。如果要发布广告，还应确定媒体种类。

6. 组建招聘团队

选择合适的人员组成招聘团队是决定招聘成败的重要环节，但这一环节往往被酒店忽视。一方面招聘人员的水平直接决定了最终招聘的效果；另一方面招聘人员在招聘活动中代表了酒店的形象，对于吸引应聘者和树立酒店形象至关重要。一般而言，招聘小组由人力资源部成员、招聘岗位的部门主管组成。现在很多酒店尝试让招聘岗位部门的普通员工参与招聘工作，这也取得了很好的效果，这样做有利于新员工更快地适应新工作和新环境，还能起到激励老员工的作用。对于招聘人员的形象仪表、言谈举止都应有严格要求，以树立良好的酒店形象。

7. 确定评价应聘者的标准

事先根据岗位规范的要求确定评价标准，对于提高招聘工作的针对性和准确性十分有效。

8. 制订招聘计划

确定以上内容之后，再依据年度人力资源规划中的年度招聘计划，制订本次招聘计划，主要内容包括招聘岗位、招聘方式、招聘策略、人力政策、风险预测、所需经费等，并将招聘计划报酒店高层管理人员批准。

（三）实施阶段

1. 应聘者填写求职申请书

通常由应聘者填写求职申请书。当然有些情况下，这个环节也可以用收集应聘者个人简历来代替，如大型的毕业生招聘会。求职申请书与个人简历的区别在于：前者由酒店设计，包含了酒店要了解的所有信息，内容格式规范、统一；后者是由求职者本人设计，其内容是应聘者想要传递给酒店的信息。因而求职申请书更便于酒店对应聘者进行筛选。

2. 核查应聘者个人信息

核查应聘者的个人资料，如毕业证书、英语等级证书、导游证、厨师证等表明应聘者知识与技能水平的相关材料。利用这一环节可以将明显不符合酒店要求的应聘者筛选掉，提高招聘效率、节省招聘成本。

核查应聘者以往工作经历、工作表现以及相关证书的真伪也属于本环节的工作，但需要说明的是，操作简单易行的核查手段要放在入职考试前进行，那些核查难度大、成本高的核查工作应该考虑放在考试后进行。这样做的主要目的是降低招聘成本。

3. 初次面谈

这一环节的面试一般由人力资源部门负责招聘的人员或用人部门的中层管理人员来完成，目的是识别那些明显不符合酒店要求的应聘者。

4. 测试

对初步通过甄选的应聘者进行测试，一般包括笔试、面试、心理测试等测试种类的全部或部分。各种测试方法按先后顺序排列，也应以降低成本为原则，即成本低的测试方法在前，成本高的在后。

5. 体检

体检的环节可以放在录用员工之前，也可以和核查应聘者信息同步进行，要看具体的岗位要求以及体检费用由哪一方承担。需要注意的是，体检标准的确定要以科学可靠的岗位规范为依据。

6. 任用面谈

任用面谈是正式录用员工的最后一道环节，一般由酒店或用人部门的高层人员进行，主要包括与应聘者讨论福利待遇、岗位安排等细节内容。在这一环节还会有少量的应聘者被淘汰或者主动放弃。

（四）录用阶段

1. 由酒店高层批准

将最终确定的录用人员名单和相关情况报酒店高层审查批准。国有大型酒店的这一过程可能更为复杂；连锁经营或者集团性的酒店也可能要报总部批准。当然，是否一定要经历这一环节与酒店规模、性质、招聘岗位的重要程度密切相关。

2. 向录用人员发放录用通知单并签订劳动合同

有些酒店对被录用人员采取当面或电话通知的形式，这样简便、快捷，但为了规范录用程序和录用制度，最好向被录用人员发送正式的录用通知单。

酒店与员工签订劳动合同既是法律法规的要求，也是保证酒店和劳动者利益的重要手段。劳动合同是明确双方权利义务、确定双方劳动关系的具有法律约束力的劳动协议，也是酒店招聘工作的一个结果性标志。劳动合同主要包括工作内容、合同期限、劳动报酬、劳动纪律、终止条件等方面的内容。

【运营链接 13-3】

假日酒店——“你会打篮球吗？”

背景与情景：假日酒店在招聘员工时经常会询问员工是否会打篮球，是不是酒店业余球队的球员。真实的情形是，酒店认为那些喜爱打篮球的人，性格外向、身体健康而充满活力。篮球是一项团队运动，打篮球的人需要有一定的协作意识和团队精神。假日酒店作为服务至上的企业，其员工要有合理和充盈的干劲、朝气蓬勃。一位缺乏兴趣、活力不足的员工是酒店所不需要的，他既不能给酒店带来活力，也易表现对宾客的不尊重。

分析提示：假日酒店在招聘员工时，通过面试了解应聘者在体育运动方面的个人爱好，是从体育运动方面来判断应聘者的个性是否符合酒店的需要。在人员招聘甄选的过程中，酒店采用的选拔方式层出不穷，应聘者要尽可能理解对方所提问题的目的所在，选择符合自己实际情况和岗位要求的恰当的答案，切忌随意回答问题。

资料来源：仇学琴，等．酒店前厅客房服务与管理．北京：机械工业出版社，2019：331.

二维码资源 13-02

第四节　前厅与客房员工的培训

前厅与客房员工培训是指为了提高前厅与客房员工素质、工作效率及员工对职业的满意程度，直接有效地开展酒店经营服务，而采取各种方法，对各类员工进行的教育培训活动。前厅与客房员工培训工作是酒店开发人力资源、提高员工素质的最有效途径。它可以促进酒店管理水平和服务质量的提高；可以持续提高酒店员工的知识水平、操作技能，改善服务态度，降低事故率和投诉率；可以最大限度地发挥员工的工作积极性、创造性，使员工的个人价值得到体现，增强其自信心和自豪感。在培训过程中，只有把握了培训的规律，降低培训的盲目性，同时运用正确的方法，才能使整个培训过程真正成为一个科学有效的过程，才有益于增强培训效果。前厅与客房员工培训要想获得成功，酒店管理者必须从思想上提高对培训重要性的认识。

1. 培训是管理工作的重要内容之一

从管理的角度上讲，谁直接管理某项工作，谁就应该组织并让从事这项工作的员工得到充分的培训，使其不仅能胜任现职工作，而且能适应酒店未来发展的需要。喜来登酒店管理集团成功的秘诀之一便是遵循“总经理是酒店的总训导师，各部门经理就是各部门的训导师”这样一个管理思想。培训不仅是培训部的工作，而且应是每一位管理者的应尽职责。各基层管理者对下属最了解，对工作要求最明确，所以由他们来开展培训也最有利。如果一名管理者只顾眼前的经济效益，而忽视对下属的培训，就不能充分发挥员工的积极性和聪明才智，容易使工作出现失误。只有把培训和管理有机地结合起来，才能使二者相互促进，相得益彰。

2. 员工培训是优质服务的保证

酒店员工培训是使新员工掌握基本工作技能和职业道德、胜任酒店工作必不可少的步骤，同时培训也是提供优质服务的保证。优质服务是指对可能遇到的一切困难事先有充分的估计，并备有应急措施，能切实帮助客人摆脱困难、让客人满意。酒店要想获得客人的满意，只有通过培训，使员工获得相应的知识和技巧、改善服务态度，并使其服务真正达到优质的标准，才能保证服务质量的连续性和稳定性。

3. 员工培训是提高竞争力的有效途径

酒店业的竞争体现在占有市场、经济实力等方面，而竞争的关键就是人才。谁具备高素质的员工，谁就能赢得客人的青睐，谁才有可能在竞争中站稳脚跟。这种高素质的员工不断通过培训更新思想观念、知识技术，适应现代酒店业的需要，在竞争中立于不败之地。

4. 培训为员工自身发展创造了条件

培训不仅对酒店有利，而且对员工本身有好处，主要表现为：培训可以为增加收入创造条件，可以增强员工的职业安全感。

因此，培训对企业和员工来说是一项“双赢”的管理工作，对酒店的持续发展和人员的稳定有重要的战略意义。

一、前厅与客房员工培训的类型

前厅与客房员工的培训可依据培训的性质、内容、对象以及地点的不同进行划分。

（一）按培训性质划分

按员工培训的性质划分，可分为入职培训、岗前培训、在岗培训和发展培训。

1. 入职培训

入职培训针对的是刚招聘的新员工，这项工作通常由酒店人力资源部负责。为了便于统一安排对新员工的入职教育，酒店通常规定一个固定日期为新员工入职日，由人力资源部统一安排培训。入职培训的主要内容有举行欢迎仪式、学习前厅与客房的员工手册、熟悉酒店环境、了解酒店情况、办理有关手续、答疑等。

2. 岗前培训

岗前培训是指在新员工上岗前为使其适应酒店前厅客房工作的需要而进行的各种业务培训活动，前厅客房部服务员岗前培训的主要内容如下：

1）本部门的组织机构及岗位职责。

2）本部门的规章制度。

3）安全守则。

4）礼貌和礼节。

5）仪表仪态及个人卫生要求。

6）前厅客房工作常识。

7）沟通技巧。

8）清洁设备的使用和保养。

9）清洁剂的使用方法和注意事项。

10）客房清洁保养的程序和规范。

11）对客服务的程序和规范。

12）各种表单的使用方法。

3. 在岗培训

在岗培训就是对现职员工进行的以提高本岗位工作能力为主的不脱产的训练活动，也是前厅与客房部及整个酒店培训工作的重点。在岗培训有以下几种形式：

（1）日常培训　日常培训主要是在日常工作中对员工进行培训的。这种培训不需要专门安排和特别准备，也不会影响正常工作，通常是管理人员对其下属进行的临时的个别指导和训示，或者利用各种机会对个别员工进行适当的提示或帮助。目的在于强化员工的质量意识，培养员工良好的工作习惯，提高员工的业务水平和工作能力，使部门和班组之间的工作日趋规范和协调。

（2）专题培训　随着工作标准和要求的不断提高、酒店内外环境的不断变化，前厅与客房部有必要对员工进行针对性的专题培训，强化员工的进取心，提高其适应能力。

（3）转岗培训　转岗培训是指员工由于工作需要从一个岗位转向另一个岗位时，为使转岗人员取得新岗位资格所进行的训练活动。

（4）脱产进修　对于一些专业性较强或准备晋升的员工，以及由于其他工作需要而必须接受培训的员工，酒店或部门可以让他们脱产进修，参加一些专门培训班或到一些专业院校学习。

4. 发展培训

发展培训的主要目的是培养管理人员和业务骨干。通过培训使其能够担任更高层次的职务或承担更重大的责任，发挥更大的作用。这种培训的内容和方式等，需根据培训对象的基础和发展的目标以及具体情况来安排，通常要有一套系统的方案，包括培训的内容、要求、时间安排、指导老师、培训方式、考试办法等。

（二）按培训内容划分

按培训内容，可分为职业知识培训、职业能力培训和职业态度培训。

1. 职业知识培训

职业知识培训是指对员工按照岗位需要进行的专业知识和相关知识教育，如前厅与客房的基本常识、外语知识、法律知识、安全知识、洗涤知识、设备使用与保养知识等。

2. 职业能力培训

职业能力培训是指对员工按照岗位职责要求进行的基本技能训练。能力是知识和智慧的综合体现，是由专业知识、管理水平或服务水平、实践经验等整合而形成的一种综合能力。通过职业能力培训，可以提高前厅与客房员工的观察能力、人际交往能力、团队合作能力、应变能力、创新能力和使用信息的能力等。

3. 职业态度培训

职业态度培训是前厅与客房培训工作中最为重要也是难度最大的培训。态度是人对人、人对事的心理倾向。一个人能否获得成功，60% 取决于其职业态度，30% 取决于其职业技能，而 10% 是靠运气。好的技能和运气固然重要，但是如果没有良好的职业态度作为支撑，成功的机会势必会很少。职业态度会影响到一项工作的成败，甚至会影响到整个酒店的兴衰。

态度不是天生的，而是通过后天的学习获得的。态度形成之后比较持久，但并不是一成不变的。因此，前厅与客房部门管理者要通过对员工服务意识、职业道德、礼节礼貌、奉献精神和价值观的培训教育，引导员工保持并发扬良好的工作态度。

（三）按培训对象划分

按培训对象可分为督导层培训和服务员培训。

1. 督导层培训

前厅与客房管理结构中的主管、领班被合称为“督导层”，他们处于生产、销售与服务的第一线，是各部门乃至整个酒店的中坚力量。对督导层的培训主要包括规划能力、执行能力和人际沟通能力的培训。

2. 服务员培训

对前厅与客房服务员的培训，主要侧重于提高员工的服务质量，提升前厅与客房部门运营水平。

（四）按培训地点划分

按培训地点可分为店内培训和店外培训。

1. 店内培训

店内培训主要包括对新员工的职前培训、员工在工作岗位上的在职培训以及对部分员工进行的轮岗培训等。

2. 店外培训

店外培训主要包括：根据酒店实际需要，选派部分骨干员工到国内外著名酒店实习；从在职管理人员和员工中选拔优秀人员到国内外的大专院校学管理或外语；等等。

二、前厅与客房员工培训的方法

员工培训的效果在很大程度上取决于选择的培训方法。员工培训的方法有很多，不同的培训方法具有不同的特点，各有优劣。前厅与客房部常用的培训方法主要有以下几种。

（一）讲授法

讲授法是指通过语言表达，系统地向受训者传授知识，期望这些受训者能记住其中的主要观念与特定知识的培训方法。

讲授法是最古老的、使用最广泛的培训方法。尽管它是一种传统的教学方法，但在今天仍有很大的使用价值，在运用其他各种培训方法时也不能完全脱离培训者的口头语言讲授。

1. 讲授法的要求

讲授法要求培训教师具有较高的水平，不但要精通业务知识，而且要具备教学的经验和能力，要能写好教案，掌握教学环节。另外，培训教师表达能力的发挥、视听设备的使用也是增强培训效果的有效的辅助手段。

2. 讲授法的优缺点

讲授法的优点是可同时实施于多名学员，不必耗费太多的时间与经费；其缺点是由于在表达上受到限制，因此受训者不能主动参与培训，只能从培训教师的演讲中，做被动、有限度的思考与吸收。讲授法适用于对本企业一种新政策或新制度的介绍与演讲、引进新设备或技术的普及讲座等理论性内容的培训。

（二）视听法

视听法就是以电视机、录像机、幻灯机、投影仪、收录机、电影放映机等视听教学设备为主要培训手段进行训练的方法。

随着声像资料的普及与广泛应用，许多酒店的外语培训已采用电化教学手段，并取得了较好的效果。除了外语培训外，有条件的酒店还可运用摄像机自行摄制培训录像带，选择一些课题将酒店实务操作规范程序、礼貌礼节行为规范等内容自编成音像教材用于培训中。

（三）研讨法

研讨法就是通过培训教师与受训者之间或受训者之间的讨论解决疑难问题的方法。

1. 研讨法的要求

1）每次讨论都要建立明确的目标，并让每一位参与者了解这些目标。

2）要使受训者对讨论的问题发生内在的兴趣，并启发他们积极思考。

3）在大家都能看到的地方公布议程表（包括时间限制），并于每一阶段结束时检查进度。

2. 研讨法的优点

1）受训者能够主动提出问题，表达个人的感受，有助于激发学习兴趣。

2）鼓励受训者积极思考，有利于其能力的开发。

3）在讨论中取长补短，互相学习，有利于受训者知识和经验的交流。

3. 研讨法的缺点

1）讨论课题的好坏将直接影响培训的效果。

2）受训者自身的水平也会影响培训的效果。

3）不利于受训者系统地掌握知识和技能。

（四）角色扮演法

角色扮演法是指设定一个最接近现场状况的培训环境，让受训者扮演某个与自己工作相关但自己原来没有体验过的角色，以感受所扮角色的心态和行为，以便更有效地做好本职工作。

1. 角色扮演法的优点

1）参与性强，易引起受训者共鸣。只有参与才会有体验，有了体验才会有新感受。这种方法使得学员不甘寂寞，学习气氛也会变得很活跃，人们的思维也在不知不觉中加速运转。

2）易于深刻地理解角色意识。工作中的角色不同，思考问题的角度不同，往往会给沟通带来障碍，给工作造成麻烦。也许前台服务员自认为对客人的服务已尽善尽美，客人却抱怨这里的员工不够友善。角色扮演法可以给员工换位思考的机会，身临其境去探索对方的心理需求，以强化自己的角色意识。

2. 角色扮演法的缺点

1）参加人数少。部分人只能通过看别人表演来间接感觉。

2）花费时间多。由于时间的限制，角色扮演法只适用于小范围，不适于解决普遍存在的问题。

（五）案例分析法

案例分析法又称“个案研究法”，是指把实际工作中出现的问题作为案例，交由受训者研究分析，以培养受训者的分析能力、判断能力、解决问题能力的培训方法。

在运用案例分析法的时候，案例一般具有普遍性和真实性，本身没有标准答案，培训教师只提供一些与案例有关的表格、数据和资料，帮助受训者开展讨论，开拓思路。用这种方法培训员工，能明显地增强员工对公司各项业务的了解，培养员工间良好的人际关系，提高员工解决问题的能力，增强团队的凝聚力。

案例分析法的优点是：参与性强，受训者由被动变成主动，有利于提高其解决问题的实际能力，激发其参加培训的积极性，受训者之间能够相互交流经验，从而激发思考，发挥潜能。其缺点在于：比较浪费时间，消耗比较多的精力，而且案例开发耗时、耗力。

（六）游戏法

游戏法是一种在培训员工过程中常用的辅助方法。目的在于改变培训现场气氛，游戏本身的趣味性可提高受训者的好奇心、兴趣及参与意识，并且改善人际关系。

使用游戏法进行培训，需要注意以下几个方面的内容：

（1）制定游戏规则　没有限制会使游戏变为一场闹剧。只有制定游戏参与者的约束制度，使游戏有章可循，才能保障游戏顺利进行。

（2）游戏需要有结果　游戏的目的是使参与者通过游戏活动的结果，加深对知识的认识和理解，有的游戏最后要在竞争中出现胜负结果，这对胜者是一种鼓励，对败者也是一种激励。

（3）游戏提倡竞争　培训中引入竞争意识并贯彻在教育游戏中，这是游戏所要遵循的一条重要原则，培养竞争意识是游戏法的目的之一。

（七）直接传授法

直接传授法即传统的“师傅带徒弟”，由前厅与客房部门督导人员在现场给予员工示范及协助，通过工作现场的实地演练，帮助员工迅速掌握相关的工作技能，具有极强的灵活性和实用性，是将培训和工作结合得最好的一种培训方法。直接传授法适用于操作性较强、程序清晰的培训内容。

前厅与客房部门承担了本部门员工的大多数培训任务，应根据实际情况，制订出一套较完整和可行的培训方案，选择合适的培训形式，以提高培训工作的有效性。

【运营链接 13-4】

上海 ×× 酒店客房清扫员的入职培训

（1）×× 酒店的清扫员由指定的主管进行专职培训，培训时间一般为 1 周或 10 天，然后直接单独上岗，不再安排他和老师傅跟班学习，这样可以确保各项操作的标准。

（2）新人第一天单独上岗的工作量为 4 间，然后每 3 天递增 1 间，直至达到 15 间。

（3）由于新人在短时间内上岗会出现各种问题，因此 ×× 酒店各级管理人员和职能部门都需用宽容的态度、用教育和提醒的方式不断督促新人适应各项管理要求。在新人未达到 15 间的工作量之前，只能对领班提出要求，而不能将员工出现的问题和责任归咎于管理不到位。所以在相对宽松的环境下，更有利于培训取得成效，也有利于留住新人。

（4）×× 酒店客房部每天都有 15min 的培训，培训内容主要围绕基础性、实务性的业务及能力。

资料来源：刘伟 .《酒店管理》（第 2 版）. 中国人民大学出版社，2018 年 .

第五节　前厅与客房员工的考核与激励

人是酒店最重要的因素、最大的投资。酒店管理者既要做好员工的挑选、培训工作，使员工能最有效地工作，同时也要制定完善的考核制度和激励措施，使员工能够努力工作，这是建设和管理优秀员工队伍的科学方法。

一、前厅与客房员工的考核

为了提高服务质量和工作质量，必须实施并加强对员工的日常考核和工作评估。否则，将出现有令不行、工作涣散、服务质量恶化的状况。

（一）日常考核

前厅与客房部各级管理人员平时应做好对下属员工工作表现的观察与考核记录。这不仅是提高服务质量和工作质量的重要手段和途径，而且是对员工进行客观、公正评估的基础。

考核应该逐级进行，涉及部门内（包括管理人员）的所有员工。领班对服务员进行考核，主管对领班进行考核，而部门经理则对主管进行考核。如果服务员工作质量出现问题，领班没有发现或没有处理，或没有在考评表中予以反映，就是领班的失职，要扣分；而如果主管没有发现或没有处理，是主管的失职，要扣分。考核结果除了对当事人进行批评教育外，还将在每月业绩奖中予以体现。当然，管理者任何时候都应明白，考核、评估只是手段而已，提高服务质量和工作质量才是最终目的。

考核的内容可以因考核对象的不同而不同，对服务员的考核包括：员工的出勤情况，仪容仪表、服务态度，客人投诉情况，工作差错情况，违反店纪店规情况，与其他员工的合作程度，对管理人员的服从性，工作的责任心与自觉性，等等。而对管理人员的考核则还应增加现场督导和管理情况、财产管理情况及考评工作执行情况等。为了增强考核工作的客观性、公正性，考评员还应在考评表的背面写下扣分的理由和出现的问题，使被考评者心服口服，而且作为日后对员工工作进行评估的客观依据。

（二）工作评估

对员工的工作评估，就是按照一定的程序和方法，根据管理者预先确定的内容和标准，对员工德、才的表现和工作业绩进行考察和评价。前厅与客房部员工的工作评估可以定期进行，也可以不定期进行。

1. 评估的作用

1）能够激励员工更好地工作。通过对工作表现的评估，充分肯定员工的工作成绩及良好表现，这是对员工所做工作的肯定，能够激发员工的进取心。

2）有助于发现员工工作中的缺点，以便采取相应的管理措施。如果是员工工作态度不端正、努力程度不够，则应分析原因，解决问题，帮助员工端正态度，改善工作；如属于缺乏专业知识或技能技巧不熟练的问题，则应确定进一步培训的需要，并纳入下一步的培训计划。

3）为今后员工的任用安排提供了依据。通过评估，可发现各方面表现突出并有发展潜力的员工，可对这类员工制订发展计划、提出更高的要求，为今后提升其职务或任命其担任更重要岗位的工作打好基础。通过评估，也可发现不称职、不合格的员工，为保证工作质量和服务质量，应调动或解聘其工作或职务。

4）有助于改善员工和管理人员的关系。评估能够加强员工与管理者之间的双向沟通，促进他们相互了解。认真、客观、公正的评估，能够对员工起到激励作用。但上级管理人员对下属带有偏见的、不够客观公正的评估，也会恶化员工和其上级管理者之间的关系，对日后工作的开展造成不利的影响。

2. 评估的依据和内容

对员工的工作评估，其依据是前厅与客房“岗位责任制”或“工作说明书”中对该岗位员工的基本要求（包括工作职责、标准、任务等），以及员工对岗位职责的履行情况。评估的内容包括被评估者的基本素质、工作业绩、工作态度、专业知识、工作数量、理解能力、工作质量、语言能力、服务态度、进取精神、礼节礼貌、责任感、仪容仪表、工作的自觉性、与上级的关系、与同事的关系、服从性、个人品德、工作能力、考勤及守时、合作性和其他。

对于上述内容，在评估时，可以根据其重要性的不同给予不同的权重、进行打分，以求全面、客观地反映被评估者的综合素质。

3. 评估的程序和方法

（1）填写评估表　对员工的工作评估通常为每年一次，评估的表格一般由酒店统一设计和印制。为了给年度评估提供依据，使年度评估更为准确，同时也为了进一步激励员工，前厅与客房部也可以对员工进行月度评估，月度评估的形式和内容以简单为宜。

为了使评估更加客观、准确，可以采用定性和定量相结合的方法。比如，可对上述评估表中的每个项目确定权重，对 A、B、C、D、E 不同档次，确定不同的分值，最后加总，就可得到被评估者的综合评估分。再将总评分划分为不同的档次，作为月度或年度奖励的依据。

（2）评估面谈　评估表填写好后，评估者要与被评估者见面，就评分表上的各个项目及评分情况逐条向被评估的员工解释说明。被评估者可以在面谈时对评估意见提出不同的看法，并与评估者进行深入的讨论。如不能取得一致意见，可由人力资源部约见该员工，听取其意见，并做适当的处理。

另外，为了取得良好的面谈效果，评估者应当掌握一些面谈的方法和技巧。

1）批评应注意对事不对人，切不可进行人身攻击。

2）尽量不要涉及其他员工，尤其不要在面谈的员工面前批评其他员工，以免人为地制造矛盾和员工之间的不团结。

3）面谈时要集中思想，注意聆听员工，以便建立起双方相互信任的沟通渠道。面谈时心不在焉，会使员工怀疑评估者的诚意，继而对其失去信任。

4）谈话的用词要合适，尤其是在批评员工时，必须注意选用恰当的词汇。切忌在被评估者情绪激动时对其进行对抗性指责，容易因双方情绪对立而导致面谈无法进行。

5）评估应该实事求是，当被评估者对评估结果感到不满意时，应解释清楚。如有必要，可以修改评估结果并再做讨论。

6）面谈过程中，要强调员工的长处，即使是表现欠佳的员工，在面谈结束时也应该用积极的话语加以鼓励。但是，对于员工的不足之处，也应该严肃地指出。

7）评估者应该尽力创造轻松和谐的面谈气氛，以利于双方的自由沟通。

4. 评估注意事项

1）评估必须客观、公正。评估者对评估工作必须严肃认真、客观公正，以日常考核和员工的工作表现为依据，绝不能主观臆断。

2）选择合适的环境。与被评估者面谈时，选择的地点要安静，不受其他人或各种噪声的干扰。

3）鼓励对话。评估过程本身就是为酒店经营管理活动提供反馈信息的途径和上、下级之间的沟通渠道。单向评估容易引起员工的不满，最终使员工的工作情绪与评估的宗旨背道而驰。因此，与被评估者面谈时，应当鼓励被评估者提不同意见或看法，而不能压制。

4）不能有报复思想。评估的目的是向被评估者实事求是地指出缺点，提出改进的方法和努力的方向，热情地肯定优点，提出发展要求和希望。切忌将评估当成“秋后算账”。有些管理者平时对员工工作中的问题，不及时指出和提出善意的批评，而是积累起来，在评估时“秋后算账”，这样做是极其错误的，难以实现评估的目的，无法对员工产生激励作用。

二、前厅与客房员工的激励

激励就是激发员工的内在动力，使其在自愿的基础上创造性工作。员工的工作热情，除了与其自身素质有关外，常常还会受到外部环境的影响而发生变化。如管理者与员工关系紧张，员工因此而影响工作情绪和服务态度等。所以，酒店需要营造一种良好的工作环境和气氛，将做好本职工作与满足员工的各种需要联系起来，维护员工的自尊心，关心和帮助他们，认真听取和回答员工的意见和问题等；这样就可以从根本上调动员工的积极性，保证前厅与客房员工队伍的稳定性。调动员工工作积极性的过程，实质上就是采用激励员工的方式，促进员工为取得成绩而努力工作的过程。

（一）前厅与客房员工的激励方法

1. 目标激励

目标激励就是通过确立工作目标来激励员工。正确而有吸引力的目标，能够激发员工奋发向上、勇往直前。

运用目标激励，前厅与客房部管理人员应注意以下几个问题。

1）目标要切合实际。目标的激励作用 = 目标价值 × 期望概率。“目标价值”即目标本身的价值，“期望概率”就是实现目标的可能性。从理论上讲，目标价值和期望概率越大，目标的激励作用就越强。但实际上，这是不可能的。因为目标价值和期望概率是成反比的，目标定得越高、价值越大，则实现的可能性，即期望值概率就越小；反之，目标越低、价值越小，则实现的可能性，即期望概率就越大。因此，制定目标时，不能盲目地求高、求大，而应考虑其实现的可能性，要使员工努力后能够实现。只有这样，才能使目标真正发挥激励作用，才能使目标激励作用最大化。否则，不但起不到激励作用，还可能起消极作用，使员工丧失信心、怨声载道。

2）目标应该是多层次、多方向的。除了部门的基本目标外，还应包括其他许多目标，如管理目标、培训和进修目标、技术考核目标等。

3）要将目标分解为阶段性的具体目标。总目标会使员工看到前进的方向，鼓舞员工实现总目标的斗志。但只有总目标，会使员工感到目标遥远、可望而不可即，如果同时制定出阶段性具体目标，就能使员工感到有实现的可能，就会将目标转化为工作压力和工作动力，既增大了期望值，也便于目标的实施和检查。

4）要将部门的目标转化为各班组以至员工个人的具体目标。部门总目标不仅要分解为阶段性的具体目标，而且要转化为各班组以至员工个人的具体目标，使目标和责任联系起来，再辅以检查、考核、奖惩等一系列手段，这样才能保证部门总目标的实施，才能使目标起到应有的激励作用。

2. 角色激励

角色激励实际上就是责任激励，也就是让个人认识并担负起应负的责任，激发其为扮演的角色献身的精神，满足其成就感。

但是，如果一个人认识不到自己应负的责任，就会放松对自己的要求，角色激励也就失去了其作用。所以，管理人员的责任之一就是帮助员工认识和重视自己的责任。

在利用角色激励时，前厅与客房部管理人员还应注意以下两点。

1）交给员工与其能力相当或稍高于其能力的责任。这样做会使他认为是上级管理人员对自己的重视，从而体会到工作的意义，激发出工作热情，推动他积极努力地完成任务。

2）给员工一定的自主权。必要时，要下放部分权力。员工在其职责范围内应有独立工作的权力，不一定都要听上级的指挥。只有这样，才能激发员工的责任心。相反，如果管理人员事事都不肯放手，使员工感到管理人员对自己的能力不够信任，自己也没有一点独立工作的权力，就会影响其积极性。

3. 物质激励

物质激励就是通过满足个人的物质利益需求，调动个人完成组织任务，实现组织目标的积极性和主动性。

此外，管理人员还应当清楚，物质奖励同时也是一种精神激励，是上级管理人员对员工的行为和所取得成就的认可和赞赏，能够激发员工的成就感。

前厅与客房部管理人员在对员工进行物质激励时，一定要注意公平原则；否则，不但起不到激励作用，反而会挫伤员工的积极性，甚至造成矛盾，影响团结。事实证明，员工对管理人员的能力和工作水平大多比较包容，而对管理人员不能一视同仁、处理问题不公平则往往表现出不能容忍的态度。按照美国心理学家亚当斯的公平理论，员工的工作积极性不仅受其所得绝对报酬的影响，而且受相对报酬的影响。员工不仅会把自己付出的劳动和所得的报酬与他人付出的劳动与所得的报酬进行比较，而且还会把自己现在付出的劳动和所得的报酬与自己过去付出的劳动与所得的报酬进行比较。此外，员工不仅在劳动报酬方面会产生不公平感，在其他方面也会产生不公平感。他会把自己的投入（不仅指劳动量，还包括毕业早晚、工龄长短、文化水平高低等）和产出（不仅包括工资和奖金，还包括赞许、受重视程度、职务晋升等）与他人的投入和产出进行比较，易产生不公平感。因此，前厅客房部管理人员在各个方面应当尽可能地做到公平合理。

在物质激励中，发放奖金是一个重要的激励手段。毫无疑问，奖金的发放也必须做到公平合理，绝不能搞平均。值得一提的是，奖金的发放方式会对员工的积极性和员工之间的团结产生很大影响。现在国内一些酒店参照国外酒店的做法，奖金发放采取“红包”（保密）的形式，这种做法既有成功的经验，也有失败的教训。各家酒店及酒店内各部门要根据自身的实际情况来决定。

4. 竞争激励

人自幼就有一种竞争心理。小孩子在一起玩，常常要超过别人。成年以后，不甘落后于他人的心理仍然存在。

竞争激励实际上也是荣誉激励。尊重的需要，即得到他人承认、荣誉感、成就感、受到别人尊重，是马斯洛需求层次理论中的高级需求。前厅与客房部服务人员大多是青年人，他们上进心强，对荣誉有强烈的需求，这是开展竞赛活动的心理基础。根据前厅与客房部的特点，可以开展英语口语竞赛、服务知识竞赛、服务态度竞赛和服务技能技巧竞赛等。通过组织这些竞赛，既可以调动员工的积极性，还可以提高员工的素质。

5. 信息激励

看到或听到他人的成就、他人的进步，才能发觉自己的落后，才能产生奋起直追的热情。因此，前厅与客房部管理人员有条件时，应组织本部门员工去其他部门或酒店参观学习，或向员工传递这方面的信息。

6. 奖惩激励

在管理工作中，奖励常作为一种“正强化”，是对员工的某种行为给予肯定，使这个行为能够得以巩固、保持。而惩罚则常作为一种“负强化”，是对某种行为的否定，从而使之减弱、消退；但恰如其分的惩罚不仅能消除消极因素，还能变消极因素为积极因素。

奖励和惩罚都能对员工起到激励作用，两者相结合的效果更佳。

运用奖惩这一强化激励方法，必须注意以下几个问题。

（1）及时性　最有效的奖励是立即给予的奖励。这一点在酒店管理中同样适用。一个员工工作表现好，取得良好成绩，或者提出了有效的建议，就应对此及时给予肯定；相反，一个员工如果表现不好，犯了错误，则应及时予以惩罚或批评。不能及时奖惩，其激励作用会大打折扣。

（2）准确性　奖惩的准确性，是它发挥激励作用的基础和前提。不论是对员工的表扬、奖励，还是批评、惩罚，管理人员都要做到实事求是、恰如其分，力求准确。表扬时不能为了突出某人的成绩而凭空拔高，批评时也不能捕风捉影、上纲上线。

（3）因人而异　要注意从不同员工的性格特点和心理特点出发，采取不同的方法。

7. 参与激励

参与激励就是在酒店管理中给予员工发表意见的机会，尊重他们的意见和建议，实现良好的沟通。比如某酒店A部门的经理每月把所有员工集中起来召开一次部门会议，内容总是老一套：部门经理单方面向员工宣讲新的接待计划及操作程序，如果发生什么问题，则由管理者提醒下属注意。在会上，没有人提出问题，也很少有人发言，只要十多分钟会议就结束了。而B部门则不同，由部门经理把本部门员工按工作岗位分成三批，每月举行三次恳谈会，每次开会时间约30分钟到一小时。会上，不仅由部门经理对各种问题进行宣讲或提出要求和希望，同时也鼓励员工对工作积极发表意见，并提出自己的希望，上、下级能很好地沟通。结果表明，A部门的员工情绪低落，对管理者不满，想调换工作，服务质量也很糟糕；而B部门的员工普遍情绪很高涨，对酒店满意，对经理也非常满意，在部门里朋友很多，认为工作也有趣，B部门的服务质量在全酒店最好。

8. 情感激励

在一个部门里，如果员工情投意合，互相关心，互相爱护，互相帮助，就一定会形成一个强有力的集体，从而为客人提供良好的服务。因此，前厅与客房管理人员必须重视情感激励。

在运用情感激励这一方法时，管理人员要注意做好以下两方面的工作：

1）注意启发和引导员工创造一个团结、互助的环境。

2）以身作则，对员工热情关怀、信任、体贴。对他们做出的成绩，要及时给予肯定；对他们的缺点，诚恳地帮助改正；对他们工作中遇到的困难，要尽力帮助解决。特别是当员工个人生活遇到什么不幸或困难时，要给予同情、关怀，甚至在经济上给予支持和帮助。员工对此会铭记在心，情感激励因此起到极大的激励作用。前厅与客房部管理人员要记住，在关键时刻，对员工伸出同情与援助之手，比平时说上一千句、一万句激励的话要管用得多！

9. 晋升与调职激励

人人都有上进心，所谓"不想当元帅的士兵不是好士兵"。利用员工的上进心给予员工职位的晋升，无疑是一种极为有效的激励方法。但晋升激励并非一定要"升官"，因为管理岗位毕竟是有限的，不可能让所有员工都当经理，但级别是无限的，比如在酒店的厨房可设厨师长、大厨、二厨、三厨和四厨等，前厅和客房服务员也可设实习生、初级服务员、中级服务员、高级服务师等。

除了对工作表现好的员工升职以外，还可以通过在部门或酒店内部调换工作岗位来激励员工。通常有两种情况：一是在个别管理者与员工之间由于偏见、习惯或意外事故的发生而尖锐矛盾的情况下，如果通过协调或其他方式仍无法解决，可将该员工调离本部门（岗位），以调动矛盾双方的工作积极性；二是员工与管理者之间虽然不存在矛盾，但目前的工作岗位不适合他，不能充分发挥其个人专长和才干，通过调换工作岗位，不仅可以充分利用人力资源，而且可以激励员工，极大地调动员工的工作积极性。如某酒店曾经有位员工英语很突出，做服务员时工作表现一般，但后来自荐到酒店培训部做英语教师，工作积极性得到极大的提高，表现非常突出，到年终时，还被酒店评为“优秀员工”。

10. 示范激励

“没有良将就没有精兵”，前厅与客房部管理人员要以身作则，以自己的工作热情、干劲去影响和激励下属员工。

“榜样的作用是无穷的”，一个组织的士气和精神面貌很大程度上取决于其管理人员。有什么样的管理者，就有什么样的下属员工。没有一流的管理人员，就不可能有一流的服务员，更不可能有一流的酒店。因此，要培养一流的员工，管理人员首先应该从各方面严格要求和提高自己，把自己塑造成为一流的管理者。

二维码资源 13-03

（二）员工激励应注意的问题

在激励员工时，前厅与客房部各级管理人员要特别注意以下问题。

1. 要尊重、理解和关心员工

对员工在工作上要严格要求，但在生活上则要关心和尊重，以“情”动人。所谓尊重员工，就是要尊重员工在酒店的主人翁地位；理解员工，就是要理解员工的精神追求和物质追求；关心员工，就是要心系员工，尽可能解决员工的实际困难。只有员工真正意识到自己受到了尊重，真正是酒店的主人，他们才会以主人翁的精神积极工作。

被誉为超五星级的 ×× 酒店规定：管理者见到员工时必须首先向员工打招呼或问好，从总经理到部门经理都要如此。总经理数十年如一日，几乎每天早晨坚持在酒店门口迎候员工上班，送去清晨最美好的祝愿，×× 给了员工家的氛围和环境，员工也把 ×× 当成了家。

2. 要经常为员工“理气”，使员工“气顺”

有些员工之所以缺乏工作热情，主要是因为“气不顺”，一怨分配不公，二怨有些管理者搞特殊化，三怨官僚主义令干群关系疏远。对此，管理者应根据实际情况，认真分析，采取改进措施，为员工“理气”。

3. 多一些培训、指导与实干，少一些指责、惩罚与埋怨

常常听到一些客房管理者埋怨服务员没有清理好房间引起客人的投诉，埋怨设备维修差以致经常出现问题，埋怨某处卫生差影响了酒店形象，埋怨服务员素质不高而使酒店软件管理跟不上……似乎管理人员有许多理由“横挑鼻子竖挑眼”，于是，埋怨、指责与惩罚便成了家常便饭。殊不知，苦口并非都是良药，埋怨、指责与惩罚只能在管理者与员工之间竖起一堵墙。正如一位酒店员工所言：“试想，我们背井离乡、千里南下，以极大的热情投身酒店行业，哪一个不想将工作干得出色、圆满？哪一个不想得到领导和宾客的认可与赞扬？又有哪一个不想让自己的青春年华闪耀光芒？出现问题、客人投诉，服务人员本已自责、愧疚，若管理人员不问青红皂白地埋怨、指责，我们岂不更乱了方寸，加重精神负担，产生逆反心理？”

因此，工作中出现问题，前厅与客房部管理者先应自查、自纠，反省自己的管理工作，问问自己到底给予员工多少培训、多少指导，管理中还有哪些失误、哪些漏洞，而不是一味地埋怨、指责与惩罚员工。

4. 慎用“惩罚”

惩罚是一种激励手段，在一定条件下能够起到一定的积极作用。但管理者要记住：惩罚只是一种手段，而非目的；否则，不仅起不到激励作用，反而会引起对抗情绪，不利于团队精神的形成。有些酒店的前厅与客房管理人员工作方法简单粗暴，结果使部门（班组）内怨声载道。因此，管理者在管理实践中应该遵循的原则是：在奖励和肯定（正强化）能解决问题的情况下，尽量少用或不用惩罚手段。比如在酒店经营过程中餐具的损耗是难免的，我国很多酒店都是靠惩罚或赔偿手段来控制损耗率的，但日本很多酒店在各餐厅、厨房、备餐间贴有一张损耗表，员工损坏了餐具，只需如实填上，写明原因，主管部门不是根据损耗数量简单惩罚，而是和员工一起研究损耗的原因和减少损耗的办法，办法提得合理就给予精神和物质奖励（故意损坏者例外）。

开除员工，则更应慎重。一些酒店管理者误认为外国人管理的酒店之所以好，就是因为“严”，而所谓“严”就是可以随便开除员工。其实并非如此，曾经被美国《酒店》杂志评为杰出酒店经理的丽思·卡尔顿集团总经理舒尔茨先生就坚决反对动辄开除员工的做法。他认为“反复培训新手是最大的浪费”，而且“老主顾也不喜欢新面孔”。员工们则欣赏丽思·卡尔顿集团宽松的气氛和安全感。

5. 正确处理物质激励与精神激励的关系

前厅与客房部管理人员应该正确认识物质激励和精神激励的作用，正确处理二者之间的关系。

1）物质激励与精神激励是相辅相成的关系。精神激励满足员工“自我实现”等高级需求，而物质激励则主要满足员工生理等基本需求。基本需求是基础，物质激励中也包括有精神激励的因素。

2）不可厚此薄彼。片面强调某一方面的作用是不对的，前厅与客房部管理者只有将物质激励与精神激励结合起来使用，才能取得最佳的激励效果。

3）物质激励与精神激励在时代背景等不同的条件下，其激励作用有所不同。虽然物质激励与精神激励都很重要，但应该承认，二者在不同的历史时期和经济体制下以及对于不同的个人，其激励作用也是不同的。在当前的市场经济条件下，越来越多的员工开始看重物质奖励；对于个人及家庭经济条件比较好的员工来说，一定量的物质奖励对他可能无足轻重，他更看重的是精神激励；而对于家庭困难的员工而言，物质激励则犹如雪中送炭，能够起到极大的激励作用。另外，与精神激励相比，物质激励作用的大小，也与给予员工物质奖励本身大小有关。

【运营链接 13-5】

应该奖励和避免奖励的 10 个方面的工作行为

在酒店前厅与客房部管理实践中，如何运用奖惩手段激励员工？管理学家米切尔·拉伯夫（Mitchell Raboff）经过多年的研究，列出了应该奖励和避免奖励的 10 个方面的工作行为，这值得酒店管理者思索和借鉴。①奖励彻底解决问题而不是只图眼前利益的行动；②奖励承担风险而不是回避风险的行为；③奖励善用创造力而不是愚蠢的盲从行为；④奖励果断的行动而不是光说不练的行为；⑤奖励多动脑筋而不是“苦干”；⑥奖励使事情简化的行为而不是使事情不必要地复杂化；⑦奖励沉默而有效率的人而不是喋喋不休者；⑧奖励有质量的工作而不是匆忙草率的工作；⑨奖励忠诚者而不是离职者；⑩奖励团结合作而不是互相对抗。

本章学习要点

1. 酒店前厅与客房人力资源管理是指根据酒店发展战略，有计划地对人力资源进行获取、培养、保持、评价、发展和调整等一系列活动的过程。这些活动主要包括人力资源规划、员工的招聘与配置、员工培训、绩效管理、薪酬与激励、职业生涯管理和劳动关系管理等。

2. 前厅与客房服务人员的素质表现很大程度上决定了客人的入住体验；现代酒店业的竞争，其本质就是酒店管理人员和员工素质的竞争；前厅与客房员工包括前厅与客房经理、主管、领班和服务员等不同级别，对他们的要求也各有不同。

3. 员工管理不仅是酒店人力资源部门的主要工作，也是前厅与客房部的管理任务之一；要提高前厅与客房管理的效率和质量，必须科学合理地结合前厅与客房经营的规模、档次、员工素质等因素进行员工配置，掌握部门对员工需求的数量和标准。编制定员是前厅与客房员工管理的一项基础工作。

4. 前厅客房员工的招聘必须坚持“公开招收、自愿报名、全面考核、择优录用”的原则，并注意招聘时机、招聘程序和择员技术的决策。

5. 前厅与客房培训工作是酒店开发人力资源、提高员工素质的最有效的途径；前厅与客房员工培训可依据性质、内容、对象以及形式的不同进行划分；员工培训的效果在很大程度上取决于选择的培训方法。员工培训的方法有很多，不同的培训方法具有不同的特点，各有优劣。

6. 为了提高服务质量和工作质量，必须实施并加强对员工的日常考核和工作评估。否则，将出现有令不行、工作涣散、服务质量恶化的状况。调动员工工作积极性的过程，实质上就是采用激励员工的方式，促进员工为取得成绩而努力工作的过程。

本章思考练习

1. 前厅与客房人力资源管理有哪几个具体的环节？

2. 酒店前厅与客房员工可以分为几类？分别有哪些素质要求？

3. 前厅与客房的人员编制需要遵从哪些原则？有什么样的程序？

4. 前厅与客房员工招聘的途径和程序有哪些？

5. 请列举前厅与客房员工培训的类型和方法。

6. 请论述前厅与客房员工培训的意义。

7. 请论述前厅与客房员工考核的内容。

8. 请论述前厅与客房员工激励的方法。

本章管理实践

训练项目　展现管理水平与服务能力

［实践目标］

1．调查与访问酒店前厅与客房不同角色的员工，了解他们的工作日常。

2．交换表演前厅与客房员工的不同角色，了解他们应具备的基本素质。

3．培养自身的服务能力与管理素质。

4．形成良好的服务素质，在生活中严格要求自己。

5．锻炼自己的沟通交流能力。

［实践内容与方法］

1．利用课外时间，选择当地一家四、五星级酒店进行调查和访问，了解该酒店的前厅与客房员工日常工作情况、需要具备的各种服务与管理素质等。并在课堂上分组模拟前厅与客房不同角色员工的日常工作，需要展现出酒店员工在日常工作中的基本素质。

2．在调查访问之前，每个人都需要认真记录相关的访问答案，并形成相应的员工素质模块表：①前厅与客房高层管理者应具备的员工素质分类。②前厅与客房中层管理者应具备的员工素质分类。③前厅与客房服务员应具备的员工素质分类。④分析该酒店的员工具备的哪些素质很值得推广和学习，并制定自己的素质培养表。

［实践标准与评估］

1．实践标准：必须到实体酒店中做实地调查，并充分运用本章知识分析酒店员工具备素质的类别，并在课堂表演中体现出来。

2．实践评估：①每人写出一份简要的前厅与客房员工素质分类表。②以小组为单位，进行酒店前厅与客房课堂模拟表演，由其他小组共同对表演项目进行专业性打分。③小组成员相互打分，评出最佳者。

参考文献

[1] 杨卫主 . 酒店服务员的 100 个细节［M］. 深圳：海天出版社，2009.

[2] 樊永恒 . 如家一样的酒店［M］. 深圳：海天出版社，2009.

[3] 罗明义，仇学琴 . 旅游酒店经营管理［M］. 昆明：云南大学出版社，2000.

[4] 刘伟 . 前厅与客房管理［M］. 北京：高等教育出版社，2018.

[5] 唐飞，方雅贤，曹宏珍 . 酒店前厅与客房管理［M］. 北京：清华大学出版社，2012.

[6] 刘伟 . 酒店前厅与客房部运行与管理［M］. 北京：中国旅游出版社，2017.

[7] 冯艳芳 . 前厅客房服务与管理［M］. 北京：机械工业出版社，2012.

[8] 冀宏军 . 收益管理实战经验谈［EB/OL］.（2014-03-20）［2020-12-01］. https://www.meadin.com/175969.html.

[9] 中国旅游饭店行业协会 . 中国旅游饭店行业协会［EB/OL］.（2002-05-01）［2020-12-01］. http://wlj.yq.gov.cn/zcfg/201903/t20190318_847863.html.

[10] 张永华 . 前厅服务与管理［M］. 西安：西北工业大学出版社，2010.

[11] 谢永健 . 酒店前厅与客房管理［M］. 上海：复旦大学出版社，2010.

[12] 潘雪梅 . 前厅服务与管理［M］. 北京：中国铁路出版社，2009.

[13] 李肖楠，刘艳 . 酒店前厅运营与管理［M］. 北京：化学工业出版社，2016.

[14] 宋秋，唐恩富 . 前厅服务与管理实训教程［M］. 成都：西南财经大学出版社，2014.

[15] 朱承强 . 酒店前厅与客房管理［M］. 天津：南开大学出版社，2010.

[16] 徐桥猛 . 酒店管理经典案例分析［M］. 广州：广东经济出版社，2010.

[17] 滕宝红 . 酒店管理实操：从入门到精通［M］. 北京：人民邮电出版社，2019.

[18] 陈亮，郭庆，魏云豪 . 收益管理：有效降低空置率，实现收益翻番［M］. 北京：人民邮电出版社，2019.

[19] 罗峰，杨国强 . 前厅服务与管理［M］. 2 版 . 北京：中国人民大学出版社，2018.

[20] 袁照烈 . 酒店前厅部精细化管理与标准化服务［M］. 北京：人民邮电出版社，2017.

[21] 黄志刚 . 前厅服务与管理［M］. 2 版 . 北京：北京大学出版社，2015.

[22] 秦承敏，王常红 . 前厅客房服务与管理：理论、实务、案例、实训［M］. 2 版 . 大连：东北财经大学出版社，2015.

[23] 汪建平 . 前厅服务与管理［M］. 北京：旅游教育出版社，2015.

[24] 王培来 . 酒店前厅客房运行管理实务［M］. 上海：上海交通大学出版社，2015.

[25] 肖云山 . 新编酒店客房管理［M］. 南京：江苏美术出版社，2013.

[26] 国家旅游局人事劳动教育司 . 客房部运行与管理［M］. 上海：旅游教育出版社，2011.

[27] 吴玲 . 前厅运行与管理［M］. 上海：上海交通大学出版社，2011.

[28] 东方酒店管理有限公司 . 客房服务与特色服务手册［M］. 北京：中国旅游出版社，2007.

[29] 姚玉英 . 酒店前厅客房服务与管理 [M]. 杭州：浙江大学出版社，2017.
[30] 张青云，毛峰 . 前厅客房服务与管理 [M]. 北京：北京大学出版社，2019.
[31] 蒋露娟 . 前厅与客房实训教程 [M]. 北京：北京理工大学出版社，2018.
[32] 张东明，高香顺 . 宾馆前厅与客房操作实务 [M]. 沈阳：辽宁科学技术出版社，2000.
[33] 王秀红 . 前厅客房服务与管理 [M]. 北京：北京理工大学出版社，2018.
[34] 王丽霞 . 前厅客房服务与管理 [M]. 北京：对外经济贸易大学出版社，2013.
[35] 郑燕萍 . 前厅客房服务与管理 [M]. 厦门：厦门大学出版社，2011.
[36] 万雯，郭志敏 . 酒店前厅客房服务与管理 [M]. 武汉：武汉大学出版社，2009.
[37] 郭胜，董静 . 前厅客房服务与管理 [M]. 北京：中国商业出版社，2005.
[38] 薛秀芬 . 前厅与客房管理 [M]. 大连：大连理工大学出版社，2011.
[39] 陈瑞霞，吴捷 . 前厅客房服务与管理 [M]. 广州：广东旅游出版社，2012.
[40] 谢彦君 . 前厅与客房管理 [M]. 北京：中国旅游出版社，2016.
[41] 陈乃法，吴梅 . 酒店前厅客房服务与管理 [M]. 2 版 . 北京：高等教育出版社，2008.
[42] 田彩云 . 酒店管理概论 [M]. 北京：机械工业出版社，2017.
[43] 黄鉴中 . 中国酒店管理模式 [J]. 上海：复旦大学出版社，2009.
[44] 张青云 . 前厅客房服务与管理 [M]. 北京：北京大学出版社，2013.
[45] 吴联仁，李瑾颉 . 酒店管理信息系统 [M]. 2 版 . 北京：旅游教育出版社，2018.
[46] 吴军卫 . 旅游酒店前厅与客房管理 [M]. 北京：北京大学出版社，2006.
[47] 胡剑虹 . 酒店前厅客房服务与管理 [M]. 北京：科学出版社，2006.
[48] 丁林 . 旅游酒店前厅客房服务与管理 [M]. 济南：山东大学出版社，2005.
[49] 周满林 . 旅游企业人力资源管理 [M]. 北京：中国旅游出版社，2007.
[50] 苗淑萍 . 客房服务与管理 [M]. 北京：清华大学出版社，2015.
[51] 谢新 . 酒店人力资源管理激励机制的建立 [J]. 旅游纵览（下半月），2015 (6)：59.
[52] 张士泽，李建华 . 论酒店行业的竞争和员工素质的培训 [J]. 广州大学学报（社会科学版），1989 (1X)：15-18，14.
[53] 仇学琴 . 酒店前厅客房服务与管理 [M]. 北京：机械工业出版社，2019.